Bettina Beer (Hg.)

Methoden ethnologischer Feldforschung

Dietrich Reimer Verlag

Bibliografische Information der Deutschen Nationalbibliothek
Die Deutsche Nationalbibliothek verzeichnet diese Publikation in der
Deutschen Nationalbibliografie; detaillierte bibliografische Daten sind
im Internet über http://dnb.d-nb.de abrufbar.

1. Auflage (2003) erschienen unter dem Titel „Methoden und Techniken
der Feldforschung"

2. überarbeitete und erweiterte Auflage 2008

ISBN 978-3-496-02818-5

Inhalt

Vorwort

Methoden ethnologischer Feldforschung richtet sich an Studierende, die sich in ihrer Ausbildung Grundkenntnisse empirischer Datenerhebung aneignen müssen und an diejenigen, die ein studienbegleitendes Feldforschungspraktikum durchführen oder im Rahmen der Promotion eine erste Feldforschung planen. Der Band soll bei der allgemeinen Vorbereitung helfen, eine Übersicht geben, aber auch den Einstieg in die Auseinandersetzung mit einzelnen Verfahren erleichtern. Im Feld kann er Anregung sein, verschiedene Methoden auszuprobieren, und zum Nachschlagen dienen, wenn Unklarheiten bestehen oder unvorhergesehene Probleme auftreten.

Die Beiträge sind von Lehrenden der Ethnologie geschrieben, die in unterschiedlichen Regionen Erfahrungen mit verschiedenen Verfahren der Datengewinnung gesammelt haben. Ihnen sei an dieser Stelle dafür gedankt, dass sie trotz des geringen zeitlichen Spielraums, den die Lehre an deutschen Universitäten übrig lässt, anregende, lebendige und praktisch-anleitende Beiträge geschrieben haben. Gedankt sei auch allen Kollegen, die mir Hinweise und Ratschläge aus ihren Erfahrungen mit Methodenkursen gegeben und das Gesamtkonzept mit mir diskutiert haben.

Ein Ziel dieses Bandes ist es, deutschsprachiges, leicht verfügbares Lehrmaterial bereitzustellen, das im Unterricht von Nutzen ist. Auch für eine Veranstaltung zur Einführung in die Methoden der ethnologischen Feldforschung können die einzelnen Kapitel verwendet werden, um Verfahren und Techniken einzuüben und in den Beiträgen angesprochene Fragen zu diskutieren. Insofern kann der Band sowohl für Lehrende als auch für Studierende im Unterricht und bei der Betreuung von Feldforschungsvorhaben von Nutzen sein.

Bettina Beer

Bettina Beer

1 Einleitung: Feldforschungsmethoden

1.1 Vorbemerkungen

Erst seit den sechziger Jahren des zwanzigsten Jahrhunderts gibt es eine systematische Ausbildung in Feldforschungstechniken und eine seither ständig wachsende Anzahl von Publikationen über Methoden der Feldforschung. Einen guten Einblick in Problemfelder und die englischsprachige Geschichte der Feldforschung gibt der von Robben und Sluka (2007) herausgegebene Reader. Den Herausgebern geht es weniger um angewandte Verfahren, stattdessen stehen Texte zur Geschichte der reflexiven Ethnographie, zu Identität und Feldforschung, fiktiver Feldforschung und Feldforschungsromanen sowie Texte der Untersuchten (The ‚Other' Talks Back) im Mittelpunkt. Feldforscher früherer Generationen mussten sich noch mit wohlgemeinten Ratschlägen ihrer Lehrer begnügen. Dennoch kamen dabei gute Ethnographien heraus. Warum also noch ein weiteres Lehrbuch zu Methoden der Feldforschung? Aus Erfahrungen im Unterricht wissen die meisten Lehrenden und Studierenden, dass neben den guten, aber teuren englischsprachigen (etwa Atkinson, Coffey, Delamont et al. [Hg.] 2001; Bernard [Hg.] 1998, Bernhard 2006) ein einführendes und übersichtliches deutschsprachiges Lehrbuch der Methoden ethnologischer Feldforschung bislang fehlt. Es fehlt als Grundlage der Quellenkritik im Fach, bei Feldforschungspraktika und ersten Feldforschungen. Warum zur Quellenkritik? Nur wer versteht, wie Ethnologen ihre Daten gewinnen, kann die Ergebnisse beurteilen, einordnen und kritisieren.

Die Verfasserinnen und Verfasser aller Beiträge haben Verfahren und Aspekte betont, die spezifisch ethnologisch sind und sich von der empirischen Sozialforschung unterscheiden. Herausgearbeitet haben sie spezielle Probleme bzw. Vorteile des jeweiligen Verfahrens bei ethnologischen Forschungen. Alle Beiträge enthalten Angaben

– zur bisherigen Verwendung des Verfahrens/Vorgehens im Fach,
– darüber, für welche Fragestellungen und Probleme die Methode geeignet ist,
– zu den wichtigsten Voraussetzungen zur Durchführung,
– zur Durchführung selbst,
– zu Problemen, Vor- und Nachteilen,
– und zu weiterführender Literatur.

Nicht enthalten sind in diesem Band persönliche Erfahrungsberichte, die sich auf die Umstände der Feldforschung, auf persönliche Befindlichkeiten, die Zusammenarbeit mit Informanten und Informantinnen und den berüchtigten „Kulturschock" des Feldforschers[1] beziehen. Ausgespart wurde dieser Aspekt deshalb, weil solche persönlichen Erfahrungsberichte bereits publiziert sind (auf Englisch: Powdermaker 1966; deutschsprachig etwa: Bowen 1984; Fischer [Hg.] 2002).

Nicht berücksichtigt wurden auch Langzeitstudien (siehe dazu Foster et al. [Hg.] 1979) oder so genannte „Restudies", Wiederholungsuntersuchungen, in denen derselbe oder verschiedene Forscher dieselbe Einheit erneut untersuchen. Ein klassisches Beispiel für eine Restudy sind die Feldforschungen von Robert Redfield und Oscar Lewis in Tepoztlán. Langzeit- und Wiederholungsuntersuchungen sind heute in der Ethnologie gängig. Sie sind jedoch bei studentischen Forschungen unüblich. *Teamwork* dagegen kommt häufiger vor. Gemeinsame bzw. gleichzeitige Feldforschungen mit all ihren Vor- und Nachteilen werden deshalb in diesem Band ausführlicher behandelt (siehe dazu den Beitrag von Verena Keck).

Im Mittelpunkt stehen Verfahren der *Datenerhebung* und deren *Dokumentation*, auf die sich alle Beiträge konzentrieren. Komplexe Techniken der Datenauswertung wurden dagegen nicht aufgenommen. Solche Auswertungsverfahren sind etwa die Inhaltsanalyse von Interviews (Lissmann 2001) oder die Domänenanalyse zur Auswertung kognitiver Daten (Borgatti 1994). Nicht dargestellt ist auch das Vorgehen der Ethnopsychoanalyse, weil sie eine eigene Ausbildung (eine „Lehranalyse" und Supervision) erfordert und für die meisten Studierenden und Ethnologen bei einer ersten Feldforschung keine Rolle spielt.

1.2 Feldforschung: Verfahren, Methoden, Techniken

Über die Feldforschung wird geschrieben, sie sei Charakteristikum, Paradigma, Ideologie, Markenzeichen und zentrale Methode der Ethnologie (Fischer 2002, Illius 2006, Stagl 2002). Feldforschung ist das empirische Vorgehen der Ethnologen und die zentrale Methode des Faches. Gleichzeitig besteht sie wiederum aus vielen Einzelmethoden, Verfahren oder Techniken. Verwirrend ist, dass *Methoden*, *Verfahren* und *Techniken* in der sozialwissenschaftlichen Literatur häufig synonym benutzt werden. Gemeint ist in allen Fällen ein geplantes Vorgehen mit dem Ziel der Erhebung von Daten.

Ein erstes Merkmal ethnologischer Forschungen ist, dass Ethnologen ihre Daten *im Feld* erheben, also in der Lebenswelt der Untersuchten, und nicht wie andere Wissenschaftler im Labor, am heimischen Schreibtisch oder in der Bibliothek. Die Lebenswelt der Untersuchten hat sich in den letzten Jahrzehnten stark verändert, was wiederum Einfluss auf ethnologische Feldforschungen hatte. So wird heute unter anderem in der Großstadt oder in internationalen Organisationen geforscht. Aber zentral ist nach wie vor, dass es sich um einen nach räumlichen und zeitlichen Kriterien definierten Ausschnitt der Alltagspraxis handelt, der – wie Martin Rössler in seinem Beitrag betont – nicht als geschlossene Einheit, sondern als eine Vielzahl von sozialen Beziehungen und Prozessen innerhalb eines offenen Feldes verstanden wird.

Das zweite Merkmal, dass nämlich im Rahmen der Feldforschung verschiedene Verfahren und Techniken entsprechend der verfolgten Fragestellung miteinander kombiniert werden, wurde schon angesprochen. Diese *Methoden-Vielfalt* ist ein weiteres wesentliches Merkmal ethnologischer Feldforschungen. Ein solches Vorgehen hat den großen Vorteil, dass sich die verschiedenen Verfahren, Informationsquellen und Daten gegenseitig ergänzen und kontrollieren. Alle angewandten Methoden erfordern bestimmte Fertigkeiten und Kenntnisse. Sie sind das empirische Handwerkszeug der Ethnologen.

Bei der Nutzung verschiedener Techniken machen Ethnologen heutzutage aus guten Gründen keine prinzipielle Unterscheidung zwischen *qualitativen* und *quantitativen* Datenerhebungsverfahren (siehe dazu Schweizer 1998). *Qualitativ* bezeichnet alle Arten von Daten und Auswertungsverfahren, bei denen nicht die Anzahl (*Quantität*) an Informationen im Vordergrund steht, sondern die inhaltliche Interpretation komplexer Informationen. Das können beispielsweise während der Teilnehmenden Beobachtung gewonnene Daten, ein Interview oder die systematische Beobachtung eines Rituals sein. Genau genommen sind es nicht nur die Daten selbst, sondern vor allem deren Auswertung, die als *quantitativ* oder *qualitativ* bezeichnet wird. Ein Interview kann beispielsweise daraufhin interpretiert werden, wie ein bestimmtes Thema eingeführt und behandelt wird. Es könnte aber auch ausgezählt werden, wie häufig der Informant ganz bestimmte Wörter verwendet hat. Um es noch komplizierter zu machen, kann die Anzahl von Wörtern später wiederum interpretiert werden. Man kann sich etwa fragen, ob sie etwas über die soziale Zugehörigkeit des Sprechers aussagt. *Quantitativ* und *qualitativ* sind also weniger leicht voneinander abzugrenzen als es zunächst scheint, und häufig werden diese Wörter auch nicht sehr präzise verwendet.

In ethnologischen Feldforschungen hat sich eine Mischung aus Erhebungen von quantitativen und qualitativen Daten durchgesetzt, die pragmatisch an der Fragestellung orientiert ist, wie etwa auch Martin Sökefeld in seinem Beitrag zur systematischen Befragung deutlich macht. Wissenschaftler benutzen im Idealfall jeweils die Methoden, die mit dem geringsten Aufwand die besten Ergebnisse erzielen. Entscheidender als das Bekenntnis zu bestimmten Positionen ist, wie Illius (2006) betont, dass man deutlich macht, wie die Daten erhoben wurden, wie man diese später aufbereitet hat und aus welchen Gründen ein bestimmtes Erhebungs- oder Auswertungsverfahren einem anderen vorgezogen wurde.

Ein drittes Merkmal ethnologischer Feldforschungen erschließt sich aus dem vorigen: Methoden werden genutzt, um Daten als Grundlage für eine Beschreibung zu erheben, um eine Fragestellung zu beantworten oder ein Problem zu lösen. Sie sind nicht Selbstzweck. Feldforschung ist also, abgesehen von einer anfänglichen explorativen Phase im Feld, im wesentlichen *zielgerichtet*. Sie ist nicht bloße Anwesenheit, sondern ein gut vorbereitetes, bewusst geplantes, theoriegeleitetes und begründetes Vorgehen. Sich über die Ziele vor der Forschung so weit wie möglich klar zu werden, ist für Auswahl und Erlernen von Methoden von großer Bedeutung. Dazu mehr im Abschnitt *Vor der Feldforschung*.

In der besonderen Beziehung von Fragestellung und Gesamtzusammenhang besteht das vierte Merkmal ethnologischer Feldforschungen. Trotz der Fokussierung auf Einzelprobleme und bestimmte Fragestellungen haben Ethnologen den Anspruch, ganzheitlich zu arbeiten, das heißt: die Gesamtzusammenhänge zu berücksichtigen. Ethnologen schreiben von dem Ideal der *holistischen Forschung*: Jede Fragestellung soll – soweit möglich – in den weiteren kulturellen Kontext eingebettet werden. Das heißt, auch wer eine Untersuchung über die in einer Sprache vorkommenden Farbkategorien durchführt, wird sich über materielle Kultur, die Beziehung der Geschlechter, Arbeitsteilung, Religion usw. informieren müssen.

Das Verhältnis von Theoriebildung und Beobachtungsdaten betreffend gehen Ethnologen in ihren Forschungen im allgemeinen *induktiv* vor. Das heißt, sie schließen vom Besonderen, von erfahrbaren Einzelfällen, auf das Allgemeine. Aus Beobachtungen werden also Theorien abgeleitet. Ein reiner *Induktivismus* wurde stark kritisiert, wird mittlerweile abgelehnt und ist auch in der Wirklichkeit kaum vorzufinden. Immer fließen theoretische Überlegungen und Vorentscheidungen in die Datengewinnung ein, selbst wenn sie nur auf Alltagstheorien beruhen. Genauso fruchtlos wie ein rein induktives Vorgehen ist auch ausschließliche Deduktion. Hier geht es nicht darum, für oder gegen eine Vorgehensweise zu argumentieren, sondern darum, den Schwerpunkt bisheriger ethnologischer Forschungen deutlich zu machen und auch zu zeigen, dass die Beziehung zwischen Daten und Theorie keine „natürliche" ist, sondern auf Vorentscheidungen beruht, über die man sich Gedanken machen sollte (siehe dazu auch Lang 1994).

1.3 Vor der Feldforschung

Die wichtigste und erste Voraussetzung zur Durchführung einer Feldforschung oder eines Feldforschungspraktikums ist die entsprechende *Ausbildung*. Wie oben erwähnt, unterscheidet sich eine Feldforschung von einer Urlaubsreise in ein exotisches Land u.a. dadurch, dass man sie zielgerichtet und gut vorbereitet durchführt. Das bedeutet im Allgemeinen im Rahmen des Ethnologiestudiums die Teilnahme an Veranstaltungen zu bestimmten Verfahren und eine gute allgemeine Kenntnis ethnologischer Theorien und Methoden sowie das Erlernen von Grundkenntnissen der im Untersuchungsgebiet gesprochenen Sprache. Die Studienpläne mancher Institute sehen für studentische Feldforschungspraktika oder „Lehrforschungen" bestimmte Voraussetzungen vor, wie etwa den Abschluss des Grundstudiums oder den Besuch bestimmter Lehrveranstaltungen. Darüber sollte man sich zuerst informieren.

Aber auch der *Erwerb der Sprache* und/oder der regionalen Verkehrssprache (etwa Spanisch, Französisch, Portugiesisch, *Tok Pisin* oder *Bahasa Indonesia*) ist unerlässlich (siehe zur Bedeutung der Sprache bei der Feldforschung den Beitrag von Gunter Senft in diesem Band). Selbst über ausgefallene Sprachen, die an Universitäten nicht unterrichtet werden, kann man sich auch mit Hilfe von MigrantInnen aus der betreffenden Region, die eventuell am eigenen Ort leben, vor dem Aufenthalt Kenntnisse aneignen. Bei der Planung einer Feldforschung sollte für den vorbereitenden Erwerb von Sprachkenntnissen ausreichend Zeit berücksichtigt werden.

Es gibt „Spezialisten" unter Studierenden, die, von ihrer Sprachbegabung überzeugt, davon schwärmen, es sei doch viel „natürlicher", mit den Menschen im Feld die Sprache zu lernen und nicht „künstlich" und langweilig am heimischen Schreibtisch Vokabeln zu pauken. Ganz „natürlich" wird man ohnehin im Feld noch viel dazu lernen müssen. Je besser man jedoch vorbereitet ist, desto besser auch die zu erwartenden Ergebnisse. Außerdem ist es eine Verpflichtung gegenüber den Untersuchten und den Geldgebern – egal ob es sich dabei um die eigenen Eltern oder die Deutsche Forschungsgemeinschaft handelt – die knappe Zeit so gut wie möglich zu nutzen.

Das Erlernen der Sprache(n) setzt jedoch voraus, dass man sich bereits für eine Region entschieden hat, in der die geplante Feldforschung stattfinden soll. Es gibt zwei Möglichkeiten für die *Auswahl der Feldforschungsregion*: Entweder man hat gute und pragmatische Gründe, in einer bestimmten Gegend zu forschen, man kann etwa die (Verkehrs)Sprache schon, hat dort bereits früher gearbeitet, kann vorhandenes Material nutzen oder hat persönliche Beziehungen dorthin. Aus diesen Gründen wählt man dann ein Thema, das an jenem Ort besonders gut zu untersuchen und im theoretischen Rahmen sinnvoll ist. Eine zweite Möglichkeit ist, dass sich aus der Lektüre und theoretischen Zusammenhängen, mit denen man sich beschäftig hat, Fragestellungen ergeben, die durch eine empirische Untersuchung geklärt werden sollen. Die Region wählt man dann danach aus, wo eine solche Fragestellung besonders gut zu untersuchen ist. Häufig ist die Entscheidung für eine bestimmte Region und eine Fragestellung tatsächlich ein schwer zu entwirrender Prozess, in dem persönliche Neigungen, praktische Überlegungen und auch Zufälle eine Rolle spielen.

Weder die *Auswahl der* lokalen *Untersuchungseinheit* noch die Festlegung einer bestimmten Fragestellung müssen endgültig sein. Die Planung ist vorläufig, vieles entscheidet sich erst vor Ort, muss dort den Bedingungen angepasst und revidiert werden. Forschungen sind in der Ethnologie schwerer endgültig planbar als etwa eine physikalische Versuchsanordnung. Ethnologen lassen sich im Feld von den Menschen, mit denen sie zusammenleben, in ihren Untersuchungsinteressen beeinflussen. Dies allerdings als Argument dafür zu verwenden, ohne jeden Forschungsplan eine Feldforschung zu beginnen, wäre verantwortungslos und naiv. Der Glaube, alles genau so umsetzen zu können, wie man sich das vorher vorgestellt hat, wäre ebenso falsch. Auch wenn für viele Gebiete, in denen Ethnologen arbeiten, eine Vielzahl von Publikationen vorliegt, kann man nicht vorhersehen, ob während der Feldforschung an einem ganz bestimmten Ort das Thema modifiziert oder eventuell ganz aufgegeben werden muss (siehe zu diesem Problem auch Hauser-Schäublin 2002: 95). Die einzige Möglichkeit besteht also darin, sich so gut es geht vorzubereiten, eine begründete Wahl von Ort und Thema zu treffen, aber gleichzeitig darauf gefasst zu sein, später eventuell davon abzuweichen. Auf der Basis einer präzisen Beschreibung des ursprünglichen Plans und der Dokumentation der Gründe für Abweichungen im Feld kann man später Geldgebern oder Betreuern gegenüber rechtfertigen, warum etwa das Thema verändert wurde.

Der Prozess der Themenfindung und der Wahl des Ortes wird wesentlich auch durch die Lektüre beeinflusst. Nur durch Lesen kann man sich vorab ein Bild von den in der Region bereits untersuchten Themen, von speziellen Problemen, vom kulturellen Kontext und von lokalen Gegebenheiten machen. Lesen ist unerlässlich, andererseits wird aber häufig die Bedeutung von Gesprächen unterbetont. Gespräche mit Kommilitonen bzw. Kollegen, die regional oder thematisch vergleichbare Interessen haben, können häufig Informationen beisteuern, die für eine spätere Entscheidung Ausschlag gebend sind. Es kann auch sinnvoll sein, sich mit spezifischen Fragen an so genannte E-mail-Listen zu wenden, die es sowohl mit regionaler als auch thematischer Ausrichtung gibt. Für Ozeanisten bietet zum Beispiel die *Association for Social Anthropologists in Oceania (ASAO)* eine solche Liste an. Wie man sich einträgt und eine Frage an alle verschickt, ist auf der ASAO-Website erklärt. Diese E-mail-Liste stellt ein Forum dar, in dem sehr offen, hilfsbereit und kompetent auf Fragen und Probleme eingegangen wird. Auch Nicht-Mitglieder können hier mitdiskutieren. Am besten liest man jedoch, bevor man sich beteiligt oder eine Frage stellt, eine Weile mit, um den spezifischen „Stil" der Kommunikation kennen zu lernen.

Am Anfang steht also auf jeden Fall die *Formulierung der Zielsetzung*: Was soll bei der Untersuchung herausgefunden werden? Was will ich wissen? Anregungen für Fragestellungen können sein: (1.) theoretische Auseinandersetzungen in der Fachliteratur, (2.) die Feststellung, dass ein bestimmter Themenbereich bislang empirisch nicht untersucht wurde oder (3.) dass eine Untersuchung dazu beitragen soll, ein gesellschaftlich relevantes Problem zu beschreiben und damit zur Lösung beizutragen. Eine solche an gesellschaftlich relevanten Fragen orientierte Forschung würde etwa untersuchen, wie Aids-Prävention in einer bestimmten Region sinnvoll betrieben werden könnte. Nach eingehender Literaturrecherche müsste diese Zielsetzung in Untersuchungsfragen zerlegt werden, deren Beantwortung zur Problemlösung beitragen könnte. Immer ist die Zielsetzung der Forschung auch durch persönlich bestimmte Werturteile beeinflusst.

Für Studierende und Doktoranden ist bei der Formulierung der Zielsetzung und der Suche nach einer zu bewältigenden Fragestellung neben Gesprächen mit Kommilitonen und erfahrenen Ethnologen die Auseinandersetzung mit dem Betreuer entscheidend. Ähnlich wie Lektüre durch Exzerpte nachbereitet werden muss (siehe dazu Beer und Fischer 2003), sollten auch Gespräche vor- und nachbereitet werden, alles andere ist Zeitverschwendung. In der Sprechstunde zu sagen: „Ich möchte was über Tätowierungen machen, weil ich hab' mir auch gerade eine machen lassen und irgendwie finde ich das total spannend", ist ein Gesprächseinstieg, der für eine erste Annäherung an ein Thema wenig bringt. Gegen einen persönlichen Bezug ist nichts einzuwenden, aber besser wäre es, für Thema, Region, Zeitplan und Vorgehen bereits konkretere Vorschläge zu erarbeiten, sie für sich selbst zu begründen und sich in die Literatur eingearbeitet zu haben. Zu den möglichen Themen sollte man sich schon vorher Notizen machen. In einem ersten Gespräch kann man dann abwägen, was für das eine und was für das andere Thema spricht. Das häufigste Problem bei der Formulierung von Themen für Feldforschungen sind viel zu weit gefasste Fragestellungen, die man gemeinsam eingrenzen und in Teilprobleme zerlegen muss.

Diese ersten Klärungen müssen nachbereitet werden. Wenn sich Studierende in einem einstündigen Gespräch über eine anstehende Feldforschung, bei dem zahlreiche Aspekte zur Sprache kommen, keine Notizen machen, dann ist fraglich, was am Ende überhaupt erinnert wird. So wie man sich in der Feldforschung auf keinen Fall auf sein Gedächtnis verlassen darf, sollte man es auch zu Hause nicht tun. Also muss man bei Gesprächen auf jeden Fall Stichwörter notieren und sich hinterher ein Fazit aufschreiben, zu welcher Übereinkunft man gekommen ist, etwa: Thema muss eingegrenzt und ein Zeitplan erstellt werden, oder: Jemand, der die Gegend gut kennt, sollte gefragt werden, was er von einem längeren Aufenthalt im Dorf XY hält. Bei einem zweiten Gespräch kann dann genau an dieser Stelle angeknüpft werden, und man fängt nicht wieder von vorne an.

Sind diese ersten Schritte getan, wird es Zeit, ein *Exposé* zu schreiben. Ein Exposé dient dazu, Vorgehen und Fragestellung zu fixieren und zu verdeutlichen. Es hilft, sich selbst über das Vorhaben klarer zu werden und ist für den Betreuer oder eventuell für Geldgeber notwendig. Stellt der Betreuer beispielsweise bei der Deutschen Forschungsgemeinschaft (www.dfg.de) einen Antrag, oder es wird beim Deutschen Akademischen Austauschdienst (www.daad.de) innerhalb eines bestimmten Programms ein Antrag auf Finanzierung des Vorhabens gestellt, kann das Exposé als Grundlage dienen. Ein Exposé muss Zielsetzung und Organisation des Praktikums knapp, übersichtlich und präzise darstellen. Es sollte rechtzeitig vor der geplanten Feldforschung abgegeben werden, damit eventuelle Probleme noch geklärt werden können. Es muss auch für Leser, die mit Region und Thematik nicht vertraut sind, verständlich sein. Das Exposé sollte in jedem Fall, neben allgemeinen Angaben zur Person, die folgenden Punkten enthalten:

– Begründung der Wahl des Themas: Wie zu dem Thema gekommen? Anlässe? Worin liegt die Relevanz des Themas?
– *Vorarbeiten und Vorkenntnisse:* Welche Vorkenntnisse (etwa Sprachkenntnisse, besuchte Lehrveranstaltungen) sind vorhanden? Welche Vorarbeiten wurden geleistet (etwa Anfragen bei Personen im Forschungsgebiet, Spracherwerb, Kontaktaufnahme)?
– *Zielsetzung, Untersuchungsschwerpunkt und Fragestellung(en):* Die Fragestellung sollte präzise formuliert werden und das Thema nicht zu umfangreich sein.
– *Literaturlage zum Thema:* Regional und themenbezogen ein knapper Abriss, was zur Vorbereitung gelesen wurde.
– *Methoden:* Beschreibung der anzuwendenden Verfahren und Techniken
– *Arbeits- und Zeitplan:* Knappe Beschreibung der Arbeitsschritte und des Zeitplans von der Vorbereitung über die Ankunft im „Feld" bis zur Auswertung.

Für alle Vorentscheidungen, warum und wie ein Thema in einer Feldforschung untersucht werden soll, müssen Argumente angeführt werden. Jeder Schritt muss *begründet* sein. Das bedeutet sorgfältiges Nachdenken und Auseinandersetzung mit Fragestellung und Methoden schon vor der eigentlichen Feldforschung. Leider gibt es Argumente, die immer wieder genannt werden, aber keine ausreichende Begründung geben. Ein geplantes Vorgehen sollte auf keinen Fall mit einem der drei folgenden Arten von Argumenten vertreten werden: 1. Neu versus Alt: „Das war schon immer so..." – oder „Das ist das Allerneueste!" 2. Personenbezogen: „Das machen alle so", „das hat bisher noch keiner gemacht" oder „XY hat das auch gemacht" und 3. Gefühlsbekundungen: „Das ist unheimlich interessant!" Diese Arten von Argumenten werden hier angeführt, weil sie häufig sind – und wahrscheinlich auch tatsächlich einen Anstoß zu erstem Interesse geben. Aber sie sind hier auch deshalb wiedergegeben, weil man versuchen muss, sie durch Nachdenken und intensivere Beschäftigung mit dem Gegenstand zu überwinden.

Erst wenn das Ziel festgelegt ist, ist auch die *Formulierung* aller *Argumente* für oder gegen bestimmte Teilfragen, die Anwendung bestimmter Methoden auf dieses Ziel hin möglich. Das gilt für viele Arbeiten und Lebensbereiche, wenn man den Anspruch hat, „vernünftig" und systematisch vorzugehen. Allerdings ist es in der Wissenschaft unumgänglich, so vorzugehen – und es gibt keine andere Option. Das ist anstrengend, aber notwendig und auch gerechtfertigt, denn für eine Feldforschung nimmt man Hilfe und Zeit vieler anderer Menschen in Anspruch und geht damit auch eine moralische Verpflichtung ein, sein Tun angemessen zu begründen.

Selbst wenn die Fragestellung festgelegt ist, besteht häufig noch ein Problem darin herauszufinden, mit welchen Methoden man sich dem Thema am sinnvollsten nähert. Grundsätzlich gibt es zwei Vorgehensweisen, die in ethnologischen Forschungen häufig miteinander kombiniert sind: beschreibende, *deskriptive* und problemorientierte, *hypothesenprüfende Untersuchungen*. Die Lebensweise einer Gruppe erstmalig in ihrem Gesamtzusammenhang zu beschreiben, ist heute nur noch selten Ziel einer Feldforschung. Es gibt jedoch Teilbereiche, die nicht oder bislang zu wenig untersucht worden sind und erstmals beschrieben werden müssen. Etwa die Fragen: Welche Bedeutung haben Gerüche im Alltagsleben? Oder: Wie verbringen Kinder einer bestimmten ethnischen Gruppe ihren Alltag? Aber auch bei solchen Beschreibungen spielen häufig Vorannahmen und damit Hypothesen eine Rolle. Über die Beschreibung eines kulturellen Teilbereichs hinaus arbeiten Ethnologen heutzutage verstärkt problemorientiert, auch wenn sie ihre Hypothesen nicht so explizit formulieren wie das in anderen Sozialwissenschaften üblich ist (ein gutes Beispiel für ein hypothesenprüfendes Forschungsdesign gibt Diekmann 2007: 200 ff.). Bei deskriptiven Untersuchungen sind präzise Angaben, *welche Merkmale* bei welcher Bevölkerung beschrieben werden sollen und bei problemorientierten eine *präzise formulierte Hypothese* wichtigste Voraussetzung. In ethnologischen Feldforschungen spielen meist beide Voraussetzungen eine Rolle und werden in der explorativen und der problemorientierten Phase des Feldaufenthaltes unterschiedlich gewichtet.

Ist die Zielsetzung klar, können die angemessenen Methoden ausgewählt werden. Zum einen muss man dazu mehr über Voraussetzungen, Vor- und Nachteile einzelner Methoden wissen, wozu dieser Band beitragen soll. Zum anderen ist es meist notwendig, das Thema in weitere der Untersuchung zugängliche *Teilfragen* zu zerlegen. Dabei muss man darauf achten, dass diese sich tatsächlich auf Aspekte beziehen, die sich entweder in eindeutigen Verhaltensweisen ausdrücken und/oder sich direkt befragen lassen. Das heißt, die verwendeten Begriffe müssen definiert und operationalisiert werden. *Operationalisierung* bedeutet, den gewählten Begriff der Messung, der Beobachtung, bzw. Befragung zugänglich zu machen (siehe dazu auch Lang 1994: 19 ff.). Es gibt sehr abstrakte Begriffe, die schwer operationalisierbar sind. Leider haben Studierende häufig gerade für solche eine besondere Vorliebe: da soll beispielsweise „Identität" oder „Ethnizität" bei den XY untersucht werden. Andere Fragestellungen dagegen, wie beispielsweise: „Die Weitergabe von Land bei den XY" sind weniger beliebt. „Weitergabe" wäre genauer zu definieren, etwa als die Übertragung von Rechten an Land (gibt es verschiedene Besitz-, Eigentums-, Nutzungsrechte?) von einer Person an eine andere. Land könnte verschenkt, vererbt, verkauft, verpachtet etc. werden. Mit Kartierungen und ethnographischem Zensus kann man Besitzverhältnisse für einen bestimmten Ausschnitt der Bevölkerung festhalten. Beim Erfragen von Genealogien könnte auf die Frage eingegangen werden, wer von wem welches Landstück geerbt hat, und man könnte Gerichtsverhandlungen um Landkonflikte systematisch beobachten, Erzählungen über Konflikte, Schenkungen oder Verkauf von Landstücken aufnehmen etc. Wenn es dagegen um „Identität" geht, ist schon schwer zu sagen, was das ist, und häufig noch schwerer zu beschreiben, wie sie sich ausdrückt. Nutzt man etwa das Tragen bestimmter Kleidungsstücke oder die Zubereitung spezieller Mahlzeiten als beobachtbare bzw. erfragbare Merkmale „ethnischer Identität", baut man bereits auf die Hypothese auf, dass sie tatsächlich eine solche Bedeutung haben. Das soll nicht heißen, dass Untersuchungen über „Identität" unmöglich sind. Es geht darum zu zeigen, wie sich die Wahl von Fragestellungen und Begriffen auf Probleme bei der empirischen Umsetzung auswirkt.

Ein weiteres Kriterium für die Wahl der Methoden ist deren *Eignung* im gewählten *ethnographischen Kontext,* für die spezifischen Bedingungen in der untersuchten Gesellschaft. Bei einer Forschung in modernen Industriegesellschaften oder in Städten kann etwa die Teilnahme weit schwieriger sein als in einem Dorf in den Tropen, wo sich ein Großteil des täglichen Lebens ohnehin für alle sichtbar außerhalb des Hauses vollzieht (siehe zu diesem

Problem den Beitrag zur Teilnehmenden Beobachtung in diesem Band). Insgesamt muss man versuchen, durch Kenntnis bestimmter Methoden und teilweise mit gesundem Menschenverstand die Angemessenheit ihrer Anwendung abzuschätzen. Meist hilft auch ein Vorversuch (*Pretest*) zu Beginn der problemorientierten Phase der Feldforschung. So kann festgestellt werden, ob Aufwand und Nutzen eines bestimmten Verfahrens in einem akzeptablen Verhältnis zueinander stehen.

Um sich alle Argumente für und gegen die gewählte Region, Fragestellung, Teilfragen und Methoden klar zu machen, sind immer wieder Gespräche und Diskussionen mit Kollegen, erfahrenen Feldforschern und Kennern der Region notwendig. Auch die Vorstellung des eigenen Feldforschungsvorhabens in einem Seminar bzw. Kolloquium oder bei einer Tagung kann in der Diskussion zu neuen Anregungen, Ideen und eventuell zur Revidierung von Teilaspekten führen.

Es gibt neben den dargestellten inhaltlichen auch eine Reihe *praktischer Vorbereitungen*, die getroffen werden müssen. Einige unterscheiden sich nicht wesentlich von Vorbereitungen für andere längere Auslandsreisen, allerdings hängt im Fall einer Feldforschung deren Ergebnis ganz wesentlich davon ab. Abbruch, Aufschub oder längere Unterbrechung könnten die Finanzierung und das ganze Unternehmen in Frage stellen.

1. *Finanzierung:* Zur Einschätzung der entstehenden Kosten oder für die Beantragung von Forschungsgeldern ist es notwendig, rechtzeitig Kostenvoranschläge für Flüge und die notwendigen technischen Hilfsmittel einzuholen. Zur Frage, mit welchen Ausgaben vor Ort zu rechnen ist, sollte man sich bei Kollegen erkundigen, die schon in der Region gearbeitet haben. Auch die Entlohnung der Familie, bei der man lebt, und einzelner Informanten, die viel Zeit aufwenden, sollte man einplanen. Heutzutage haben die meisten Menschen, selbst in abgelegenen Gebieten, ein Einkommen, und mindestens den Verdienstausfall sollte man ersetzen. Nicht immer muss Entlohnung sich an einzelne richten, häufig kann sich auch ein Beitrag ergeben, welcher der ganzen Gemeinschaft zugute kommt. Etwa ein Zuschuss zum Bau einer Schule, zur Befestigung eines Weges, zum Bau einer Pumpe oder ähnliches. Es muss auch nicht immer Bargeld sein. Häufig sind zusätzlich mitgebrachte Dinge aus der nächsten Stadt, Fahrdienste, Hilfe bei Behördengängen, Krankentransporte oder Unterstützung bei Schriftverkehr und Übersetzungen Dienste des Ethnologen, die sehr geschätzt werden.

2. *Visum, Pass und Forschungsgenehmigung:* Notwendige Voraussetzung jeder Forschung ist heutzutage in den meisten Gebieten eine Forschungsgenehmigung. Eine solche zu beantragen, kann viel Zeit in Anspruch nehmen. Ein gültiger Pass ist Voraussetzung. In manchen Ländern ist kein Visum erforderlich, manchmal reicht auch ein einfaches Touristenvisum. Zuverlässige Informationen bekommt man bei den Auslandsvertretungen des jeweiligen Landes.

3. *Kontaktaufnahme* zu Universitäten, Bibliotheken, Museen, Kirchen, Kollegen oder Entwicklungshelfern im Land ist unbedingt ratsam. Man sollte bei den genannten Institutionen oder Personen schon vorher sein Kommen ankündigen. So erfährt man beispielsweise, ob eventuell Kollegen in der Nähe arbeiten, man erfährt, ob die Materialien in Archiven und Bibliotheken zugänglich sind, und ob man bestimmte Bescheinigungen zu deren Benutzung braucht.

4. *Krankenversicherung, Impfungen und Malaria-Prophylaxe:* Ist man länger als drei Monate unterwegs, sind die gesundheitlichen Risiken während des Aufenthalts meist nicht durch eine herkömmliche Kranken- oder Urlaubskrankenversicherung abgedeckt. Der DAAD bietet für solche Fälle eine spezielle Auslandskrankenversicherung an, aber auch bei Versicherungen sollte man sich rechtzeitig erkundigen. Bei einem Tropen-Institut, bei den Impfberatungen in Krankenhäusern oder bei Tropenärzten (und auch im Internet, etwa www.fit-for-travel.de) bekommt man die neuesten Informationen über notwendige Impfungen und die derzeit empfohlene Malaria-Prophylaxe für die jeweilige Region. Manche Impfungen (etwa Hepatitis A und B) müssen schon mehrere Wochen vor der Reise durchgeführt werden. Auch das ist bei der Zeitplanung zu beachten. Bei den genannten Stellen bekommt man außerdem Hinweise auf mitzunehmende Medikamente und Tipps für die Zusammenstellung einer sinnvollen Reiseapotheke.

5. *Geräte und Ausrüstung:* Auch die Anschaffung von Ausrüstung und Geräten (Computer, Software, Kamera, Tonaufnahmegerät, Videokamera, Kompass) sollte nicht im letzten Moment geschehen. Denn grundsätzlich gilt, dass man sich mit allen Geräten vor der Reise vertraut machen muss. Nur so bemerkt man, ob es bei der Bedienung größere Probleme als erwartet gibt, und kann einschätzen, wie die Resultate sein werden. Zu Hause ist dann noch Gelegenheit, ein Gerät umzutauschen oder sich Rat von erfahrenen Benutzern zu holen. In der Feldforschung hat man anfänglich mit so vielen äußeren Problemen und ungewohnten Bedingungen zu kämpfen, dass die Sicherheit in der Bedienung aller Geräte eine erhebliche Entlastung bedeutet.
Vor allem bei Reisen in die Tropen können Wasserfilter, mit spezifischen Mitteln behandelte Moskitonetze oder ähnliches notwendig werden. Was davon vor Ort oder was schon zu Hause angeschafft werden muss, erfährt man von Kollegen, die in der Region gearbeitet haben.

6. *Kenntnisse und Fähigkeiten:* Je nach Forschungsgebiet und Fragestellung können spezifische Fähigkeiten von Bedeutung sein. Eine Heidelberger Studentin bereitete sich etwa auf ihre Feldforschung in einem bergigen Gebiet von Papua-Neuguinea dadurch vor, dass sie an den Wochenenden Bergwanderungen unternahm. Wer bei Seezigeunern Südostasiens (Badjao) eine Feldforschung plant und nicht schwimmen kann, sollte es spätestens

jetzt lernen. Wer zur Anlage von Feldern oder über Landbesitz arbeiten will, sollte rechtzeitig lernen, wie man einen Kompass zur Vermessung und Kartierung von Landstücken benutzt.

7. *Mitbringsel und Gastgeschenke:* Ethnologen mit Erfahrung in der jeweiligen Region können am besten Auskunft darüber geben, womit man vor Ort Freude macht. Sehr zu empfehlen ist es, einige Dinge aus dem eigenen Umfeld mitzunehmen: Fotos von der eigenen Familie und Freunden, von der Wohnung, vom Arbeitsplatz und der Umgebung, eine Kassette mit verschiedenen Sorten „deutscher Musik", und eventuell eine Videokassette über Deutschland. Der Unterhaltungswert des Ethnologen ist ohnehin groß, und Erzählungen an langen Abenden über „das Leben zu Hause" werden mit Freude aufgenommen und sind gut mit Bildern zu illustrieren. So wird deutlich, dass auch der Ethnologe kein unsozialer Mensch ist und ebenfalls Verwandtschaft und ein soziales Netzwerk hat.

1.4 ... im Feld ...

Erste Kontakte zu Kollegen, die in der Region gearbeitet haben, zu Institutionen (etwa Universitäten, Behörden oder Bibliotheken) im Land haben im Allgemeinen bereits stattgefunden, bevor man im Feld ankommt. Am gewählten Ort der Forschung finden nun aber die ersten Begegnungen mit den Menschen statt, um die es eigentlich geht. Es sind diejenigen, mit denen der Ethnologe die nächsten Monate zusammenleben wird. Dieser Augenblick der ersten Begegnung ist häufig für beide Seiten aufregend und ein ganz besonderer Moment (dazu auch Fischer 2002). In beiden Regionen, in denen ich gearbeitet habe, erinnern einige Menschen vor Ort das erste Kennenlernen sehr gut, wenn auch aus einer ganz anderen Perspektive als ich. Viele spätere Gespräche begannen dann mit: „Weißt Du noch damals, als Du das erste Mal hier warst, und ..." und dann folgen Beschreibungen von gegenseitigen Missverständnissen, Missgeschicken und schönen Erlebnissen, die einen im Lauf der Zeit immer stärker miteinander verbunden haben und in der Erinnerung verklärt werden. Erste Begegnungen und die gemeinsame Geschichte mittlerweile zahlreicher Aufenthalte werden wieder und wieder erzählt – in oral orientierten Kulturen eine Gedächtnisstütze und eine häufige Form der Unterhaltung. In der Feldforschungssituation bedeutet es auch ein Anknüpfen und die Wiederaufnahme der durch die längere Abwesenheit unterbrochenen Beziehungen. In der Feldforschungsliteratur werden die ersten Begegnungen meist etwas steif als *Kontaktaufnahme* bezeichnet. Bei diesem Einstieg möchte man nichts falsch machen, ein Rezept dafür gibt es allerdings nicht: „Es gibt keine universellen Verhaltensregeln – aber die Wahrscheinlichkeit, dass Freundlichkeit, Bescheidenheit, Zurückhaltung und Höflichkeit honoriert werden, ist groß." (Illius 2006).

Es ist notwendig, bestehende Hierarchien zu respektieren und sich gleich zu Beginn der Feldforschung lokalen Autoritätspersonen vorzustellen, etwa dem Bürgermeister, Dorfältesten oder Sprecher einer bestimmten Gruppe. Sie müssen über das Forschungsvorhaben informiert werden und dürfen keinesfalls umgangen werden, auch wenn von „höherer" Stelle eine Forschungsgenehmigung vorliegt.

Wichtig ist es in dieser Phase, genau zu notieren, was vor sich geht. Man muss sich gut überlegen, welche Auswirkungen es haben könnte, wenn man sich zu eng an bestimmte Personen anschließt. Man muss vorsichtig sein, sich nicht von einer Seite vereinnahmen zu lassen und etwaige Eifersüchteleien zwischen Einzelpersonen oder Familien dadurch vermeiden, dass man ganz deutlich macht, dass es neben Spaß, Freundschaft und gemeinsamen Erlebnissen um die Arbeit geht. Deutliche Hinweise darauf, dass die ethnologische Arbeit Gespräche mit *allen* Personen, aber auch vertrauliche Behandlung von Informationen bedeutet, sind ganz besonders wichtig. Das eigene Forschungsprojekt muss, so gut es geht, auch den Einheimischen gegenüber erläutert, „übersetzt" und begründet werden. Für spezifische Fragestellungen wird man später dann *Spezialisten* oder *Hauptinformanten* auswählen. Für manche Verfahren (etwa bei der systematischen Beobachtung) wird man nach dem *Zufallsprinzip* Informanten aus einer Gesamtheit der Untersuchten auswählen oder versuchen, sich nach dem *Schneeballsystem* von einer Person jeweils die nächsten Informanten nennen zu lassen, die einem weiterhelfen können.

Den viel beschriebenen *Kulturschock* habe ich weder im Feld noch bei meiner Rückkehr nach Deutschland erlebt. Das mag an langen Vorbereitungsphasen gelegen haben, in denen bereits Kontakt zu Angehörigen der untersuchten Gesellschaften bestanden, vermutlich aber vor allem daran, dass ich bei sehr herzlichen, einfühlsamen Gastgebern mit Begabung zur interkulturellen Kommunikation lebte. Schwerer war während der Feldforschung die später eintretende Langeweile zu verkraften: wenn es zu heiß war, um zu arbeiten, für ein ruhiges Gespräch niemand im Dorf war, alle sich in den Gärten ausruhten und das letzte Buch ausgelesen war. Aber auch damit lernt man umzugehen, und leichter ist es, wenn man weiß, dass es anderen ähnlich ergangen ist. Solche persönlichen Eindrücke sind sehr gut dargestellt in eingangs bereits genannten Erfahrungsberichten (siehe dazu auch Malinowskis [1985] umstrittenes Tagebuch).

Unterschieden wird meist in eine *explorative* und eine stärker *problemorientierte Phase* der Feldforschung. „Explorativ" bedeutet nichts anderes als „entdeckend" oder „erforschend". In dieser Phase nimmt man zunächst viele verschiedene Informationen ganz unterschiedlicher Qualität auf, um sich

Abbildung 1: Die Verfasserin bei Zensusaufnahmen, Gabsongkeg, Papua-Neuguinea 1999 (Foto: H. Fischer)

im Alltag der untersuchten Gruppe zurechtzufinden. Man lernt die Namen der wichtigsten Bezugspersonen, lernt Gesichter zu unterscheiden, vertieft die Sprachkenntnisse und lernt sich in der Umgebung zu orientieren. Man richtet sich in seinem neuen Alltag ein und findet angepasst an die Gruppe, bei der man lebt, einen eigenen Lebensrhythmus im Feld. Die teilnehmende Beobachtung, das „Mitmachen", Zuhören und Lernen spielt zu Beginn der Feldforschung eine besonders große Rolle (siehe dazu den Beitrag von Brigitta Hauser-Schäublin in diesem Band). In dieser ersten Phase ist ausgiebiges Tagebuchschreiben ausgesprochen wichtig, denn gerade jetzt kann der Neuankömmling oft noch gar nicht beurteilen, welche Informationen später von Bedeutung sein werden. Auch für die spätere Einschätzung der eigenen Beziehung zu bestimmten Personen kann es beispielsweise nützlich sein, zurückzublättern und nachzulesen, unter welchen Umständen der Kontakt zustande kam und von wem die Initiative ausging.

Nach den ersten Wochen bzw. Monaten (das hängt von Dauer und Umständen der Feldforschung ab) fühlt man sich in seiner neuen Umwelt „zu Hause", hat viel gelernt und eine große Menge an Informationen erhalten. Auch die Gastgeber verstehen zu diesem Zeitpunkt besser, warum man bei ihnen ist, sie haben den Ethnologen inzwischen kennen gelernt, und es haben sich engere und vertrauensvolle Beziehungen zu Einzelpersonen entwickelt. Spätestens jetzt wird man damit beginnen, einen Zeitplan zu erstellen bzw. den im Exposé vorgesehenen zu überdenken. Nun beginnt man in der *problemorientierten Phase* mit der Anwendung spezifischer Verfahren. Einige muss man eventuell vorher erst mit einzelnen Informanten ausprobieren, man muss wissen, ob sie akzeptiert werden, ob das Vorgehen verstanden wird und mit wem man es am besten durchführt. In dieser Phase werden neben alltäglichen Gesprächen, die eine Fülle an Informationen bringen, gezielte Interviews wichtiger (siehe dazu die Beiträge von Judith Schlehe und Martin Sökefeld). Neben der teilnehmenden kann nun auch die systematische Beobachtung eingesetzt werden.

Das Feld der Ethnologen hat sich in den letzten Jahrzehnten erheblich gewandelt. Zum einen haben Ethnologen sich zunehmend *modernen* Lebensräumen zugewandt zum anderen haben sich aber auch *traditionellere* Gebiete verändert. Das hat zur Folge, dass Ethnologen heute während der Feldforschung stärker als früher ihr Augenmerk auf bereits vorhandene *schriftliche Dokumente* (siehe etwa Fischer 1998) und *Archive* lenken, die es mittlerweile in vielen Untersuchungsgebieten gibt. Im Archiv kopierte Dokumente oder auch Unterlagen, die man von Informanten bekommt, sollte man auf jeden Fall in Listen festhalten, mit Herkunft, Datum, Ort und stichwortartigem Inhalt der Dokumente, um nach längerer Feldforschung den Überblick zu behalten, welche Informationen zur Verfügung stehen.

Vor der ersten Feldforschung stellen sich viele vor, dass sie den ganzen Tag Abenteuer bestehen, mit den Menschen vor Ort unterwegs sind und neue Dinge kennen lernen. Etwas ernüchternd ist es, wenn man dann feststellt, wie viele Stunden *Schreibarbeit* „ein Abenteuer" kostet. Man erlebt viel und vor allem in der explorativen Phase ist auch vieles völlig neu. Um so länger braucht man dafür, alles zu dokumentieren und festzuhalten (zur Dokumentation siehe den Beitrag von Hans Fischer). Der wichtigste Arbeitsplatz im Feld ist also – nicht anders als zu Hause auch – der, wenn auch vielleicht provisorisch selbstgebaute, Schreibtisch. Nur mit dem Unterschied, dass man sich oft nicht aussuchen kann, wann man daran arbeitet, dass man auf die Zeiten angewiesen ist, in denen die anderen sich ausruhen oder mit ihren eigenen Dingen beschäftigt sind. Gerade in den Tropen sind das häufig die heißen Mittagsstunden. Wenn die Temperaturen am Abend dann angenehm sind, stehen wieder alle Informanten zur Verfügung, und das soziale Leben ist so intensiv, dass man sich kaum an den Schreibtisch zurückziehen kann.

Das Zusammenleben von Menschen ist immer durch unterschiedliche Interessen charakterisiert, die hin und wieder auch aufeinander stoßen. Nicht anders ist es während der Feldforschung. Das heißt, zwischen Feldforscher und Informanten, aber auch unter den Untersuchten, kommt es mit ziemlicher Sicherheit zu *Konflikten.* Bei Konflikten im Untersuchungsgebiet kann man davon ausgehen, dass eine der Parteien versucht, sich die Unterstützung des

Abbildung 2: Ein Arbeitsplatz im Feld, Gabsongkeg, Papua-Neuguinea 2000.

Ethnologen zu sichern. Auch so gerät man ungewollt „zwischen die Fronten". Wichtig ist es, sich klar zu machen, dass das „normal" ist und nicht (unbedingt) auf eigenes Verschulden zurück geht. Häufig muss man bei Konflikten dem gesunden Menschenverstand gehorchend reagieren – Patentrezepte gibt es nicht. Besonders wichtig ist gerade in heiklen Situationen die oben bereits erwähnte Sprachkompetenz. Man kann die Situation nur dann richtig einschätzen, wenn man auch Bemerkungen versteht, die nicht an einen selbst gerichtet oder nicht für einen bestimmt sind. Nur so können Konflikte rechtzeitig bemerkt werden, und man kann versuchen, offen damit umzugehen, sie zur Sprache zu bringen und zu lösen.

Gerade bei lang dauernden Feldforschungen kann es auch notwendig sein, eine *Pause* einzulegen und etwa für einige Tage in die nächste Stadt zu fahren. Verbinden kann man das damit, die Nahrungsmittelvorräte zu ergänzen, nach Post zu schauen, zu telefonieren oder E-mails zu versenden. Das heißt nicht, dass man seinen Stützpunkt auf Dauer in einem feinen Hotel mit TV, Wäscherei und Telefon einrichtet. Wichtig ist vielmehr, dass man von Zeit zu Zeit Distanz gewinnt, und aus diesem Abstand heraus sowohl über die Beziehungen vor Ort als auch über das eigene Vorgehen, den Fortgang der Forschung und eventuelle Veränderungen in der Planung nachdenkt. Dazu könnte man auch einen Kollegen in einem Nachbargebiet besuchen oder allein einen Ausflug unternehmen. Ein wenig Distanz kann helfen, Probleme in einem neuen Licht zu sehen und auf neue Ideen zu kommen. Letztlich ist Forschung auch ein kreativer Prozess, der durch zu viel Routine und Überdruss behindert wird.

Während der Feldforschung stellen sich auch *ethische Probleme*, über die man bereits vorher nachdenken sollte (siehe dazu ausführlicher Amborn [Hg] 1993; Fluehr-Lobban 1998; Rynkiewich und Spradley [Hg.] 1976). Eines davon, das meines Erachtens häufig unterbewertet wird, besteht darin, dass eine Feldforschung Geld und viel Zeit kostet, und durch Trennungen oder unbequeme Aufenthalte im Feld unter Umständen auch die Nerven von Familienangehörigen strapaziert werden. Meist erfährt man viel Unterstützung durch Freunde, Verwandte, Kollegen, durch Organisationen, die Forschungen fördern, und vor allem durch die Menschen vor Ort. Das legt Ethnologen eine große Verpflichtung und Verantwortung auf, dass sich das Vorhaben nicht nur für sie selbst, sondern auch für die Untersuchten bzw. für die Allgemeinheit lohnt. Zum einen ist das bereits eine Frage der Themenwahl, ob die Untersuchung eines bestimmten Aspektes tatsächlich zu einem besseren Verständnis wichtiger Zusammenhänge und eventuell zur Lösung praktischer Probleme der Untersuchten beiträgt. Zum anderen hängt der Erfolg jedoch auch von den eigenen Bemühungen ab. Deshalb sollte man so gut wie möglich vorbereitet sein, um der eigenen Verantwortung bei der Feldforschung gerecht zu werden.

Bei einer Methode, in der Kommunikation die Situation der Datenerhebung bestimmt und der Mensch selbst eines der wichtigsten Forschungsinstrumente ist, stellen sich ethische Fragen in allen Phasen des Forschungsprozesses und auf ganz verschiedenen Ebenen: Welches Forschungsthema wähle ich? Wie gehe ich mit Armut und struktureller Ungleichheit zwischen Angehörigen verschiedener Gesellschaften um? Wie verhalte ich mich richtig in konkreten Alltagssituationen? Viele ethische Probleme stellen sich im Alltag der Feldforschung, weil der Forscher versucht, sowohl den moralischen Standards seiner eigenen Kultur als auch denen der Einheimischen zu genügen. Greift man ein, wenn in der untersuchten Gesellschaft ‚Unrecht' geschieht? Darf man überhaupt Partei ergreifen? Bruno Illius schreibt „Manchmal hilft es schon, sich klar zu machen, dass wir nicht gerufen worden sind, oder zu überlegen, was ohne unsere Anwesenheit geschehen würde. In jedem Fall sollte man das hier nur angedeutete Spektrum möglicher ethischer Dilemmata kennen." (Illius 2006: 91)

Ethische Probleme bestehen aber auch in der Frage, ob Informanten angemessen für Arbeits- und Zeitaufwand entschädigt werden. Oder in der Frage, inwieweit der Feldforscher das Forschungsfeld verändert? Wie gehe ich mit vertraulichen Informationen um? Aber auch die Frage, inwieweit man bei systematischen Beobachtungen „verdeckt" vorgehen darf (siehe meinen Beitrag in diesem Band) ist ein ethisches Problem. Das führt weiter zur Frage, inwieweit allen Informantinnen und Informanten verständlich gemacht werden kann, was man möchte und warum man sich bei ihnen aufhält. Gelingt das nicht, werden eventuell falsche Hoffnungen und Erwartungen geweckt.

Vollständig wird es nie gelingen, deutlich zu machen, welche Ziele hinter der Feldforschung stehen. Als Ideal sollte aus ethischen Gründen jedoch angestrebt werden, die Menschen, mit denen man während der Feldforschung zusammenlebt, so weit wie möglich über die eigenen Motive und Absichten aufzuklären (vgl. AAA 1998).

1.5 … und danach

Zusammengenommen dauern Feldforschungsvorbereitungen und die spätere Auswertung der Daten meist länger als die eigentliche Feldforschung, vom Transkribieren der Interviews über das Ordnen von Informationen und das Auswerten von quantitativen Daten mit computergestützten Verfahren bis hin zum Schreiben eines Berichts oder Artikels. Wie schon erwähnt, sind Auswertungsverfahren nicht Gegenstand dieses Sammelbandes. Hier nur einige Hinweise zur späteren Darstellung der Forschungsergebnisse.

Bei der Darstellung der Ergebnisse besteht immer ein Konflikt. Einerseits müssen Daten überprüfbar sein, andererseits stellt der Schutz der Persönlichkeitsrechte eine entscheidende ethische Forderung dar. Durch Anonymisierung können zwar Einzelpersonen geschützt werden, für die Untersuchten selbst ist es jedoch meist kein Problem, durch den beschriebenen Kontext die Anonymisierung schnell zu entschlüsseln. Man muss sich also genau überlegen, wer die Ergebnisse lesen wird. Schickt man diese Version an die Untersuchten? Ist es ein Feldforschungsbericht, der in der Schublade des Professors verstauben wird? Oder plant man, den Bericht im Internet zu veröffentlichen? Für die Abfassung eines Berichts und die Zusammenfassung von Ergebnissen ist es grundsätzlich entscheidend, vorher zu klären, an wen sich der Text richtet und mit welchem Interesse er gelesen wird (ausführlicher zum Schreiben wissenschaftlicher Texte in der Ethnologie siehe auch Beer und Fischer 2003).

Die Reflexion der Beziehungen zu den Untersuchten, die Kritik der eigenen Forschungspraxis, der Frage von Distanz und Nähe, von Differenz und der Repräsentation „des Anderen" sind wichtige Bestandteile ethnologischer Diskussionen. Ethnologische Daten liegen häufig in sprachlicher Form vor. Es werden „Texte" erhoben oder Beobachtungen notiert, die in wissenschaftliche Texte übersetzt werden. Die Writing Culture-Debatte der achtziger und neunziger Jahre hat diese Transformationen in den Mittelpunkt gestellt. Die theoretischen Auseinandersetzungen sind Gegenstand zahlreicher Publikationen und sollen hier nur als Anregung zum Weiterlesen gegeben werden (Berg und Fuchs [Hg.] 1993; Marcus und Fischer 1999; Robben und Sluka [Hg.] 2007); Sie würden Umfang und Zielsetzung dieses Handbuchs übersteigen.

Bei der Darstellung von Feldforschungsergebnissen sollte immer der Vorgehensweise, der *Darstellung der Datengewinnung*, ausreichend Raum gegeben werden. Es muss so genau wie möglich beschrieben werden, wie Informanten ausgewählt, Daten erhoben und Informationen später ausgewertet wurden. Auch Veränderungen des Forschungsvorhabens aufgrund lokaler Gegebenheiten, Probleme in der Interaktion mit den Untersuchten sowie eine Beschreibung der Rolle des Ethnologen im Feld gehören dazu. Das muss nicht in eine große „Nabelschau" ausarten. Entscheidend ist, dass Leser genügend Hintergrundinformationen erhalten, um die vorgelegten Ergebnisse einordnen und bewerten zu können. Ohne eine Darstellung der Methode ist Quellenkritik kaum möglich. Bei der späteren Abfassung eines Berichts kann das Exposé hilfreich sein. Wie war der Aufenthalt ursprünglich geplant? In welchen Punkten gab es Abweichungen? Welche Methoden sollten versucht werden? Welche haben sich ganz besonders bewährt und warum? Diese Informationen spielen auch für andere Ethnologen eine Rolle, die zu einer ähnlichen Thematik oder in demselben Gebiet forschen wollen.

Um den Zusammenhang der verschiedenen Phasen der Feldforschung, die notwendigen Tätigkeiten und die Fragen, die man sich jeweils stellen sollte deutlich zu machen, abschließend eine zusammenfassende Übersicht in Tabelle 1.

1.6 Globalisierung, veränderte „Felder" und mobile Informanten

Heute von ‚der' Feldforschung zu sprechen ist problematisch geworden. Je nach theoretischer Ausrichtung und globaler Vernetzung jeweiliger lokaler Kontexte müsste bei allen Gemeinsamkeiten wohl eher von Feldforschungen gesprochen werden. Feldforschung mit der Betonung der Teilnahme wurde für die Erforschung von Gesellschaften entwickelt, in denen die Teilnahme am Alltag relativ unproblematisch möglich war. In modernen Industriegesellschaften mit durchorganisierten Arbeitsabläufen und veränderten Vorstellungen von „Privatheit" ist sie nur in einer angepassten Form durchführbar. Dennoch ist teilnehmende Feldforschung auch in Industriegesellschaften möglich, wenn auch die Teilnahme auf bestimmte Tätigkeiten und Kontexte eingeschränkt ist und das ‚Feld' ein Netz aus Beziehungen ist, dessen Abgrenzung nach Vered Amit (2000) ‚konstruiert' ist. Feldforschung als Methode kann nicht von theoretischen Entwicklungen losgelöst betrachtet werden, beide sind eng miteinander verbunden. Bei allen methodologischen und theoretischen Veränderungen hat die Feldforschung jedoch ihre zentrale Bedeutung behalten (Wolf 2001). Die Bedeutung Teilnehmender Beobachtung in der Feldforschung

Phase	Tätigkeiten	wichtige Fragen
Vorbereitung inhaltlich	Lektüre der regionalen u. thematischen Fachliteratur Zielformulierung Wahl der Region, Spracherwerb Schreiben des Exposés Gespräche mit Fachleuten/Vorstellen +Diskussion des Vorhabens	Warum Feldforschung? Was will ich wissen? Mit welchen Methoden kann ich das Thema untersuchen?
praktisch	Visum beantragen, Forschungs- genehmigung einholen Flug buchen Arztbesuch/Impfungen Kauf der Ausrüstung Ausprobieren von Geräten	Welche Geräte brauche ich? Beherrsche ich deren Bedienung?

Feldforschung
 	
  Anreise über eine
  dem Ort nahe
  gelegene Stadt
	Kontaktaufnahme zu KollegInnen im
	Land, Entwicklungsorganisationen, Kir-
	chen, Besuch v. Archiven, Bibliotheken,
	Museen
		Wo und bei wem finde
		ich im jeweiligen Land
		zusätzliche Informationen?

Explorative Phase	Kontaktaufnahme beschreiben Alltag festhalten Spracherwerb Beginn der Datenerhebung	Lässt sich das Thema wie geplant bearbeiten? Welche Informanten kommen wofür in Frage?
Problem-orientierte Phase	Auswahl von Informanten Erhebung spezifischer Daten Eventuell Neuformulierung der Fragestellung	Sind die Methoden angemessen?
Datenbearbeitung	Transkription von Interviews Eingabe der Daten in Computerprogramme	Wie können Daten zugäng- lich gemacht werden? Wie werden sie am besten zur Auswertung aufberei- tet?
Datenauswertung	Nutzung spezieller Analyseverfahren	
Niederschrift	Abfassung eines Berichts, der Magister- arbeit oder Dissertation	Für welchen Leserkreis ist der Bericht bestimmt?

Tabelle 1: Phasen der Feldforschung

hat dazu geführt, dass die Beziehung zwischen Befragung und Beobachtung in interkulturellen Situationen, zwischen Aussagen über Werte und Normen und tatsächlichem Verhalten der Informanten in der Ethnologie zunehmend problematisiert wurde. Das ist eine der Stärken der Feldforschung, die in vielen modernen und veränderten Kontexten ihre Bedeutung beibehalten hat. ‚Zuhause‘ und ‚Feld‘ sind durch Technologie und neue Medien enger miteinander verbunden als dies noch vor dreißig Jahren der Fall war. Wohin früher eine Schiffspassage Wochen dauerte, gelangt man heute in einem Tag mit dem Flugzeug; mit Menschen an Orten, wohin Briefe Wochen unterwegs waren, werden heute in Sekunden E-Mails ausgetauscht.

Teilweise sind ‚Feld‘ und ‚Heimat‘ auch nicht mehr klar voneinander zu trennen. Manche Wissenschaftler/innen aus außereuropäischen Gesellschaften gehen zunächst ins Ausland um zu studieren und kehren dann in ihre Heimat zurück, um dort Feldforschung durchzuführen. Aber auch Forscher/innen aus Europa und den USA betreiben Feldforschung immer häufiger in ihren eigenen Gesellschaften, meist in bestimmten kulturellen Teilbereichen dieser komplexen Industriegesellschaften. So hat etwa Cathy Small (1997) zunächst tonganische Migranten in den USA und Tonga untersucht und in einem späteren Projekt College-Studenten in den USA. Sie hat sich dazu in einem College einquartiert und teilnehmend die Innenperspektive der Studierenden kennen und verstehen gelernt. Die Ergebnisse publizierte sie unter einem Pseudonym (Nathan 2005). Als methodisches Hilfsmittel, aber auch als zu untersuchendes ‚Feld‘ innerhalb moderner komplexer Gesellschaften, rückt das Internet stärker in den Mittelpunkt. Wolfe und Hagen (2002) etwa stellen eine elektronische Ethnographie des Gesundheitswesens und der *human services* der Tampa Bay-Region in den USA vor. Mit Hilfe eines elektronischen Informationssystems konnten sie die Beziehungen von mehr als tausend Institutionen und Einrichtungen und mehreren tausend nicht-institutionalisierten Hilfsprogrammen und Dienstleistungen erheben und mit netzwerkanalytischen Methoden auswerten. Durch verbesserte technische Möglichkeiten können sehr große Datenmengen aufgenommen, gespeichert und analysiert werden.

Näher an Feldforschung und Teilnehmender Beobachtung ist Elizabeth Birds Ethnographie, die aus einem Forschungsprojekt entstand, in dem sie am Beispiel einer Fernsehserie über nordamerikanische Indianer untersuchte, wie Menschen sich auf unterschiedliche Medien beziehen (Bird und Barber 2002). Dabei nahm sie an Forendiskussionen einer virtuellen Fan-Gemeinde teil. Bird interviewte Mitglieder und bat sie auf ihre Interpretationen der virtuellen Gemeinschaft zu antworten. Auf diese Weise erfuhr sie viel über die Rolle des Internets in der Fan-Kultur, aber auch über die Rolle, die das Internet als Massenmedium für die moderne westliche Gesellschaft spielt (ebd. 130). Bird und Barber betonen, dass die Nutzung des Internets nicht eine neue Methode sei, sondern ein ‚Feld‘, in dem herkömmliche Methoden wie Beobachtung,

Interview und Teilnahme angewandt und ‚virtuelle Ethnographie' betrieben werden können. Die Kontextualisierung von Daten in der Lebenswelt der Untersuchten und der Vergleich von normativen Aussagen und tatsächlichem Verhalten sind im Internet jedoch nur begrenzt möglich. Einen Einblick in Ansätze ‚virtueller Ethnographien' geben die Beiträge der Online-Zeitschrift „Forum Qualitative Sozialforschung" (Domínguez et al. [Hg.] 2007).

Im Zusammenhang mit zunehmender Migration wurden Ethnographien immer häufiger, die das Leben an mehreren Orten beschreiben, die weit auseinander liegen können. George Marcus (1995) hat die sogenannte ‚multisited ethnography' dargestellt, in der Wissenschaftler als ‚circumstantial activists' ihren Forschungsgegenstand konstruieren. Fruchtbarer erscheint der Vorschlag von Gisela Welz (1998), die Vorteile der ‚klassischen' ethnologischen Feldforschung auch auf die von ihr so bezeichneten ‚moving targets', also etwa Migranten, in einer immer mobiler werdenden Welt anzuwenden. Sie macht auch deutlich, dass es gegenwärtig in erster Linie um eine Veränderung des Blickwinkels in Theorie und Methodik der Kulturwissenschaften geht – Mobilität und internationale Vernetzung durch Beziehungen über Grenzen hinweg gibt es tatsächlich schon sehr viel länger als die Beschwörung zunehmender Globalisierung. Auch in nach wie vor langdauernden stationären Feldforschungsstudien, bei denen mittels Teilnehmender Beobachtung detaillierte Daten auf der Mikroebene gewonnen werden, geht niemand mehr von einer abgeschlossenen Einheit aus. Internationale Vernetzung und die Einbindung lokaler Akteure in globale Zusammenhänge sind heute eine Selbstverständlichkeit. Die Forschungsfelder verändern sich rapide und damit werden auch Langzeit-Untersuchungen von einem oder mehreren Forschern immer wichtiger (Kemper und Royce 2002). Wiederholungsaufenthalte, gezielte restudies und die Fortsetzung des Kontaktes zwischen den Forschungsaufenthalten durch Brief, E-Mail oder SMS ermöglichen zum einen Entwicklungen auch während der Abwesenheit zu verfolgen, zum anderen den Kontakt zu den Menschen aufrechtzuerhalten, die nicht bloß ‚Informanten' bleiben, sondern zu vertrauten Menschen werden können.

1.7 Feldforschung in der „eigenen" Gesellschaft

Auf die Relativität des „Eigenen" und „Fremden" und die dynamische Spannung zwischen diesen Polen wurde bereits hingewiesen. Feldforschungen sind dynamischer geworden, da die Menschen und ihre Netzwerke weniger lokalisiert und fixiert sind, und Feldforschung wird zunehmend auch in vertrauten kulturellen Kontexten angewandt. Feldforschung in der ‚eigenen' (häufig multikulturellen) Gesellschaft stellt Ethnologen, Soziologen und Psychologen vor besondere Probleme der Forschung und interkulturellen Kommunikation, denn das Spannungsfeld eigen/fremd muss hierbei unablässig reflektiert werden. Am Beispiel einer Untersuchung deutsch-philippinischer Ehen in Hamburg (Beer 1996) kann dies verdeutlicht werden: Bei der Forschung mit deutsch-philippinischen Ehepaaren war es etwa von Bedeutung, mich immer wieder zu distanzieren. Die Gefahr bestand zu glauben, ich wüsste, was beispielsweise „deutsche Männer" von ihrer Ehe mit einer philippinischen Frau erwarteten.

Die Haltung, eigene Werte und Vorstellungen zu reflektieren und sich von ihnen zu lösen, hat hier noch größere Bedeutung als ohnehin in der Wissenschaft. In der Ethnologie hat die reflexive Haltung zur „Produktion" ihrer Daten eine lange Geschichte. Die Reflexion muss sich aber auch auf die Gefahr des Othering und Exotisierens beziehen. Migranten etwa, die bereits seit vielen Jahren in der Aufnahmegesellschaft leben, auf ihre kulturelle Andersartigkeit zu reduzieren, wäre ein großer Fehler. Die Verwirklichung des Ideals eines holistischen Ansatzes ist noch stärker eingeschränkt. In einer Migrantengruppe im städtischen Umfeld, in dem die Informanten sich in sehr unterschiedlichen, komplexen Lebens- und Arbeitszusammenhängen (Krankenhaus, Bank, Haushalt, Schule, Fabrik etc.) bewegen, ist es auch nicht annähernd möglich, diese ganz zu erfassen. Dennoch sollte das Ziel, Forschungsthemen in weitere Kontexte einzubetten, nicht aus den Augen verloren werden. In einer Gemeinschaft von Migranten Feldforschung zu machen, ohne deren Sprache mindestens passiv zu beherrschen, wäre etwa ein Fehler. Die Möglichkeit, eine gemeinsame Verkehrssprache zu nutzen, kann zum einen dazu führen, dass die Notwendigkeit des Erwerbs der lokalen Sprache unterschätzt wird. Zum zweiten können Unterhaltungen zwischen anderen Personen im Feld nicht verfolgt werden, und wichtige Informationen über soziale Beziehungen, die sich auch auf Stile der interkulturellen Kommunikation auswirken, gehen verloren.

Ein nicht nur praktischer Aspekt der Forschung in der eigenen Gesellschaft und eventuell sogar gewohnten Umgebung besteht darin, dass man die Rollen in seinem vertrauten Umfeld (Angestellter der Universität, Familienmitglied, Freundin) auch weiterhin ausfüllen muss, was zu erheblichen Doppel- (und Dreifach)belastungen führen kann. Feldforschung an einem von dem eigenen Alltag weit entfernten Ort kann es erleichtern, sich sehr viel intensiver in neue soziale Netzwerke und Lebenszusammenhänge zu integrieren. Ulf Hannerz schrieb, seine multi-lokale Feldforschung unter Auslandskorrespondenten „was never full time" (Hannerz 2007: 366). Teilzeit-Feldforschung ist für viele aus zeitlichen, persönlichen und finanziellen Gründen die einzige Möglichkeit: „Professional or domestic obligations make the possibility of simply taking off for a field for a continuous stretch of another year or two appear rather remote. For some that means never going to the field again, so there is no ‚second society' experience of the kind which would supposedly broaden your intellectual horizons." (ebd.)

Ein letztes Problem, das in der eigenen Gesellschaft von noch größerer Bedeutung werden kann als bei der Forschung in weit entfernten Gebieten, besteht darin, dass häufig von Interessengruppen klare Stellungnahmen erwartet werden und damit die besondere Verantwortung der Wissenschaft sehr deutlich wird. Forschungsergebnisse können in unterschiedlichen Argumentations- und Diskussionszusammenhängen genutzt und auch missbraucht werden. Auf Anfragen von Medien, Hilfsorganisationen oder Behörden muss man gefasst und auf ethische und politische Konsequenzen vorbereitet sein, die jede Stellungnahme mit sich bringt. Diese Konsequenzen wird der Feldforscher in einer modernen multikulturellen Gesellschaft auch mit den Personen diskutieren müssen, die „Gegenstand" seiner Forschung waren. Sie können nicht nur seine Empfehlungen oder Kommentare verfolgen, sondern auch seine Publikationen lesen und Vorträge hören. Solche kritischen Auseinandersetzungen können wiederum der wissenschaftlichen Arbeit zugutekommen. Das macht die Feldforschung in der eigenen Gesellschaft nicht einfacher, sondern zu einer besonderen Herausforderung.

1.8 Literatur

AAA American Anthropological Association
1998   Codes of ethics of the American Anthropological Association. <http://www.aaanet.org/committees/ethics/ethcode> [12.1.2008]

Amborn, Hermann (Hg.)
1993   Unbequeme Ethik. Überlegungen zu einer verantwortlichen Ethnologie. Berlin.

Amit, Vered (Hg.)
2000   Constructing the field: Ethnographic fieldwork in the contemporary world. London, New York.

Atkinson, Paul; Amanda Coffey; Sara Delamont et al. (Hg.)
2001   Handbook of Ethnography. London, Thousand Oaks, New Delhi.

Beer, Bettina
1996   Deutsch-philippinische Ehen. Interethnische Heiraten und Migration von Frauen. Berlin.
2002   Zusammenarbeit mit einer Hauptinformantin: Feldforschung, Freundschaft und die Entgrenzung des „Feldes". In: Hans Fischer (Hg.), Feldforschungen. Erfahrungsberichte zur Einführung, 153–171. Berlin.

Beer, Bettina und Hans Fischer
2003   Wissenschaftliche Arbeitstechniken in der Ethnologie. Eine Einführung für Studierende. Berlin.

Berg, Eberhard und Martin Fuchs (Hg.)
1993   Kultur, soziale Praxis, Text. Die Krise der ethnographischen Repräsentation. Frankfurt am Main.

Bernard, Russel H.
2006   Research Methods in Anthropology. Qualitative and Quantitative Approaches. Lanham, New York, Toronto, Oxford. Bernard, Russel H. (Hg.)

Bernard, Russel H. (Hg.)
1998   Handbook of Methods in Cultural Anthropology. Walnut Creek, London, New Delhi.

Bird, Elizabeth S. and Jessica Barber
2002   Constructing a virtual ethnography. In: Angrosino, Michael V. (Hg.), Doing Cultural Anthropology. Projects for Ethnographic Data Collection, 129-139. Prospect Heighs, Illinois.

Borgatti, Stephen P.
1994   Cultural Domain Analysis. In: Journal of Quantitative Anthropology 4: 267–278.

Bowen, Elenore Smith
1984   Rückkehr zum Lachen: ein ethnologischer Roman. Berlin. [Original: Return to Laughter. 1954]

Diekmann, Andreas
2007   Empirische Sozialforschung. Grundlagen, Methoden, Anwendungen. Reinbek bei Hamburg.

Domínguez, Daniel, et al. (Hg.)
2007   Virtuelle Ethnographie. Forum Qualitative Sozialforschung 8 (3). <http://www. qualitative-research.net/fqs/fqs-d/inhalt3-07-d.htm> [31.12.2007]

Ember, Carol R. und Melvin Ember
2001   Cross-Cultural Research Methods. Walnut Creek, London, New Delhi.

Fischer, Hans
1998   Protokolle, Plakate und Comics. Feldforschung und Schriftdokumente. (Materialien zur Kultur der Wampar, Papua New Guinea, Bd. 5). Berlin.
2002   Einleitung: Über Feldforschungen. In: ders. (Hg.), Feldforschungen, 9–24.

Fischer, Hans (Hg.)
2002   Feldforschungen. Erfahrungsberichte zur Einführung. (Neufassung). Berlin.

Fischer, Hans und Bettina Beer (Hg.)
2006   Ethnologie. Einführung und Überblick. Berlin.

Fluehr-Lobban, Carolyn
1998   Ethics. In: H. R. Bernard (Hg.), Handbook of Methods in Cultural Anthropology, 173–202. Walnut Creek.

Foster, George M. et al. (Hg.)
1979   Long-Term Field Resesarch in Social Anthropology. New York, San Francisco, London.

Hannerz, Ulf
2007 Being there…and there… and there! Reflections on multi-site ethnography. In: Robben, Antonius C.G.M and Jeffrey A. Sluka (Hg.), Ethnographic Fieldwork. An Anthropological Reader, 359-367. Malden, Oxford, Carlston.

Hauser-Schäublin, Brigitta
2002 Gender: Verkörperte Feldforschung. In: H. Fischer (Hg.), Feldforschungen, 73–99. Berlin.

Illius, Bruno
2006 Feldforschung. In: H. Fischer u. B. Beer (Hg.), Ethnologie. Einführung und Überblick. Berlin

Kemper, Robert V. and Anya Peterson Royce (Hg.)
2002 Chronicling cultures. Longterm field research in anthropology. Walnut Creek, London, New Delhi.

Lang, Hartmut
1994 Wissenschaftstheorie für die ethnologische Praxis. (Zweite, vollständig überarbeitete und erweiterte Neuauflage). Berlin.

Lissman, Urban
2001 Inhaltsanalyse von Texten: Ein Lehrbuch zur computerunterstützten und konventionellen Inhaltsanalyse. Landau.

Malinowski, Bronislaw
1985 Tagebuch im strikten Sinn des Wortes. Neuguinea 1914–1918. Frankfurt a. M.

Marcus, George E.
1995 Ethnography in/of the world system: The emergence of multi-sited ethnography. In: Annual Review of Anthropology 24: 95-117.

Marcus, George E. and Michael M. J. Fischer
1999 Anthropology as cultural critique: an experimental moment in the human sciences. Chicago.

Nathan, Rebekah
2005 My freshman year: what a professor learned by becoming a student. Ithaca, NY.

Powdermaker, Hortense
1966 Stranger and Friend. New York.

Robben, Antonius C.G.M. und Jeffrey A. Sluka (Hg.)
2007 Ethnographic Fieldwork. An Anthropological Reader. Malden, Oxford, Carlston.

Rynkiewich, Michael A. und James P. Spradley (Hg.)
1976 Ethics and Anthropology. New York.

Schweizer, Thomas
1998 Epistemology. The Nature and Validation of Anthropological Knowledge. In: H. R. Bernard (Hg.), Handbook of Methods in Cultural Anthropology, 39–89. Walnut Creek.

Small, Cathy
1997   Voyages. From Tongan villages to American suburbs. Ithaca, NY.

Stagl, Justin
2002   Feldforschungsideologie. In: H. Fischer (Hg.), Feldforschungen, 267–291.
            Berlin.

Welz, Gisela
1998   Moving targets. Feldforschung unter Mobilitätsdruck. In: Zeitschrift für Volks-
            kunde 94: 177-194.

Wolf, Eric R.
2001   On fieldwork and theory. In: Wolf, Eric R. and Sydel Silverman (Hg.), Pathways
            of Power. Building an Anthropology of the Modern World, 49-62. Berkeley, Los
            Angeles, London.

Wolfe, Alvin and Guy Hagen
2002   Developing an electronic ethnography. In: Angrosino, Michael V. (Hg.), Doing
            Cultural Anthropology. Projects for Ethnographic Data Collection, 139-149.
            Prospect Heighs, Illinois.

Anmerkung

1 In der Einleitung wie auch in den folgenden Beiträgen wird hauptsächlich das grammatische männliche Geschlecht verwendet, um die Lesbarkeit der Texte zu erleichtern. Dies
  wird als sprachliche Konvention und nicht als Klassifikation der Geschlechter verstanden.

Brigitta Hauser-Schäublin

2 Teilnehmende Beobachtung

2.1 Einleitung

Die *Teilnehmende Beobachtung*, so lernen Studierende der Ethnologie schon in der Einführungsveranstaltung, ist die methodische Besonderheit ethnologischer Feldarbeit. Oft wird ethnologische Feldforschung mit Teilnehmender Beobachtung gleichgesetzt, denn beides impliziert, dass der Forscher sich längerfristig bei einer Gruppe einen Platz sucht und mit den Menschen hautnah zusammenlebt, um auf diese Weise möglichst viel über ihr Leben zu erfahren. Wenn diese allgemeine Aussage auch nicht falsch ist, so ist sie zumindest unpräzise. Was es mit Teilnahme genauer auf sich hat, ist Gegenstand dieses Beitrags. Am Ende jedes thematischen Abschnitts sind Fragen angefügt, die zum eigenen Weiterdenken bzw. als Ausgangspunkt für eine Diskussion dienen können.

Eine erste Annäherung an ‚Teilnahme‘ zeigt, dass sich darunter, zumindest in der Alltagssprache, Verschiedenes verstehen lässt: Wenn mir jemand erzählt, er hätte an einem Weltcup-Fußballspiel teilgenommen, dann nehme ich an, dass er als Zuschauer mit dabei war. Wenn mir die selbe Person berichtet, sie hätte am letzten New Yorker Marathonlauf teilgenommen, dann bin ich beeindruckt von ihrer Sportlichkeit, weil mir mein Gesprächspartner zu Verstehen gegeben hat, dass er einer der Läufer gewesen ist. Der Unterschied zwischen dem ersten und dem zweiten Beispiel besteht darin, dass es sich im ersten Fall um passive, im zweiten um aktive Teilnahme gehandelt hat. In beiden Fällen ging es jedoch um ein Mit-Dabei-Sein – eben ein ‚Teil‘ von etwas sein –, einmal als Zuschauer oder Fan, der ‚seine‘ Mannschaft angefeuert hat, einmal als Sportler, der mit vielen Hunderten von Läufern den langen Weg in Angriff genommen hat. Aktivität im Zusammenhang mit anderen Menschen, die das Gleiche tun, ist also in beiden Fällen wichtig; jedoch ist die Rolle des Handelnden verschieden. Die Bezeichnung *Teilnehmer* dient in der Regel nicht dazu, die Rolle eines Anführers, Initianten oder gar eines Organisators von Handlungen zu bezeichnen; vielmehr dient sie zur Kennzeichnung von Inhabern eher unauffälliger Rollen. Dabei liegt die Entscheidung, wie aktiv bzw. passiv jemand sein muss um als Teilnehmer zu gelten – etwa im Zusammenhang mit unseren Sportbeispielen – nicht nur bei der individuellen Person. Vielmehr gibt es für jede Teilnahme Bedingungen der Zulassung und der Ausgrenzungen, über die andere Menschen (mit-) entscheiden.

Und wie steht es mit ‚Teilnahme‘, wenn ich jemandem anlässlich eines Todesfalls meine Teilnahme oder Anteilnahme ausspreche? Auch damit drücke ich eine Aktivität im Zusammenhang mit anderen Menschen aus, aber es handelt sich nicht in erster Linie um eine physische, sondern um eine psychische: Mitfühlen, mittrauern, mitleiden – ein Mit-Dabei-Sein auf emotionaler Ebene also.

Teilnahme kann bei ethnologischer Feldforschung ein ganzes Spektrum unterschiedlichsten Engagiert-Seins des Forschers mit den Menschen, die er untersuchen möchte, umfassen. Physische Nähe – das ist wohl die allgemeinste Voraussetzung überhaupt für Teilnehmende Beobachtung. Was EthnologInnen von ihrer eigenen Teilnahme in den verschiedensten Situationen selber halten, wie sie – etwa im Nachhinein – darüber denken und inwieweit sie auch emotional mit den Stimmungen und Gefühlen der Menschen, die sie untersuchen, gleich geschaltet sind, ist eine ganz andere Frage. Teilnehmende Beobachtung basiert in jedem Fall auf sozialen Beziehungen zwischen ForscherIn und den zu untersuchenden Menschen. Sie ist – als Methode – das Gegenteil von Untersuchungen im Labor, bei denen möglichst Dinge und Sachverhalte untersucht werden, auf die der Beobachter gar nicht oder nur gering einwirkt. Laborexperimente lassen sich – unabhängig von der Person des Forschers – nahezu beliebig wiederholen; die Resultate gelten deshalb als intersubjektiv überprüfbar und objektiv. Teilnehmende Beobachtung ist von jeder Situation vor Ort, von den Menschen, die gerade daran teilhaben und wie sie miteinander interagieren, abhängig; sie lässt sich deshalb auch nie genau gleich wiederholen. Die mittels Teilnehmender Beobachtung gewonnenen Daten sind immer von den Interaktionen des Forschers mit seinem Untersuchungsfeld geprägt (s. auch S. 55).

2.2 Wie alles begann

Die Ethnologie hatte sich in ihren Anfängen – als sie im Gefolge von Kolonialherren und Missionen auszog, um fremde Kontinente und Länder zu erforschen – als Wissenschaft verstanden, die in erster Linie schriftlose Kulturen untersuchte. Indigene Archive, alltägliche Aufzeichnungen oder auch solche von Spezialisten, die es ermöglicht hätten, Kenntnis über eine Gesellschaft und deren Geschichte zu erlangen, fehlten deshalb weitgehend. Da sich die Menschen weit ab von Europa auch in Sprachen unterhielten, die den reisenden Wissenschaftlern nicht vertraut waren, war es nur beschränkt möglich, Näheres über diese Menschen, ihr Leben, Denken, Handeln und Fühlen zu erfahren. Bekanntlich hat Rivers, der an der Torres-Strait-Expedition von 1889/99 teilgenommen hatte, dieses Manko erkannt und 1913 gefordert, dass künftig für ethnologische Untersuchungen stationäre Feldforschung notwendig sei, um die Menschen dieser Gesellschaften und ihre Kultur näher kennen zu lernen bzw. zu erforschen (Kohl 1990: 231–232). Bronislaw Malinowski hat als erster diese Forderung ernst genommen und sie theoretisch und praktisch umgesetzt. Mit der ersten stationären Feldforschung 1915 bis 1918 auf den Trobriand-Inseln im Südosten der Insel Neuguinea hat er die Teilnehmende Beobachtung geschaffen. Seither gilt sie als Standardmethode der Feldforschung überhaupt. Er hat sie ausführlich in seinem Buch *Argonauts of the Western Pacific* (1922) dargelegt. Dewalt und Dewalt (2002: 5) weisen darauf hin, dass eigentlich bereits Frank Hamilton Cushing, der im Auftrag des Smithsonian Institution's Bureau of Ethnology in den 1870er Jahren zu den Zuñi Pueblo in Südwesten der U.S.A. ausreiste und dort dann viereinhalb Jahre verbrachte, die Methode der Teilnehmenden Beobachtung 40 Jahre vor Malinowski gelebt und beschrieben hat. Wie Spittler bemerkt (2001: 2), stammt der Begriff der Teilnehmenden Beobachtung nicht von Malinowski, sondern tauchte erst fast 20 Jahre später erstmals in der Ethnologie auf (bei der Ethnologin Florence Kluckhohn 1940); Dewalt und Dewalt (2002: 7–8) nennen Eduard C. Lindemann den ersten Sozialwissenschaftler, der diesen Begriff 1924 zur Bezeichnung einer besonderen Methode geprägt hat (vgl. dazu auch Spittler 2001: 2).

Malinowskis Beschreibung, wie er sich im Trobriand-Dorf Omarakana installierte und seine Feldarbeit begann, also genau das, was erst später in der Ethnologie als Teilnehmende Beobachtung bezeichnet wurde, lautet folgendermaßen:

„Bald schon, nachdem ich mich in Omarakana (Trobriand-Inseln) niedergelassen hatte, nahm ich auf bestimmte Weise am Dorfleben teil, indem ich erwartungsvoll den wichtigsten der festlichen Ereignissen entgegensah, am Klatsch und an der Entwicklung der kleinen Dorfbegebenheiten persönlich

Anteil nahm und jeden Morgen zu einem Tag erwachte, der sich mir mehr
oder weniger so darstellte wie den Eingeborenen. Ich komme unter dem Mos-
kitonetz hervor und finde um mich herum das Dorfleben, wie es sich zu regen
beginnt oder wie die Leute in ihrer Arbeit schon fortgeschritten sind, je nach
Tages- und auch Jahreszeit, denn sie stehen auf und beginnen ihre Arbeit früh
oder spät, wie die Arbeit dies erfordert. Wenn ich meinen Morgenspaziergang
durch das Dorf machte, konnte ich intime Details des Familienlebens sehen,
Toilettemachen, Kochen, Essen. Ich konnte die Erledigungen der Tagesarbeit
beobachten, Leute, die mit ihren Besorgungen begannen oder Gruppen von
Männern und Frauen, die mit irgendwelchen Handarbeiten beschäftigt waren
[…]. Streitigkeiten, Scherze, Familienszenen – Ereignisse, die gewöhnlich
trivial, manchmal dramatisch, aber immer bedeutsam waren, bildeten die
Atmosphäre meines täglichen Lebens wie auch des ihren. Es muss daran
erinnert werden, dass die Eingeborenen, weil sie mich jeden Tag sahen, auf-
hörten, aufgrund meiner Gegenwart interessiert oder beunruhigt zu sein oder
sich ihrer selbst bewusst zu werden. Ich war nun nicht länger ein Störfaktor in
dem Stammesleben, das ich studieren wollte und das sich durch meine bloße
Ankunft zu verändern begann, wie es bei einem Neuankömmling in jeder
unzivilisierten Gemeinschaft [im Original: savage community, was heute
eher mit „indigener Gemeinschaft" übersetzt werden würde] geschieht. Als
sie wussten, dass ich meine Nase in alles stecken würde, sogar in Dinge, bei
denen ein wohlerzogener Eingeborener nicht im Traum auf die Idee käme
zu stören, kamen sie schließlich dahin, mich als Bestandteil ihres Lebens zu
betrachten, als ein notwendiges, durch Tabakschenkungen gemildertes Übel
oder Ärgernis.

Im weiteren Tagesverlauf spielte sich alles, was geschah, in meiner unmittel-
baren Nähe ab; es war unmöglich, dass etwas meiner Aufmerksamkeit ent-
ging. Aufregung wegen der Ankunft des Zauberers am Abend, ein oder zwei
wirklich ernste Streitigkeiten und Spaltungen innerhalb der Gemeinschaft,
Krankheitsfälle, Heilungsversuche und Todesfälle, magische Riten, die notwendig wurden, auf all dies musste ich nicht aus Angst, etwas zu versäumen,
Jagd machen, denn es fand direkt vor meinen Augen statt, sozusagen vor
meiner eigenen Türschwelle [...]. Es muss nachdrücklich darauf hingewiesen
werden, dass es, wenn etwas Dramatisches oder Bedeutsames vorfällt, darauf
ankommt, dies unmittelbar in der Zeit des Geschehens zu untersuchen, weil
die Eingeborenen dann nicht umhin können, darüber zu reden; sie sind zu
aufgeregt, um sich zurückzuhalten, aber auch zu interessiert, um in aller Ruhe
Einzelheiten berichten zu können. Ich verletzte auch immer wieder die guten
Sitten, worauf mich die Eingeborenen, die mit mir vertraut waren, schnell
hinwiesen. Ich musste lernen, wie ich mich zu verhalten hatte, und erwarb mir
bis zu einem gewissen Grad ein ‚Gefühl' für die guten und schlechten Sitten
der Eingeborenen. Hierdurch und durch die Fähigkeit, mich ihrer Gastfreund-

schaft zu erfreuen und an einigen ihrer Spiele und Vergnügungen teilzunehmen, begann ich zu spüren, dass ich tatsächlich Kontakt zu den Eingeborenen hatte, und dies ist gewiss die Vorbedingung, um eine erfolgreiche Arbeit im Feld betreiben zu können" (Malinowski 1984: 28–29).

Was Malinowski schildert, klingt in mehrfacher Hinsicht paradiesisch: Ein offensichtlich in sich geschlossenes Dorf, in dem sich bilderbuchartig das Leben der Menschen vor dem Auge des Ethnologen entfaltet und das er deshalb aus nächster Nähe beobachten kann: Der Ethnologe, der sich jeden Morgen von seinem Zelt am Dorfende aufmacht, um das Dorfleben zu erkunden; der zuerst Fremder ist und mit der Zeit den Leuten nicht mehr weiter auffällt, weil er lernt, sich in der Trobriand-Gesellschaft konform zu verhalten. Er nimmt am Leben der Menschen teil und steckt seine Nase in alles hinein. Insgesamt klingt Malinowskis Schilderung überzeugend und auch begeisternd: Die Teilnahme am Leben mit Zauberern, arbeitenden Menschen, mit Streitigkeiten und Festlichkeiten scheint ein Kinderspiel zu sein, bei dem der Forscher immer live mit dabei war. Und ärgerten sich die Leute einmal über ihn, so steckte er ihnen besänftigend Tabak zu.

Frage: Omarakana war in dieser Hinsicht tatsächlich ein Bilderbuch, in welchem Malinowski nach Belieben blättern konnte. Eine ethnologische Idylle also?

2.3 Der Spagat zwischen Nähe und Distanz

Wir alle sind den größten Teil unseres Alltags zu Hause einfach Teilnehmer, d. h. die meisten von uns haben ihren typischen Tagesablauf, der vielleicht mit wohligem Räkeln im Bett, mit muffeligem Aufstehen oder mit sportlichem Joggen beginnt … und so weiter, bis man abends wieder ins Bett zurückfindet. Wir produzieren unseren Alltag in Interaktion mit unserer sozialen und physischen Umwelt, ohne viel darüber nachzudenken, wie wir was tun und wir stellen uns in der Regel kaum Fragen dazu: alles ist selbstverständlich, eingespielt, alltäglich eben. Teilnahme als wissenschaftliche Methode aber setzt bewusste Aufmerksamkeit all den Dingen gegenüber voraus, die den ‚normalen‘ Teilnehmern gar nicht auffallen, weil sie mitten drin sind. Teilnehmende Beobachtung verlangt vom Ethnologen, dass er seine Aufmerksamkeit schärft, sozusagen alle seine Sinne ausfährt, um auch Dinge wahrzunehmen, die sonst nicht wahrgenommen werden (vgl. dazu auch Spradley 1980: 54–56). Bekanntlich ist es einfacher für einen Außenstehenden, das Selbstverständliche und deshalb nahezu unsichtbar Gewordene des alltäglichen Lebens von ‚normalen‘ Teilnehmern zu sehen. Die kulturelle Distanz ist über weite Strecken eine Voraussetzung für das ,Sehen' von nahezu Ausgeblendetem, aber auch von routinisierten Abläufen, von standardisiertem Verhalten und als normal geltenden Ansichten und Gefühlen. Bei der Teilnehmenden Beobachtung versucht der Ethnologe – wie dies Malinowski auch beschrieben hat – sich selbst situationsgerecht und möglichst so wie die Menschen um ihn herum zu *verhalten*, da er das *beobachtete* Soziale für sich selber als Richtlinie des Verhaltens übernimmt. Er möchte ein normaler Teilnehmer werden und vor allen Dingen auch bei seinem sozialen Umfeld als „einer von ihnen" gelten. Gleichzeitig ist aber damit der Prozess des Beobachtens, wie dieser eigentlich typisch für einen Außenstehenden und nicht für einen gewöhnlichen Teilnehmer ist, keineswegs abgeschlossen. *Teilnahme bedeutet Nähe, Beobachten Distanz.* Teilnehmende Beobachtung setzt sich deshalb aus widersprüchlichem Verhalten zusammen, nämlich so zu sein, wie einer, der dazu gehört und gleichzeitig mit einer Wahrnehmung wie einer, der außerhalb steht. Nicht immer ist es einfach, diese gegensätzlichen Ansprüche unter einen Hut zu bringen. Wer nur noch „Nähe" lebt, wird früher oder später *going native*. Das ist nicht an sich schlecht und dient vielleicht sogar eher der praktischen Völkerverständigung, vor allem, wenn es sich nicht nur um eine Episode kulturellen Abtauchens, sondern um eine auf Dauer angelegte Lebensform handelt, die sich den Gegebenheiten vor Ort anpasst (vgl. zu erfolgreichem *going native* Tedlock 1991: 70–72). Wer nur Distanz lebt, wird ein Besucher bleiben, der die Alltäglichkeiten und Vertraulichkeiten des Zusammenlebens nie erfahren wird. Er wird auch kaum Gelegenheit haben, die kleinen, für das ethnologische Verstehen so wichtigen Alltäglichkeiten menschlicher Interaktionen, die oft nur bei nahem Dabei-Sein wahrgenommen werden können, zu beobachten.

Wie wir bei der Auslotung des Begriffs der Teilnahme in der deutschen Sprache gesehen haben, ist Teilnahme keineswegs auf physische Präsenz oder auf mehr oder weniger aktive oder passive Handlungen beschränkt. Spittler (2001: 19) spricht von „dichter Teilnahme" und versteht darunter „[...] nicht nur die interpretative im Gegensatz zur rein physischen Teilnahme, sondern auch die soziale *Nähe* [...]. Zu diesem *Erleben* gehören alle Sinne, nicht nur das Sehen und Hören, sondern auch das körperliche und seelische Fühlen." Teilnahme beinhaltet deshalb – sofern sie nicht einfach als methodischer Trick eingesetzt wird, um möglichst viel Informationen von dem zu untersuchenden sozialen Umfeld zu erfahren – immer auch Empathie, Einfühlen und Mitfühlen. Und diese Fähigkeiten oder die Bereitschaft, sich auch innerlich auf die Menschen einzulassen, untersteht nicht einfach dem Willen (wie etwa der Wille, Forschung betreiben zu wollen).

Frage: Zu den Widersprüchen von physischer Nähe bei gleichzeitiger Distanz kommt also noch etwas Drittes dazu: das gefühlsmäßige Oszillieren zwischen Beidem, sozusagen berufshalber – und eigentlich geht das gar nicht, oder?

Spittler plädiert vehement für Teilnehmende Beobachtung als eine „dichte Teilnahme", weil eine solche Voraussetzung für ein vertieftes Verstehen ist; dichte Teilnahme ist an Langfristigkeit gebunden. Inzwischen haben EthnologInnen jedoch auch begonnen, Migrationsphänomene zu untersuchen. Menschen in Bewegung zu studieren, schließt meistens einen langfristigen Aufenthalt an einem einzigen Ort aus und „erfordert eine *multilokale* Forschung, die verschiedene Orte, Länder, häufig sogar Kontinente einbezieht." Spittler vergleicht solche Forschungen mit denjenigen der Reisesituationen früherer Jahrhunderte (2001: 3); dichte Teilnahme ist dabei nicht möglich.

Dichte Teilnahme hat jedoch auch schillernde Seiten. Erst in jüngerer Zeit wird davon gesprochen. Verwoben in die Methode der Teilnehmenden Beobachtung sind Emotionen verschiedenster Art. Und dazu gehören auch solche, die zu sexuellen Beziehungen führen können. Über Liebes- und andere Verhältnisse von feldforschenden EthnologInnen gibt es in der Zwischenzeit eine ansehnliche Menge an Literatur (vgl. beispielsweise Kulick und Willson 1995). Dewalt, Dewalt und Wayland (1998: 282–284) weisen auf die Bedeutung des „*sexually situated observer*" und auf „*sexual exploitation of research participants*" (1998: 283, Hervorhebung B. H.-S.) und die damit verbundenen ethischen Aspekte hin. In sexuellen Beziehungen können sich auch Machtbeziehungen manifestieren und kulminieren. EthnologInnen sind in der Regel Gäste, deren Aufenthalt auf Zeit ist. Nach Ablauf ihres „Auftrags" kehren die meisten zu ihrem gewohnten Alltag in dem Land zurück, aus dem sie gekommen sind. Mobilität ist das Privileg der Ethnologen, nicht das der Gastgeber in einem Land des Südens. Umgekehrt hängen Länder des Nordens in der Regel die Latte für jene hoch, die aus Ländern des Südens einreisen möchten. Sexuelle Teilnahme ist deshalb eine Verkörperung von Ungleichheiten der Chancen.

Dichte Teilnahme kann jedoch eine Bedrohung und Gefährdung der Forschenden bedeuten, besonders dann, wenn sie einen Rückzug in die beobachtende Distanz auch als Selbstschutz zu verhindern droht. Ich habe mich mit Vera Kalitzkus, die Organtransplantation aus der Sicht von Betroffenen und Angehörigen in Deutschland untersucht hat (vgl. dazu Hauser-Schäublin et al. 2001, Kalitzkus 2003), darüber unterhalten, was Teilnehmende Beobachtung für sie bedeutete; sie beantwortete die Frage folgendermaßen:

K.: „Teilnahme bedeutete für mich in diesem Kontext die Konfrontation mit Krankheit und Tod. Da es sich um ein gesellschaftlich stark umstrittenes Thema handelt, das ich beforschte, wurde ich zudem immer wieder von meinen GesprächspartnerInnen vor das Problem gestellt, Position zu beziehen. Ich denke, es ist in einer fremden Gesellschaft einfacher, sich vorzubehalten, eine eigenen Position zu beziehen. In der eigenen Gesellschaft ist die Frage nach der eigenen Verortung sehr viel schwieriger. [...] Ich habe gemerkt, wie schwer es ist, die Schicksale der Menschen, mit denen ich sprach, mir vom eigenen Leib zu halten, mir nicht zu sehr unter die Haut gehen zu lassen – gerade, weil es meine Aufgabe war, direkt einzutauchen in die Lebenswelt der Betroffenen. Mir fiel die Distanzierung von den Schicksalen der Betroffenen sehr schwer."

H.-S.: „Welche Konsequenz hatte dies für Sie und Ihre Forschung?"

K.: „Ich habe mich zum einen dazu entschieden, den ganzen Forschungsverlauf durch Supervision absichern zu lassen, d.h. ich habe mich mit einer Supervisorin auf die Gespräche vorbereitet, um mögliche Konflikte und emotionale Ausnahmezustände der Betroffenen auffangen zu können oder es gar nicht so weit kommen zu lassen. [...]

Ich habe mich zum andern auch für eine Beschränkung auf Erstgespräche entschieden, weil ich befürchtete, dass es durch Zweit- oder Drittgespräche mit den Betroffenen, also durch tiefer gehende Interviews, zu einem Aufbrechen latenter Konflikte kommen könnte."

H.-S.: „War dies für Sie eine Grenze der Teilnehmenden Beobachtung?"

K.: „Ja, für mich war es eine Grenze. Ich könnte mir vorstellen, es anders gemacht zu haben, beispielsweise, wenn ich eine Zusatzausbildung gehabt hätte, die es mir ermöglicht hätte, schwierige Situationen und die Situation der Betroffenen besser einschätzen zu können."

Frage: Wie sehen und beurteilen Sie persönlich die Möglichkeiten und Gefahren einer dichten Teilnahme?

Was Malinowski als geschlossenes, exemplarisches Dorf, in welchem er sich sukzessive zurecht ruckelt, beschrieben hat, ist ein Idealfall (oder hat seine Beschreibung erst einen Idealfall erschaffen?). Nicht nur bezüglich der Idylle, die für den heutigen Leser aus seiner Beschreibung durchschimmert, sondern auch bezüglich der Rolle des Teilnehmers, wie sie Malinowski schildert. Die Nase in Dinge hinein zu stecken und darüber zu schreiben, die in der betreffenden Kultur als privat gelten, ist heute ethisch nur schwer vertretbar. Auch würden Angehörige von Gemeinschaften, die der Ethnologe untersucht, heute vermutlich solchen Absichten Widerstand entgegensetzen – mit Recht! Dies können wir leichter verstehen, wenn wir uns vorstellen, dass ein fremder Ethnologe zu uns käme und sozusagen zu jeder Tages- und Nachtzeit unsere Wohnungstüre aufmachen würde, um nachzuschauen, was wir gerade so treiben. Ein solches Gegenbeispiel mag irreal erscheinen. Ich möchte deshalb kurz ein weiteres Beispiel schildern, das aus dem Forschungsprojekt stammt, das ich zwischen 1996 und 2001 zusammen mit drei Doktorandinnen durchführte. Es hatte die ethnologische Erforschung der kulturellen Dimension, vor allem den kulturellen Umgang, und die Bedeutungen, von Reproduktionsmedizin und Organtransplantation (s. o. das Gespräch mit Vera Kalitzkus) in Deutschland zum Gegenstand. Vorgesehen

waren längere Feldforschungsphasen mit Teilnehmender Beobachtung in Arzt-
praxen und Kliniken. Dies war zwar nicht einfach, aber es war möglich. Was
sich dort jedoch in aller Schärfe zeigte, war, dass diese Methode nur auf den
professionalisierten Umgang – die alltägliche Praxis von Ärzten und Kranken-
schwestern/Pflegern – in der Arztpraxis/der Klinik angewendet werden konnte.
Uns hätte eigentlich auch interessiert, wie Ärzte und Pflegepersonal jenseits
ihres Arbeitsortes und ihrer Berufsaufgaben leben, was sie denken und wie sie
handeln – und wie diese private Praxis mit der beruflichen zusammenpasst. Es
war unmöglich, dieses Vorhaben zu verwirklichen! Nicht einmal gesprächsweise
ließ sich der private Bereich thematisieren; die Türen zu den Kliniken und Praxen
wären wohl vor unserer Nase zugeschlagen worden. Was damit deutlich wurde
(und was wir eigentlich schon vorher gewusst hatten), war, dass Menschen in
unserer Gesellschaft zwischen Berufsleben und Privatleben radikal trennen (mit
wenigen Ausnahmen, z. B. bei bäuerlichen Lebensweisen). Dies hatte zur Folge,
dass der mit der Teilnehmenden Beobachtung verbundene holistische Ansatz der
Ethnologie – nämlich Menschen als soziale Akteure schlechthin, und nicht nur
Teilaspekte ihres alltäglichen Handelns, in den Mittelpunkt der Untersuchung
zu stellen – gar nicht anwendbar war und ist.

*Frage: Welche Konsequenzen hat diese strikte Auftrennung von privatem und
beruflichem Leben für die mittels Teilnehmender Beobachtung gewonnenen
Daten?*

All das, was im Zusammenhang über kulturelles Lernen durch Teilnehmende
Beobachtung in anderen Gesellschaften – meist in solchen mit vergleichsweise
geringer sozialer Differenzierung – geschrieben wurde und wird, also die
Transformation vom Außenstehenden, der durch Beobachten sowie durch *trial
and error* zum gewöhnlichen Teilnehmer wird, fällt unter solchen Bedingungen in sich zusammen. Tatsächlich schlug uns vielerorts auch Misstrauen (im
Sinne von „wie kommen Ethnologen dazu, sich mit einem hochkomplexen
medizinischen Thema zu befassen, von dem sie keine Ahnung haben?")
entgegen und Teilnahme wurde uns mehrfach verweigert. Alles andere also
als ein Bilderbuch des Lebens, das der Ethnologe nur aufzuschlagen braucht.
Erst bei solchen Forschungen in der eigenen Gesellschaft wird einem in aller
Schärfe vor Augen geführt, dass die Gewährung von Teilnahme – Teilnahme
in einem zeitlich und räumlich beschränkten Bereich – auch Loyalität gegenüber den Untersuchten impliziert, entweder als konkrete Erwartung oder als
diesbezügliche Skepsis. Die Gewährung von Teilnahme beruht auf Vertrauen,
Vertrauen in den Forscher.

*Frage: Bedeutet dies, dass ein Ethnologe sich zwingend auf die Wiedergabe
der Sichtweisen der Menschen, die er untersucht hat, beschränken muss, da
er sich sonst als Spion und Verräter zu erkennen gibt?*

2.4 Umkämpfte Teilnahme

In der ethnologischen Praxis der Feldforschung ist Teilnahme oft umkämpft. Denn Teilnahme ist auch in „anderen" Gesellschaften nicht mit allen Menschen, deren Leben man gerne studieren möchte, gleichermaßen möglich. Oft gibt der Ort, an welchem dem Ethnologen Unterkunft gewährt wird, die engste Beziehung vor, die oft auch eine Verpflichtung ist: das Haus und die Familie des Gastgebers, seine Anverwandten. Die Gegenwart eines Fremden, vor allem, wenn er besonderes Interesse an der Kultur zeigt, bedeutet in vielen Gemeinschaften Prestigegewinn. Er verkörpert auch wertvolle Außenbeziehungen, etwa zu verschiedenen Ebenen des Staates und seiner Beamtenschaft, zu ausländischen – internationalen – Bildungsanstalten, zur westlichen Konsumgesellschaft und deren begehrten Gütern sowie selbstverständlich auch zu Geld und zu vielem anderem mehr. Die Kriterien für die Entscheidung, wo der Gast wohnen soll, darf oder muss, bleiben einem Neuankömmling oftmals verborgen; nur in seltenen Fällen ist er es, der seinen künftigen Wohnort und seine künftige Gastfamilie frei wählen kann. Dadurch sind auch Differenzierungen und Nuancierungen von Teilnahme vorbestimmt. Gerade eine fremde Ethnologin wird während der ersten Wochen ihres Aufenthaltes in der Regel auf Schritt und Tritt von einem Mitglied der Gastfamilie begleitet.

Teilnahme – Manifestationen von Nähe – lässt sich nicht nach dem Gießkannenprinzip gleichmäßig verteilen. Manche Menschen, mit denen man in Interaktion tritt, erwarten manchmal einfach mehr Teilnahme von ‚ihrem‘ Ethnologen als andere, seien dies Mitglieder der Gastfamilie, der lokalen Prominenz, der Behördenvertreter vor Ort, der gleichen Altersgruppen oder des gleichen Geschlechts. Diese Erwartungen zu erfüllen, zumindest teilweise, und sich dennoch Freiräume für Teilnehmende Begegnungen, Nähe auch mit anderen Menschen, zu schaffen und diese zu bewahren, ist nicht immer eine leichte Aufgabe. Das Prinzip der gegenseitigen Verpflichtung steht dahinter, ein Prinzip, das die Teilnehmende Beobachtung oft zu einem Politikum werden lässt. Viele Ethnologen und Ethnologinnen haben immer wieder davon berichtet, dass sie in die Gesellschaft, die sie untersuchten, „adoptiert" wurden. Sie schreiben davon auch in ihren wissenschaftlichen Arbeiten, um den Leser davon zu überzeugen, dass er/sie ein integriertes Mitglied dieser Gemeinschaft war (und vielleicht noch ist), es sich also bei seiner kulturellen Beschreibung um die eines Insiders (also eines ‚normalen‘ Teilnehmers) handelt. Hinter jeder Adoption stehen – aus der Perspektive der Untersuchten – Prozesse auch der Teilnahme und Teilhabe am Ethnologen, die dazu dienen, ihm einen festen Platz zu geben – für beide Seiten notabene. Meine (und die meines Mannes) erste ‚Adoption‘ bei den Iatmul in Papua-Neuguinea erfolgte durch Vertreter eines Clanes, der bei der lokalen „Cargo-Bewegung" eine führende

Rolle spielte. Mit dieser öffentlich bekannt gegebenen Absicht waren auch Erwartungen verbunden: Wir galten als Besitzer geheimen Wissens über die Wunder der Geldvermehrung, als potentielle Horter weißer Güter und auch als Besitzer unermesslicher Schätze, die wir – so wurde gehofft – nur mit engsten Angehörigen (dem Clan, der uns adoptiert hatte) teilen würden. Dass wir über eine solche Teilnahme und „Integration" nicht glücklich waren, ja diese Adoption unsere ganz anders gerichteten Forschungen alles andere als erleichterte, ist vermutlich leicht nachvollziehbar.

Und dort, wo ein Ethnologe nicht bei allen Mitgliedern der Gesellschaft ein willkommener Gast ist, wo ihm manche Teile der Gruppe mit Misstrauen begegnen – etwa in kulturell gemischten Gruppen, in altersmäßig oder hierarchisch polarisierten Gesellschaften oder gar in politisch unterschiedlich ausgerichteten Bevölkerungen – ist Teilnahme gerade durch ein ständiges Neuaushandeln von Distanz und Nähe notwendig. Oft ein schwieriges Unterfangen! Denn Teilnahme kann in solchen Fällen als Parteinahme verstanden werden. Gerade unter solchen Bedingungen ist es besonders wichtig, den Wohnort mit besonderer Umsicht zu wählen, da er den ersten und entscheidenden Schritt zur Teilnahme – für einen selbst, aber, mehr noch, für die zu untersuchende Gruppe – darstellt und eine solche signalisiert. Hier werden Mechanismen des erleichterten bzw. erschwerten Zugangs zu bestimmten Gruppen wirksam, die über Teilnahme bzw. Nicht-Teilnahme entscheiden! Davon ist der weitere Verlauf der Feldforschung sowohl in formaler wie auch in inhaltlicher Hinsicht abhängig: Keine Untersuchungsfrage, keine Gruppe kann untersucht werden, wenn Teilnahme zur entsprechenden sozialen Einheit so gut wie unmöglich ist.

Frage: Wie könnten Sie sich konkret im Hinblick auf eine von Ihnen geplante Forschung auf das Thema Teilnahme, Parteinahme, möglicherweise erschwerten Zugang zu der von Ihnen ausgewählten Untersuchungsgruppe vorbereiten?

2.5 Teilnahme zwischen Notlösung und Methode

Teilnehmende Beobachtung ist, wie bereits dargestellt wurde, in einem ersten Schritt eine Methode, mit der sich der Ethnologe den Menschen, deren kulturelles Verhalten er untersuchen möchte, anzupassen versucht. Sie dient also dazu, sich dem Untersuchungsfeld anzunähern und zwar so, dass der Forscher sich nicht mehr a priori als Fremdkörper versteht (und hofft, auch nicht mehr als ein solcher verstanden zu werden). Als Angepasster soll er sich in einem sozialen Umfeld bewegen können, das er aus der Perspektive eines Teilnehmers auch untersuchen möchte. Oft, besonders wenn sich der Forscher eher radebrechend als fließend mit den Menschen unterhalten kann, ist nicht-verbale Kommunikation als Teilnahme – dabei sein und das gleiche tun – eine willkommene Abwechslung. Teilnahme ist, und das wäre der zweite Schritt, primär eine Interessensbekundung am Leben der Menschen. In einer Zeit da den Menschen in allen Teilen der Welt Traumfabrik-Lebensstile medial vorgegaukelt bzw. -geflimmert werden, stufen viele Gruppen ihr Leben alles andere als ideal und begeisternd ein. Dass sich VertreterInnen aus dem als unermesslich reich gewähnten Teil der Welt ihnen, den Marginalisierten, zuwenden, trägt oft zur Steigerung des Selbstwertgefühls der Angehörigen dieser Gruppe bei. Mehrfach wurde ich bei Feldforschungen gefragt, warum ich denn gerade zu ihnen gekommen sei, ich stamme doch aus einem Land, das alles biete, um dort glücklich zu sein; warum also so weit und erst noch in ein armes Land reisen?

Teilnahme hat für die Menschen vor Ort mehr symbolische Bedeutung. Das ist nicht als eine Herabminderung gemeint, sondern als eine realistische Einschätzung. Bei meinen ersten Feldforschungen bei den Iatmul und Abelam hatte ich Teilnahme immer wieder als konkrete Mitarbeit aufgefasst. Wenn ich aber ganz simple Dinge in Angriff nehmen wollte (denn ich hatte ja meine Absicht zur aktiven Teilnahme verkündet), die bei den Abelam schon siebenjährige Mädchen ausführen, stieß ich oft an meine Grenzen, etwa, wenn es darum ging, einen Eimer Wasser von der Quelle in der Talsohle hinauf auf den Hügel, wo sich die Siedlung befand, so hinaufzutragen, dass kaum ein Tropfen vergossen wurde (Näheres bei Hauser-Schäublin 2002). Was ich damit ansprechen will, ist, dass bei Teilnehmender Beobachtung nicht zwingend die Betonung auf dem konkreten Mitarbeiten liegen muss, sondern sinnvollerweise in der gelebten Praxis, aus einer jeweils neu zu bestimmenden Mischung von Teilnahme und Beobachtung besteht; auch hier ist ein Abwägen wichtig.

Teilnahme ist des Weiteren eine – methodisch vertretbare – Notlösung gerade am Anfang einer Feldforschung, wenn man noch kaum weiß, wie etwa das, was man eigentlich untersuchen möchte – in meinem Fall: ein Tempelfest in Bali – konkret abläuft. Da bleibt gar nichts anderes übrig, als mit auf Empfang eingestellten Sinnen möglichst nahe dabei zu sein, von Anfang an bis zum Ende. Meistens macht man sich dabei Notizen und andere Aufzeichnungen, um das, was stattfindet, irgendwie festzuhalten – und sei es nur als Gedankenstütze. Vermutlich aber geht es jedem Ethnologen gleich, wenn er seine Aufzeichnungen von einem Anlass, den er zum ersten Mal miterlebt hat, nach Monaten der Feldforschung hervor holt: er wundert sich über die Aneinanderreihung von fragmentierten Notizen, Konsternierung über „Daten", die einfach nicht „stimmen" können – oder lächelt selbstironisch über die sich immer aufs neue wiederholende Schwierigkeit, ein kultureller Anfänger zu sein. Aber gerade diese Anfänge sind unerlässlich, denn eine solch offene Methode dient der

Exploration. Sie ist eine Vorstufe zu systematischeren Untersuchungen. Statt mit vorformulierten Untersuchungsparametern gezielte Einzeluntersuchungen ‚durchzuziehen‘, ermöglicht die Exploration mittels Teilnehmender Beobachtung relevante Forschungsfragen zu finden. Sie ist auch ein dringendst zu empfehlendes Mittel, das zur Evaluierung von Forschungsfragen dient, die man sich aufgrund von Literaturstudien zu Hause überlegt hat: Sind sie überhaupt relevant und lassen sie sich durchführen; wie können/müssen sie gegebenenfalls modifiziert werden? Die Offenheit der Teilnehmenden Beobachtung (kombiniert mit der Offenheit des Forschers!) kann auch zu einer völligen Neuorientierung führen, wenn man mit Sachverhalten konfrontiert wird, die einem plötzlich sehr viel wichtiger erscheinen als das, als was man ursprünglich im Kopf gehabt hat. Teilnehmende Beobachtung als Exploration ist deshalb in mehrfacher Hinsicht ein Instrument, dessen Bedeutung und Tragweite nicht unterschätzt werden darf.

Der eigentliche Einsatz der Teilnehmenden Beobachtung als gezielte Methode schließt an explorative Phasen an, von denen man im Verlauf der Feldforschung von Zeit zu Zeit immer wieder eine einschalten sollte; sie dienen der Überprüfung und Reformulierung von Forschungsfrage und Forschungsziel. Wenn die Methode der Teilnehmenden Beobachtung gezielt eingesetzt wird, gehört sie in ein breites Spektrum weiterer Methoden. An erster Stelle sind Gespräche zu nennen; ohne verbale Kommunikation gibt es im Prinzip keine Teilnehmende Beobachtung. Der Ethnologe setzt sich in der Regel nicht einsam in eine Ecke, wenn z. B. ein bestimmtes Ritual stattfindet, sondern kommuniziert – sofern dies beim zu dokumentierenden Ereignis kulturell vorgesehen ist – mit den Teilnehmern. Vorbereitende und vor allem auch nachbereitende offene und strukturierte Gespräche, auch Interviews gehören dazu. Die Nachbereitung des Beobachteten, an dem der Ethnologe teilgenommen hat, ist ein wichtiger Prozess, der dazu dient, das Gesehene, Gehörte, Gerochene und Gefühlte – kurz das subjektiv Erlebte – mit dem Erlebten der Menschen abzugleichen und mit deren Wissen/Erklärungen zu ergänzen. Gezielte Teilnehmende Beobachtung kann aber auch dazu verwendet werden, um alltägliche soziale Abläufe, Interaktionen und das Verhalten von Menschen bei der Arbeit, in der Familie oder bei Versammlungen zu verfolgen und zwar nicht in einem Einzelfall, sondern immer und immer wieder von neuem. Teilnahme heißt in diesem Fall, langfristig dabei sein, um auch abschätzen zu können, wie routinisierte Praxis aussieht, wie Akteure sich gleich oder unterschiedlich verhalten und ob dies situationsbedingt oder -unabhängig ist, etc. Erst durch langfristig und wiederholt durchgeführte Teilnahme wird deutlich, wodurch sich beispielsweise Tempelrituale, die alle von Gewährsleuten als identisch bezeichnet worden waren, voneinander unterscheiden und worin Gemeinsamkeiten, die in den verbalen Erklärungen so stark betont worden waren, bestehen. Die Langfristigkeit der Teilnahme ist also unerlässlich, selbst dann, wenn die Untersuchung längst nicht mehr auf (unstrukturiertes) Beobachten beschränkt ist.

Teilnehmende Beobachtung ist äußerst zeitaufwändig. Aus diesem Grund ist es wichtig, dass man sie im Verlauf der Feldforschung gezielt einsetzt und auswählt, wo man tatsächlich dabei sein möchte und wo nicht. Das heißt: Teilnahme macht, wenn einmal die explorative Phase abgeschlossen ist, nur dann und dort Sinn, wenn der Anlass, den man dokumentieren möchte, für die Forschungsfragen relevant ist. Ansonsten lässt sich ein Jahr Feldforschung verbringen, indem man einfach all das miterlebt hat, was vor Ort „stattfand". Dies ist jedoch keine Forschung, sondern ein angenehmer und interessanter Zeitvertreib.

Zu bedenken ist auch, dass es gar nicht möglich ist, an allem, was sich tagtäglich abspielt, teilzunehmen. Eine Auswahl findet also immer statt; man sollte sie aber nicht ständig dem Zufall oder der Bequemlichkeit überlassen! Spittler (2001: 11) wirft das Problem der Auswahl und des Ziels ethnographischer Feldarbeit auf. Im Hinblick auf Teilnehmende Beobachtung erwähnt er drei verschiedene Ausrichtungsmöglichkeiten: sammelzentrierte Ethnographie (d. h. es wird mehr oder weniger alles gesammelt, was möglich ist; dahinter steht die – längst entkräftete – Annahme, dass es möglich ist „alles" zu sammeln), theorienzentrierte Ethnographie und problemzentrierte Ethnographie. Tatsächlich ist mit der Teilnehmenden Beobachtung als Methode immer eine Fragestellung zu verbinden, die in ethnologische Diskussionen eingebettet ist (Theorie) und die meistens gleichzeitig mit einem bestimmten Thema (Problem) verbunden ist. Wenn die Fragestellung klar ist, dann lässt sich auch leichter eine Auswahl der Situationen und Abläufe bestimmen, an denen man teilnehmend beobachten bzw. diese erforschen möchte. Es ist deshalb zu empfehlen, sobald eine erste Eingewöhnungs- und Explorationsphase vorbei ist, für sich selbst einen Kriterienkatalog zurecht zu legen, aufgrund dessen man dann systematisch das Spektrum der Situationen und Handlungen bestimmt, denen man beiwohnen muss oder sollte. Dies ist Teil eines inhaltlichen und zeitlichen Forschungsplans.

Frage: Stellen Sie sich vor, sie würden eine studentische Wohngemeinschaft untersuchen. Überlegen Sie sich eine Fragestellung und entwerfen Sie einen Plan, wie Sie diese mittels Teilnehmender Beobachtung untersuchen könnten. Listen Sie die Handlungen, Abläufe und Situationen auf, an den sie teilzunehmen gedenken.

Teilnahme an Ereignissen und außeralltäglichen Handlungen hängt oft von Informationen ab, die zuvor erhältlich sind – oder eben nicht. In allen meinen Feldforschungen in drei verschiedenen Gesellschaften traten in diesem Zusammenhang immer wieder die gleichen Probleme auf, die ich kurz darstellen möchte: Der Zeitpunkt, die Dauer, die Beteiligten, der Ablauf. Wie oft ließ sich der ungefähre Zeitpunkt des Beginns einer Handlung nicht eruieren! Unsere Uhr-Orientiertheit stellt Fallen, in die wir zwangsläufig immer wieder hineinfallen. Da ich einmal die rituelle Waschung (im Rahmen einer Weihe) eines Brahmanenpriesters in Bali dokumentieren wollte, zu der mich der Novize mit dem Hinweis („das Ritual findet vor Tagesanbruch statt") selbst eingeladen hatte, versuchte ich diese ungenaue Bestimmung des Zeitpunktes näher einzugrenzen. Es war einfach unmöglich. Schließlich trat ich kurz nach vier Uhr morgens ins unverschlossene Brahmanengehöft ein. Im offenen Innenhof, wo das Ritual beginnen sollte, lagen Dutzende von Angehörigen des Clans schlafend auf Matten. Da stand ich, völlig deplaziert. Ein Zurück war unmöglich, denn mein Eintritt war nicht geräuschlos erfolgt. Schon öffnete auch einer der Schläfer kurz die Augen und verkündete schlaftrunken: „Du meine Güte, die ersten Weißen sind schon da!"

Bleibt noch nachzuschieben, dass ich das Ritual überhaupt nicht sah. Denn als ich mich, nach Stunden des Herumsitzens und Plauderns mit anderen geladenen Gästen – die Sonne war schon längst aufgegangen – erkundigte, wann es denn eigentlich los gehe, hieß es, es habe schon stattgefunden, im Innern des Hauses! Bis auf den heutigen Tag hatte ich keine Gelegenheit mehr, ein solches Ritual zu sehen. Hätte ich gewusst, dass … dann hätte ich vermutlich die Unannehmlichkeit des Übernachtens in einer langärmligen Festbluse und mit einem breiten Gummigurt, der das Hüfttuch zusammenhielt und mir die Luft abschnürte, inmitten von anderen Menschen auf einer Pritsche liegend, auf mich genommen.

Informationen sammeln gehört deshalb zu den Vorbedingungen erfolgreicher Teilnehmender Beobachtung. Am besten ist es eigentlich, einen Begleiter bzw. eine Begleiterin zu haben, die ohnehin am Ereignis, für das Teilnahme geplant ist, partizipiert. Dies bedeutet: Teilnehmende Beobachtung kommt ohne Informanten nicht aus, nicht nur für die Erörterung des Ereignisses und Rückfragen dazu im Nachhinein – das ist ein ganz anderes Kapitel (vgl. S. 52) –, sondern im Vornherein, um Gewissheit über Zeitpunkt, den Ort, die Dauer, den Kreis der Handelnden und die Berechtigung des Ethnologen zur Teilnahme zu erhalten. In Neuguinea nahm die Bestimmung des Zeitpunktes etwa eines Yamsfestes oder einer Initiation, die in einem anderen Dorf durchgeführt wurden, noch ganz andere Dimensionen an: Mehrfach liefen wir stundenlang bergauf, bergab und durchwateten Bäche, um schließlich verschwitzt und ausgepumpt am Ort des Geschehens zu erfahren, dass das Fest ein paar Tage, vielleicht auch erst ein paar Wochen später, stattfinden werde.

Selbst wenn feststeht, an welchen Ereignissen und Handlungen der Ethnologe sinnvollerweise teilnimmt, sind weitere Überlegungen notwendig, die im Vorhinein getroffen werden sollten: Teilnahme auch an einem einzelnen Ereignis, an dem mehrere Menschen (oder gar eine kaum überschaubare Menge) beteiligt sind, ist in jedem Fall beschränkt. Man kann nicht gleichzeitig an mehreren Orten des Geschehens sein, nicht gleichzeitig mit mehreren Menschen sprechen und nicht gleichzeitig unterschiedliche Handlungen verfolgen. Eine Entscheidung ist deshalb zu treffen, wen oder was man bei einer konkreten Situation oder einem Ereignis ins Zentrum seiner Beobachtungen rückt, wem man sich anschließt und welchen räumlichen Standort man bezieht. Auch ist mit zu bedenken, welche Rolle die Menschen dem Ethnologen zugedacht haben, ob man etwa einfach in die Rolle des Beobachters rutschen darf, oder ob (und wie) aktive Teilnahme vorgesehen ist. Bei den meisten außeralltäglichen Handlungen ist es deshalb von Vorteil, wenn man schon einmal daran teilgenommen hat. Erst aufgrund der Kenntnis, wie etwa ein solches Ereignis abläuft, ist es möglich, gezielte und geplante Teilnehmende Beobachtung durchzuführen. In der Regel reichen Vorgespräche mit Informanten nicht aus. Die Schilderungen, die meine Gewährsleute teilweise abgaben, bevor etwa ein Tempelfest oder auch eine Heiratszeremonie stattfand, waren – da sie andere Dinge beschrieben (und vor allem eine Vielzahl von Einzelschritten ausließen) als mir wichtig waren –, entsprachen nie meinen Erwartungen in dem Sinn, dass ich Schritt für Schritt hätte planen können, wo ich zu welchem Zeitpunkt des Geschehens mich am besten (d. h. für ein optimales Beobachten) aufhalte. Und wie oft kam bei Nachgesprächen heraus, was ich alles nicht gesehen hatte. Wie oft äußerten meine Gewährsleute ihr Erstaunen darüber, was mir alles entgangen war. Und umgekehrt: Manchmal hatte ich Handlungen wahrgenommen, die ich für höchst bedeutungsvoll hielt. Als ich danach mit meinen Gewährsleuten sprach und ihnen Fotos davon vorlegte, kam es immer wieder vor, dass sie das, was mir als besonders wichtig erschienen war und ich deshalb in meinen Notizen ausführlich beschrieben hatte, als nebensächlich und unwichtig taxierten. Gerade dieses Beispiel zeigt, wie Teilnehmende Beobachtung und Gespräche (verschiedenster Art) darüber einen kontinuierlichen, sich ergänzenden Prozess bilden.

2.6 Verschriftlichte Teilnahme

Damit sind wir an einem weiteren Punkt im Zusammenhang mit Malinowskis Schilderung von seiner Form der Teilnehmenden Beobachtung angelangt. Beim Zitat handelt sich um eine *Beschreibung* aus der Feder Malinowskis. Und wie bei allen Beschreibungen stehen dahinter Prozesse des Auswählens von (subjektiv gesammelten) Informationen, vom Zurechtrücken einzelner Informationen zu ganzen Informationsketten, auch auf dem Hintergrund dessen, welchen Eindruck der Leser aufgrund dieses Textes von seiner Teilnehmenden Beobachtung erhalten soll. Wie sehr an eine Leserschaft gerichtete Beschreibung vom tatsächlich Erfühlten und Erlebten abweichen kann, verdeutlicht – um bei Malinowski zu bleiben – sein Tagebuch (1967) im Unterschied zu seinem Einführungskapitel der *Argonauten* (1922). Ich habe dieses Problem der impliziten oder expliziten Selbstdarstellung, das der Postmodernismus zu einem Hauptanliegen ethnologischer Wissensproduktion gemacht hat, schon im Zusammenhang mit den viel gerühmten Adoptionen der Ethnologen und Ethnologinnen angeschnitten. Der Postmodernismus hat die Betonung von der Teilnehmenden Beobachtung auf den Prozess der Verschriftlichung der Feldforschung – die Konstruktion des wissenschaftlichen Berichtes – verschoben.

Aufzeichnungen – Notizen und visuelle Dokumentationsmöglichkeiten – sind, wie gerade das Beispiel der Nachbefragung aufgrund von Notizen und Fotos gezeigt hat, ein wichtiger Bestandteil der Teilnehmender Beobachtung. Zwei Dinge sind dabei zu bedenken: Der Wert der Aufzeichnung und die Bedeutung des Aufschreibens für die „Beobachteten". Gerade, wenn man komplexen Situationen oder Handlungen beiwohnt, an denen viele Menschen beteiligt sind, ist es unzureichend, erst im Nachhinein ein Gedächtnisprotokoll anzufertigen. Das mag für Explorationen gehen, aber nicht, wenn während der Teilnehmenden Beobachtung etwa der Fokus auf einzelne Akteure (wie heißen sie, wann treten sie auf, was tun sie) oder Handlungen (Spektrum der Handlungen, Ablauf, wie oft, zu welchem Zeitpunkt) gelegt wird. Dies bedeutet, dass Aufzeichnungen auch während der Teilnahme unverzichtbar sind. Wenn Beobachten während der Teilnahme schon immer selektiv ist (absichtliche und unabsichtliche Auswahl), dann stellt das Notieren von Gesehenem, Gehörtem und Gesagtem nochmals eine Auswahl aus der Summe der Sinneseindrücke dar: Manche werden festgehalten, andere – und in den meisten Fällen: die Fülle der Eindrücke – werden nicht aufgezeichnet. Vieles bleibt als Eindruck und Stimmung irgendwo im Kopf – und beginnt, sich im Lauf der Zeit als Erinnerung zu verändern. Auch ist die Verschriftlichung (in der Sprache der Menschen vor Ort, in der eigenen Muttersprache, in einer Mischung von beidem?) eine bestimmte Form der Memorierung und unterliegt den Gesetzen der Sprache und der Schrift. Das heißt: alle Sinneseindrücke werden in einen einheitliche Code – Sprache und Schrift – gepresst. Feldnotizen, die während des Anlasses gemacht werden, dem man gerade beiwohnt, sind oft Stenogramme, Kürzel, die dazu dienen, das Wichtigste festzuhalten. Denn Zeit zum Schreiben gibt es während der Teilnehmenden Beobachtung meistens ungenügend. Feldnotizen geben deshalb niemals die Authentizität einer Situation oder einer Handlung wieder, sondern sind Abbildungen – Repräsentationen – davon, die mehrfach „gefiltert" wurden. Dewalt, Dewalt und Wayland (1998) nennen deshalb die Teilnehmende Beobachtung und währenddessen angefertigten Feldnotizen eine Form der Datengewinnung und Datenanalyse. Emerson, Fretz und Shaw (2001: 352–353) sagen deshalb mit Recht, dass mit dem Anfertigen von Feldnotizen während der Teilnehmenden Beobachtung bereits die Grundlagen zu ethnographischer Repräsentation gelegt werden und dies also nicht erst mit dem Schreiben eines Artikels oder eines Buches geschieht.

Frage: In wie weit ermöglichen Notizen, die während einer Teilnehmenden Beobachtung angefertigt wurden, eine authentische Wiedergabe von Situationen oder Handlungen?
Sind Fotos/Videos authentischer?

Das Anfertigen von Feldnotizen ist aus wissenschaftlicher Sicht also ein wichtiges Instrument nicht nur der Forschung im Allgemeinen, sondern auch der Teilnehmenden Beobachtung. Gleichzeitig ist das Aufschreiben von Dingen, die man soeben zusammen mit anderen erlebt hat, ein Prozess der Distanzierung. Oft wird dies von den Menschen, mit denen man möglichst hautnah zusammenlebt, so aufgefasst. Vor allem am Anfang der Feldforschung wird vermutlich jeder Ethnologe darauf angesprochen, warum er ständig sein Notizheft hervorhole und was er nun genau hinein schreibe und wozu. Dies und jenes solle er bitte nicht aufschreiben, oder umgekehrt, er müsse dringend aufschreiben, dass... Schon mehrfach wurde ich aufgefordert vorzulesen, was genau ich aufgeschrieben hätte.

Das Aufschreiben von Erlebtem aktualisiert immer wieder von neuem das Problem von Nähe und Distanz; es bringt den Ethnologen immer wieder in die Zwickmühle, denn er möchte gleichzeitig Insider und Outsider sein. Es zeigt den Januskopf des Ethnologen. Der Akt des Festhaltens von Erlebtem symbolisiert deshalb auch die Vergänglichkeit seiner „Nähe"; eine „Nähe", deren Dauer durch das Forschungsvorhaben begrenzt ist.

2.7 Die Person des Ethnologen, Forschungsfragen und das Untersuchungsfeld

Bis jetzt war hauptsächlich von EthnologInnen die Rede. Im Zusammenhang von dichter Teilnahme war von Geschlechtlichkeit und Nationalität nur kurz die Rede. In welchem Verhältnis steht die Person des Ethnologen zur Teilnehmenden Beobachtung und damit zu seiner Forschungsfrage und zum Untersuchungsfeld? Es gibt *den* Ethnologen so wenig wie es *die* Teilnehmende Beobachtung gibt. Vielmehr steht beides in enger Wechselwirkung zu einander. Alter, Geschlecht, Zivilstand, Hautfarbe, Staatszugehörigkeit, Religionszugehörigkeit, Beruf/sozialer Status (sowie weitere, je nach Kultur als wichtig formulierte Möglichkeiten soziokultureller Differenzierung) beeinflussen den Einsatz der Teilnehmenden Beobachtung als Methode; auch haben diese Faktoren unterschiedliche Bedeutung je nach der Gruppe, die untersucht werden soll. Gerade das Thema Geschlecht ist ein gutes Beispiel dafür, wie einseitig die frühen Ethnographien ausfielen, welch Männer-bezogenes Bild sie von anderen Gesellschaften entworfen haben, gerade weil männliche Ethnologen fast nur an der Welt der Männer teilnehmen konnten. Von den 1970er-Jahren an, als vermehrt Ethnologinnen zur Feldforschung ausreisten, nutzten sie gerade die Zugehörigkeit zum weiblichen Geschlecht dazu, vor allem mit Frauen in anderen Gesellschaften zusammen zu leben und deren Weltsicht darzustellen. Neuerdings haben sich auch Ethnologen und Ethnologinnen, die sich als Schwule bzw. Lesben verstehen, mit solchen gender-Konstruktionen und Akteuren in anderen Gesellschaften befasst. Ethnologinnen, ihre soziale Zu- und Einordnungen (eigene und fremde), Forschungsfragen und Untersuchungsfeld stehen in kontinuierlicher Interaktion miteinander. Auch unsere Untersuchungsfragen und die Intensität, mit der wir diese verfolgen, wirken direkt auf das Feld, das wir erforschen, ein und verändern es. Dies wurde mir deutlich, als eine Mitarbeiterin sich intensiv um weibliche spirituelle Medien in einem Dorf in Bali kümmerte; diese Frauen spielten in der sozialen Struktur der Gemeinschaft eine marginale Rolle. Eine Tages begannen diese Frauen bei öffentlichen Ritualen aufzutreten. Als ich das Thema in einer Gesprächsrunden mit Ritualleitern anschnitt und fragte, seit wann es solche Frauen gebe, antwortete einer von ihnen spontan: „Das gibt es erst, seit Cynthia – da ist!" Im Nachhinein ist es selbstverständlich schwierig abzuklären, „wie es wohl wirklich war". Immerhin zeigt das Beispiel, dass in der Wahrnehmung der Menschen das Auftreten dieser Frauen direkt und kausal mit der Ethnologin und ihren Forschungsfragen korreliert wurde.

Abgesehen von der verändernden Macht der Forschungsfragen an sich können soziale Zuordnungen und Einschätzungen für EthnologInnen ungeahnte Konsequenzen haben. Nachdem im Gefolge des Afghanistan-Kriegszugs der USA gegen „die Achse des Bösen" (als Reaktion auf die Terroranschläge des 11. September 2001 auf das World Trade Center in New York und das Pentagon) islamistische Kreise auch in Indonesien zum heiligen Krieg gegen die USA aufgerufen hatten, fanden in manchen größeren und kleineren Städten Hatzen nach amerikanischen Staatsbürgern statt. In einer solchen Situation einer solchen Staatsbürgerschaft zugeordnet zu werden, kann Feldforschung lebensgefährlich werden lassen oder zumindest die Gewährung von Teilnahme verhindern.

Bei dem erwähnten Forschungsprojekt zu Reproduktionsmedizin und Organtransplantation war der EthnologInnen-Beruf ein Hindernis, um auch in allen von mir angestrebten medizinischen Kreisen Zugang zu erhalten.

Auch Alter – weniger so, wie sich der Ethnologe selber sieht, als vielmehr wie er vor Ort wahrgenommen wird – bestimmt den Zugang zu sozialen Gruppen und teilweise auch zu Fragestellungen. Insgesamt kann man sagen, dass sich Ethnologen und Ethnologinnen Identitäten schaffen und während der Feldforschung solche immer wieder neu aushandeln und ihnen auch Identitäten zugeschrieben werden (vgl. dazu Hauser-Schäublin 2002). Beides braucht nicht deckungsgleich zu sein. Vor allem wird immer unterschätzt, wie sehr auch der Ethnologe Objekt Teilnehmender Beobachtung seitens der Menschen, deren Leben er untersuchen möchte, ist. Meines Wissens fehlt bis heute eine Beschreibung des Lebens und des Verhalten eines Ethnologen während der Feldforschung aus der Sicht und der Feder von Menschen vor Ort. In Bali, wo die Ethnologendichte sicher weltweit am höchsten ist, lief mir ein kalter Schauer den Rücken hinunter, als mir in einem Dorf, in welchem ich über Jahre arbeitete, die Eigenarten eines anderen Ethnologen, der auch dort tätig war, geschildert wurden. Nicht dass er sich irgendwelche Dinge hätte zu Schulden kommen lassen, sondern die Schilderung enthüllte schärfste Beobachtungsgabe und Interpretatiosnfähigkeit derjenigen Menschen, die er untersucht hatte. Ich wagte nicht daran zu denken, wie eine ähnliche Beschreibung über mich und meine Eigenheiten ausfallen würde …

Das Verhältnis zwischen Forscher und Erforschten ist zweifellos zentral bei der Teilnehmenden Beobachtung. Wie bereits im Zusammenhang mit Fragen der Gewährung von Zugang bzw. Ausschluss zur Teilnehmenden Beobachtung indirekt erwähnt wurde, ist das Verhältnis zwischen beiden auch immer durch Macht und Machtgefälle gekennzeichnet. Dabei kann Macht in ganz verschiedenen Dingen lokalisiert sein, in Geld, in Kontrolle von Zugängen zu sozialen Beziehungen, Informationen und Ämtern der staatlichen Bürokratie (also etwa *gate keeper*), Mobilität (etwa aus einem Land ausreisen, um in ein anderes einzureisen zu können) Status, Wissen, Ausbildung und vieles andere mehr. Davon sind die direkten Beziehungen zwischen Feldforscher und Erforschten geprägt. Nicht immer werden sie virulent. Geld ist ein wichtiger Faktor, der in zahlreichen Feldforschungssituationen immer wieder auftaucht. Nicht selten wird Teilnahme an die Zahlung von Geld gebunden, manchmal sind es Gaben im Sinne reziproken Handelns, die erwartet werden. Viele Ethnologen brüsten sich selbst heute, dass sie während ihrer Feldforschung nie Geld gezahlt hätten, so als gehöre es zum Ethos eines richtigen Ethnologen, sich auf bloßem Subsistenzniveau (also Tabakschenkungen im Sinne der Beschreibung Malinowskis) zu bewegen. Es gibt meiner Meinung nach verschiedene Formen von Ausbeutung; das Sammeln von Informationen und Daten ohne Gegengabe, das immer auch persönlichen Zielen dient (für den Studienabschluss, die akademische Laufbahn etc.), gehört meiner Meinung dazu. Bereits vor 30 Jahren wurde ich in Neuguinea aufgefordert, Geld dafür zu bezahlen, wenn ich an einem Yamsfest teilnehmen wollte. Im Verlauf der Jahre bin ich dazu übergegangen, vor besonderen Anlässen, an denen ich teilnehmen wollte, um sie zu studieren, von Anfang an klar zu machen bzw. auszuhandeln, was sinnvollerweise mein Beitrag zu diesem Anlass bzw. der für sie verantwortlichen Gemeinschaft sein solle, sei dies nun in Form von Geld oder von Naturalien (etwa Reis, Kaffee und Zucker, Zigaretten, Stoff etc.). Ich halte Forderungen nach Geld oder anderen Gaben für legitim. Den ideellen Wert einer Feldforschung bei der gastgebenden Gemeinschaft herauszustreichen, wie dies viele Ethnologen tun, halte ich, wie gesagt, auch für eine Form der Ausbeutung. Bei unserem Projekt zur Reproduktionsmedizin und Organtransplantation wurden wir übrigens ebenfalls mit Anfragen bzw. Forderungen konfrontiert. Als wir in einer Universitätsklinik darum baten, einen kurzen Fragebogen an „Kinderwunsch"-Patientinnen zu verschicken (in Umschlägen, die wir bereits mit einer Briefmarke versehen hatten), legte der leitende Arzt uns nahe, auch den Arbeitsaufwand seiner Sekretärin abzugelten.

Frage: Gibt es Kriterien für Leistungen/Gewährung von Zugang zu Handlungen oder Ereignissen, die EthnologInnen in anderen Gesellschaften gewährt werden und für die sie keine Abgeltung leisten sollen?

2.8 Und die Anwendung?

Teilnehmende Beobachtung als Theorie und Methode klingt insgesamt viel einfacher als sie tatsächlich ist. Aus diesem Grund ist es wichtig, dass man sich mit dieser Methode auch praktisch vertraut macht, bevor man eine „richtige" Forschung unternimmt. Eine Übung in Teilnehmender Beobachtung ist angezeigt:

Frage: Überlegen Sie sich eine Frage, die Sie in ihrem weiteren sozialen Umfeld untersuchen möchten; bestimmen Sie die Gruppe näher und beginnen Sie mit der Erprobung der Möglichkeiten und Grenzen dieser Methode.

2.9 Literatur

Dewalt, Kathleen M. und Billie R. Dewalt
2002   Participant Observation. A Guide for Fieldworkers. Walnut Creek.

Dewalt, Kathleen M., Dewalt, Billie R. und Coral B. Wayland
1998   Participant Observation. In: Handbook of Methods in Cultural Anthropology. H. Russel Bernard (Hg.), 259–299. Walnut Creek.

Emerson, Robert M., Fretz, Rachel I. und Linda L. Shaw
2001   Participant Observation and Fieldnotes. In: Handbook of Ethnography, Atkinson, P., Coffey, A., Delamont, S., Lofland, J. and Lyn Lofland (Hg.), 352–368. London.

Greverus, Ina-Maria
2002   Anthropologisch reisen. Münster.

Hauser-Schäublin, Brigitta
2002   *Gender*: verkörperte Feldforschung. In: Fischer, Hans (Hg.): Feldforschungen. Erfahrungsberichte zur Einführung, 73–99. Berlin.

Hauser-Schäublin, Brigitta, Kalitzkus, Vera, Petersen, Imme und Iris Schröder
2001   Der geteilte Leib. Die kulturelle Dimension von Organtransplantation und Reproduktionsmedizin in Deutschland. Frankfurt a.M.

Joergensen, Danny L.
1989   Participant Observation. A Methodology for Human Studies. Applied Social Research Methods Series vol. 15. Newbury Park.

Kalitzkus, Vera
2003   Leben durch den Tod. Die zwei Seiten der Organtransplantation. Eine medizinethnologische Studie. Kultur der Medizin Bd. 6. Frankfurt.

Kohl, Karl-Heinz
1990   Bronislaw Kaspar Malinowski (1884–1942). In: Marschall, Wolfgang (Hg.): Klassiker der Kulturanthropologie, 227–247. München.

Kulick, Don und Margaret Willson (Hg.)
1995   Taboo. Sex, Identity and erotic Subjectivity in Anthropological Fieldwork. London and New York.

Malinowski, Bronislaw
[1922] 1984 Die Argonauten des westlichen Pazifik. Frankfurt a. M.
1967   A Diary in the strict Sense of the Term. London.

Spittler, Gerd
2001   Teilnehmende Beobachtung als Dichte Teilnahme. Zeitschrift für Ethnologie 126,1: 1–25.

Spradley, James P.
1980   Participant Observation. New York.

Tedlock, Barbara
1991   From Participant Observation to the Observation of Participation: the Emergence of Narrative Ethnography. In: Journal of Anthropological Research, 47: 69–95.

Julia Pauli

3 Ethnografischer Zensus

3.1 Der Zensus in der Ethnologie[*]

Schon Malinowski, Rivers, Richards oder Firths haben Zensusdaten erhoben (vgl. Fischer 1997: 37–52). In vielen ethnologischen Methodenbüchern wird der Zensus als Methode erwähnt. Eine genaue Beschreibung, wie ein Zensus zu erheben und auszuwerten ist, findet man jedoch selten (Lang 1997: 5). Ausnahmen sind die detaillierte Darstellung zur Erhebung eines Zensus von Fischer (1997), die Arbeit von Schulze (1997) zur Auswertung zweier von Fischer erhobener Zensus und die Arbeit zur Erhebung und Auswertung eines ethnografischen Zensus von Lang und Pauli (2002).

Bevor diskutiert werden kann, warum Zensusdaten im Rahmen von Feldforschungen erhoben werden, muss zunächst geklärt werden, was ein Zensus ist. Ein Zensus erhebt ‚Grundinformationen' (Lang und Pauli 2002: 5) bzw. ‚Basisdaten' (Fischer 1997:51). Diese Informationen sind zum einen demografischer Natur, d.h. es werden Daten zu den drei demografischen Teilbereichen Fertilität, Mortalität und Migration erhoben (vgl. Lang 1997: 6). Zum anderen handelt es sich um grundlegende soziale und ökonomische Informationen, etwa zur ökonomischen Tätigkeit oder zur Zugehörigkeit zu Verwandtschaftsgruppen. Diese inhaltliche Fokussierung ist auch das zentrale Merkmal der von Fischer verwendeten Definition: „Ich schlage vor, den Begriff „Zensus" (census) als Bezeichnung für die Methode der ethnologischen Feldforschung zu benutzen, bei der demografische und soziologische Basisdaten einer bestimmten Population (der Untersuchungseinheit) aufgenommen werden." (1997: 51).

Neben der inhaltlichen Ausrichtung des Zensus ist die vollständige Erfassung einer vorab definierten (meist geografischen) Einheit oft ein weiteres Merkmal. Dies ist der Fall, wenn etwa alle Haushalte und/oder alle Erwachsene eines Dorfes, einer Region oder eines Stadtviertels befragt werden. Was genau ein Haushalt oder ein Erwachsener ist, hängt vom kulturellen Kontext ab. Manchmal ist es aufgrund der Größe oder der Mobilität der untersuchten Bevölkerung allerdings nicht möglich, einen vollständigen Zensus durchzuführen. In solchen Fällen wird dann mit Hilfe von Stichproben versucht, einen repräsentativen oder auch nur exemplarischen Anteil der Bevölkerung zu befragen. Trotz dieser methodischen Einschränkungen ist der Anspruch aber in der Regel ähnlich dem Anspruch bei vollständigen Befragungen – es geht darum, grundlegende demografische, soziale und ökonomische Aussagen zu der gesamten Gruppe vorzunehmen, ob diese nun eine Dorfgemeinschaft (z.B. Pauli 2000, Netting 1981) oder ein Stadtviertel (Weiss 1999) ist.

Warum werden Zensusdaten in der Ethnologie erhoben? Hier sind die Ausführungen von Florence Weiss (1999) zu ihrer und Milan Staneks Feldforschung bei den in die Stadt Rabaul (Papua-Neuguinea) migrierten Iatmul aufschlussreich, denn sie zeigen recht deutlich die Motivation der beiden Forscher, eine ethnografische Zensuserhebung durchzuführen: „Milan und ich werden an die 200 Personen befragen. Das Gefühl vorher ist immer wieder dasselbe, man würde es lieber nicht tun, denn man kommt sich aufdringlich vor. Wenn wir nicht wissen, wer zusammenlebt, welchen Arbeiten sie nachgehen, wovon sie leben und wie sie hierher gekommen sind, werden wir die Situation der Iatmul in der Stadt nicht verstehen. Viele Ethnologen ersparen sich diese Mühe, und entsprechend hängen ihre Resultate im luftleeren Raum. (…) Doch der standardisierte Fragebogen ist die einzige Methode, sich einen Überblick zu verschaffen." (Weiss 1999: 55–56). Vor allem das Bedürfnis, sich einen Überblick zu verschaffen, scheint hier die Erhebung von Zensusdaten, etwa zur Haushaltszusammensetzung und zur Haushaltsökonomie, anzuregen. Dieser Überblick ist insofern notwendig, als es ohne ihn nur schwer möglich ist, andere Ergebnisse der Forschung einzuordnen.

Die von Weiss genannte Motivation möchte ich um fünf weitere Gründe, warum Ethnologen und Ethnologinnen Zensusdaten erheben, ergänzen: Neben dem von Weiss genannten Bedürfnis, sich einen Überblick über die Gruppe zu verschaffen, sind weitere Motivationen 1) die Erhebung eines Zensus als Einstieg in die Forschung, 2) ein besseres Verständnis von Haushalten, 3) die Erfassung der Verteilung zentraler sozialer Kategorien (und damit die Reduktion von möglichen Verzerrungen), 4) die Erhebung und Analyse von demografischen Prozessen und 5) die Verwendung von Zensusdaten als Erklärungen für andere Forschungsfragen. In der Regel überlappen sich diese Motive.

Ein häufig zu findendes Motiv für eine ethnografische Zensuserhebung ist die Hoffnung, durch den Zensus einen ‚Einstieg' in die Gemeinschaft zu finden: „A short census is a good way to begin a field research project. It gives the researcher an opportunity to become acquainted with community members and the externals of daily life, and it gives the people a chance to meet and observe the researcher." (Johnson 1978: 83). Darüber hinaus werden Zensuserhebungen ganz ähnlich den Erhebungen von Genealogien und Verwandtschaftstermini als gute Möglichkeit des ethnografischen Arbeitens bei noch mangelnden Sprachkenntnissen wahrgenommen. So schreibt etwa Malinowski über die methodischen Konsequenzen seiner anfänglichen sprachlichen Probleme: „I knew very well that the best remedy for this was to collect concrete data, and accordingly I took a village census, wrote down genealogies, drew up plans and collected the terms of kinship." (1922: 5).

Je nachdem kann es jedoch ratsam sein, mit der Zensuserhebung so lange zu warten, bis man genug Sprachkompetenz hat, um kulturell angemessene Fragen zu entwickeln. Außerdem gilt zu bedenken, dass eine Zensuserhebung in der Regel sehr zeitaufwendig ist. Deshalb kann es unter Umständen lohnenswerter sein, sich den Überblick erst gegen Ende der Forschung und mit einem um weitere Forschungsfragen ergänzten Erhebungsinstrument zu verschaffen.

Ein besseres Verständnis der Haushaltsstrukturen ist meines Erachtens ein zweiter Grund, warum Zensusdaten oft während der Feldforschung erhoben werden. Haushalte sind in vielen Ethnografien die zentrale Untersuchungseinheit. Wie ein Haushalt genau zu erfassen ist, muss in der jeweiligen Forschung empirisch erarbeitet werden (vgl. z. B. Pauli 2000: 40–41). Haushalte stellen ein durch ethnografische Feldforschung besonders gut erforschbares Bindeglied zwischen einerseits individuellen Perspektiven und Handlungen und andererseits regionalen, nationalen und sogar globalen Strukturen dar. Folglich ist es für viele ethnografische Studien wichtig, die sozialen Zusammensetzungen und Wirtschaftsweisen der Haushalte genau zu verstehen. Ein Zensus liefert hier die notwendigen Grundinformationen.

Eine weitere Motivation, einen Zensus durchzuführen, besteht darin, dass es mit Zensusdaten möglich ist, die Verteilung der erhobenen Kategorien zu analysieren und somit mögliche Verzerrungen zu korrigieren. Der Eindruck, dass viele junge Männer in dem untersuchten Dorf ohne regelmäßige Arbeit sind, kann unter Umständen durch einen Zensus widerlegt werden. Außerdem wird der Forscher oder die Forscherin während der Erhebung eines Zensus gezwungen, nicht nur mit den Informanten zu interagieren, mit denen er oder sie sich besonders gut versteht. Vielmehr wird die Forschungsperspektive systematisch durch einen Zensus erweitert. Dieser Mehrgewinn an Erkenntnis gilt allerdings nicht nur für die Erhebung von Zensusdaten, sondern ist ein generelles Merkmal aller systematischen Erhebungen.

Ein vierter Grund für die Erhebung eines Zensus in der Ethnologie ist sein demografischer Gehalt. Ethnodemografische Forschungen (z. B. Pauli 2000; Schulze 1997) kommen nicht ohne die durch einen Zensus erhobenen Daten aus. Die im Zensus enthaltenen Geburtengeschichten geben Auskunft über die

Entwicklung der Fertilität. Mortalitätsdynamiken können ebenfalls anhand von Zensusdaten erfasst werden. Und auch zentrale Aspekte von Migration, der dritte demografische Parameter, lassen sich durch Zensusdaten beschreiben.

Ein fünfter Grund, warum in ethnologischen Forschungen oft ein Zensus erhoben wird, besteht in der fundamentalen Bedeutung der Zensuskategorien für die Erklärung vieler sozialer Phänomene. Zensuskategorien wie Alter oder Geschlecht sind zentrale Kategorien in jeder menschlichen Gesellschaft. Durch einen Zensus wird eine Vielzahl an solchen zentralen sozialen Größen erfasst. Allerdings gibt es keinen theoretischen Rahmen für die Auswahl dieser fundamentalen sozialen Kategorien. Die in ethnologischen Forschungen (und auch nationalen Zensuserhebungen!) in der Regel erhobenen Kategorien – Name, Geschlecht, Geburt, Tod, Kinder, Residenz, Referenzverbände, Ausbildung, Beruf, Familienstand, Eltern und ökonomische Basis – sind nicht theoriegeleitet entwickelt worden.

Im Folgenden möchte ich zunächst Fragen zur Konzeption von Zensuserhebungen diskutieren. Da es verschiedene Möglichkeiten gibt, eine Zensuserhebung zu strukturieren, ist die Kenntnis über diese Optionen als Grundlage methodischer Entscheidungen hilfreich. Daran anschließend werde ich genauer auf die Durchführung eingehen. Nach der Darstellung der Erhebung werde ich einige ausgewählte Auswertungsmöglichkeiten präsentieren. In einen abschließenden Abschnitt sollen einige methodische Vertiefungen und Ergänzungen zu dem bisher dargestellten Vorgehen diskutiert werden.

Ich werde als empirische Beispiele vor allem eine von mir Mitte der 1990er Jahre in Mexiko durchgeführte Zensuserhebung und eine von Michael Schnegg und mir 2004 im ländlichen Namibia durchgeführte Zensuserhebung verwenden. Wie Methodenseminare an den Universitäten Hamburg und Köln von Michael Schnegg, Hartmut Lang und mir in den vergangenen Jahren gezeigt haben, kann die Anleitung zur systematischen Erhebung von (Zensus)daten gar nicht detailliert genug sein. Deshalb werde ich mich nicht nur auf die Themen und Kategorien beschränken, die ein Zensus abdeckt, sondern anhand eigener Forschungen auch zeigen, wie wir diese Kategorien konkret umgesetzt haben.

3.2 Strukturierungsmöglichkeiten

3.2.1 Aussagen über wen?

Wie in allen empirischen Forschungen müssen auch bei der Zensuserhebung methodische Entscheidungen getroffen werden. Zwei große Themenkomplexe stehen dabei im Vordergrund: 1) über wen sollen Aussagen getroffen werden? 2) zu welchen Themen sollen Aussagen gemacht werden? Beide Entscheidungen sind nicht unabhängig voneinander, sondern bedingen sich in vielen Punkten gegenseitig. Im Folgenden werde ich mit der Frage beginnen, über welche Einheit(en) Wissen erhoben werden soll.

In Tabelle 1 habe ich verschiedene Untersuchungseinheiten benannt (Spalte 1). Je nach Untersuchungseinheiten müssen bestimmte methodische Entscheidungen getroffen werden (Spalte 2).

Untersuchungseinheit	Methodische Entscheidungen (Beispiele)	Methodische Umsetzung Pauli und Schnegg 2004
Geografische Einheit, etwa ein Dorf oder ein Stadtviertel	Vollständige Erhebung oder Stichprobe?	Vollständige Erhebung aller Haushalte der Fransfonteiner Region
Haushalte	Befragung des Haushalts-vorstandes? Umgang mit „de jure" und „de facto" Mitgliedern?	Befragung ALLER anwesenden Haushaltsmitglieder; Erfassung von „de jure" und „de facto" Bevölkerung
Familien	Genealogischer Zensus?	Nein, nicht systematisch; nur in Form von reproduktiven Geschichten
Mütter und ihre Kinder	Reproduktive Geschichten?	Ja (auch von Männern)
Individuen	Nur Erwachsene? Wie definiert?	Alle Männer und Frauen 15 Jahre und älter, die zum Interview bereit waren

Tabelle 1: Untersuchungseinheiten und methodische Entscheidungen bei Zensuserhebungen

In der Regel werden in ethnografischen Zensuserhebungen mehrere dieser Einheiten erfasst. Die geografische Einheit unterscheidet sich insofern von den anderen Kategorien, als sie immer definiert werden muss. Es gilt zu bestimmen, wo die Grenzen der durch den Zensus erfassten Gruppe genau liegen. Je nach Bevölkerungsgröße muss dann in einem zweiten Schritt geklärt werden, ob alle Personen oder nur ein Teil der Bevölkerung befragt werden kann. Die anderen Untersuchungseinheiten – Haushalte, Familien, Mütter und ihre Kinder, Individuen – sind keine exklusiven Kategorien. Vielmehr überlappen sie sich. Trotzdem können je nach Forschungsinteresse bestimmte Akzente gesetzt werden. Dies möchte ich anhand unseres Fransfonteiner Zensus erläutern (Tabelle 1, Spalte 3).

In den Jahren 2003–2004, 2005 und 2006 haben mein Mann und Kollege Michael Schnegg und ich gemeinsam im Nordwesten Namibias eine Feldforschung durchgeführt. In meinem Teil der Forschung geht es vor allem um den Zusammenhang von demografischen Dynamiken, Klassenbildungsprozessen und dem Wandel sozialer Institutionen, insbesondere der Heirat. Unsere Feldaufenthalte sind Teil der interdisziplinären Forschungen des Kölner Sonderforschungsbereichs 389, ACACIA, der sich mit den Überlebensstrategien im ariden und semiariden Afrika beschäftigt. Die von uns untersuchte Region Fransfontein liegt im ehemaligen ‚Homeland' der Damara. Trotz der ethnischen Homogenisierungsversuche während der Apartheid ist die Gemeinde Fransfontein seit ihrer Gründung in den 1890er Jahren immer multiethnisch gewesen. Die Mehrheit der Bevölkerung bezeichnet sich jedoch als Damara (neben Nama, Herero und Ovambo) und Khoekhoegowab ist die Lingua Franca.

Nach mehr als einem Jahr Feldforschung haben wir 328 Haushalte der Region Fransfontein systematisch befragt. Teil dieser Befragung ist auch ein Zensus gewesen. Unser Ziel ist die vollständige Erfassung aller Haushalte des Fransfonteiner Gebiets gewesen. Deshalb mussten wir auch nicht mit einer Stichprobe arbeiten (vgl. Tabelle 1, Spalte 3). Lang und Pauli (2002: 14) geben mehrere Beispiele für Zensuserhebungen, die auf Stichproben basieren.

Untersuchungseinheiten unseres Zensus sind zum einen die Haushalte der Region und zum anderen alle erwachsenen Männer und Frauen, die in diesen Haushalten zum Zeitpunkt der Zensuserhebung gelebt haben und bereit waren, von uns einzeln interviewt zu werden (vgl. Tabelle 1, Spalte 3). In demografischen Zensuserhebungen ist es üblich, nur Frauen nach ihrer Geburtengeschichte zu befragen. Reproduktive Daten von Männern gelten als unzuverlässiger und problematisch. Da diese Annahme aber in der Regel nicht überprüft wird, haben wir uns dazu entschlossen, auch Männern nach ihren reproduktiven Geschichten zu befragen. Als ‚erwachsen' haben wir all diejenigen Personen definiert, die zum Zeitpunkt der Zensuserhebung 15 Jahre oder älter waren. Damit haben wir uns einer in der Demografie gängigen Konvention angeschlossen.

Genealogische Informationen können wir nur indirekt über die reproduktiven Geschichten generieren. Je nach Forschungsinteresse kann diese Untersuchungseinheit jedoch auch besonders zentral sein. Zum Beispiel hat Clemens Greiner in seiner Forschung zu Migration in Namibia mit der Erhebung von Genealogien begonnen und dann für alle so erhobenen Personen Zensusdaten ermittelt (Greiner im Druck). Anders als bei unserer Erhebung, in der das Residenzkriterium die Untersuchungseinheit strukturiert, geht es bei Greiner um Verwandtschaftsgruppen und die Frage, wer sich aus welchen Gründen zum Zeitpunkt der Befragung wo aufgehalten hat.

Nachdem ich nun die von uns erfassten Untersuchungseinheiten vorgestellt habe, möchte ich jetzt auf einige weitere methodische Entscheidungen kurz eingehen, die mit diesen Einheiten in Zusammenhang stehen. Der Haushalt war, wie oben schon erwähnt, für unsere Zensuserhebung eine entscheidende Untersuchungseinheit. Bevor wir mit dem Zensus beginnen konnten, haben wir durch Teilnehmende Beobachtung und viele Gespräche erarbeitet, was genau ein ‚Haushalt‘ in Fransfontein ist. Dabei hat sich gezeigt, dass die gemeinsame Zubereitung und der gemeinsame Verzehr von Nahrung sowie die geteilte Residenz wichtige Merkmale sind. Verwandtschaft, ein anderes häufiges Definitionsmerkmal des Haushalts in vielen ethnografischen Studien (z. B. Pauli 2000), ist hingegen nicht unbedingt ein Kriterium für Haushaltsmitgliedschaft in Fransfontein. Hier zeigt sich schon deutlich, dass die Haushaltsdefinition auch Auswirkungen auf die Erfassung der Haushaltsmitglieder hat. Wer gehört dazu, wer nicht? Welche Rolle spielen temporäre An- oder auch Abwesenheit? Wann ist jemand nur ein Besucher, wann schon Teil des Haushaltes? In demografischen Zensuserhebungen wird in diesem Zusammenhang zwischen der „de facto" und der „de jure" Population unterschieden. Teil der „de jure" Population sind in der Demografie all diejenigen, die zum Zeitpunkt eines Zensus ihren Wohnsitz innerhalb des vom Zensus erfassten Gebietes haben, selbst wenn sie während der Zensuserhebung vorübergehend nicht in dem Gebiet leben. Demgegenüber schließt die „de facto" Population nur all jene Menschen ein, die zum Zeitpunkt einer Zensuserhebung in dem vom Zensus untersuchten Gebiet anwesend sind (vgl. Lang und Pauli 2002: 6). Das in der Demografie gebräuchliche Residenzkriterium wird in der Ethnologie allerdings erweitert. Nicht nur der Wohnort qualifiziert für eine Haushaltsmitgliedschaft. Vielmehr sind all diejenigen Personen Teil einer „de jure" Bevölkerung, die von den Untersuchten selber nach einem Gesetz oder sonstwie so bezeichnet werden (Lang und Pauli 2002: 6).

Die Frage der „de jure" und der „de facto" Bevölkerung hat sich auch für unsere Zensuserhebung gestellt. Namibia ist ein sehr dünn besiedeltes Land. Die meisten Kinder im schulpflichtigen Alter müssen weit entfernt von ihren Familien in Internaten zur Schule gehen. Je nach Erhebungszeitpunkt schwankt die Größe von Haushalten stark – während der Schulferien haben viele Haushalte eine ganz andere Zusammensetzung als während der Schulzeit. Aus diesem Grund haben wir für jede im Zensus erfasste Person gefragt, ob die Person auch während der Schulzeit in dem Haushalt lebt. Ein anderes Problem sind temporär abwesende erwachsene Haushaltsmitglieder. In der Fransfonteiner Region gibt es neben der Viehwirtschaft und staatlichen Anstellungen wenige andere Einkommensmöglichkeiten. Gerade Angehörige der mittleren Generation zwischen 20 und 40 Jahren leben immer mal wieder auf der Suche nach Arbeit zeitweilig bei Freunden und Verwandten in den Städten. Wie qualitative Interviews gezeigt haben, gelten sie nur dann noch als Haushaltsmitglieder, wenn sie einen Großteil ihres Besitzes (vor allem Kleidung, ein Bett oder einen Schrank) noch im Haushalt haben. Ist dieser Besitz in einen anderen Haushalt, etwa in der Stadt, transferiert worden, sind sie bei erneutem Aufenthalt im Haushalt nur noch Besucher und nicht mehr Mitglieder. Wie zu erwarten muss folglich genau empirisch erarbeitet werden, was „de jure" und „de facto" im jeweiligen kulturellen Kontext bedeuten. Erst dann ist eine systematische Zensuserhebung sinnvoll.

Die Entscheidung, über wen man Aussagen machen möchte (und kann), wird unter Umständen auch davon beeinflusst, wer für Interviews zur Verfügung steht. Je nach Kontext kann es zum Beispiel schwierig sein, reproduktive Geschichten von Frauen zu erheben. Ein Beispiel soll dieses Problem veranschaulichen. 1996 habe ich in einem mexikanischen Dorf einen Zensus und weibliche Geburtengeschichten erhoben (vgl. Pauli 2000). In der Regel befragte ich zunächst alle anwesenden Frauen und Männer gemeinsam zur Haushaltszusammensetzung. Im Anschluss daran sprach ich alleine oder zusammen mit meiner Assistentin mit jeder Frau über ihre Geburtengeschichte. Es gab während der Erhebung keine nennenswerten Probleme. Völlig anders sah die Situation für einen männlichen US-amerikanischen Kollegen aus, der einige Zeit vor mir in einem andern Dorf des gleichen Tals versucht hatte, einen Zensus und weibliche Geburtengeschichten zu erheben. Seine Fragen wurden in der Regel nur von den männlichen Haushaltsmitgliedern, oft den männlichen Haushaltsvorständen, beantwortet. Weibliche Haushaltsmitglieder waren entweder gar nicht anwesend oder schwiegen während des Interviews. Ein Gespräch zwischen dem Ethnologen und den Frauen galt als anstößig. Diese Interviewsituation führte zwar zu einigermaßen zuverlässigen Aussagen über die Haushaltsökonomie, war aber in Bezug auf die reproduktiven Geschichten mehr als unbefriedigend. Zum einen war es dem männlichen Haushaltsvorstand in der Regel peinlich, die Geburtengeschichten seiner Ehefrau oder Töchter zu schildern, zum anderen fehlte ihm oft auch das Wissen, etwa über Fehlgeburten oder Geburtenreihenfolgen. In den 1990er Jahren gab es noch viele ältere Frauen mit mehr als 15 Geburten.

Wenn möglich ist es deshalb meines Erachtens am sinnvollsten, die Zensusfragen zum Haushalt nicht nur mit dem Haushaltsvorstand, sondern mit möglichst vielen Haushaltsmitgliedern durchzuführen. Die Geburtengeschichten sollten aber in vielen Kontexten besser mit der jeweiligen Frau (oder auch dem jeweiligen Mann) alleine durchgeführt werden. Diesen Ansatz verfolgten wir auch in unserer Zensuserhebung in Namibia. Im ersten Teil des Interviews befragten wir alle anwesenden erwachsenen Haushaltsmitglieder zum Haushalt. Dieses Vorgehen erhöhte mit Sicherheit die Zuverlässigkeit unserer Daten, denn so konnte jeder der Anwesenden Informationen beitragen und Lücken füllen. Die Geburtengeschichten waren dann Teil eines separaten Interviews, das wir mit Frauen und Männern alleine durchführten.

Ein mit diesem Thema verwandtes Problem, das auch zum nächsten Abschnitt überleitet, ist die Frage, was genau ein ‚Haushaltsvorstand‘ ist. Für meinen mexikanischen Zensus erwies sich die Definition des Haushaltsvorstandes als relativ unproblematisch. Als Haushaltsvorstand, *jefe de hogar*, wurde entweder der älteste Mann, oder, wenn dieser z. B. verstorben war, die älteste Frau genannt. Eine ähnliche Struktur liegt auch dem Fransfonteiner Zensus zugrunde. Wie sieht es aber zum Beispiel mit einer Hamburger WG aus, in der vier mehr oder weniger gleichaltrige und gleichgeschlechtliche Studierende wohnen? Diese Frage stellte sich in dem von Michael Schnegg im WS 2007/08 durchgeführten Methodenseminar an der Universität Hamburg. Wer ist in einem solchen Haushalt der Haushaltsvorstand? Wie der nächste Abschnitt zeigen wird, dient die Kategorie des Haushaltsvorstandes in Zensuserhebungen als Referenzpunkt für die Klassifikationen der Haushaltsmitglieder. Grundlage des Referenzsystems sind verwandtschaftliche Beziehungen. Wenn diese aber nicht gegeben sind, etwa in der oben genannten WG, müssen die sozialen Beziehungen anders bestimmt werden, etwa durch eine Netzwerkanalyse (vgl. das Kapitel von Schnegg in diesem Band).

3.3 Aussagen zu welchen Themen?

Es lassen sich elf Zensuskategorien unterscheiden, in denen in der Regel Fragen formuliert werden: Name, Geschlecht, Geburt, Tod, Kinder, Residenz, Referenzverbände, Ausbildung, Beruf, Familienstand, Eltern und ökonomische Basis (vgl. Lang und Pauli 2002: 7–11). Lang und Pauli diskutieren die einzelnen Kategorien ausführlich. Meist werden die Informationen zu den lebenden und verstorbenen Kindern (=Kategorien Tod und Kinder) pro Mutter in einem separaten Fragebogen erhoben. Alle anderen Kategorien werden pro Haushaltsmitglied erfragt. Wie oben schon diskutiert, kann es aufgrund bestimmter Interviewsituation (z. B. ein männlicher Forscher, der Frauen zu ihren Geburtengeschichten befragen möchte) problematisch sein, bestimmte Fragen zu stellen.

Hier möchte ich anhand unseres Fransfonteiner Zensus zeigen, wie wir die
oben aufgezählten Kategorien in Fragen umgewandelt haben. Insgesamt entwickelten wir drei verschiedene Fragebögen: 1. einen Haushaltsfragebogen;
2. einen individuellen Fragebogen für alle Männer über 14 Jahre; 3. einen
individuellen Fragebogen für alle Frauen über 14 Jahre. Der Haushaltsfragebogen beginnt mit den Zensusfragen. Daran anschließend haben wir Fragen zur
Haushaltsökonomie gestellt. Anders als im Zensusteil, der die ökonomischen
Aktivitäten jedes einzelnen Haushaltsmitglieds erfragt, geht es im zweiten Teil
dieses Fragebogens um den Haushalt als ökonomische Einheit. Zum Abschluss
des Haushaltsinterviews trugen wir alle mindestens 15-jährigen Personen des
Haushalts in eine Tabelle ein. Für jede dieser Personen notierten wir, ob sie zu
dem Zeitpunkt des Interviews anwesend war. Wenn dies der Fall war, baten
wir die Person um ein Interview. Oft waren nicht alle Haushaltsmitglieder
anwesend. Deshalb entwickelten wir ein Listensystem um festzuhalten, in
welchen Haushalten noch individuelle Interviews fehlten. Diese besuchten
wir dann erneut. In den individuellen Fragebögen wurden unter anderem die
reproduktiven Geschichte der Frauen und Männer (=Kategorien Kinder und
Tod) erhoben.

Abbildung 1 zeigt den Zensusteil unseres Haushaltsfragebogens. Aufgrund
der multiethnischen Situation mussten wir drei sprachliche Versionen der
Fragebögen entwickeln: eine Khoekhoegowab Version, eine Afrikaans Version
und eine Englische Version. In den folgenden Darstellungen beschränke ich
mich auf die Englische Version.

Aus Platzgründen hat Abbildung 1 eine andere Formatierung als die
originalen Fragebögen. Die Zensustabelle findet sich dort auf zwei Seiten.
Die hier als ‚Header – Household definition' bezeichnete Zeile enthält im
Original die Haushaltsdefinition und die Erklärung, worum es in diesem Teil
des Fragebogens geht. Und im Original sind natürlich auch viel mehr Zeilen
vorhanden, in denen die Informationen zu den einzelnen Haushaltsmitgliedern
notiert werden können. Nicht alle Zensusfragen haben wir offen formuliert.
Für Fragen 103, 107 und 111 haben wir Antwortkategorien vorgegeben. Aus
Platzgründen sind hier nur die Antwortmöglichkeiten für Frage 103 abgebildet
(CODES FOR Q103). Neben den Namen sind die Identifikationsnummern
(Spalte ID) für eine eindeutige Zuordnung der Informationen unabdingbar.
Die IDs vergaben wir immer erst am Abend nach den Interviews. In der
zweiten Spalte des Haushaltszensus wird nach den Haushaltsmitgliedern
gefragt. Hier begannen wir immer mit dem Haushaltsvorstand, dann fragten
wir, wenn vorhanden, nach dessen Partner, den Kindern sowie allen anderen
Haushaltsmitgliedern. Für alle Haushaltsmitglieder erfragten wir drei Arten
von Namen: Die Vor- und Nachnamen sowie den so genannten Hausnamen.
Die Relevanz des Hausnamen wurde uns während des Jahres Feldforschung,
bevor wir den Zensus erhoben, sehr deutlich. Der Hausname wird im Laufe

A HOUSEHOLD COMPOSITION – TABLE 1 – PAGE 1

HEADER – Household definition

ID	What are the names of all the persons belonging to this household? >START WITH HEAD, SPOUSE; CHILDREN, OTHERS! >NOTE ALL NAMES OF A PERSON ; (First-, Sur- & Housename)!	Is (name) ALSO living in this household during school time? YES/NO	What is (name)'s relation to the head? *CODES BELOW	Is (name) male or female? 1=male; 2=female	When was (name) born?	Where was (name) born?
	(101)	(102)	(103)	(104)	(105)	(106)

CODES FOR **Q103**:

01 = Head

02 = Conjugal Partner

03 = Son or Daughter

04 = Son/Daughter-in-law (also boy/girlfriend-in-law)

05 = Grandchild

06 = Parent

07 = Parent-in-law

08 = Brother or Sister

09 = Other relative (SPECIFY! Eg. Mother's Sister's Son)

10 = Adopted/Foster/Stepchild

11 = Not related (SPECIFY! Eg. Worker / visitor!)

A HOUSEHOLD COMPOSITION – TABLE 1 – PAGE 2

HEADER – Household composition continued

ID	COPY ALL FIRST NAMES HERE; USE SAME ORDER AS ABOVE	What is (name)'s current marital status? *CODES BELOW	How many years did (name) attend school? IF CURRENTLY ATTENDING MARK 'CUR AT'	Is (name)'s biological mother alive? Yes=1 No=2	Is (name)'s biological father alive? Yes=1 No=2	What is (name)'s religion? *CODES BELOW
	(101)	(102)	(103)	(104)	(105)	(106)

CODES FOR **Q107**: (...)   CODES FOR **Q111**: (...)

Abbildung 1: Exemplarische Darstellung des Fransfonteiner Zensusfragebogens

der Kindheit von dem Haushalt, in dem ein Kind aufwächst, vergeben. Zum Beispiel ist eine mir nahe stehende Frau nur als ‚Cana' bekannt. Ihr Vater hat ihr diesen Namen als Kleinkind gegeben, da er fand, dass sie sehr schön sei, so wie das gelobte Land Kanaan. Getauft ist sie aber auf den Namen Frederika. Oft sind nur die Hausnamen in der Gemeinde bekannt.

In der dritten Spalte des Zensus fragen wir danach, ob ein Haushaltsmitglied auch während der Schulzeit im Haushalt lebt (vgl. Ausführungen zu „de jure" und „de facto" Haushaltsmitgliedern oben). Bei der Befragung wird die Stelle in der Frage, die mit (name) bezeichnet ist, jeweils durch den Namen des Haushaltsmitglieds ersetzt. Die vierte Spalte erfragt die Beziehung, die die einzelnen Haushaltsmitglieder zum Haushaltsvorstand haben. Die unter der ersten Tabelle stehenden Kategorien (CODES FOR Q103) geben die Antwortkategorien vor. Auch diese sind das Resultat vorheriger qualitativer Interviews. Danach wird nach dem Geschlecht, dem Geburtsdatum und dem Geburtsort gefragt. Je nach kulturellem Kontext ist das Erfragen von Geburtsdaten schwierig. Lang und Pauli (2002: 9) und Axinn und Pearce (2006: 138–160) geben Beispiele dafür, wie man das Alter einer Person schätzen kann.

Bevor wir die Fragen auf der zweiten Seite des Haushaltszensus stellen konnten, mussten wir zunächst alle Vornamen der auf Seite eins genannten Personen in der gleichen Reihenfolge kopieren. Nach der Namensspalte folgen Fragen zum Familienstand, zur Schulbildung in Jahren, zu den Eltern und zur Religion. Sowohl die Frage zur Religion wie auch die Frage zum Familienstand sind geschlossene Fragen mit einer bestimmten Anzahl an Antwortmöglichkeiten. Die anderen Fragen haben wir als offene Fragen formuliert. Mit den Fragen zu den Eltern ist es möglich, Aussagen über die Mortalität zu machen (Lang und Pauli 2002: 10). Es wird empfohlen, auch nach den Namen der Eltern zu fragen. In unserem Zensusfragebogen haben wir das versäumt. Wenn erfragt, entstehen so weitere Anknüpfungspunkte zwischen genealogischen Daten und Zensusdaten.

Der hier vorgestellte Zensus enthält somit Fragen zu folgenden Zensuskategorien: Name, Geschlecht, Geburt, Familienstand, Eltern, Referenzverbände (hier Religion), Residenz (hier Geburtsort und Frage nach Wohnort während der Schulzeit) und Ausbildung. Die Fragen zu den Kategorien ‚lebende und verstorbene Kinder' nahmen wir in einem eigenen Fragebogen auf, den ich weiter unter vorstelle. Zwei Zensuskategorien fehlen allerdings in der hier vorgestellten Zensustabelle: Beruf und ökonomische Basis. Zu beiden Zensuskategorien haben wir auch Fragen gestellt, allerdings nicht in Form der Zensustabelle. Die beiden Zensuskategorien sind insofern problematisch, als viele ökonomische Indikatoren für den ganzen Haushalt und nicht nur für individuelle Mitglieder (z. B. Art des Hauses) gelten. Hinzukommt, dass bestimmte Fragen, zum Beispiel zum Beruf, unter Umständen von den einzelnen Haushaltsmitgliedern besser selber und nicht vom Haushaltskollektiv

SECTION 4A. WOMAN'S REPRODUCTIVE HISTORY:

A REPRODUCTIVE HISTORY   ***B PREGNANCY & BREASTFEEDING***

NAME of Respondent: _____   ID of Respondent: _____

"Now I would like to record the names of all your births, whether still alive or not, starting with the first one you had."

ID	What name was given to your (first/next) baby? FIRST NAME & SURNAME	Is (name) a boy or a girl? 1=Boy; 2=Girl	When was (name) born?	Is (name) still alive? IF NOT, when did (name) die?	Why did (name) die?
	(401)	(402)	(403)	(404)	(405)

Fortsetzung 'woman's reproductive history'

What is (name)'s father's name?***	How many years did (name) attend school? IF CUR. IN SCHOOL MARK 'C.A.'	Where does (name) live most of the time?	What is (name)'s occupation?	Is (name) married? Yes=1 No=2
(406)	(407)	(408)	(409)	(410)

Abbildung 2: Exemplarische Darstellung der Erhebung reproduktiver Geschichten

beantwortet werden sollten. Aus diesem Grund haben wir alle Fragen zu den beiden Kategorien ‚Beruf' und ‚ökonomische Basis' aus der Tabelle ausgelagert und an anderen Stellen des Interviews gestellt.

Den ‚Beruf' und individuelle Einkommensstrategien haben wir im individuellen Fragebogen erfragt, die ökonomische Basis haben wir in einem separaten Teil des Haushaltsfragebogens erhoben. Dieser Teil des Haushaltsfragebogens enthält Fragen zum Lebensstandard des Haushalts (z. B. Art des Hauses, Zugang zu Wasser und Elektrizität), zum Besitz des Haushalts an Vieh und Konsumgütern und zur Haushaltsökonomie (z. B. Anteil an staatlichen Pensionen und Geldsendungen von Stadtmigranten am Haushaltseinkommen).

Wie oben schon erwähnt, enthält jeder individuelle Fragebogen auch eine Tabelle zu den Geburtengeschichten. Die Geburtengeschichten sind immer der Abschluss eines individuellen Interviews gewesen. Abbildung 2 zeigt anhand unserer Fransfonteiner Erhebung exemplarisch, wie Geburtengeschichten in einem Interview erhoben werden können.

Fragen nach dem Namen, dem Geschlecht, dem Geburtsdatum, dem möglichen Todesdatum und eine eindeutige ID Zuordnung pro Kind bzw. Geburt sollten bei keiner Geburtengeschichte fehlen (Abbildung 2, Spalte 1 und Fragen 401, 402, 403, 404). In der Demografie ist es üblich, nur Lebendgeburten zu erheben. Fehlgeburten und Todgeburten werden nicht gezählt. Falls aber gerade an diesen Themen Interesse besteht (vgl. Pauli 2000: 44; Pauli 2007a), dann kann die obige Tabelle ohne Probleme um Fragen nach Todgeburten und ähnlichem erweitert werden. Lang und Pauli (2002) schlagen neben den obigen Kategorien noch Fragen zu folgenden weiteren Kategorien vor: Ausbildung, Residenz, Beruf und Familienstand für jedes Kind. Fragen 407, 408, 409 und 410 sind Beispiele für eine Umsetzung dieser Kategorien. Zwei Fragen haben wir zusätzlich gestellt: Frage 405 nach der Todesursache (falls ein Kind verstorben ist) und Frage 406 nach dem Namen des Vaters eines Kindes. Da Patchworkfamilien in der Region sehr üblich sind, sind wir durch das Erfragen des Namens des Vaters in der Lage, ‚reproduktive Netzwerke' zu rekonstruieren (vgl. Pauli 2007b). Diese Frage kann in vielen anderen Kontexten jedoch überflüssig oder sogar moralisch verwerflich sein.

3.4 Erhebung eines ethnografischen Zensus

Wann genau ein guter Zeitpunkt für die Zensuserhebung ist, kann nicht verallgemeinert werden. Meinen mexikanischen Zensus habe ich am Anfang der Feldforschung erhoben. Es war meine erste längere Feldforschung und die Zensuserhebung erschien mir eine gute Einstiegsmöglichkeit. Hinzukam, dass das US-amerikanische Ethnologenpaar Carole Browner und Arthur Rubel mir ihre Spanischen Fragebögen sowohl zum Zensus wie auch zu reproduktiven Geschichten zur Verfügung gestellt hatten. Deshalb musste ich nicht selber zu Beginn der Forschung Fragen entwickeln, die u. U. sehr unangebracht und sogar falsch gewesen wären, sondern konnte auf in einer ähnlichen Region bereits erprobte Fragebögen zurückgreifen. Allerdings ergaben sich dann während des weiteren Forschungsverlaufs viele Fragen, die ich auch systematisch verstehen wollte, so dass ich in den letzten drei Monaten meiner Forschung eine erneute Befragung aller 165 Haushalte durchführte.

Aus diesen Erfahrungen lernend änderten wir unsere Forschungsstrategie für die namibische Erhebung. Erst nach über einem Jahr Feldforschung führten wir eine systematische Befragung der Haushalte der Region, einschließlich eines Zensus und Geburtengeschichten, durch. Im Nachhinein und im Vergleich empfehle ich, sehr gut zu überlegen, ob es nicht von Vorteil ist, mit einer systematischen und zeitintensiven Befragung zu warten. Den Einstieg ins Feld kann man auch durch andere Methoden (etwa Genealogien) und Handlungen (Präsentation des Forschungsprojekts bei öffentlichen Anlässen, etwa Gemeindeversammlungen oder Gottesdienste) meistern.

Nach dem Entwurf der Fragebögen und vor dem Erheben der Zensusdaten sollte unbedingt ein so genannter Pretest liegen. In einer der untersuchten Gruppe ähnlichen Bevölkerung, z. B. dem Nachbardorf, sollten die Fragen ,ausprobiert' und dann überarbeitet werden.

Die Befragung sollte einer gewissen Systematik folgen. Hier eignen sich schon existierende Siedlungspläne. Für beide Zensuserhebungen konnten wir vorhandene Siedlungspläne benutzen, die wir dann überarbeitet haben. Im mexikanischen Fall hat es sich um eine Siedlungsskizze des Gesundheitsministeriums und im namibischen Fall um einen Siedlungsplan der Regionalverwaltung gehandelt. Neben diesen Siedlungsplänen haben wir in Namibia auch für jeden Haushalt GPS-Koordinaten erhoben. Diese technologische Innovation bietet sehr interessante neue Auswertungsmöglichkeiten. Die Zensusdaten können so systematisch räumlich verortet werden. Das kann sowohl analytisch wie auch deskriptiv bereichernd sein (vgl. z. B. Pauli 2007c).

Es kann sehr hilfreich sein, die Zensusdaten schon während der Feldforschung elektronisch zu erfassen. Erhebungsfehler (z. B. unlogische Geburtsdaten) lassen sich so viel leichter beheben und es besteht recht einfach die Möglichkeit, Fragen zu wiederholen (Pauli 2000: 45).

Die durch den Zensus erfassten verwandtschaftlichen Beziehungen und reproduktiven Geschichten lassen sich nicht direkt in Excel oder ähnliche Programme eingeben. Deshalb empfehlen Lang (2000) und Schnegg (2006), die Zensusdaten in das genealogische Programm Family Tree Maker einzugeben. Family Tree Maker ist als Eingabeprogramm zu empfehlen, da es den internationalen Standard GEDCOM unterstützt und die eingegebenen Daten so leicht in andere Programme exportiert und weiterverarbeitet werden können.

Lang (2000) zeigt ausführlich, wie man ethnografische Zensusdaten in Family Tree Maker eingibt und geht auch auf die Vor- und Nachteile des Programms ein. Schnegg (2006) stellt zusätzliche Möglichkeiten dar, wie man die in Family Tree Maker eingegebenen Informationen weiter analysieren kann. Für demografische Analysen wird das von Hartmut Lang entwickelte Programm zur Analyse von Fertilität (Lang 2007) empfohlen. Langs Programm erstellt mehrere Tabellen, die ohne Probleme nach Excel exportiert und weiter ausgewertet werden können. Wenn die genealogischen und reproduktiven Komponenten des Zensus weniger wichtig sind, kann man die Daten auch direkt in Excel, SPSS oder in ein anderes Statistikprogramm eingeben.

3.5 Auswertungsoptionen

Bei der Auswertung von Zensusdaten können sowohl allgemeine statistische Verfahren als auch spezifisch demografische Analysemethoden angewandt werden. Grundsätzlich kann man fast alle Zensuskategorien mit den gängigen statistischen Verfahren, etwa Häufigkeitsverteilungen oder Zusammenhangsmaße (siehe z. B. Benninghaus 1992), und statistischen Analyseprogrammen, wie SPSS, auswerten. Lang und Pauli (2002) geben für jede der elf Zensuskategorien Auswertungsbeispiele. Es empfiehlt sich, zunächst beschreibende Auswertungen durchzuführen, bevor man sich mit Fragen nach Zusammenhängen beschäftigt. Man sollte also zunächst fragen, wie die Ausprägungen innerhalb der einzelnen Zensuskategorien verteilt sind, und dann eruieren, in welchen Zusammenhängen sie zueinander stehen. Zum Beispiel kann man sich in einem ersten Schritt fragen, wie die Haushaltsgröße, also die Anzahl an Personen pro Haushalt, verteilt ist. Abbildung 3 gibt einen ersten visuellen Eindruck von unseren Fransfonteiner Daten. Für die Darstellung werden absolute Häufigkeiten, d.h. die tatsächliche Anzahl pro Ausprägung innerhalb der Kategorie, und keine Prozentumrechnungen verwendet.

Im Schnitt hat ein Haushalt vier Mitglieder (Durchschnitt 4,11; Median 3,5), allerdings schwankt die Größe beträchtlich, was sich sowohl in Abbildung 3 als auch in der Standardabweichung ausdrückt (std. 2,8). Des weiteren ist der hohe Anteil an Ein-Personen-Haushalten auffällig. Deshalb sollte in einem zweiten Schritt gefragt werden, welche weiteren Faktoren Einfluss auf die Haushaltsgröße haben. Welche Typen an Haushalten lassen sich unterscheiden? Hier möchte ich nur exemplarisch das Geschlecht des Haushaltsvorstands betrachten. Der Zusammenhang zwischen den beiden Merkmalen Geschlecht des Haushaltsvorstandes und Anteil an Ein- oder Mehr-Personen-Haushalten kann in einer Kreuztabelle dargestellt werden (vgl. Tabelle 2).

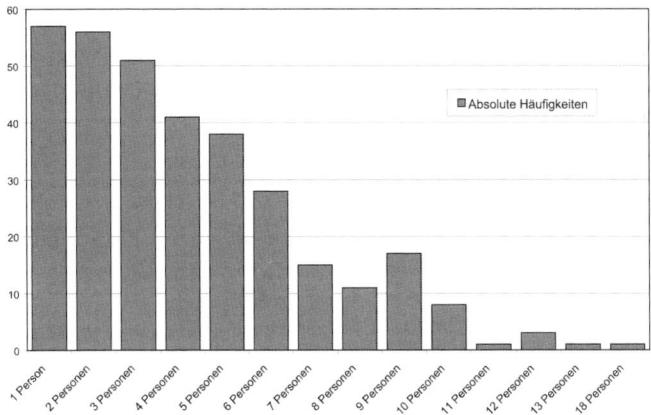

Abbildung 3: Verteilung der Haushaltsgröße von 328 Haushalten, Fransfontein, Namibia, 2004

Geschlecht Haushaltsvorstand	N (Anzahl an Haushalten)	Prozentualer Anteil Ein-Personen-Haushalt	Prozentualer Anteil Zwei- oder mehr Personen Haushalt
Weiblich	130	21%	43%
Männlich	198	79%	57%

Tabelle 2: Geschlecht des Haushaltsvorstands und prozentualer Anteil an Haushaltstypen, Fransfontein, Namibia 2004

Tabelle 2 zeigt deutlich, dass Ein-Personen-Haushalte überwiegend (79%) männliche Haushalte sind. Nur 21% der Haushalte dieses Typs werden von Frauen geführt. Bei den allein lebenden Männern handelt es sich um Migranten aus anderen Teilen Namibias, die ohne ihre Familien in Fransfontein leben und als Hirten arbeiten. Hiermit ist die Analyse aber noch nicht beendet – sie fängt vielmehr erst an! Diese Ergebnisse regen zu weiteren Fragen an. Wie ist etwa die Altersverteilung innerhalb der Haushalte – leben in den von Frauen geführten Haushalten zum Beispiel mehr Kinder? Welche weiteren Variationen lassen sich innerhalb der Kategorie ,Haushaltsvorstand' finden? – z. B. weibliche Haushalte, die von älteren Witwen geführt werden, im Un-

terschied zu weiblichen Haushalten, denen junge allein erziehende Mütter
vorstehen? Unterscheiden sich die ökonomischen Strategien der von Frauen
geführten Haushalte von denen der von Männern geführten Haushalte? Einige
dieser Fragen beantworte ich an anderer Stelle (Pauli 2007c). Hier sollen die
Auswertungs- und Fragebeispiele vor allem dazu anregen, eigene Fragen und
Auswertungsstrategien zu entwickeln.

Nach diesen generelleren Auswertungsmöglichkeiten möchte ich im
Folgenden zwei spezifisch demografische Auswertungsmethoden, altersspe-
zifische Geburtenziffern und die Kohortenanalyse, darstellen. Um vergleichende Aussagen etwa zu den Geburtengeschichten vorzunehmen, müssen
die Daten standardisiert werden. Eine häufig verwendete Standardisierung zur
Beschreibung von Fertilität sind die altersspezifischen Geburtenziffern (Pauli
2000: 219–222). Sie geben nicht die absolute Anzahl an Geburten, sondern
die durchschnittliche Geburtenzahl pro Frau einer spezifischen Altersklasse
an. Wenn alle altersspezifischen Geburtenziffern addiert und mit der Größe
der Altersklassen multipliziert werden, erhält man die sogenannte zusammengefasste Geburtenziffer, englisch *total fertility* rate. Diese Ziffer gibt an, wie
viele Kinder eine Frau am Ende ihrer reproduktiven Phase insgesamt bekommt,
wenn sie genau den altersspezifischen Geburtenziffern entsprechend viele
Kinder bekommen hat (Lang 1997: 7, Pauli 2000: 219–222). Wie wichtig
diese Standardisierung für die Auswertung von Geburtengeschichten ist, soll
anhand eines einfachen Beispiels verdeutlicht werden.

Es ist üblich, die Geburtengeschichten von Frauen über 45 Jahren zu untersuchen, da nur wenige Kinder nach dem 45. Lebensjahr geboren werden
und die Geburtengeschichten als weitgehend vollständig angesehen werden
können. In dem von Fischer in Papua-Neuguinea erhobenen und von Schulze
untersuchten Zensus hat es insgesamt 474 Geburten von Frauen über 45 Jahren
geben (Schulze 1997: 145). In einer von mir untersuchten mexikanischen
Gemeinde hat es dagegen insgesamt 577 Geburten von Frauen über 45 Jahren
gegeben (Pauli 2000: 220). Der Vergleich der beiden absoluten Werte 474
Geburten respektive 577 Geburten ist nicht sinnvoll. Erst die Standardisierung
erlaubt einen Vergleich (Schulze 1997: 144-150, Pauli 2000: 219-226). Die
zusammengefasste Geburtenziffer für die Wampar Papua-Neuguineas beträgt
7,3 Kinder pro Frau (Schulze 1997: 145), für das mexikanische Beispiel liegt
die Ziffer bei 10,3 Kindern pro Frau (Pauli 2000: 222). Obwohl beide Gruppen
ein sehr hohes Fertilitätsniveau aufweisen, ist der Wert für das mexikanische
Beispiel deutlich höher. Die zusammengefassten Geburtenziffern weiterer Fälle
können hinzugezogen und verglichen werden (vgl. Pauli 2000: 223).

Neben der Beschreibung der Zensuskategorien, der Analyse von Zusammenhängen und dem Vergleich demografischer Größen, etwa zusammengefassten
Geburtenziffern, ist auch die diachrone Beschreibung der durch den Zensus
und die Geburtengeschichten erhobenen Ereignisse eine wichtige Variante

Frauen geboren zwischen:	N (Anzahl an Frauen)	Prozent außereheliche Geburten	Prozent verheiratet
1916–34	35	55%	80%
1935–44	44	81%	59%
1945–54	47	90%	29%
1955–64	57	91%	38%
1965–74	68	93%	22%
1975–84	90	97%	(5%)*

* Nur 5 verheiratete Frauen

Tabelle 3: Diachrone Betrachtung von Heirat und außerehelichen Geburten anhand einer Kohortenanalyse, Fransfontein, Namibia, 2004

der Auswertung. Mit Hilfe der Kohortenanalyse ist es möglich zu zeigen, in welcher Art und Weise sich eine Verhaltensweise innerhalb einer Gruppe im Laufe der Zeit verändert hat. Verhaltensweisen können zum Beispiel die Anzahl an Kindern, der Grad der Schulbildung oder der Konsum bestimmter Güter sein (vgl. Pauli 2000: 82–117). Als Kohorte wird eine Gruppe von Personen bezeichnet, die alle in einem bestimmten Zeitraum ein spezifisches Ereignis erlebt haben. Personen einer Heiratskohorte haben alle zum gleichen Zeitraum geheiratet, Personen einer Geburtskohorte sind alle im gleichen Zeitabschnitt geboren worden. Die Entwicklung von Heirat und außerehelichen Geburten in Fransfontein, Namibia, soll im Folgenden anhand der Analyse mehrerer Geburtskohorten genauer betrachtet werden (vgl. Pauli 2007b). Wie Tabelle 3 zeigt, hat der Anteil an außerehelichen Geburten in den letzten Dekaden stark zugenommen.

Parallel zum Anstieg außerehelicher Geburten ist es zu einem starken Rückgang des Anteils an verheirateten Frauen gekommen. Sind in der ersten Geburtskohorte der zwischen 1916 und 1934 geborenen Frauen noch 80 Prozent der Frauen verheiratet, so ist ihr Anteil bei den 2004 zwischen 30 und 40-jährigen Frauen auf 22 Prozent gesunken. Die erste Geburtskohorte ist größer als die anderen Kohorten. Eine Unterteilung in zwei Kohorten hätte zu zu kleinen Fallzahlen geführt. Eine Vermutung könnte sein, dass das Heiratsalter im zwanzigsten Jahrhundert stark gestiegen ist und die Heiraten heute deshalb später stattfinden. Dass dem aber nicht so ist, zeige ich ausführlich an anderer Stelle (Pauli 2007b). Vielmehr hat sich die Institution der Ehe im zwanzigsten Jahrhundert in Namibia und auch in vielen anderen Teilen des südlichen Afrikas dramatisch geändert. Heute ist eine Hochzeit so kostspielig, dass sich nur ein kleiner Teil der Bevölkerung diesen Luxus leisten kann. Dieser Wandel, der zu einer Mehrheit an unverheirateten Personen in der Fransfonteiner Bevölkerung geführt hat, beeinflusst zentrale Aspekte des täglichen (Über)Lebens, etwa Erbpraktiken und Altersabsicherungen.

Die Kohortenanalyse ist eine sehr flexible Auswertungsmethode, mit der sich nicht nur demografische Fragestellungen beantworten lassen. Anleitungen zur Arbeit mit weiteren demografischen Analyseverfahren, etwa Alterspyramiden, Sterbetafeln oder Bevölkerungswachstumsraten, finden sich bei Newell (1988), Schulze (1997), Pauli (2000) und Lang und Pauli (2002). Hartmut Lang hat Auswertungsprogramme entwickelt, mit denen es möglich ist, alle zur Beschreibung der Fertilität wichtigen Indizes zu berechnen (Lang 2007).

3.6 Erweiterung und Vertiefung des Zensus

Der grundlegende Charakter des Zensus regt dazu an, die Zensusinformationen mit anderen ethnografischen Methoden und Daten zu kombinieren (vgl. die Reihe von Lang und Schnegg 2002). Hier möchte ich exemplarisch zwei mögliche Erweiterungen vorstellen: zum einen Beispiele für eine Vertiefung der Zensuskategorien und zum anderen Beispiele für Erweiterungen um nicht durch den Zensus abgedeckte Themen.

Der Zensus erhebt für eine bestimmte Anzahl an Personen grundlegende Daten. Hierbei geht es nicht um ein besonders komplexes, tiefes und unter Umständen sogar widersprüchliches Verständnis der einzelnen Zensuskategorien. Was genau Geburt, Tod, Trauer, Abschied und Rückkehr in dem jeweiligen Kontext für Bedeutungen haben, wird nicht thematisiert. Vielmehr sollen ‚in der Breite' Informationen gewonnen werden. Deshalb ist es sehr zu empfehlen, den Zensus um qualitative Methoden zu ergänzen, die die Bedeutung, Praxis und Symbolik der einzelnen Kategorien untersuchen. Hier möchte ich nur exemplarisch auf eine qualitative Methode, die Erhebung von Lebensgeschichten, hinweisen. In Lebensgeschichten wird explizit nach der Bedeutung zentraler demografischer Ereignisse, wie Geburt und Tod, gefragt. Anhand einer Kombination aus Geburtengeschichten und Lebensgeschichten erkläre ich zum Beispiel für die von mir in Mexiko untersuchte Gemeinde, warum es zu welchen reproduktiven Entscheidungen gekommen ist (Pauli 2000). Schwangerschaft ist nicht nur ein demografisches sondern auch ein kulturelles Ereignis. Aufgrund eines starken Anstiegs an internationaler Migration in die USA und damit einhergehenden langen Abwesenheiten der Männer des Dorfes hat sich die Bedeutung von Schwangerschaft verändert. Der Vorwurf der Untreue begleitet viele Schwangerschaften und führt unter Umständen zu Schwangerschaftskomplikationen (vgl. Pauli 2007a). Das Zählen von Geburten (und anderen Zensuskategorien) sollte also am besten durch qualitative Methoden ergänzt werden. Hier bietet es sich auch an, den

Zensus als Grundlage für die Auswahl bestimmter Personen zu nutzen, die man besonders intensiv qualitativ befragen möchte (vgl. z. B. Axinn und Pearce 2006). Zum Beispiel können mit Hilfe von Zensusdaten Haushalte bestimmt werden, die besonders stark (oder auch besonders schwach) von einem bestimmten Ereignis, etwa Migration, betroffen sind.

Eine andere Möglichkeit der Vertiefung der Zensuskategorien bieten gegebenenfalls vorhandene historische Dokumente. Hier ist die Arbeit des Ethnologen Robert McNetting (1981) wegweisend. McNetting hat die wirtschaftliche und demografische Entwicklung der schweizerischen Gemeinde Törbel über mehrere Jahrhunderte hinweg rekonstruiert. Für die demografische Analyse kann er auf mehrere Zensuslisten, Kirchenregister, Zivilregister und Steuerlisten aller Landbesitzer zurückgreifen (McNetting 1981: 92–93). Durch den Vergleich der unterschiedlichen Daten ist es möglich, Datenlücken und Datenfehler zu erkennen und die Datenqualität entscheidend zu verbessern.

Die oben schon erwähnte räumliche Verortung von Zensusdaten mithilfe von GPS Koordinaten der Haushalte und anschließenden GIS Auswertungen stellt eine weitere lohnende Vertiefungen von Zensusdaten dar (vgl. Axinn und Pearce 2006: 130-132, Pauli 2007c).

Neben solchen inhaltlichen Vertiefungen der Zensuskategorien können Zensusdaten auch durch neue Themen erweitert werden. Wie Fischer (1997: 72) richtig anmerkt, sind diese Fragen kulturspezifisch. Zum Beispiel erweiterte Fischer die von ihm in Papua-Neuguinea erhobenen Zensusdaten um folgende Themen: Landrechte, Gärten, Gartenhäuser, Kopradarren, moderne ökonomische Unternehmung, Betelverkäufe, Schulbildung, Kenntnisse oraler Traditionen, Gegenstände materieller Kultur und Verhalten im Trauerfall (1997: 72). Auch können bestimmte Forschungsinteressen zur Erweiterung des Zensusfragebogens anregen. Zum Beispiel habe ich meinen in einer mexikanischen Gemeinde erhobenen Zensus um detaillierte Fragen zu Verhütungsmethoden und zum Stillverhalten erweitert, da ich möglichst genau verstehen wollte, wie reproduktive Entscheidungen getroffen werden (Pauli 2000). Unseren namibischen Zensus haben wir unter anderem mit einer Netzwerkerhebung ergänzt (vgl. Schnegg in diesem Band). Die Zensusdaten ermöglichen es, Haushalte zu differenzieren: z. B. zwischen Haushalten mit permanentem Einkommen und Haushalten mit unbeständigem Einkommen. Die Kombination von Netzwerkdaten und Haushaltsdaten kann dann in einem zweiten Schritt etwa Aufschluss darüber geben, inwieweit Haushalte mit permanentem Einkommen anders in die Gemeinschaft integriert sind als Haushalte mit einer unsicheren ökonomischen Existenz (vgl. Schnegg 2007).

Es gibt viele gute Gründe, einen Zensus zu erheben. Durch einen Zensus bekommt man einen systematischen Überblick, ein Zensus kann ein guter Einstieg ins Feld sein, außerdem führt eine Zensuserhebung zu einem besseren Verständnis von Haushalten und liefert wichtige demografische Daten.

Schließlich enthält ein Zensus grundlegende Informationen zu zentralen Kategorien des menschlichen Daseins, wie Alter, Geschlecht oder Residenzmuster. Damit ‚die Resultate nicht im luftleeren Raum hängen', wie es Florence Weiss (1999: 55) so treffend formuliert hat, ist eine Zensuserhebung deshalb für viele ethnografische Forschungen empfehlenswert.

3.7 Zur Weiterarbeit empfohlene Literatur

Lang, Hartmut und Julia Pauli
2002   Der ethnographische Zensus. In: Hartmut Lang und Michael Schnegg (Hg.),
          Methoden der Ethnographie, http://www.methoden-der-ethnographie.de.
          Eine praxisnahe Einführung in die Erhebung und Auswertung des ethnografischen
          Zensus.

Newell, Colin
1988   Methods and Models in Demography. Chichester.
          Eine sehr gut lesbare und nachvollziehbare Darstellungen wichtiger demogra-
          fischer Analysetechniken.

Schulze, Walter, Hans Fischer und Hartmut Lang
1997   Geburt und Tod. Ethnodemographische Probleme, Methoden und Ergebnisse.
          Berlin.
          Dieses sehr zu empfehlende Lehrbuch der Ethnodemografie enthält sowohl
          eine Einführung in die Grundlagen der Ethnodemografie, eine Darstellung der
          wichtigsten Aspekte der Erhebung von Zensusdaten als auch exemplarische
          Auswertungen einer und mehrerer Zensuserhebungen.

3.7.1 Verwendete Literatur

Axinn, Willam G. und Lisa D. Pearce
2006   Mixed Method Data Collection Strategies. Cambridge.

Benninghaus, Hans
1992   Deskriptive Statistik. Stuttgart.

Fischer, Hans
1997   Zensusaufnahmen – das Beispiel Gabsongkeg. In: Walter Schulze, Hans Fischer
          und Hartmut Lang (Hg.), Geburt und Tod. Ethnodemografische Probleme, Me-
          thoden und Ergebnisse, 37–91. Berlin.

Greiner, Clemens
Im Druck Zwischen Ziegenkraal und Township. Migrationsprozesse in Nordwestnamibia.
          Berlin.

Johnson, Allen W.
1978   Research Methods in Social Anthropology. London.

Lang, Hartmut
1997   Ethnodemographie und die Bedeutung von ethnodemographischen Zensuserhe-
            bungen. In: Walter Schulze, Hans Fischer und Hartmut Lang (Hg.), Geburt und
            Tod. Ethnodemografische Probleme, Methoden und Ergebnisse, 4-36. Berlin.
2000   Mit genealogischen Daten arbeiten – Computerlösungen. In: Ethnoscripts 2:
            88–96.
2007   Edged. Programm zur Analyse von Zensusdaten und Geburtengeschichten.
            Universität Hamburg. Hamburg.

Lang, Hartmut und Michael Schnegg (Hg.)
2002   Methoden der Ethnographie. http://www.methoden-der-ethnographie.de.

Malinowsky, Bronislaw
1922   Argonauts of the Western Pacific. London.

McNetting, Robert M.
1981   Balancing on an Alp. Ecological Change & Continuity in a Swiss Mountain
            Community. Cambridge.

Pauli, Julia
2000   Das geplante Kind. Demographischer, wirtschaftlicher und sozialer Wandel in
            einer mexikanischen Gemeinde. Hamburg.
2007a   Zwölf-Monats-Schwangerschaften: Internationale Migration, reproduktive
            Konflikte und weibliche Autonomie in einer zentralmexikanischen Gemeinde.
            In: Tsantsa. Zeitschrift der schweizerischen ethnologischen Gesellschaft 12:
            71–81.
2007b   ‚We All Have Our Own Father!‘ Reproduction, Marriage and Gender in Rural
            Northwest Namibia. In: Suzanne LaFont und Dianne Hubbard (Hg.), Unravelling
            Taboos: Gender and Sexuality in Namibia, 197-214. Windhoek.
2007c   Gendered Space: Female Headed Households in Fransfontein, Northwest Nami-
            bia. In: Olaf Bubenzer, Andreas Bolten und Frank Darius (Hg.), Atlas of Cultural
            and Environmental Change in Arid Africa, 186-189. Köln.

Schnegg, Michael
2006   Mit genealogischen Daten arbeiten II: Komplexe Abfragen. In: Ethnoscripts 8:
            141–148.
2007   Sharing Space and Food in Namibia. In: Olaf Bubenzer, Andreas Bolten und
            Frank Darius (Hg.), Atlas of Cultural and Environmental Change in Arid Africa,
            194-197. Köln.

Schulze, Walter
1997   Die ethnodemographische Analyse der Zensusdaten von Gabsongkek. In: Walter
            Schulze, Hans Fischer und Hartmut Lang (Hg.), Geburt und Tod. Ethnodemo-
            grafische Probleme, Methoden und Ergebnisse, 92–189. Berlin.

Weiss, Florence
1999   Vor dem Vulkanausbruch. Eine ethnologische Erzählung. Frankfurt am Main.

* Ich danke Michael Schnegg und Hartmut Lang für ihre wertvollen Anmerkungen und
Hinweise.

Roland Hardenberg

4 Die „Genealogische Methode":
Eine kritische Einführung

4.1 Wissenschaftsgeschichtliche Bedeutung

Die „Genealogische Methode" ist eng verbunden mit der Entwicklung des Faches Ethnologie zu einer empirischen, systematischen und vergleichenden Wissenschaft. Ohne diese Methode, die im Rahmen einer der großen Forschungsunternehmungen am Ende des 19. Jahrhunderts, der Torres Straits Expedition (1898), von W. H. R. Rivers[1] entwickelt wurde, sind viele weitere Entwicklungen des Faches nicht denkbar. So bot diese Methode die Möglichkeit, über die einfache Beobachtung fremder „Sitten und Bräuche" hinausgehend, qualitative sowie quantitative Daten *systematisch* zu erfassen. Von einem Mediziner und experimentellen Psychologen entwickelt, versprach die Methode den Forschern eine Exaktheit und Überprüfbarkeit in der Datenerhebung, wie sie damals eher aus den naturwissenschaftlichen Disziplinen bekannt war. Die Ethnologie, die bis dahin stark von Berichten und Erzählungen Reisender, von Missionaren und Kolonialherren abhängig war, bekam so eine neue empirische Grundlage. Gleichzeitig wurde das Interesse an geschichtlichen Fragestellungen gestärkt, da die „Genealogische Methode" *historische Daten* von Gesellschaften erfasste, denen manche Wissenschaftler entweder jegliche Entwicklung absprachen oder deren Vergangenheit sie

durch Spekulationen („*conjectural history*") zu rekonstruieren versuchten.
Mit der neuen Methode wurde außerdem ein Bereich abgesteckt, der auf
Jahrzehnte zu einem Hauptgegenstand der Vertreter des Faches werden sollte:
die Erforschung verwandtschaftlicher Systeme („*kinship systems*") fremder
Gesellschaften. Zwar hatte schon Lewis H. Morgan (1997 [1871]) mit seinen
systematischen Untersuchungen sogenannter Verwandtschaftsterminologien
(„*kinship / relationship terminologies*") einen wichtigen Schritt in diese Richtung getan. Doch bot Rivers' „Genealogische Methode" darüber hinaus die
Möglichkeit, nicht nur verwandtschaftliche Klassifikationssysteme, sondern
auch deren komplizierte *Regelwerke und Praxis* zu erforschen. Solche „exo-
tischen" Heiratsregeln, Klan- und Stammesordnungen sowie Formen der Weitergabe von Reichtümern, Ämtern und Titeln waren schon früher Gegenstand
des Interesses derjenigen gewesen, die über andere Gesellschaften berichteten
oder über die Evolution der Menschheit in voluminösen Abhandlungen spe-
kulierten. Mit der „Genealogischen Methode" wurde es aber nun möglich,
Regelwerk und Praxis an konkreten Personen oder Gruppen, teilweise auch
über lange geschichtliche Zeiträume, zu erfassen und darzustellen. Solche
Darstellungsformen wurden bereits von Rivers entwickelt und später weiter
ausgearbeitet und trugen unter anderem dazu bei, den *vergleichenden Ansatz*
in der Ethnologie zu stärken. So konnten nun Daten aus verschiedenen Teilen
der Welt in einheitlicher Weise repräsentiert und allgemeine Modelle von
„Verwandtschaftssystemen" konstruiert werden.

4.2 Gegenstand der Methode

Worin besteht die „Genealogische Methode", die solch einen Einfluss auf die
frühe Entwicklung der Ethnologie hatte? Entsprechend ihrer Bedeutung ist
auch die Methode selbst sehr vielschichtig. Zum einen handelt es sich um eine
Vorgehensweise zur Erhebung ethnographischer Daten. Von einzelnen Personen („Ego") ausgehend, sollen mit Hilfe dieser Methode das lokale Wissen
über sowie die Formen der Erinnerung an „verwandtschaftliche Beziehungen"
erfasst werden. Damit verbunden ist auch die Aufnahme von Personendaten
wie etwa die Erfassung von Angaben zu Geburt und Tod, Wohnort, Alter,
Gruppenzugehörigkeit, Migration oder Beruf. Wie „verwandtschaftliche"
von anderen Beziehungen abzugrenzen sind, ist seit langem in unserem Fach
umstritten (siehe Needham 1974). In der von Rivers begründeten Tradition
wird „Verwandtschaft" sehr stark „genealogisch" definiert, dass heißt, es
werden darunter Beziehungen der Abstammung oder *Filiation* (Kindschaft),
der Geschwisterschaft und der Heirat verstanden (vgl. Fischer 1996: 5). Dieser Auffassung nach gibt es *primäre* Verwandtschaftstypen (Vater, Mutter,

Sohn, Tochter, Bruder, Schwester, Ehemann, Ehefrau), die die Grundlage jedes Verwandtschaftssystems bilden, da sich aus ihrer Kombination – oder Ausweitung („extension") – alle anderen *sekundären, tertiären* etc. Typen erschließen lassen (vgl. Fischer 1996: 161–163).

Zum anderen gehören zur „Genealogischen Methode" auch bestimmte Formen der *Repräsentation* der erfassten Daten, etwa die Schreibweise von Namen unterschiedlichen Geschlechts, die Abkürzung von Verwandtschaftstypen oder die Darstellung von Abstammungs-, Geschwister- und Heiratsbeziehungen mit Hilfe von Symbolen und Verbindungslinien. Bereits Rivers entwickelte und verwendete solche Repräsentationsformen, die seither vielfach verändert und variiert worden sind. Ich werde sie in dieser Einführung daher nicht explizit erörtern, sondern verweise auf die entsprechenden Abschnitte in Hans Fischers „Lehrbuch der Genealogischen Methode" (1996: Kapitel 4, Kapitel 10–11).

Schließlich bietet die „Genealogische Methode" auch Ansätze zur *Auswertung* der ermittelten Daten. Schon Rivers (1968 [1920]: 100–105) erkannte die verschiedenen Anwendungsmöglichkeiten der „Genealogischen Methode", angefangen von der Ermittlung von Verwandtschaftsterminologien[2] über Studien zu Migration bis hin zu demographischen oder genetischen Untersuchungen, wobei letztere heute sehr umstritten sind.[3] Seither haben sich eine Reihe neuer Anwendungsbereiche ergeben, nicht zuletzt weil mit Hilfe von Computerprogrammen die gewonnenen Daten in ganz anderem Ausmaß als bisher geordnet, dargestellt und ausgewertet werden können (vgl. White und Jorion 1992; Lang 2000).

4.3 Voraussetzungen zur Durchführung

Eines der hervorstechendsten Merkmale der „Genealogischen Methode" ist, dass sie relativ weniger Voraussetzungen bedarf. So bemerkte schon Rivers (1968 [1920]), dass sie ohne umfassende Sprachkenntnisse auch bei kurzen Aufenthalten im Feld durchgeführt werden kann. Dies hat mehrere Gründe. Zum einen ist oft nur eine geringe Zahl von Vokabeln und Ausdrücken nötig, um genealogische Beziehungen zu erfragen. Die Fragen können vorformuliert werden und prägen sich durch ihre häufige Wiederholung im Rahmen der Befragung meist schnell ein. Die Antworten wiederum sind in der Regel leicht zu verstehen, da im Wesentlichen nur Namen bzw. Bezeichnungen für Beziehungen erfragt werden. Das gleiche gilt auch für die Erfassung bestimmter Personendaten, etwa zu Geburt und Tod oder zu Berufen, die ebenfalls auf der Grundlage auch unzureichender Sprachkenntnisse ermittelt werden können. Zum anderen ist die Methode auch bei kürzeren Aufenthalten leicht anzuwenden, weil sie keiner langwierigen Beobachtungen bedarf und auch nicht von

Festkalendern oder jahreszeitlich variierenden Aktivitäten abhängig ist. Meist bedarf sie keiner längeren persönlichen Vertrautheit mit den Informanten, im Gegenteil, die „Genealogische Methode" bietet sich vor allem zum Einstieg in ein neues ethnographisches Umfeld an. Auch die technischen Voraussetzungen zur Durchführung der Methode sind minimal. So wird meist nur viel Papier gebraucht, um die Informationen aufzuschreiben und in Diagrammen darzustellen (siehe Fischer 1996: 30–32).

Seit Rivers' Zeiten haben sich allerdings die Anforderungen an die Sprachkenntnisse der Ethnologen und an die Dauer ihres Aufenthalts maßgeblich verändert. Heutzutage fahren die wenigsten Ethnologen mit unzureichenden Sprachfähigkeiten für kurze Zeit ins Feld, um möglichst viele genealogische Informationen mit einfachen Mitteln zu erfassen. Dadurch hat sich auch die „Genealogische Methode" verändert. Wer, anders als Rivers, Zeit und Sprachkenntnisse mitbringt, sollte vor Anwendung der Methode zunächst einmal zuhören und verstehen, wie die Leute über ihre Genealogien reden, wie sie sie konzipieren und darstellen. Laut Barnard und Good (1984: 26) hat diese Vorgehensweise zwei entscheidende Vorteile. Erstens erfährt man dadurch die *lokalen Idiome*, also die Art und Weise, wie über verwandtschaftliche Beziehungen geredet wird. Diese Ausdrücke helfen einem später, die Fragen so zu formulieren, dass sie für die Informanten verständlich und eindeutig sind.

Bei meinen gegenwärtigen Forschungen in Kyrgyzstan dauerte es etwa eine Weile, bis ich lernte, dass meine Gesprächspartner die Generationen unterschieden, indem sie die Anzahl von Vätern spezifizierten, also etwa sagten „seit drei Vätern" oder „seit fünf Vätern". Es dauerte ebenfalls eine ganze Zeit, bis ich lernte, dass Männer andere Begriffe für das Heiraten verwenden als Frauen und dass verschiedene Verben für unterschiedliche Heiratspraktiken benutzt werden. Derartige Lernprozesse verbessern nicht nur die eigene Befragungstechnik, sie liefern einem zweitens auch wichtige Einsichten in lokale Konzeptionen von „Verwandtschaft". So habe ich erlebt, wie ein kirgisischer Genealoge (Sanjyrachy) die Beziehungen von „oben nach unten", rezitierte, also – anders als in der „Genealogischen Methode" – nicht bei einem „Ego" anfing, sondern bei einem fernen Vorfahren und dann die Linien verfolgte, die schließlich bei ihm endeten. Dem entspricht, dass Kirgisen oft ihre Verwandtschaftsbeziehungen erkunden, indem sie den „Vater" oder Vorfahren suchen, aus dessen „Samen" sie gemeinsam hervorgegangen sind.

Solche kulturspezifischen Konzeptionen sollten ausgelotet werden, bevor man die „Genealogische Methode" anwendet, gerade weil letztere eine ganz spezifische Definition von „Verwandtschaft" impliziert, die in der Regel nicht mit den lokalen Vorstellungen übereinstimmt. Wer vor der Anwendung der „Genealogischen Methode" die indigenen Idiome und Sichtweisen untersuchen will, sollte festhalten, wie die Informanten selbst ihre genealogischen Daten präsentieren und darstellen. So schlug Barnes (1967: 105) vor, die genealogischen Angaben so aufzunehmen, wie sie von den Informanten präsentiert werden, sei es in Diagrammen oder in *Erzählungen*. Dafür ist dann in der Regel mehr als „Bleistift und Papier" notwendig, insbesondere dort, wo es Spezialisten für Genealogien gibt, die ihr Wissen in einer festgelegten, künstlerischen Form vortragen. Beispiele hierfür sind etwa die Barden im Nordwesten Indiens (vgl. Shah und Shroff 1958; Basu 2004) oder die Genealogen (Sanjyrachy) in Kyrgyzstan, mit denen ich derzeit arbeite. Der persönliche Zugang zu solchen Spezialisten erfordert meist längere Aufenthalte, und die Aufnahme ihres Wissens setzt den Gebrauch von *Audio- und Videotechnik* voraus. In meiner jetzigen Forschung in Kyrgyzstan arbeite ich außerdem viel mit Photomaterial, und zwar von Friedhöfen, deren Monumente wichtige Angaben zu Namen, Beziehungen („Sohn von...", „Tochter von..."), Verwandten („gestiftet von...") sowie Geburts- und Todesdaten und Bilder der Verstorbenen enthalten. Mit diesen Daten lässt sich bereits ein guter Überblick über die Personen einer Lokalität bekommen und die Photos können bei den Befragungen verwendet werden.

Die Nutzung von *Computerprogrammen* zur Erfassung der Daten ist meiner Erfahrung nach nicht unbedingt nötig. Die beiden mir bekannten Programme, *Family Tree Maker®* und *Family Historian®*, bieten sich beide nicht zur Darstellung komplizierterer Genealogien an.[4] Vorteile haben diese Programme bei der Erfassung und Verarbeitung von Personendaten (insbesondere *Family Historian*), die nach verschiedenen Kategorien geordnet werden können, allerdings leisten dies auch die üblichen Datenverarbeitungsprogramme (wie etwa *Excel*).

Die Frage nach den Voraussetzungen für die „Genealogische Methode" hat letztlich viel damit zu tun, wie und wofür man sie anwendet. Wer sie in erster Linie benutzt, um Zugang zu einem fremden sozialen Umfeld zu finden oder um qualitative sowie quantitative Daten über verschiedene soziale Tatbestände zu eruieren, wird weder umfassende Sprachkenntnisse, noch eine längere Einarbeitungsphase oder technische Mittel benötigen. Wer hingegen an der Erforschung fremder symbolischer Klassifikationen interessiert ist, sollte sich mit der Anwendung der „Genealogischen Methode" zunächst Zeit lassen und statt dessen die eigenen Sprachfähigkeiten perfektionieren und durch Beobachtung und Teilhabe am lokalen Leben einen tieferen Einblick in die sozialen Gegebenheiten sowie die Verteilung des genealogischen Wissens in der Gemeinschaft bekommen.

4.4 Durchführung und ihre Schwierigkeiten

Nachdem die Voraussetzungen der Methode erörtert wurden, möchte ich nun darstellen, wie man im Einzelnen bei der Befragung vorgehen kann und mit welchen Schwierigkeiten man dabei zu rechnen hat. Die „Genealogische Methode", so wie sie Rivers konzipiert hat und wie sie in den *Notes and Queries*[5] ausgearbeitet wurde, folgt einem einfachen Schema. Es werden zunächst die Begriffe für sogenannte *primäre Verwandtschaftstypen* (siehe oben)[6] erfasst sowie die *Namen* derjenigen, die zu einem bestimmten Ego in solch einem „primären" Verwandtschaftsverhältnis stehen. Im nächsten Schritt können dann alle anderen „Verwandten" durch die Kombination von Beziehungsterminus (z. B. „Vater") und Name (z. B. „Peter Müller") ermittelt werden, z. B. indem man fragt: „Wie heißt Peter Müllers Vater?". Als Antwort erhält man einen Namen, etwa „Bernhard Müller", den man dann für die nächste Frage verwenden kann: „Wie heißt Bernhard Müllers Ehefrau?" usw.

Das Schema[7] in Abbildung 1 stellt dar, in welcher Reihenfolge eine Person befragt werden kann, um erstens die Bezeichnungen für die „primären" Beziehungen zu erhalten und um zweitens die Namen dieser „Verwandten" zu erfassen.

1. Die *Notes and Queries* (1954: 54) schlagen vor, als erstes den *Namen der „Mutter"* zu erfassen, indem man fragt, wer ihn/sie geboren hat („the woman from whose womb he was born").[8] In der Ethnologie unterscheiden wir zwischen *genetrix* (biologische Mutter) und *mater* (soziale Mutter)[9] und je nach Kultur kann es sein, dass zwischen beiden mehr oder weniger deutlich differenziert wird. Dabei ist nicht immer davon auszugehen, dass „biologische Mutterschaft" (oder „Vaterschaft"), so verstanden wird, wie wir selbst es gelernt haben. Solche Vorstellungen von „Zeugung", „Geburt", „Kindschaft" bestimmen aber, wen ein Informant mit Begriffen bezeichnet, die wir mit „Mutter" (oder „Vater") übersetzen. Dies zeigt erneut, wie wichtig es ist, sich vor Anwendung der „Genealogischen Methode" zunächst mit kulturspezifischen Vorstellungen und Praktiken vertraut zu machen. Dabei erlernt man auch die Idiome, mit denen Informanten die Mutter-Kind-Beziehung umschreiben und die man dann benutzen kann, wenn man nach der „wirklichen" Mutter fragt.[10]

Die oben zitierte kurze Anweisung der *Notes and Queries* unterschlägt eine weitere Schwierigkeit, die einem in der praktischen Anwendung dieser Methode begegnen kann, und zwar das *Problem der Namen*. Dies wird ausführlich von Hans Fischer (1996: Kapitel 6) in seinem Lehrbuch der „Genealogischen Methode" behandelt. Hier sei nur auf einige der möglichen Schwierigkeiten hingewiesen, die natürlich nicht nur bei der „Mutter", sondern bei allen anderen

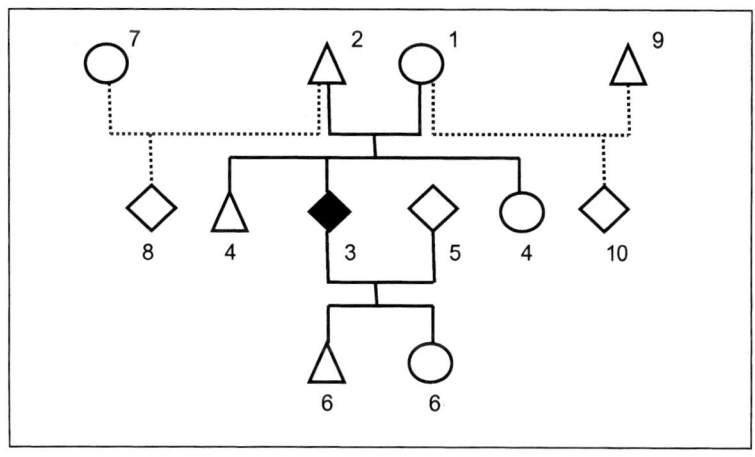

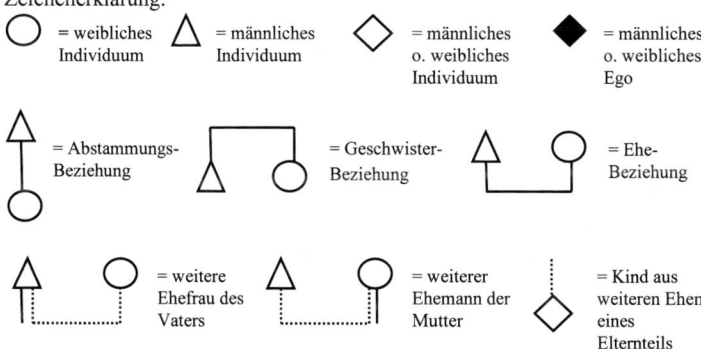

Abbildung 1: Mögliche Reihenfolge der Befragung

Verwandtschaftstypen auftreten können. So kann es für eine Person mehrere Namen geben, die zu unterschiedlichen Zeiten von verschiedenen Personen gebraucht werden. In manchen Gesellschaften gibt es gleich mehrere Namenssysteme nebeneinander, z. B. „alte" und „neue Namen" (siehe Fischer 1996: 80ff). Bestimmte Namen (z. B. von Toten, Angeheirateten etc.) können mit Tabus belegt sein (siehe Chagnon 1968, 1974) und in diesen Fällen wird oft entweder überhaupt kein Name verwendet, ein falscher Name genannt oder ein Teknonym verwendet (z. B. „die Mutter von [meinem Sohn] Peter" statt „meine Ehefrau"). All diese Variationen erfordern Flexibilität bei der Anwendung der „Genealogischen Methode" (z. B. den Gebrauch von Photos) und zudem wiederum eine gute Kenntnis des kulturellen Kontextes. Generell ist aber zu raten, immer zu fragen, ob es mehrere Namen gibt, und sie alle zu notieren. Schon Rivers empfahl, Namen von Männern und Frauen unterschiedlich zu schreiben, etwa männliche Namen in Großbuchstaben und immer rechts von den weiblichen Namen, die in normaler Schrift aufgezeichnet werden (Rivers 1968 [1910]: 99).

Dafür nutzt man am besten ein *Notizbuch*, in das man zunächst alles aufschreibt, was die Informanten zu einer bestimmten Person (etwa hier der „Mutter") im Laufe der Befragung sagen. Dazu gehören natürlich auch alle Informationen, nach denen vielleicht gar nicht gefragt wurde, etwa Hinweise auf ihren Status, Charakter, magische Fähigkeiten etc. Wenn die Informanten über eine eigene Schrift verfügen und man diese beherrscht, kann es sinnvoll sein, die genannten Namen in dieser Schrift aufzunehmen (z. B. auch in einem Diagramm). Dies hat den Vorteil, dass die Informanten selbst bei der Befragung (oder später) die Aufzeichnungen benutzen können, um etwas zu erklären oder zu veranschaulichen. Wer mit *Diagrammen* arbeitet, sollte möglichst viele Einzelblätter nehmen, nur wenige Beziehungen darauf vermerken, und diese erst später zu größeren Schaubildern zusammensetzen (siehe Fischer 1996: 30–31).

Gehen wir also davon aus, dass die ersten Hürden überwunden sind, die sich aus den kulturellen Variationen der Ideen von „Mutterschaft" und „Namensgebung" ergeben, und der/die Informant/in den Namen einer „Mutter" genannt hat. Dann soll laut *Notes and Queries* als nächstes der Name des „Vaters" ermittelt werden (1951: 54). Ich schlage hingegen vor, zunächst den Referenzbegriff für die Mutter zu erfragen. Hier ergibt sich gleich die nächste Schwierigkeit, da zwischen *Adress- und Referenzbegriffen* unterschieden werden muss. Ein Referenzbegriff ist eine Bezeichnung für die Beziehung (z. B. „sie ist meine Mutter"), ein Adressterminus die übliche Form der Anrede für diese Person (z. B. „Mami", „Mutti"). Da für die „Genealogische Methode" nur die Referenz- und nicht die Adressformen nötig sind, muss sicher sein, dass Informanten verstehen, welche Begriffe relevant sind. Erneut gibt es keine Patentlösung für dieses Problem. Um einen Referenzbegriff zu bekommen, lässt sich in einigen Sprachen mit Possessivpronomen arbeiten (z. B. „Peter ist *dein/Ihr*...?), in anderen versucht man es besser mit Umschreibungen (z. B. „wie stellst du die Person X jemand anderem vor?"). Vieles hängt dabei von den Sprachfähigkeiten ab und die Gefahr der Missverständnisse ist groß.[11] Im Unterschied zu den *Notes and Queries* empfehle ich auch, immer sofort den reziproken Beziehungsbegriff zu erfassen, in diesem Fall also zu fragen, wie die „Mutter" Ego nennt.

2. Am Besten wiederholt man im nächsten Schritt die vorherige Befragung für den „*Vater*", der Ego „gezeugt" hat, oder wie es in den *Notes and Queries* heißt, „who begot him". Dabei begegnet man den gleichen Schwierigkeiten wie zuvor und erneut hängt vieles davon ab, wie gut man den kulturellen Kontext und die Sprache schon beherrscht. Versuchen Sie wieder, entsprechend des lokalen Idioms zunächst nach dem „Vater" zu fragen, schreiben Sie dessen Name/n auf und erfragen Sie die reziproken Benennungen, also: Wie nennt Ego den „Vater" und wie nennt der „Vater" Ego?

3. Laut *Notes and Queries* soll man nun ermitteln, wie „Mutter" und „Vater" Ego nennen. Wie gesagt, schlage ich vor, diese Benennungen immer sofort als reziproke Paare (z. B. „Mutter-Tochter", „Vater-Tochter") zu erfassen, denn es handelt sich um Begriffe, die sich wechselseitig definieren. Laut den *Notes and Queries* hat man nun den Begriff für „Kind" (*child*) ermittelt, was in der Regel nicht stimmt, denn wenn Kinder nach Geschlecht unterschieden werden, erhält man je nach Geschlecht des Informanten nun den Begriff für „*Tochter*" **oder** „*Sohn*" (siehe Punkt 7; Barnard und Good 1984: 27).

4. Vom nächsten Schritt an werden laut *Notes and Queries* alle weiteren Beziehungen erfasst, indem man die Namen der Bezugspersonen verwendet, also in diesem Fall von Vater und Mutter. Durch die Verwendung der Namen soll sichergestellt werden, dass die Identität der Bezugsperson eindeutig ist. So wird als nächstes erfragt, welche *anderen Kinder* außer Ego die Mutter („Name") empfangen und der Vater („Name") gezeugt haben und was deren Namen und Geschlecht sind. Dies setzt in der Tat voraus, dass Sie bereits den passenden Begriff für „Kinder" kennen oder einen anderen Begriff für „Personen", „Menschen" etc. benutzen. Unter Verwendung der Namen ermitteln Sie nun, wie Ego die anderen Kinder seiner Eltern nennt und wie diese ihn/sie nennen. Auch hier stimmt nicht unbedingt die Aussage der *Notes and Queries* (1951: 55), dass man nun den Begriff für „Geschwister" (*sibling*) erhält, im Gegenteil, es werden eher die lokalen Benennungen für „*Bruder*" und „*Schwester*" in Erfahrung gebracht.

5. Danach sollen Sie laut *Notes and Queries* (1951: 55) fragen, ob Ego verheiratet ist, und den Namen sowie die wechselseitige Benennung aufschreiben, um die lokalen Bezeichnung für „*Ehemann*" und „*Ehefrau*" zu erhalten. Meinen Erfahrungen aus Indien und Kyrgyzstan zufolge ist dies oft gar nicht so leicht, weil Ehebeziehung in beiden Ländern mehr oder weniger stark tabuisiert ist

und eine Vielfalt von Begriffen existiert. Erneut hängt es von der eigenen Flexibilität ab, wie man mit diesem Problem umgeht. Manchmal hilft es zum Beispiel, Dritte (z. B. aus einer anderen Gemeinschaft) herbeizurufen, die dann den Namen oder die Bezeichnung nennen.

6. Im nächsten Schritt fragt man, welche Kinder der Ehefrau bzw. Ego geboren wurden, schreibt deren Namen auf und fragt, wie er/sie diese Kinder nennt. Erst hier hat man eigentlich die Möglichkeit, die Begriffe für Nachfahren beiderlei Geschlechts zu bekommen, also für *„Tochter"* und *„Sohn"* (siehe Barnard und Good 1984: 27)

7. Nun rät *Notes and Queries* (1951: 55) dazu herauszufinden, ob Ego's „Vater" (Name!) noch mit anderen Frauen verheiratet ist und erhält so Namen und Bezeichnung der *„Stiefmutter"*. Dieser Schritt kann sehr wichtig sein, natürlich vor allem in Gesellschaften, in denen mehrere Heiraten erlaubt sind bzw. in denen nach dem Tod eines Ehepartners erneut geheiratet werden darf.

8. Wenn dies der Fall ist, stellen Sie nun fest, ob es Kinder aus weiteren Ehen von Ego's „Vater" gibt und bekommen so die Namen und Bezeichnung für die *„Halbgeschwister"* väterlicherseits.

9.–10. Man wiederholt die Schritte 7. und 8. für Ego's „Mutter" und ermittelt so mögliche weitere Ehen sowie die Kinder, die daraus hervorgegangen sind.

Nun könnte man nach den Ehepartnern dieser Halbgeschwister und deren Kindern weiterfragen, statt dessen schlägt *Notes and Queries* aber vor, dass man sich den aufsteigenden Generationen, also den Eltern von Ego's Eltern, zuwendet. Dies entspricht der Vorgehensweise von Rivers, der dies an einem Beispiel aus Guadalancal verdeutlicht (Rivers 1968 [1910]: 98). Das Grundprinzip der weiteren Befragung, folgt man Rivers und den *Notes and Queries*, besteht darin, dass man immer eine Generation hochgeht, und dann nach den Kindern, Ehepartnern und Nachfahren der jeweiligen Personen fragt. Dabei sollen beide Linien („Vater" und „Mutter") verfolgt, aber auf getrennten Seiten aufgeschrieben werden (Rivers 1968 [1910]: 98).

Diese Vorgehensweise geht sehr davon aus, dass in jedem „Verwandtschaftssystem" Linearität ein entscheidendes Klassifikationsprinzip ist. Heiratsbeziehungen werden in diesem Schema immer wie sekundäre Beziehungen behandelt. In bestimmten Gesellschaften, etwa in Südindien (Dumont 1983, Good 1981), können sie aber viel bedeutender sein als die Abstammungsbeziehungen und werden daher auch viel besser erinnert. In solchen Systemen ist es sinnvoll, möglichst alle affinalen Beziehungen in der ganzen Breite zu erfragen (Barnard und Good 1984: 21–23). Generell sollte für die Befragung gelten, dass man alle vertikalen und horizontalen Ebenen abfragt und dort weiterforscht, wo am meisten Wissen vorhanden zu sein scheint.

4.5 Erfassung von Personendaten

Bereits Rivers schlug vor, im Rahmen dieser Befragungen auch weitere Personendaten zu erfassen: „(…) it is well to record any other facts about each person which may possibly have any social significance" (1968: 99). Dazu gehören etwa auch Klanzugehörigkeit, Geburtsort, Wohnort, Status, Titel, Adoptionen oder im städtischen Kontext Ausbildung, Bildungsgrad etc. In seinem Lehrbuch zur „Genealogischen Methode" hat Fischer (1996: 57–60) den Vorschlag gemacht, Personenbögen anzulegen, wenn mehr als drei Kategorien zur Person erfasst werden. Dazu werden die Personen durchnummeriert und dann die verschiedenen Kategorien aufgelistet, z. B. Name, Geburtsort, Wohnort, Geburtsdatum, Sterbedatum, Beruf etc. Die Zahlen können als Spalten und die Kategorien als Zeilen oder umgekehrt dargestellt werden. Der besondere Vorteil dieser Methode ist die Übersichtlichkeit, denn es lässt sich sofort erkennen, welche Informationen noch fehlen (Fischer 1996: 59).

Haus-Nr.	Name d. Mannes	Name d. Ehefrau	Herkunftsort d. Ehefrau
1	Ymanak	1. Yryzkan	1. ?
		2. Turgan	2.Bökönbaev
2	Askat	Nurgul	Chong Jargylchak
3	Maksat	Jamila	Jumgal
4	Yryz	Jypar	Kemin
5	Janybe	Atyrkül	Tüp

Abbildung 2: Beispiel für einen Personenbogen (Hardenberg, Kyrgyzstan)

4.6 Weitere mögliche Probleme

Neben den schon genannten Schwierigkeiten gibt es weitere mögliche Probleme, mit denen man rechnen sollte. Zwar wird immer wieder zu Recht betont, dass in vielen Gesellschaften Informanten gerne und mit großer Ausdauer über ihr genealogisches Wissen reden, doch gilt dies nicht immer (Fischer 1996: 11–14). Man muss damit rechnen, dass Informanten nicht bereit sind, ihr entsprechendes Wissen zu teilen. Dies kann verschiedene Gründe haben. Bei meinen Forschungen über den Jagannatha Tempel in Puri (Orissa/Indien) habe ich zum Beispiel die Erfahrung gemacht, dass genealogisches Wissen nicht preisgegeben wurde, weil mit diesem Wissen um Anrechte im Tempel gestritten wird. Für manche Spezialisten bildet das genealogische Wissen eine wichtige Einkommensquelle, etwa für Barden, die bei festlichen Anlässen die ehrenvolle Abstammung ihres Grundherren oder Königs preisen. Die Ablehnung kann aber auch auf dem schon erwähnten Namenstabus beruhen.

Ein gewisses *Desinteresse* an Ihren Befragungen kann auch daher rühren, dass Genealogien in der von Ihnen untersuchten Gesellschaft bzw. für die von Ihnen befragten Personen nur eine geringe Bedeutung haben. Genealogisches Wissen unterscheidet sich von Gesellschaft zu Gesellschaft, von Gruppe zu Gruppe, von Individuum zu Individuum. Bei meinen Forschungen in Orissa (Indien) und Kyrgyzstan habe ich diese Variationen kennengelernt. So gab es am Königshof in der Stadt Puri Schreiber und Gelehrte, die in ihren Werken (*Madala Panji*) die Genealogien der Könige bis „zum Anfang der Welt" zurückverfolgten (Tripathi und Kulke 1987). Die Tempelpriester hingegen konnten nur noch vier bis fünf Generationen benennen (Hardenberg 1998: 63), während die Stammesmitglieder im gleichen Bundesstaat, wie die meisten Deutschen, gerade noch ihre eigenen Großeltern benennen konnten und keine Deszendenzlinien erinnerten (Hardenberg 2005: 1995). Bei meinen jetzigen Forschungen in Kyrgyzstan treffe ich wiederum auf Spezialisten, die sich damit befassen, Genealogien bis etwa 19 Generationen zurückzuverfolgen; andere aus der gleichen Gemeinschaft haben weitaus geringere Kenntnisse dieser Genealogien.

Ein Problem ganz anderer Art ergibt sich aus der Frage, in welchem Ausmaß die Methode angewendet werden soll. Wie genau soll eine Genealogie erfasst werden und wie umfassend? Sind Genealogien eines ganzen Dorfes/Stadtviertels notwendig, oder reicht eine Teilgruppe aus? Die Antwort auf diese Fragen hängt von den Zeitmöglichkeiten, aber natürlich besonders von den Forschungsfragen ab. Man sollte sich also immer wieder fragen: Ist es notwendig, weitere Genealogien zu erfassen; welches Ziel soll damit verfolgt werden?

4.7 Vorteile der Methode

Trotz aller oben genannten Einschränkungen bietet die „Genealogische Methode" viele Vorteile: So kann sie wie erwähnt unter Umständen in den frühen Stadien einer Felduntersuchung auch ohne umfassende Sprachkenntnisse genutzt werden, um viele konkrete Daten zusammenzutragen. Es handelt sich um Daten, die sich einem nicht „automatisch", durch Beobachtung oder vom Hörensagen aufdrängen, sondern die in der Regel nur zu Tage treten, wenn sie systematisch erfragt werden. So stellte schon Rivers fest, dass sich mit dieser Methode ein Wissen über verwandtschaftliche Systeme aneignen lässt, die so kompliziert sind, dass „(…) Europans who have spent their whole lives among the people have never been able to grasp them" (Rivers 1968 [1910]: 107). Die so erfassten Daten geben außerdem Aufschluss über *tatsächliche Praktiken*. So ist es oft einfach, in einem Interview eine bestimmte Heiratsregel (z. B. „Wir heiraten meistens unsere Muttersbruders Tochter") zu erfragen, aber die Überprüfung der Einhaltung dieser Regel bereitet meist mehr Probleme und wird deshalb oft vernachlässigt.[12] Die „Genealogische Methode" liefert ergänzend konkrete Daten zu tatsächlichen Praktiken.

Ein weiterer Vorteil ist, dass die „Genealogische Methode" am Anfang einer Forschung dazu beiträgt, die Personen und ihr *soziales Umfeld* besser kennenzulernen. Auch wenn solche Befragungen unter Umständen auf Ablehnungen stoßen können (siehe oben), zeigt die Erfahrung doch, dass in vielen Gesellschaften die Leute gerne über sich und ihre „Verwandtschaft" reden, oft sogar mehr, als der/die Forscher/in anfangs verarbeiten kann. So schreibt Rivers über seine Befragungen: "Two or three hours of such work have often reduced me, literally as well as metaphorically, to exhaustion, while my informant sat smiling and alert before me, apparently ready to go on with the topic for ever." (Rivers 1926: 52). Dies gilt nicht nur für die Bewohner entlegener Inselketten, sondern auch für den städtischen Kontext, für den die „Genealogische Methode" genauso gut zu verwenden ist (Fischer 1996: 6). Ein weiterer Vorteil besteht darin, dass sich die *Genauigkeit bzw. Zuverlässigkeit* der Informanten testen lässt (Rivers 1968 [1910]: 107), etwa indem man Angaben von verschiedenen Personen miteinander vergleicht.

Der aus meiner Sicht größte Vorteil der „Genealogischen Methode" besteht darin, dass mit ihrer Hilfe viele neue Aspekte einer Gesellschaft zu Tage treten, die vorher unbekannt waren und nach denen man vielleicht auch gar nicht explizit gefragt hat. Dieser „*explorative*" *Aspekt* (Fischer 1996:11) scheint mir einer der wichtigsten Gründe, warum die „Genealogische Methode", trotz aller ihrer Schwierigkeiten und Probleme, ein wertvolles Hilfsmittel zur Erfassung ethnographischer Daten ist. So können sich erstens im Laufe der Befragung eine Fülle von Informationen zu Namen ergeben, wie etwa Namengebung, Namensweitergabe, Namenstabus, von Spitznamen und Namenswechseln oder der Beziehung zwischen Geschlecht und Name (siehe Fischer 1996: 79–98). Zweitens erhält man möglicherweise neue Informationen zu Verwandtschaftskategorien und -gruppen, insbesondere zu den Deszendenzregeln, also der Art und Weise, wie Individuen Abstammungsgruppen zugeordnet werden. Ein dritter großer Komplex, über den bei der Anwendung der Methode ausführliche Daten zu erwarten sind, ist der der Heirat, also etwa Formen der Polygynie und Polyandrie, Exogamieregelungen, Heiratsformen wie Schwesterntausch, Sororat und Levirat, Ehen zwischen verschiedenen Ethnien und Residenzregeln. Viertens erfährt man von Informanten vieles über die Weitergabe von Rechten, Pflichten, Beruf, Status und Titeln in dieser Gesellschaft. Meiner Erfahrung nach können fünftens auch viele Informationen zu religiösen Veränderungen erhoben werden, also etwa zum Einfluss von Kolonialherren und Missionaren auf religiöse Praktiken.

4.8 Anwendungsbereiche

Die so erfassten Daten lassen sich für eine Vielzahl von weiteren Untersuchungen und Fragestellungen verwenden. Dies ergibt sich schon aus den erwähnten Vorteilen, insbesondere dem explorativen Charakter der Methode, der uns Daten zu Namen, Heirat, Sozialkategorien, Normen und Religion liefert. Ein großer Anwendungsbereich, den Rivers selbst als erstes nennt, ist die *Ermittlung von Verwandtschaftsterminologien*. Dabei handelt es sich um jene Referenzbegriffe (siehe oben), mit denen das gesamte Feld der Beziehungen („Verwandtschaft") geordnet wird. Die Aufnahme solcher Begriffe wird von Barnard und Good (1984: 37ff) ausführlich beschrieben und soll hier nicht weiter erörtert werden. Die Erfassung und Analyse solcher Beziehungstermini hat in den letzten Jahrzehnten in der Ethnologie an Popularität verloren, insbesondere weil frühere Beiträge zu diesem Thema als zu statisch und kompliziert empfunden werden (vgl. Carsten 2004). Die Kenntnis dieser Termini scheint mir aber zum einen unerlässlich für eine gute ethnographische Arbeit, zum anderen lassen sich aus diesen Begriffen wichtige Aussagen über Beziehungskategorien treffen, also über die Ordnung der sozialen Welt.

Ein weiterer wichtiger Anwendungsbereich ist der der *ethno-historischen Studien* (Rivers 1969 [1910]: 109). Bei der Aufnahme der Genealogien werden Sie möglicherweise von Ihren Informanten weit in die erinnerte Geschichte zurückgeführt. Es werden Ihnen zu längst verstorbenen Personen Geschichten erzählt, die oft mehr als nur individuelle Episoden sind. Bei meiner Arbeit über kirgisische Genealogien höre ich derzeit zum Beispiel etwas über die früheren Migrationen, aber auch über die Kriege zwischen den Stämmen und die Veränderungen der politischen Ordnung. Wie Fischer (1996: 134–135) feststellt, ist daher die „Genealogische Methode" ein wichtiges Hilfsmittel in den historischen Wissenschaften, wobei allerdings gerade in Deutschland durch die Erfahrungen aus dem Nationalsozialismus, also dem Missbrauch der Ahnenforschung („Ariernachweise") für die Verfolgung von Menschen, eine Skepsis gegenüber genealogischen Untersuchungen herrscht.

Als weiterer Anwendungsbereich nennt schon Rivers (1968 [1910]: 105) *demographische Untersuchungen*, etwa zu Fragen des Wandels des Geschlechterverhältnisses, der Familiengröße, Kindersterblichkeit, Altersentwicklung etc. Allerdings sollte dabei, wie bei allen Ableitungen aus den mit der „Genealogischen Methode" erhobenen Daten beachtet werden, dass es sich um Angaben zu sozialen, nicht biologischen Tatbeständen handelt (Barnard und Good 1984: 23). So ist seit langem bekannt, dass Genealogien auf vielfältige Weise manipuliert werden, etwa um gegenwärtige (oder frühere) Zustände zu legitimieren. Mögliche Veränderungen sind etwa das „Verkürzen" (*telescoping*, siehe Evans-Pritchard 1939: 214) von Genealogien vor allem bei den weiter entfernten Generationen (Blount 1975: 122) oder das „Verschmelzen" (*merging*, siehe Evans-Pritchard 1939: 214) von kollateralen Linien zu einer Linie. Fragwürdig erscheint es auch, aus Genealogien, die vielleicht nur einige Spezialisten erinnern, heutiges Verhalten einer ganzen Gruppe zu erklären: „(…) there is probably little point in seeking out information unknown to those concerned, if the sole intention is to explain their current, observed behaviour" (Barnard und Good 1984: 24).

4.9 Weiterführende Kritik

In heutigen Einführungsbüchern zur „Verwandtschaftsethnologie" wird die „Genealogische Methode" oft nicht mehr ausführlich behandelt. Parkins Werk über „Kinship: An Introduction to the Basic Concepts" (1997) enthält überhaupt keinen Indexeintrag zur Methode, und der von Parkin und Stone (2004) veröffentliche Sammelband nur sechs Einträge aus Aufsätzen, die sich meist kritisch zur Methode äußern. Dies ist Ausdruck einer Kritik, die sich aus zwei theoretischen Lagern speist, zum einen der sogenannten Allianztheorie, zum anderen der neuen Verwandtschaftsethnologie („*New Kinship*").

Die von Lévi-Strauss (1969 [1949]) entwickelte und von Dumont (1983), Good (1981), Leach (1951), Needham (1966, 1967) und anderen an verschiedenen Beispielen ausgearbeitete *Allianztheorie* befasst sich mit den kulturspezifischen Kategorien und Regeln der Heirat und ihrer Beziehung zu Kosmologie und Sozialordnung. In Gesellschaften wie in Südindien etwa ist genealogisches Wissen sehr begrenzt, trotzdem klassifizieren die Menschen sehr genau ihre Beziehungen. Dies wird durch eine Beziehungsterminologie erreicht, die über die Eltern sehr exakt zwischen heiratbaren und nicht-heiratbaren Personen unterscheidet. Eine solche Kategorisierung setzt ein großes Wissen affinaler Beziehungen voraus; diese werden aber in der Methode, wie sie in den *Notes and Queries* beschrieben wird, nicht wirklich erfasst (Barnard und Good 1984: 29). Die „Genealogische Methode" muss also so angepasst werden, dass auch entfernte affinale Beziehungen erfasst werden, von denen wir uns gar nicht vorstellen können, dass sie relevant sind (z. B. Frauengeber der Frauengeber, Frauennehmer der Frauennehmer; vgl. Leach 1951).

Gleichzeitig wird von Anhängern der Allianztheorie auch der egozentrische Fokus der „Genealogischen Methode" kritisiert. Die Methode geht immer von einem Ego aus und betrachtet dann die Beziehungen zwischen Individuen. Diese Vorgehensweise kann uns blind gegenüber Systemen machen, in denen kollektiv klassifiziert wird. Dies ist oft der Fall, wenn exogame Kategorien („Klane") existieren, die wie etwa in den klassischen australischen Systemen (Aranda, Kariera) nach Generationen geordnet sind (vgl. Dumont 1983). In solchen Fällen ist genealogisches Wissen nur begrenzt von Bedeutung für die

Definition von Beziehungen. Wenn man derartige Systeme verstehen will, sollte man vorsichtig mit der „Genealogischen Methode" sein, da sie einen potentiell blind gegenüber anderen Klassifikationen von Beziehungen machen kann. Theoretisch lässt sie sich natürlich in jeder Gesellschaft anwenden, doch entspricht die der Methode zugrunde liegende Definition von „Verwandtschaft" immer nur mehr oder weniger dem lokalen Verständnis der Beziehungen.

Damit ist auch die Kritik von Autoren angesprochen, deren Arbeiten unter dem Sammelbegriff „*New Kinship*" zusammengefasst werden und die stark durch das Werk von David Schneider beeinflusst sind. Im Anschluss an seine detaillierte Studie über amerikanische Konzepte von „Verwandtschaft" (1968a) verfasste Schneider sehr einflussreiche Beiträge (1972, 1984) in denen er kritisiert, dass das anthropologische Konzept von „Verwandtschaft", mit seiner starken biologischen und genealogischen Ausrichtung, keinem kulturellen Konzept irgendwo auf der Welt entspricht, nicht einmal in Amerika. Statt die Ethnologie in verschiedene Felder wie „Verwandtschaft", „Religion", „Wirtschaft" etc. aufzuteilen, solle man laut Schneider eher betrachten, welche Vorstellungen die Menschen selbst über ihre Beziehungen haben und wie sie sie *symbolisch* zum Ausdruck bringen. In seiner Diskussion der Theorien von Kroeber und Rivers zu Beziehungsterminologien kommt Schneider zu dem Ergebnis, dass „ (…) in regard to the fundamentals of the nature of culture, the nature of history, causality and determinism, and the meaning of kinship terms, in particular, Kroeber was right and Rivers was wrong" (1968b: 15). Das Problem mit der „Genealogischen Methode", so wie Rivers sie konzipierte, besteht für Schneider darin, dass sie einen Bereich absteckt, ein in sich geschlossenes Universum namens „*kinship*", in dem die Beziehungsbegriffe dann eine bestimmte Bedeutung haben, nämlich Verwandtschaftstypen („*kin types*") zu bezeichnen (Schneider 1968b: 13). Für Schneider sind – wie für Kroeber – diese Begriffe hingegen Aspekte von Kultur und damit eines umfassenden *symbolischen Systems* bestehend aus Zeichen und Bedeutungen; Das Problem ist also erneut, dass wir mit der „Genealogischen Methode" auf der Basis bestimmter Ideen (Abstammung, Filiation, Linearität) bereits einen Bereich abstecken, statt zu untersuchen, wie das jeweilige kulturelle System strukturiert ist.

Diese Kritik am „*genealogical grid*", also an dem Abstecken des Bereichs „Verwandtschaft" und dem darauf aufbauenden Methoden- und Theoriewerk, war sehr einflussreich. In den 80er und 90er Jahren griffen verschiedene Anthropologen (z. B. Carsten 2000, Collier und Yanagisako 1987) die Kritik von Schneider auf und forderten dazu auf, bisherige Konzepte von „Verwandtschaft" zu überdenken. Die Forderung lautete nun im Sinne von Schneider, sich den lokalen Konzepten von Beziehungen zuzuwenden, dem was Janet Carsten und andere als „*relatedness*" bezeichnen (Carsten 2000). Carsten etwa zeigt am Beispiel ihrer Studien in Malaysia, wie sich jede Verwandtschaftsgruppe vor allem durch das gemeinsame Mahl definiert: alle, die zusammen im Haus gekochten Reis essen, sind „Verwandte“, alle anderen sind Gäste und bekommen nur einen Imbiss gereicht (Carsten 1995: 113–114). Solche indigenen Konzepte von Beziehungen können sehr unterschiedlich sein, wie Carsten in einem späteren Werk (2004) zeigt, in dem sie zusammenfasst, wie in anderen Gesellschaften Beziehungen über das „Haus“, „Geschlecht“, „Person“, „Austausch von Nahrung“ etc. strukturiert werden.

Diese neueren Ansätze machen deutlich, dass wir mit Hilfe der „Genealogischen Methode“ nicht einen Bereich abstecken können, den wir dann „Verwandtschaft“ nennen und untersuchen. Ziel sollte es meiner Ansicht nach immer sein, andere kulturspezifische Ordnungen und Arten von Beziehungen zu erkennen. Dies heißt aber wiederum nicht, dass die „Genealogische Methode“ nicht genutzt werden sollte, denn sie bietet viele der oben genannten Vorteile.

4.10 Weiterführende Literatur

Barnard, Alan und Anthony Good
1984		Research Practices in the Study of Kinship. London.

Barnes, J. A.
1967		Genealogies. In: A. L. Epstein (Ed.), The Craft of Social Anthropology. London. pp. 101–127.

Fischer, Hans
1996		Lehrbuch der Genealogischen Methode. Berlin.

4.11 Zitierte Literatur

Barnard, Alan und Anthony Good
1984		Research Practices in the Study of Kinship. London.

Barnes, J. A.
1967		Genealogies. In: A. L. Epstein (Ed.), The Craft of Social Anthropology. London. pp. 101–127.

Basu, Helene
2004		Von Barden und Königen. Ethnologische Studien zum Gedächtnis und zur Göttin in Kacch (Indien). Berlin.

Blount, Ben G.
1975		Agreeing to Agree on Genealogy: A Luo Sociology of Knowledge. In: Mary Sanches und Ben G. Blount (Eds.), Sociocultural Dimensions of Language Use. New York. pp. 117–135.

Carsten Janet
2004   After Kinship. Cambridge.
1995   Houses in Langkawi: Stable Structures or Mobile Homes? In: Janet Carsten
         und Stephen Hugh–Jones (Eds.), About the House. Lévi-Strauss and Beyond.
         Cambridge. pp. 105–128.

Carsten, Janet (Ed.)
2000   Cultures of Relatedness. New Approaches to the Study of Kinship. Camb-
         ridge.

Chagnon, Napoleon A.
1968   Yanomamö. The Fierce People. (Case Studies in Cultural Anthropology, vol. 28).
         New York.

Chagnon, Napoleon A.
1974   Studying the Yanomamö. New York.

Collier, J.F. und S.J. Yanagisako
1987   Gender and Kinship: Essays Toward a Unified Analysis. Stanford.

Dumont, Louis
1983   Affinity as a Value. Marriage Alliance in South India, with Comparative Essays
         on Australia. Chicago and London.

Evans-Pritchard, E.E.
1939   Nuer Time-Reckoning. In: Africa 12: 189–216.

Fischer, Hans
1996   Lehrbuch der Genealogischen Methode. Berlin.

Good, Anthony
1981   Prescription, preference and practise: marriage patterns among the Kondaiyankot-
         tai Maravar of South India. In: Man (n.s.) 16: 108–129.

Hardenberg, Roland
1998   Die Wiedergeburt der Götter. Ritual und Gesellschaft in Orissa. Hamburg.
2005   Children of the Earth: Society, Marriage and Sacrifice in the Highlands of Orissa.
         (Unveröffentlichte Habilitationsschrift). Münster.

Lang, Hartmut
2000   Mit genealogischen Daten arbeiten – Computerlösungen. In: Ethnoscripts 2:
         88–96.

Langham, Ian
1981   The Building of British Social Anthropology. W. H. R. Rivers and his Cambridge
         Disciples in the Development of Kinship Studies, 1898–1931. Dordrecht.

Leach, Edmund R.
1951   The structural implications of matrilateral cross-cousin marriage. In: Journal of
         the Royal Anthropological Institute 81: 54–104.

Lévi-Strauss, Claude
1969 [1949] The Elementary Structures of Kinship. (2. Ed.) London.

Morgan, Lewis Henry
1997 [1871] Systems of Consanguinity and Affinity of the Human Family. (Sources of American Indian Oral Literature). Lincoln und London.

Needham, Rodney
1966   Terminology and Alliance. I – Garo, Manggarai. In: Sociologicus 16/2: 141–157.
1967   Terminology and Alliance. II – Mapuche; Conclusions. In: Sociologicus 17/1: 39–54.
1973   Prescription. In: Oceania 42: 166–81.
1974   Remarks on the Analysis of Kinship and Marriage. In Rodney Needham (Ed.), Remarks on the Analysis of Kinship and Marriage. London. pp. 38–71.

Parkin, Robert und Linda Stone (Eds.)
2004   Kinship and Family. An Anthropological Reader. Oxford.

Parkin, Robert
1997   Kinship. An Introduction to the Basic Concepts. Oxford.

Rivers, W. H. R.
1926   Ethnology and Psychology. London.

1968 [1910] The Genealogical Method of Anthropological Inquiry. In: W. H. R. Rivers, Kinship and Social Organization. With Commentaries by Raymond Firth and David M. Schneider. (London School of Economics Monographs on Social Anthropology No. 34). London. pp. 97–109. (*Nachdruck von*: W. H. R. Rivers 1910. The Genealogical Method of Anthropological Inquiry. In: The Sociological Review 3: 1–12.)

Schneider, David
1968a   American Kinship: A Cultural Account. Englewood Cliffs, N.J.
1968b   Rivers and Kroeber in the Study of Kinship. In: W. H. R. Rivers, Kinship and Social Organization. With Commentaries by Raymond Firth and David M. Schneider. (London School of Economics Monographs on Social Anthropology No. 34). London. pp. 7–16.
1972   What is Kinship All About? In: P. Reining (Ed.), Kinship Studies in the Morgan Centennial Year. Washington. pp. 32–61.
1984   A critique of the study of kinship. Ann Arbor, Michigan.

Shah, A.M. und R. G. Shroff
1958   The Vahivanca Barts of Gujarat: A Caste of Genealogists and Mythographers. In: Journal of American Folklore 71: 246–276.

Tripathi, Gaya Charan und Hermann Kulke (Eds.)
1987   Katakarajavamsavali (A Traditional History of Orissa with Special Reference to Jagannatha Tempel; Sources of Orissan History, Bd. 1) Allahabad.

White, Douglas R. und Paul Jorion
1992   Representing and Computing Kinship: A New Approach. In: Current Anthropology 33: 454–463.

Urry, James
1972   Notes and Queries on Anthropology and the Development of Field Methods in British Anthropology. In: Proceedings of the Royal Anthropological Institute of Great Britain and Ireland 1972: 45–57.

Anmerkungen

1 Zu Rivers und seiner Bedeutung für die Entwicklung der „Verwandtschaftsethnologie" siehe Langham 1981. Zur Geschichte der „Genealogischen Methode" siehe Fischer 1996: 122–33.

2 Auf Englisch wird meist der Begriff *relationship terminology* („Beziehungsterminologie") statt *kinship terminology* („Verwandtschaftsterminologie") verwendet, unter anderem um den problematischen Begriff *kinship* („Verwandtschaft") zu vermeiden (siehe unten).

3 So schreiben etwa Barnard und Good (1984: 23): "Genealogies are not accounts of biological relationships but sociological artifacts whose relevance for demographic, genetic, and other kinds of would-be objective or quantitative study is often problematic."

4 Ich möchte Juliane Tutein für ihre Einführung in diese Programme danken.

5 Bei den *Notes and Queries* handelt es sich um eines der frühen Einführungsbücher in anthropologische Methoden, das auf Betreiben der British Association for the Advancement of Science (BAAS) verfasst wurde und in mehreren Auflagen erschien. In der vierten Auflage der *Notes and Queries*, die 1912 erschien, war die Sektion über Soziologie maßgeblich der Feder Rivers entsprungen (vgl. Urry 1972: 45–57). Die hier verwendete sechste Auflage (1951) behandelt ausführlich die „Genealogische Methode".

6 Rivers (1968: 97) meinte, man benötige nur die lokalen Äquivalente für „father, mother, husband, wife, child". Die gleiche Aufzählung findet sich in den Notes and Queries 1951: 55. Auch Geschwister (*sibling*) werden genannt, die entsprechenden Begriffe sollten laut den *Notes and Queries* (1951: 55) allerdings wegen ihrer Vieldeutigkeit nicht genutzt werden. Barnard und Good (1984: 28) weisen aber zu Recht darauf hin, dass auch die anderen „primären" Typen in vielen Sprachen klassifikatorisch verwendet werden. In seinem Lehrbuch zur „Genealogischen Methode" schreibt Fischer, dass er immer mit den lokalen Begriffen für „Vater" und „Mutter", „Sohn" und „Tochter" und „(Ehe)Mann", „(Ehe)Frau" arbeite. Die Bezeichnungen für Bruder und Schwester seien nicht unbedingt nötig, weil sich die Namen der Geschwister automatisch ergäben, wenn man nach den Kindern der Eltern frage (Fischer 1996: 39). Dies ist richtig, allerdings nur dann praktikabel, wenn z. B. auch die Namen der „Eltern" entfernter Angeheirateter erinnert werden.

7 Die Darstellung orientiert sich an einem Diagramm von Barnard und Good (1984: 29), das wiederum der Beschreibung aus den *Notes and Queries* (1951: 54–55) folgt. Ich habe es allerdings in zweierlei Hinsicht verändert. Zum einen habe ich durch Gebrauch der schwarze Raute *nicht* spezifiziert, ob es sich um einen männlichen oder weiblichen Informanten handelt. Zum anderen habe ich die Bezeichnung der Eltern für Ego als dritten Befragungsschritt eingeführt.

8 In den *Notes and Queries* wird, wie für die damalige Zeit üblich, wie selbstverständlich von einem männlichen Informanten oder Ego ausgegangen.

9 Bezogen auf den Vater wird zwischen *genitor* (biologischer Vater) und *pater* (sozialer Vater) unterschieden.

10 Im Hochland von Mittelindien fragt man etwa danach, aus welchem „Bauch" (*pota*) eine Person ist (Hardenberg 2005: 195). Die oben genannte englische Redeweise benutzt den Begriff *womb* (Gebärmutter) und im Deutschen wird eher auf den Akt der Geburt selbst Bezug genommen.

11 Ein Kollege sagte mir mal, er hätte am Anfang seiner Forschungen in Orissa / Indien einen Informanten gefragt, wie er seine Frau „ruft" (einen Begriff für „nennen" gibt es im Oriya nicht) und er habe geantwortet: asor („komm her!).

12 Bereits Needham (1973) hat darauf aufmerksam gemacht, dass wir neben den Kategorien und Normen auch die Praxis als eigenen Bereich untersuchen sollten.

Gunter Senft

5 Zur Bedeutung der Sprache für die Feldforschung

5.1 Einleitung

1797 stellt Joseph-Marie Degérando, ein Mitglied der *Société des Observateurs de l'homme*, in seinen „Erwägungen über die verschiedenen Methoden der Beobachtung der wilden Völker" eine Frage, mit der er die Bedeutung der Sprache für jede Art von Feldforschung pointiert herausstellt. Diese Frage lautet: „Wie dürfen wir uns einbilden, ein Volk wirklich zu beobachten, das wir nicht verstehen und mit dem wir uns nicht unterhalten können?" Eigentlich sollte man meinen, dass diese Frage für alle Disziplinen, die Feldforschung zur Untersuchung von Menschen in verschiedenen Kulturen und Subkulturen durchführen, genauso rhetorisch ist wie sie das schon zur Zeit der Aufklärung war. Dem ist aber leider nicht so. Nicht alle Völkerkundler verstehen Sprache auch und vor allem als Ausdruck und Manifestation der Kultur einer Sprachgemeinschaft, und nicht alle Ethnologen haben das Verständnis von Ethnographie, das Michael Agar (1996a: 13) – fast genau 200 Jahre später als Degérando – mit der Aussage auf den Punkt bringt: „I'm teaching ethnography – which, for me, means linguistic anthropology." Noch 1994 werden linguistische Anthropologen von Allessandro Duranti als „lonely rangers" bezeichnet (Monaghan und Wilce 1998: 52). Dass dem so ist, kann ich mir neben dem Kommen und Gehen verschiedener modischer Theorien eigentlich nur mit der allgemein menschlichen Trägheit erklären, der es neben all den anderen wichtigen Aufgaben von ethnologischen Feldforschern einfach zu viel und zu anstrengend ist, auch noch eine fremde Sprache zu lernen und Materialien dieser Sprache gemäß der Malinowski'schen Forderung nach einem *corpus inscriptionum* zu dokumentieren (Malinowski 1922: 24f.). Dass Völkerkundler neben entscheidenden Beiträgen zu ihrer Disziplin auch noch Grammatiken und Wörterbücher veröffentlichen, ist wohl immer noch die große Ausnahme. Die viele sicherlich erschreckende Maximalforderung, dass gute Ethnologen auch eine Grammatik und ein Wörterbuch der Sprache schreiben (können) soll(t)en, die in der jeweils von ihnen untersuchten Ethnie gesprochen wird, soll hier aber in den Hintergrund treten – auch wenn ich hoffe, dass sie sich im Unterbewusstsein der Leser dieses Beitrags einprägen möge. Allen Ethnologen und Linguisten sollte es aber bewusst sein, dass Sprachwissenschaft und Völkerkunde letztlich ein gemeinsames Ziel haben, nämlich das Verstehen von *Bedeutung* (vgl. Silverstein 1973: 194, Duranti 1997: 1, Foley 1997: 5, 81). Damit sind beide Disziplinen in einer Art symbiotischem Verhältnis miteinander verwoben. Michael Silverstein hat diese Tatsache in seinem Essay über *Linguistik und Anthropologie* folgendermaßen auf den Punkt gebracht:

„Um gesellschaftliches Verhalten zu erklären, sprechen Anthropologen in Ausdrücken eines Begriffssystems, das ‚Kultur' genannt wird; um insbesondere sprachliches Verhalten zu erklären, sprechen Linguisten in Ausdrücken eines Begriffssystems, das ‚Grammatik' genannt wird. Hieraus folgt, dass eine Grammatik ein Teil einer Kultur ist… [S]owohl Grammatik als auch Kultur [sind] nur in der Gesellschaft manifestiert…, d. h. nur da, wo wir organisierte Gruppen von Menschen finden.

Einerseits ist … das Betreiben anthropologischer Studien ohne die Verwendung und die Untersuchung der Eigensprache der Bevölkerungsgruppen, die studiert werden, in der Theorie undenkbar, obgleich das in der Praxis allzu oft der Fall ist. Andererseits ist das Betreiben grammatischer Studien ohne das Verstehen der Funktion der studierten Sprechformen in der Theorie wirklich unmöglich, obgleich wiederum Linguisten einfach angenommen haben, dass dies der richtige und notwendige Zugang sei." (Silverstein 1973: 193f.)

Vor dem Hintergrund dieses Plädoyers für interdisziplinäre Kooperation zwischen Ethnologie und Linguistik will ich im Folgenden zunächst die generelle Frage aufgreifen, welche Rolle die Sprache der zu untersuchenden Ethnie für die Feldforschung spielt. Danach gehe ich kurz darauf ein, welche Sprachkenntnisse für eine Feldforschung notwenig sind und wie man sie (vor allem in anderen Sprachgemeinschaften) erwerben kann. Damit verbunden ist die Frage, ob man für die Arbeit mit Informanten die lokale Sprache so gut lernen sollte, dass man selbst in dieser Sprache – und nicht (nur) mithilfe einer Verkehrssprache – Daten erheben kann. Dabei muss man sich natürlich darüber im Klaren sein, wie man welche sprachlichen Daten mit welchen Informanten erheben und aufzeichnen kann und wozu man solche Daten dann nutzen will.

Zum Schluss gehe ich darauf ein, wie sich das Feld durch die linguistischen Aktivitäten der Forscher verändert.

5.2 Zur Rolle der Sprache bei der Feldforschung

Wenn man akzeptiert, was Malinowski (1922: 24f.) als Ziel jeglicher Feldforschung herausgestellt hat, dass es nämlich darum geht, „to grasp the native's point of view, his relation to life, to realise his vision of his world", dann ist klar, dass man sich dazu in einer zu untersuchenden (Sub)-Kultur einleben muss. Bei der ersten Untersuchung einer fremden Ethnie ist dieses Problem evident – Feldforscher sind zunächst einmal für die Sprach- und Kulturgemeinschaften, die ihnen Gastfreundschaft gewähren, mehr oder minder seltsame Fremde, die zwar manchmal stören und sich auch öfter mal daneben benehmen (vgl. Senft 1995a), aber ansonsten in aller Regel als Leute mit Interesse an den Gastgebern gelten können. Im Verlauf ihrer Feldforschung müssen sich die Forscher dann in die gastgebende Gesellschaft eingliedern. Das kann zwar letztlich nichts an ihrem Status als Fremde, als „professional strangers" (Agar 1996b) ändern, aber nur so kann es ihnen gelingen, sich mit ihren Gastgebern immer vertrauter zu machen und immer mehr von ihren Sitten, Gebräuchen und Denkweisen zu erfahren. Feldforscher müssen von der Gemeinschaft akzeptiert werden. Deshalb müssen sie aufmerksam beobachten, wie sich die von ihnen zu untersuchenden Menschen verhalten, welche Regeln ihr Miteinander bestimmen und was sie als Gemeinschaft auszeichnet. Nur so können sich Feldforscher in der zu untersuchenden Gruppe etablieren. Dass man dabei auch die Sprache dieser Gemeinschaft lernen muss, dass ein anthropologisch-linguistischer Ansatz zum Verständnis einer für den Feldforscher unbekannten Kultur- und Sprachgemeinschaft unabdingbar ist, sollte selbstverständlich sein. Man kann eben eine zu untersuchende Ethnie nur dann adäquat beschreiben, wenn man auch ihre Sprache spricht. Hans Fischer (2000: 8) weist in diesem Zusammenhang mit Recht darauf hin, „dass das Erlernen der Sprache und die Arbeit in der Sprache der Untersuchten nicht nur für [die] Extremsituation eines Erstkontaktes gilt" sondern „dass der Zugang in und über die Sprache selbst bei Untersuchungen in der eigenen Gesellschaft notwendig ist." Er zitiert James Spradley, der mit den folgenden Ausführungen betont, „dass auch bei Untersuchungen in einer Industriegesellschaft, in der Stadt, in der eigenen Gesellschaft ein Lernen der jeweiligen Sprache (oder eines bestimmten Vokabulars) notwendig ist" (Fischer 2000: 9). Spradley konstatiert:

"…as ethnographers have increasingly undertaken research in our society, the necessity of studying the native language is frequently ignored. In part, this neglect occurs because informants appear to use a language identical to that spoken by the ethnographer. But such is not the case; semantic differences exist and they have a profound influence on ethnographic research." (Spradley 1979: 17f.)

Es ist unbedingt nötig, auch bei Untersuchungen von Sprechergruppen aus der eigenen Kultur etwas von deren Alltagshintergrund zu wissen, um nicht nur die unterschiedlichen Wortbedeutungen – also die semantischen Unterschiede, sondern auch die Unterschiede in der Art und Weise des aktuellen Sprachgebrauchs in der verbalen Interaktion – also die pragmatischen Unterschiede im Sprachverhalten einzelner Sprechergruppen zu erkennen. Das habe ich zum Beispiel im Rahmen meiner Feldforschung in einer Nähmaschinenfabrik in meiner Heimatstadt zeigen können. Ziel dieser Untersuchung war, die Sprache Kaiserslauterer Arbeiter, ihr Sprachverhalten und ihre Spracheinstellungen zu beschreiben. Um das zu tun, musste ich natürlich adäquat mit meinen Informanten kommunizieren können. Dazu gehört, dass man einen Satz wie „Das Werkstück musst du vor dem Schlichten erst schruppen, sonst kommst du nie auf das Nennmaß" ohne Probleme versteht, und dass man weiß, ob, wann, wie und über was man sich mit seinen Kollegen während und nach der Arbeitszeit unterhalten kann. Dieses Wissen ist nur im Rahmen einer Feldforschung zu erwerben (vgl. Senft 2002). Mit ihm kann man Informanten aus allen Sprechergruppen zeigen, dass sie von Feldforschern nicht nur als nützliche Material-Lieferanten für die Forschung betrachtet werden, sondern dass man ihnen mehr als nur ein wissenschaftliches Interesse entgegenbringt. Dieses ‚Mehr' an Interesse trägt entscheidend zum Gelingen einer Untersuchung bei. William Labov hat sich in seinem Aufsatz *Some principles of linguistic methodology* sehr klar zu dieser Frage geäußert:

"A field worker who stays outside his subject, and deals with it as a mere excuse for eliciting language, will get very little for his pains. Almost any question can be answered with no more information than was contained in it. When the speaker does give more, it is a gift, drawn from some general fund of good will that is held in trust by himself and the field worker. A deep knowledge implies a deep interest, and in payment for the interest the speaker may give more than anyone has a right to expect. Thus the field worker who can tap the full linguistic competence of his subjects must acquire a detailed understanding of what he is asking about, as well as broad knowledge of the general forms of human behavior." (Labov 1972a: 114f)

Das hier Gesagte gilt gleichermaßen für Ethnologen und natürlich auch für alle anderen Sozialwissenschaftler, die Feldforschung betreiben. Bei der Feldforschung nehmen Forscher immer Dinge wahr, die ihnen fremd erscheinen

– sei es, dass sie morgens beim Gang zum Badeplatz mit der Frage „Wohin?"
und nicht mit einem ebenso möglichen „Guten Morgen" begrüßt werden, sei
es, dass sie beobachten, dass sich Kinder und Jugendliche klein machen und
gebückt gehen, wenn sie den Weg des *chief* im Dorf kreuzen (vgl. Senft 1987:
107f.), oder sei es, dass ihnen auffällt, dass sowohl beim Erntefest als auch
bei Trauerfeiern von einigen, meist älteren Leuten ein und dieselben Lieder
gesungen werden (dazu mehr weiter unten). Solche Beobachtungen lassen
sich nur verstehen, indem man Informanten findet, mit denen man über das
Beobachtete reden kann. Das bedeutet aber, dass Feldforscher für das Gelingen ihrer Projekte, vor allem für das Verständnis der dabei erhobenen Daten
und der so gewonnenen Einsichten zunächst einmal das Problem „Sprache"
lösen müssen.

5.3 Sprachkenntnisse und Spracherwerb der Feldforscher

Wie schnell Feldforscher in der Lage sind, die Sprache ihrer gastgebenden
Ethnie zu erlernen, variiert natürlich von Forscher zu Forscher, von Sprache
zu Sprache und von Feldsituation und Feldtyp zu Feldsituation und Feldtyp.
Dabei spielt es eine große Rolle, ob bereits Materialien über die zu erlernende
Sprache vorliegen, ob Feldforscher bereits über Kenntnisse in einer anderen
verwandten Sprache verfügen, ob es Angehörige der Sprachgemeinschaft
gibt, die eine Verkehrssprache beherrschen, und ob sich in der zu untersuchenden Sprachgemeinschaft Leute finden, die ein Interesse daran haben,
den Feldforschern ihre Sprache zu vermitteln. Schöne Zusammenstellungen
von Aussagen einzelner Feldforscher über ihre jeweilige Sprachkompetenz
geben Fischer (2000: 5–12), Franklin (1992) und Werner (1994: 79–86). Die
Aussagen von Feldforschern zu ihren Sprachkenntnissen variieren sehr stark:
So berichtet Raymond Firth (1957: 6), dass er schon nach drei Wochen während seines Aufenthaltes bei den Tikopia nur in ihrer Sprache gearbeitet hat;
Hortense Powdermaker (1966: 66) dagegen bekennt ganz offen, dass sie die
Sprache der Lesu in Neu-Irland eigentlich nie wirklich richtig gelernt hat. Und
Malinowski (1935: xi) erklärt: "It took me about a year to speak easily, and
I acquired full proficiency only after some eighteen months of practice, that
is, towards the middle of my second expedition." Ich selbst habe zu Anfang
meiner Feldforschung auf den Trobriand-Inseln die Kilivila-Fragewörter für
„wer, was, wo", die Frage „Was ist das?" und den Satz „Ich möchte Kilivila
lernen" auf der Insel Kiriwina von einer Schülerin der Kiriwina High School
in Losuia und von dem Missionar Bill Cunningham erhalten. Damit habe ich
vom ersten Tag meiner Feldforschung in dem Dorf Tauwema auf der Insel
Kaile'una Daten zum Kilivila erhoben. Während der ersten beiden Wochen

meines Aufenthaltes in Tauwema konnte ich täglich etwa eine halbe Stunde mit Uveaka arbeiten, der über gute Englischkenntnisse verfügte. Er verließ aber dann das Dorf, um in einem Hotel in Madang zu arbeiten. Danach arbeitete ich mit einer Reihe von Informanten, vor allem aber mit Nusai, Pulia, und Weyei. Pulia, der Sohn Nusais, besuchte die Schule im Nachbardorf Kaduwaga und lernte dort auch Englisch. In unserer Interaktion lehrte er mich mit seinem Vater und mit Weyei Kilivila – und ich lehrte ihn Englisch. Nach den ersten 4 Monaten konnte ich eine erste, sehr unvollständige Basisgrammatik schreiben. Nach etwa 8 Monaten war es mir möglich, Unterhaltungen zu folgen und normale Alltagsgespräche zu führen. Gegen Ende meines ersten Feldaufenthaltes – etwa nach 14 Monaten – ging mir das Kilivila flüssig über die Lippen. Nach inzwischen insgesamt fast drei Jahren Feldforschung in Tauwema verfüge ich über eine gute Kompetenz im Kilivila; allerdings publiziere ich nach wie vor nur Daten, die ich mit Informanten transkribiert habe, um sicherzugehen, dass ich selbst nicht etwas in die Daten hineinhöre, was gar nicht gesagt wurde.

Eine starke Motivation zum Erlernen der Sprache ergibt sich aus Situationen, bei denen den Feldforschern ihre Unfähigkeit zu kommunizieren deutlich bewusst wird. So ist es zum Beispiel ausgesprochen unangenehm, abends beim Schein einer Coleman-Lampe mit einer Reihe von sich allmählich einfindenden Gästen in seinem Haus zu sitzen und dann zu erkennen, dass man nach einigen wenigen Einwort-Äußerungen nur noch ab und an freundlich in die Runde lächeln kann und sich ansonsten hinter seinem Tagebuch oder einem Roman „verstecken" muss. Auch die Tatsache, dass man zum Beispiel beim Gang über den Dorfplatz von einer Horde von Kindern verfolgt wird, die unter lautem Gelächter ein Lied singen, von dem man nur eine lokale Variante des eigenen Namens versteht, kann ungemein zum Sprachlernen motivieren. Eine besonders wichtige Motivation zum Lernen der Sprache ergibt sich aber auch aus dem Verhältnis, das Feldforscher mit ihren Hauptinformanten eingehen. Häufig haben sich diese Hauptinformanten öffentlich dazu bereit erklärt, den Feldforschern ihre Sprache beizubringen. Und wenn man als Feldforscher zunächst einmal große Schwierigkeiten beim Sprachlernen hat, dann muss man sich darüber im Klaren sein, dass ein Scheitern beim Lernen nicht nur den eigenen Gesichtsverlust in der Gemeinschaft implizieren würde, sondern dass dieses Scheitern auch zurückwirken könnte auf die einheimischen Sprachlehrer. Die Erkenntnis dieser Verantwortung führt in den meisten Fällen zu einem (Wieder-) Erstarken der Sprachlern-Motivation. Wie fängt man es nun aber in der Praxis an, eine fremde Sprache zu lernen?

Wenn es schon eine Grammatik und ein Wörterbuch der Sprache der zu untersuchenden Ethnie gibt, dann sollte man schon in der Vorbereitungsphase der Feldforschung damit beginnen, auf der Basis dieser linguistischen Beschreibungen die Sprache zu lernen. Wenn man weiß, dass die Sprecher der zu erforschenden Ethnie eine Verkehrssprache – wie zum Beispiel das Tok Pisin (Melanesisches Pidgin) oder das Hiri Motu in Papua-Neuguinea – sprechen, dann ist es sinnvoll, eine solche Sprache ebenfalls vor dem Feldaufenthalt zu lernen – denn dann kann man am Anfang der Feldforschung über diese Verkehrssprache mit einem lokalen „Dolmetscher" arbeiten. In jedem Falle aber sollte es das Ziel von Feldforschern sein, im Feld die Sprache der zu untersuchenden Ethnie so zu erlernen, dass sie diese Sprache verstehen und auch in dieser Sprache mit ihren Informanten und Gastgebern kommunizieren und arbeiten können. Um dieses Ziel zu erreichen, sollte man gleich zu Beginn der Feldforschung versuchen, Sprachdaten aufzunehmen. Dabei ist es vor allem wichtig, zunächst die entsprechenden Fragewörter zu kennen, mit denen man nach Bedeutungen von Objekten, nach Namen und nach Personen fragen kann. Je schneller Feldforscher in der Sprache der zu untersuchenden Gemeinschaft Fragen wie „Wer ist das? Wie heißt Du/er/sie? Was ist das? Wo ist das?" stellen können, desto schneller können sie sich ein erstes Wortverzeichnis anlegen. Man kann solche Bezeichnungen ganz einfach in der alltäglichen Umgebung mit Mitgliedern der Gemeinschaft erfragen, man kann aber auch zum Beispiel mit Hilfe eines Bildwörterbuches (vgl. z. B.: Pheby und Scholze 1979) recht schnell und effizient Bezeichnungen für dort abgebildete Dinge erheben (oder *elizitieren* – wie Linguisten diese Form der Datenerhebung bezeichnen). Dass man dabei natürlich auch manche Fehler macht, die man mit fortschreitenden Sprachkenntnissen erkennen und korrigieren kann, versteht sich von selbst (vgl. Senft 1995a).

Solche Datenelizitierungshilfen und weitere Anleitungen zur Strukturierung des Sprachenlernens und der Datendokumentation finden sich auch in einigen wenigen Lehrbüchern wie z. B. in Bouquiaux und Thomas (1992). Diese so elizitierten Bezeichnungen ermöglichen es auch, schon so früh wie möglich im Feld Vokabeln zu lernen. Dabei sollte man es sich zum Ziel setzen, sich jeden Tag 10 neue Wörter der zu erlernenden Sprache einzuprägen. Wenn man an dieser Zielsetzung konsequent bis zum Ende des Feldaufenthalts festhält, baut sich das lexikalische Wissen über die zu erlernende Sprache verblüffend schnell und im für die sprachliche Interaktion notwendigen Umfang auf.

Man sollte sich auch nicht scheuen, schon von Anfang an zu versuchen, Sprachdaten der unterschiedlichsten Art mit dem Tonband aufzunehmen, um sich mithilfe der Tonbandaufnahmen langsam in die zu lernende Sprache einzuhören und um sich daran zu erproben, Teile dieser Daten in Lautschrift zu transkribieren – vor allem, wenn es sich um eine noch unbeschriebene Sprache handelt (ich werde darauf gleich noch einmal zurückkommen). Dabei stellt man erste Hypothesen über Wortgrenzen auf, die man dann möglicherweise im Rückgriff auf schon in der oben erwähnten Art elizitierten Wortlisten falsifizieren oder verifizieren kann. Beim Abhören der Tonbänder werden sich immer auch Leute einfinden, die daran interessiert sind, was die

Feldforscher eigentlich so tun – dabei ergeben sich erste Kontakte mit potentiellen späteren Informanten. Im weiteren Verlauf der Feldforschung arbeitet man dann meist vor allem mit Hauptinformanten und Sprachlehrern. In aller Regel sind gute Informanten selbst daran interessiert, dem Feldforscher ihre Sprache und ihre Kultur nahezubringen. Das Ziel der gemeinsamen Arbeit von Feldforscher und Informanten sollte darin liegen, saubere, valide und absolut akkurate Daten über Sprache und Kultur der untersuchten Ethnie zu erhalten. Je länger Forscher im Feld arbeiten, desto weniger abhängig werden sie von ihren Hauptinformanten. Die linguistische und anthropologische Information, die Feldforscher dann auch von anderen Mitgliedern der zu untersuchenden Gemeinschaft erhalten können, bauen allmählich ein für die Interessen des Forschers immer repräsentativer werdendes Corpus von Daten auf (vgl. Senft 1995b). Welche Daten sollte man nun aber im Feld mit welchen Informanten und im Hinblick auf welche Ziele erheben – und wie sollte man diese Daten aufzeichnen und zur Analyse vorbereiten? Im Folgenden will ich versuchen, diese Fragen zu beantworten.

5.4 Linguistische Datenerhebung und Aufbereitung der Daten zur Analyse

Es versteht sich natürlich von selbst, dass die Frage, welche Daten man im Feld erheben sollte, absolut vom Erkenntnisinteresse des jeweiligen Forschungsprojekts abhängt. Wenn es darum geht, eine allgemeine Ethnographie der untersuchten Gruppe zu erstellen, dann sollte man sich an der folgenden Maxime Malinowskis ausrichten:

"... A collection of ethnographic statements, characteristic narratives, typical utterances, items of folk-lore and magical formulae has to be given as a *corpus inscriptionum*, as documents of native mentality." (Malinowski 1922: 24f.)

Das bedeutet, dass man so viele unterschiedlichen Textsorten wie möglich sammeln, dokumentieren und für die Analyse aufbereiten sollte. Das kann man natürlich nur mithilfe von mehreren Informanten tun. Die erhobenen Daten sollten auch immer das natürliche Sprachverhalten der jeweiligen Sprecher dokumentieren. Bei der Sprachdatenerhebung sieht man sich dann aber mit dem so genannten *Beobachter-Paradox* (Labov 1972b: 209) konfrontiert: Um die Daten zu erhalten, die für die humanwissenschaftliche Forschung am wichtigsten sind, müssen wir beobachten, wie Leute sprechen, wenn sie nicht beobachtet werden. Dieses Paradox gilt es zu überwinden – und das ist im Feld nur dann möglich, wenn sich Forscher als teilnehmende Beobachter so etabliert haben, dass sich der technische Aufwand, der zur Sprachdokumentation notwenig ist, nicht mehr (allzu) störend auf das Verhalten der Sprecher als Datenproduzenten auswirkt (vgl. Senft 2002).

Die Minimalausrüstung zur Sprachdatenerhebung besteht aus einem modernen Gerät zur Audiodokumentation mit einem guten Mikrophon. Im Idealfall werden Sprachdaten nicht nur mit Audio- sondern auch mit Videogeräten erhoben und dokumentiert. Die Bandbreite der verschiedenen Geräte mit unterschiedlichen qualitativen Merkmalen und Formaten ist ungeheuer groß; deshalb sollte man sich vor jeder Feldforschung über die vielseitigen Möglichkeiten der Datendokumentation sowohl mit Audio- als auch mit Videodatenträgern informieren. Zur Zeit und in absehbarer Zukunft bietet die Web-Site des Max-Planck-Instituts für Psycholinguistik im Zusammenhang mit dem von der Volkswagenstiftung geförderten Projekt zur Dokumentation bedrohter Sprachen (DOBES) eine hervorragende und immer wieder aktualisierte Übersicht über solche technischen Fragen. Die URL für diese Web-Site lautet: http://www.mpi.nl/DOBES

Die mit Audio- oder Videogeräten erhobenen Sprachdaten müssen dann natürlich transkribiert werden – denn erst in transkribierter Form sind sie für weitere Analysen aufbereitet. Wenn es für die Sprache der untersuchten Ethnie schon eine Orthographie gibt, dann kann man bei der Transkription auf diese standardisierte Form der Verschriftlichung der Sprache zurückgreifen. Handelt es sich aber um eine bisher nur gesprochene Sprache, dann müssen die Feldforscher zunächst auf das standardisierte *Internationale Phonetische Alphabet (IPA)* zurückgreifen, so wie es im Handbuch der *International Phonetic Association* (1999) dokumentiert ist. Mit diesem Alphabet kann man alle Laute der Sprachen dieser Welt auf standardisierte Weise transkribieren. Ist man mit diesem Alphabet nicht vertraut, kann man zum Beispiel über die Web-Site des *Summer Institute of Linguistics* (URL: http://www.sil.org/) einen *IPA Tutor* bestellen und das Alphabet damit zum adäquaten Transkribieren der Sprachdaten lernen. Aufgrund einer phonetisch/phonologischen Analyse kann man auf der Grundlage dieser Transkriptionen eine Orthographie für die Sprache entwickeln (vgl. z. B. Senft 1986: 11–16). Die Entwicklung einer Orthographie erfordert äußerste Sorgfält, denn sie markiert einen vielleicht für Jahre geltenden Standard zur Verschriftlichung der Sprache! Wenn die erhobenen Sprachdaten in transkribierter Form – in einer IPA- oder in einer orthographischen Umschrift – vorliegen und wenn sie mit den jeweils notwendigen Anmerkungen und Kommentaren in den Kontext ihrer aktuellen Produktion zurückgeführt werden können, sind sie für weitere Analysen aufbereitet. Wozu kann man aber nun diese Daten nutzen?

5.5 Daten-Nutzung

Für primär ethnologische Forschungsinteressen liefern solche aufbereiteten
Sprachdaten die Basis dafür, dass Völkerkundler neben ihrer eigenen, *etischen*
Perspektive bei der Analyse bestimmter Phänomene, die sie in einer Ethnie
beobachten, auch die *emische* Sichtweise berücksichtigen können, mit der die
Angehörigen dieser Ethnie selbst eben diese Phänomene betrachten. Es mag
zwar sein, dass in manchen Bereichen die Devise gilt „actions speak louder
than words" (Wassmann 1993) – aber im Allgemeinen bietet die Sprache immer
noch den besten Zugang dazu, bestimmte Probleme, auf die Ethnologen bei
ihren Forschungen stoßen, zu klären. Und Sprachdaten eignen sich darüber
hinaus hervorragend dazu, solche Problemlösungen überprüfbar zu machen,
sie zu belegen und zu rechtfertigen. Mit Berücksichtigung der emische Perspektiven gewinnt jede Ethnographie an Qualität und Aussagekraft.

Ich will das eben Gesagte an einem Beispiel aus meiner eigenen Forschung
illustrieren (vgl. Senft 1996; Eibl-Eibesfeldt, Senft 1991): Während meines
ersten längeren Aufenthalts auf den Trobriand-Inseln 1982 bis 1983 fiel mir
auf, dass dieselben Lieder sowohl anlässlich der Erntefeiern als auch während
Trauerfeiern gesungen wurden. Ich war natürlich daran interessiert, was es
damit auf sich hatte: Wo war das die beiden Anlässe zum Singen dieser Lieder
Verbindende zu suchen?

Das bedeutendste Ereignis im Jahresverlauf der Trobriand-Insulaner sind
die Erntefeiern. Zur Eröffnung und im Verlauf dieser Feste des *milamala*, der
Zeit des Überflusses und des Feierns der Früchte anstrengender Gartenarbeit,
werden von den Trobriandern immer wieder Lieder gesungen. Diese Erntefest-
(*milamala-*) Lieder (*wosi*) bestehen aus einer zwei- bis neunzeiligen Strophe,
die nach Belieben der Sänger beim Vortrag wiederholt wird; sie haben eine
charakteristische Melodie und werden auf besondere Weise angestimmt und
beendet. Mit dem *milamala*-Fest stehen fast drei Monate an, in denen man
sich von den Mühen der Gartenarbeit erholen kann. Diese Zeit ist geprägt von
allgemeiner Freude, Geselligkeit, gegenseitigen Besuchen von Dorfgemein-
schaften, Tanz und amourösen Abenteuern der Jugendlichen. Am Ende eines
jeden Tages während dieser Fest-Zeit werden von einigen Dorfbewohnern die
Erntelieder angestimmt und manchmal noch bis in die frühen Morgenstunden
des neuen Tages gesungen. Ich konnte diese Lieder ohne Probleme aufnehmen,
aber bei der Transkription der erhobenen Daten und beim Versuch, die Lieder
zu übersetzen, ergaben sich große Schwierigkeiten. Es stellte sich heraus, dass
die Lieder eine eigenständige Sprach-Variante des Kilivila repräsentieren,
die die Trobriander als *biga baloma*, als „Sprache der Totengeister" oder als
biga tommwaya, als „Sprache der Altvordern" bezeichnen (Senft 1986: 126);
es handelt sich dabei um eine archaische Varietät dieser austronesischen

Sprache, in der dem Glauben der Trobriander gemäß zwar die Totengeister in ihrem unterirdischen Paradies bei der Insel Tuma miteinander reden, die aber nur noch von ganz wenigen älteren Leuten verstanden wird. Im Verlauf meiner Arbeit an diesen Liedern stellte sich heraus, dass sie Manifestationen des Glaubens der Trobriander an einen unsterblichen „Geist" sind. Dieser „Geist" wird *baloma* genannt – er kann wiedergeboren werden, er kann aber auch als „Totengeist" unsichtbar in sein Dorf, in dem er vor dem Tod seiner „menschlichen Hülle" gelebt hat, zurückkehren. Die Totengeister leben nach der Vorstellung der Trobriander auf der Insel Tuma in einem unterirdischen Totenreich in ewiger Jugend, im Überfluss bei immerwährenden Festlichkeiten (vgl. Malinowski 1916). Einer der Anlässe, zu denen alle Totengeister in ihre alten Dörfer als unsichtbare Gäste zurückkehren, um mit ihren Verwandten und Freunden gemeinsame Wochen ausgelassener Freuden zu feiern, bietet die Zeit des *milamala*. Mit dem Singen der *milamala* Lieder werden die Totengeister bei der Eröffnung der Erntefeiern begrüßt; sie sind Zeichen der Ehrerbietung vor den *baloma*. Ordnet man die den benannten Liederzyklen zugewiesenen Einzellieder, dann zeigt sich, dass die Weisen entweder Geschichten von Liebe und Tod von jetzt als Totengeistern „lebenden" Personen erzählen oder dass sie Mitteilungen über besondere Ereignisse im Leben der Trobriander an die *baloma* darstellen. Dass diese *philologische* Ordnungsarbeit legitim ist, bestätigten mir meine Informanten. Im Folgenden möchte ich exemplarisch den Lied-Zyklus *wosi pilugwana* vorstellen (die Bedeutung von *pilugwana* war meinen Informanten nicht mehr bekannt):

vadenisa Bwiyariga	Sie geh'n mit Bwiyariga,
yakayobu yamvedoku	Yakayobu-Kräuter duften – und man summt.
kapisina Kwe'ineoli	Leid bringt Kwe'ineoli, die Liebes magie
gidiviligu	Leid – und Wandel im Laufe der Dinge
ne'oli	die Liebesmagie Ne'oli.
kumidorigu mweyuva	Mein scharfes Gewürz –
namidorim mweyuva	wie gut das tut, scharfes Gewürz –
vana simgeori	und wohlriechend Kraut ganz frisch.
sogu Yaurivori	Geliebte Yaurivori
ka'uvamapu	wir treffen uns –
maka'i	Worte der Liebe,
kakamapu mabwita	wir tauschen Blumen im Haar.

Dieser Liedzyklus ist typisch für eine Reihe von erotischen Versen, die Liebesverhältnisse im Totenreich der *baloma* thematisieren. Ich möchte auf dieses Liebeslied hier nicht näher eingehen, sondern festhalten, dass sich dem Außenstehenden erst in der ethnolinguistischen Rekonstruktion des in einer besonderen Sprachvarietät „Erzählten" das von den Trobrindern kollektiv geteilte, religiös-weltanschauliche „Wissen" erschließt. Trobriandische Eschatologie ist also in einer speziellen Sprachvarietät – in der *biga baloma* – kodifiziert.

Soweit zur Bedeutung dieser Lieder. Aber welche Funktion kommt ihnen in der trobriandischen Gesellschaft zu? Die *milamala*-Zeit ist – wie gesagt – geprägt von Geselligkeit, Besuchen, Tanz und amourösen Abenteuern der Jugendlichen. In einer relativ lang andauernden Zeit ausgelassener Freude ist ein lockerer Umgang mit sonst gültigen sozialen Normen zu erwarten. Dass diese Lockerung der Sitten und Normen gerade in einer Zeit erhöhter Sensualität trotzdem nicht dazu führen kann, die Gemeinschaft durch dabei unvermeidliche Eifersüchteleien zu gefährden, ist in den *wosi milamala* begründet. Als Form ritueller Kommunikation (Senft 1987) erinnern die Lieder an die auch für das unbeschwerte, „süße" Leben der *baloma* im Totenreich auf Tuma geltenden Normen des sozialen Miteinanders und an die - wenn auch unsichtbare - Präsenz der Ahnen, die nicht durch unziemliches Verhalten beleidigt werden dürfen. Im Bewusstsein dieser Tatsache muss jeder einzelne sein Verhalten ausrichten. Da niemand wagen würde, die Totengeister durch schlechtes Benehmen – und dazu gehört auf Trobriand Eifersucht bei Unverheirateten – zu verärgern, kann es auch während des *milamala*-Festes nicht soweit kommen, dass die Gemeinschaft wirklich gefährdet wird. Die bis in die frühen Morgenstunden gesungenen *milamala*-Lieder erinnern jede Nacht aufs neue an die Präsenz der *baloma*; sie versichern damit die Gemeinschaft eines transzendenten Regulativs für das Verhalten ihrer Mitglieder.

Es gibt nun aber auf den Trobriands noch einen anderen Anlass, zu dem die *milamala*-Lieder – allerdings ohne Tanz und Trommel-Begleitung – gesungen werden, nämlich anlässlich eines Trauerfalls. Stirbt ein Trobriander, dann bleibt sein Totengeist noch einige Tage unsichtbar bei seinen Verwandten, bevor er in das Totenreich in Tuma eingeht – diese „Glaubens-Tatsache" ist übrigens das einzige Bindeglied zwischen Trauerfeier und Erntefest! Vor diesem religiös-weltanschaulichen Hintergrund erklärt sich die Funktion der *wosi milamala* folgendermaßen: Die Lieder sollen mit ihrer Beschreibung des unbeschwerten Lebens der *baloma* dem Totengeist des Verstorbenen den Abschied aus der Gruppe seiner Verwandten und Freunde erleichtern; sie sollen aber auch die Hinterbliebenen trösten, ist der Tod des Betrauerten doch nur ein Übergang von einer Existenzform in eine andere. Der rituell-kommunikative Verweis im Lied auf dieses religiös-weltanschauliche „Wissen" als konstitutives Element der trobriandischen Wirklichkeit trägt dann mit dazu bei, die bei einem

Trauerfall unausbleiblichen Emotionen zu kanalisieren und zu kontrollieren; er trägt damit auch dazu bei, dass der Zusammenhalt einer Gruppe und ihre Existenz im sozialen Geflecht der Ethnie gesichert bleibt.

Die *wosi milamala* werden also nicht nur zu außergewöhnlichen Anlässen gesungen, sondern sie sind selbst eine außergewöhnliche Form ritueller Kommunikation, die mit ihren Funktionen der Normenkontrolle und der Bindung die Konstruktion der sozialen Realität des Gemeinwesens sichert und darüber hinaus in eigener und einmaliger Form in diesem Gemeinwesen tradierte Kultur wahrt – zumindest aber kodifiziert.

Ich hoffe, dass dieses Beispiel verdeutlicht, wieviel man an Hintergrundwissen über bestimmte Phänomene mit und durch Sprache erschließen kann. Ich möchte hier aber betonen, dass auch Sprachdaten, die in primär ethnologisch orientierten Forschungsprojekten erhoben wurden, dazu genutzt werden können – wenn das erhobene Datencorpus umfangreich genug ist, versteht sich – um zumindest Wortlisten der dokumentierten Sprache für weitere linguistische Analysen zusammenzustellen. Vielleicht sind die erhobenen Corpora sogar so umfangreich, dass man damit ein Wörterbuch und eine mehr oder minder ausführliche grammatische Beschreibung dieser Sprache erstellen kann – möglicherweise sogar mit einer Laut- und Phonemanalyse, auf deren Grundlage man eine Orthographie für eine bisher nur gesprochene Sprache erstellen kann. Völkerkundler haben Sprachwissenschaftlern schon immer mit solchen, für sie selbst möglicherweise nur Randergebnissen ihrer Forschungen zuarbeiten können – und, wie gesagt, manche Ethnologen – wie zum Beispiel Roger Keesing – haben sogar selbst hervorragende Grammatiken und Wörterbücher über die Sprache der von ihnen untersuchten Ethnien publiziert.

Welche Auswirkungen können solche linguistische Aktivitäten auf das Feld und auf alle Beteiligten einer Feldforschung haben? Auf diese Frage will ich zum Schluss dieses Beitrages noch kurz eingehen.

5.6 Veränderungen des Feldes aufgrund linguistischer Aktivitäten

Linguistische Forschung im Feld wirkt immer auf alle Beteiligten. Der Wille zum Lernen der lokalen Sprache und das Bemühen, diese Sprache auch zu sprechen, erleichtert es allen Forschern, sich in ihrem Feld zu etablieren. Mit stetig wachsenden Sprachkenntnissen können sie sich Wissen erschließen, das für sie sonst nicht – oder zumindest nicht so einfach – zugänglich wäre. Wenn eines der Hauptziele sowohl der Ethnologie als auch der Linguistik darin besteht, *Bedeutung* zu verstehen, dann ist es offensichtlich, dass der Königsweg zu diesem Ziel nur über Sprache, über Kommunikation, über sprachliche

Interaktion führen kann. Und das hat eben schon Joseph-Marie Degérando allen Humanwissenschaftlern ins Stammbuch geschrieben.

Linguistische Forschung hat aber auch wichtige Auswirkungen auf die untersuchte Ethnie und ihre Sprache, vor allem dann, wenn diese Sprache noch nicht verschriftlicht und/oder akut bedroht ist. Die Tatsache, dass sich Forscher die Mühe machen, ihre Sprache zu lernen, zu untersuchen und zu dokumentieren, zeigt den Angehörigen einer Sprachgemeinschaft, wie wichtig ihre Sprache nicht nur für sie, sondern auch für andere ist. Und wenn Forscher dann auch noch einer Ethnie, deren Sprache bisher noch nicht beschrieben und geschrieben war, eine Grammatik und ein Wörterbuch ihrer Sprache als Dank für die gewährte Gastfreundschaft zurückgeben können, dann trägt das erheblich dazu bei, dass eine solche Sprache entscheidend an Prestige gewinnt – und das verhindert möglicherweise, dass diese Sprache dann von anderen dominanteren Sprachen verdrängt wird. Wenn wir davon ausgehen, dass bis zum Ende des 21. Jahrhunderts von den derzeit etwa 6000 Sprachen nur 600 Sprachen nicht in ihrer Existenz bedroht sein werden, und wenn wir davon überzeugt sind, dass Sprache das Medium ist, in und mit dem eine Sprachgemeinschaft den Großteil ihrer Kultur überliefert und dass sich in den verschiedenen Sprache die Diversität des menschlichen Denkens ausdrückt, dann hat diese mögliche Folge linguistischer Feldforschung von Ethnologen und Linguisten entscheidende Bedeutung für uns alle!

5.7 Literatur

Agar, Michael
1996a   Commentary: Schon wieder? Science in Linguistic Anthropology. In: Anthropology Newsletter, January 1996: 13.
1996b   The Professional Stranger. An Informal Introduction to Ethnography (2. Auflage). San Diego.

Bouquiaux, Luc und Jacqueline M. C. Thomas
1992   Studying and Describing Unwritten Languages. Dallas.

Degérando, Joseph-Marie
1797   Erwägungen über die verschiedenen Methoden der Beobachtung der „wilden Völker". In: Moravia, Sergio. 1977. Beobachtende Vernunft. Philosophie und Anthropologie in der Aufklärung. 219–251. Frankfurt am Main.

Duranti, Allessandro
1997   Linguistic Anthropology. Cambridge.

Eibl-Eibesfeldt, Irenäus und Gunter Senft
1991   Trobriander (Papua-Neuguinea, Trobriand-Inseln, Kaile' una) – Tänze zur Einleitung des Erntefeier-Rituals (Film E 3129). Trobriander (Papua-Neuguinea, Trobriand-Inseln,

Kaile' una) – Ausschnitte aus einem Erntefesttanz (Film E 3130). In: Publikationen zu Wissenschaftlichen Filmen (Sektion Ethnologie) 17; 1–17. IWF Göttingen.

Firth, J. Raymond (Hg.)
1957   Man and Culture – An Evaluation of the Work of Bronislaw Malinowski. London.

Fischer, Hans
2000   Wörter und Wandel. Ethnographische Zugänge über die Sprache. Berlin.

Foley, William A.
1997   Anthropological Linguistics. An Introduction. Oxford.

Franklin, Karl
1992   On Language Learning Claims of Ethnographers. In: Dutton, Tom, Ross, Malcolm und Tryon, Darrell (Hg.), The Language Game: Papers in Memory of Donald C. Laycock. 589–597. Canberra.

International Phonetic Association
1999   Handbook of the International Phonetic Association: a Guide to the Use of the International Phonetic Alphabet. Cambridge.

Labov, William
1972a   Some principles of Linguistic Methodology. In: Language in Society 1: 97–120.
1972b   Sociolinguistic Patterns. Philadelphia.

Malinowski, Bronislaw
1916   Baloma: The Spirits of the Dead in the Trobriand Islands. In: The Journal of the Royal Anthropological Institute of Great Britain and Ireland 46: 353–430.
1922   Argonauts of the Western Pacific. London.
1935   Coral Gardens and Their Magic. 2 Bände. London.

Monaghan, Leila und Jim Wilce
1998   Society for Linguistic Anthropology: SLA Sessions at the 1998 AAA. In: Anthropology Newsletter November 1998: 52.

Pheby, John und Werner Scholze (Hg.)
1979   Oxford Duden Bildwörterbuch Deutsch und Englisch. Mannheim.

Powdermaker, Hortense
1966   Stranger and Friend. The Way of an Anthropologist. New York.

Senft, Gunter
1986   Kilivila – The Language of the Trobriand Islanders. Berlin, New York.
1987   Rituelle Kommunikation auf den Trobriand-Inseln. In: Zeitschrift für Literaturwissenschaft und Linguistik 65: 105–130.
1995a   Ain't Misbehavin'? Trobriand Pragmatics and the Field Researcher's Opportunity to Put His (or Her) Foot in It. In: Oceanic Linguistics 34: 211–226.
1995b   Fieldwork. In: Verschueren, Jef, Östman, Jan-Ola und Blommaert, Jan (Hg.), Handbook of Pragmatics, Manual. 595–601. Amsterdam.
1996   Past is Present – Present is Past. Time and the Harvest Rituals on the Trobriand Islands. In: Anthropos 91: 381–389.

2002   Feldforschung in einer deutschen Fabrik – oder: Trobriand ist überall! In: Fischer,
            Hans (Hg.), Feldforschungen. 207–226. Berlin.

Silverstein, Michael
1973   Linguistik und Anthropologie. In: Bartsch, Renate und Vennemann, Theo (Hg.),
            Linguistik und Nachbarwissenschaften. 193–210. Kronberg.

Spradley, James P.
1979   The Ethnographic Interview. New York.

Wassmann, Jürg
1993   When Actions Speak Louder than Words: The Classification of Food among
            the Yupno of Papua New Guinea. In: Quarterly Newsletter of the Laboratory of
            Comparative Human Cognition 15: 30–40.

Werner, Oswald
1994   Ethnography and Translation – Issues and Challenges. In: Sartoniana 7:
            59–135.

Judith Schlehe

6 Formen qualitativer ethnographischer Interviews

6.1 Einleitung

Bei jedem offenen ethnographischen Interview lernen (mindestens) zwei Menschen einander kennen. Es findet ein interkultureller Interaktions- und Kommunikationsprozess statt. Qualitative ethnographische Interviews – auch als Tiefeninterviews bezeichnet – beruhen nicht nur auf beidseitiger Gesprächsbereitschaft und Offenheit, sondern auch auf Verständigung zwischen den beteiligten Personen und darauf, dass sie in der jeweiligen spezifischen Interviewsituation ihre immer wieder neu gemischte Gesprächskultur gemeinsam herstellen. Dabei spielt, mehr oder weniger deutlich, eine unsichtbare dritte Partei ebenfalls eine Rolle: Das Publikum, die anvisierte Leserschaft, der die gewonnenen Erkenntnisse schließlich vermittelt werden sollen.

Nicht nur für Ethnologinnen und Ethnologen, sondern in einem breiten interkulturellen Anwendungsfeld ist ethnographische Interviewerfahrung nützlich und notwendig. Viele Fertigkeiten lassen sich erlernen und üben, manches lässt sich durch Selbstreflexion und Erfahrungsaustausch oder durch Supervision verbessern, – aber zugleich handelt es sich hier um einen grundsätzlich unabschließbaren Komplex. Jedes nicht-standardisierte Interview ist eigen und neu, und es wird sowohl geprägt von der Konstellation als auch von der Beziehung der Beteiligten und vom Kontext der Begegnung. Es erfordert hohe Aufmerksamkeit und Offenheit für Unerwartetes (*serendipity*-Prinzip). Das macht die Methode zur Herausforderung, nicht nur für die fachlichen Fähigkeiten der Interviewenden, sondern ebenso für die soziale

und interkulturelle kommunikative Kompetenz aller Gesprächspartner und
-partnerinnen. Es ist eine aufregende Methode, im besten Sinne des Wortes,
weil nicht klar und routiniert abgefragt wird, sondern weil sich Menschen in
nicht vorab planbarer Weise aufeinander einlassen sollen und dabei mancherlei
Ambivalenzen ausbalancieren müssen:

– Das ethnographische Interview soll einen Gesprächscharakter haben, aber es
  beinhaltet keine wirkliche Reziprozität, keinen gleichberechtigten Dialog,
  sondern eine Person soll von der anderen möglichst viel erfahren;
– es wird eine vertrauensvolle Atmosphäre hergestellt, aber der Beziehung
  werden Grenzen gesetzt, sowohl was ihre Dauer als auch was die Intensität
  betrifft;
– die Machtverhältnisse sind oft nicht ausgeglichen, sei es, dass die Forscherin
  oder der Forscher aus einer politisch und wirtschaftlich dominanten Gesellschaft kommt, wie es früher in der Ethnologie meist der Fall war, oder sei
  es, dass der oder die Interviewte sich in einer hierarchisch übergeordneten
  Position befindet, wie es bei neueren *studying up* Untersuchungen häufiger
  vorkommt.

Im ethnographischen Interview wird deutlich, was die Ethnologie generell
auszeichnet, ihr besonderes Potenzial und dabei ihr großes methodisches
Problem ausmacht: die Gleichzeitigkeit von Nähe und Distanz, Einlassen
und Rückzug, Spontaneität und Reflexion. Die Personen der Forscher und
Informanten interagieren, aber das Ziel ist kein persönliches, sondern ein
professionelles.

Das ethnographische Interview steht – aus der Sicht der Forschenden – grund-
sätzlich in Zusammenhang mit einem längerfristigen, methodisch vielseitigen
Sich-Einlassen auf ein soziales *setting*. Es ist eingebettet in teilnehmende
Beobachtung, in deren Rahmen unterschiedlichste Beziehungen eingegangen
und auch vielerlei nicht-sprachlich gefasste Wissensbestände erkundet werden.
Teilnehmende Beobachtung und ethnographische Gespräche bzw. Interviews
befruchten sich gegenseitig und ihre systematische Kombination macht das
Spezifikum ethnologischer Feldforschung aus. Außerdem gehen, je nach
Forschungsthema, sowohl offene als auch standardisierte ethnographische
Interviews mit anderen Erhebungsmethoden einher, wie Konstruktion von
Diagrammen, Karten, Zeittafeln, Modellen sowie mit visuellen Methoden,
mit der Sammlung von Dokumenten usw. Dies ist bei den folgenden Ausfüh-
rungen zur Theorie und Praxis offener, ethnographischer Interviews immer
mit zu denken.

Neben einer detaillierten Auseinandersetzung mit praktischen Fragen der
Interviewführung soll in diesem Beitrag insbesondere auf die intersubjektive
Praxis der Feldforschung eingegangen werden. Ich werde die in Forschungen

entstehenden Beziehungen besprechen und durch meine eigenen Forschungs-erfahrungen illustrieren, um davon ausgehend nach den Möglichkeiten und Grenzen von dialogischer Wissenschaftspraxis zu fragen.

6.2 Absichten und Einsichten

Eine Kulturanalyse, die von den sozialen Subjekten – d.h. von den Akteuren – ausgehen möchte, muss darauf ausgerichtet sein, deren Perspektiven in Er-fahrung zu bringen. Ziel ethnographischer Interviews ist es deshalb, alltägliche Erfahrung und lokales Wissen bzw. kulturelle Gewissheiten aufzunehmen und sich zugleich dem Verständnis von Subjekten, kulturellen Deutungsmustern und Handlungspraktiken anzunähern. Das Interview soll den Zugang zur emi-schen Perspektive eröffnen, zur Konstruktion von Realität aus der Sicht der Akteure, und zu subjektiver Sinngebung. Zugleich möchte es auch Einsichten in die jeweilige Gestaltung von Einteilungen und in die spezifischen Arten der Strukturierung von größeren Zusammenhängen liefern. Ein offenes Interview bietet die Chance, Dinge zu erfahren, nach denen man nicht gefragt hätte, weil sie jenseits des eigenen Horizontes liegen. Das Grundprinzip ist, dass Themen und Fragen sich aus dem Gesprächsverlauf heraus entwickeln bzw. weiter entwickeln. Dabei gilt es nicht nur aufmerksam zuzuhören, sondern auch auf das zu achten, was nicht zur Sprache kommt. Die im Forschungsprozess nachfolgenden, umfassenden ethnographischen Beschreibungen und Erklä-rungen bzw. die Einbettung in strukturelle Kontexte und die Theoriebildung sollten in solcherart gewonnenen, auf die Erfahrungen konkreter Menschen bezogenen, empirischen Daten begründet sein.

Da sich die Ethnologie früher überwiegend mit kleinen, relativ homogenen Gemeinschaften beschäftigte, waren auch ihre Forschungsmethoden auf diese ausgerichtet. Interviews und Gespräche – meistens mit wenigen Männern, welche als Experten betrachtet wurden – sollten in diesem Kontext repräsen-tativ für die Mitglieder der jeweils untersuchten Gesellschaft sein. Das hat sich geändert: Komplexe Gesellschaften und translokale Kulturphänomene gehören heute ebenfalls zu den Gegenstandsbereichen des Faches, für das nun alle Geschlechter (Frauen, Männer, Transsexuelle usw.), sämtliche sozialen Akteure, von Interesse sind. Somit sind heute auch Ethnographien gefragt, die spezifische kulturelle Szenen als Teilkulturen beschreiben bzw. welche die Dynamik kultureller Globalisierungs- und (Re-)Lokalisierungsprozesse darstellen. Dies kann weiterhin, wie in der traditionellen Ethnologie, auf eine indigene ethnische Minderheit bezogen sein – wobei allerdings deren trans-kulturellen Verflechtungen mehr Aufmerksamkeit gewidmet wird –, es kann

Ziel: emische Sichtweise

aber auch beispielsweise eine neue, transnationale Diasporakultur betreffen oder den Umgang mit globalen Einflüssen in diversen lokalen Kontexten.

Auch in fachübergreifenden Forschungsprojekten sehe ich den wichtigsten Beitrag der Ethnologie darin, dass sie komplexe kulturelle Bedeutungen (inter- wie intrakulturelle Vielfalt) anhand der Sichtweisen und Erfahrungen der Akteure anschaulich und verständlich zu machen versteht, indem sie diese – im wahrsten Sinne des Wortes – zur Sprache kommen lässt. Dies geschieht zunächst im Interview, in dem den Erfahrungen konkreter Individuen Aufmerksamkeit gezollt, ihre spezifischen Sichtweisen und Interpretationen erfasst werden, und später in einer Ethnographie, die diese darlegt, nachvollziehbar macht und von ihnen ausgehende Theorien entwickelt.

Im Interview selbst, darauf wurde einleitend bereits hingewiesen, spricht, interagiert und konstruiert nicht nur der Informant oder die Informantin, sondern auch die Person, welche das Interview führt. Was heißt das: ein offenes Interview führen? Die Grenzen zum Gespräch sind oftmals fließend, und statt immer zu führen, muss der oder die Interviewende sich gleichfalls darauf einlassen können, den Angeboten des Gegenübers und der Dynamik der jeweiligen Interaktion zu folgen. Auch die interviewende Person muss Erklärungen abgeben, Fragen beantworten und einige Aspekte ihres Selbst preisgeben. Sie ist das Forschungsinstrument und nur, wenn ihr Vertrauen und Interesse entgegengebracht wird, wird man ihr etwas mitteilen. Offenheit, größte Aufmerksamkeit, Flexibilität und Sensibilität sind gefordert, die Subjektivitäten und persönlichen Fähigkeiten der Gesprächsteilnehmer. Aber es geht eben nicht um Ausgewogenheit und gleichen Austausch, sondern darum, dass primär eine Person von der anderen etwas erfahren möchte. Deshalb ist es von entscheidender Wichtigkeit, dass die Verhältnisse und Absichten so klar wie möglich sind. Das ist das Erste, worüber bei einem Interview gesprochen werden sollte.

Damit ist nicht nur ein praktisches, sondern auch ein ethisches Prinzip ethnographischer Interviews angeschnitten. Unerfahrenen Interviewenden mag es zwar vielleicht einfacher scheinen, Daten verdeckt, d. h. in normalen Gesprächen, zu erheben. Das beruht aber oft nur auf einer Projektion der eigenen Scheu vor der ungewohnten Rolle auf das Gegenüber. Tatsächlich ist es in den meisten Fällen so, dass die Interviewten es durchaus schätzen, wenn man ihnen Kompetenz und wissenschaftliche Bedeutsamkeit zuspricht und sich für ihr Wissen und ihre Erfahrungen interessiert, sie wichtig und ernst nimmt. Dies sollte nicht nur aus forschungsstrategischen Gründen geschehen, sondern aus zwischenmenschlichem Respekt. Dazu gehört auch die Offenlegung der Situation und die aufrichtige und verständliche Darlegung der eigenen wissenschaftlichen Interessen. Konkret: Wir sollten von vornherein erklären wer wir sind, was das Ziel der Forschung ist, wie wir uns ein Interview vorstellen und wie wir mit den gewonnenen Daten umgehen wollen (dazu gehört auch die verlässliche Zusicherung von Anonymität).

Das ist nicht immer so leicht wie es sich anhört, denn nicht überall kann man mit den *labels* „ethnologische Forschung" oder „Interview" etwas anfangen. Ich habe vielfach erlebt, dass Interviews ergiebig wurden, sowie die Gesprächspartner mir als Person etwas vermitteln oder beibringen wollten. Im Hintergrund steht zwar „berichte den Leuten in deinem Land davon" oder „erkläre es denen, die sich dafür interessieren", aber in erster Linie bin ich angesprochen, ich soll etwas verstehen, lernen, eine Erfahrung machen. Oder, in anderen Fällen, lösen meine interessierten, anteilnehmenden Fragen und Kommentare den Eindruck von bzw. den Wunsch nach einer Freundschaftsbeziehung aus. Und es gilt dann damit fertig zu werden, dass man manchmal Erwartungen auslöst, die man nicht in der Lage ist, zu erfüllen. Es nützte mir nicht viel, wenn ich meinen Informanten auf Java erklärte, dass ich nicht über ihre Meeresgöttin forschen wollte, sondern über die Bedeutung, die diese für die Menschen hat. Denn nach deren Konzept lässt sich das nicht trennen. Folglich wollten sie, dass ich selbst die Geisterkönigin (Meeresgöttin) sehen sollte, was mir in der von ihnen intendierten, direkten Weise niemals gelang. Das enttäuschte sicherlich manch einen. Ich habe es auch nicht vorgetäuscht, sondern immer wieder versucht zu erklären, dass ich den Reichtum ihres Wissens und ihrer Erfahrungen dokumentieren möchte.

Aber auch die Interviews selbst – d. h. die Rede über transzendente Wesen in diesem Rahmen – hatten für viele Informanten und Informantinnen eine andere Bedeutung als für mich. Bevor man mir bestimmte Dinge aus der Welt der Geister erzählte und erklärte, waren diesen Opfergaben zu bringen und Rituale durchzuführen, mit denen ihr Einverständnis erzielt wurde. Opferrituale für ein Interview, einmal auch für das Aufnahmegerät, welches den Geistwesen „vorzustellen" war, – auf solche Erwartungen ging ich mit Freuden ein, boten sie doch Gelegenheit, sowohl meinen Respekt zu zeigen als auch in dichter Teilnahme Beobachtungen zu machen. Auf diese Weise kann das gemeinsame Aushandeln der Interviewsituation mit in den Forschungs- und Erkenntnisprozess einbezogen werden.

Nicht immer geht es derart „exotisch" zu, aber in jedem Fall ergibt sich ein beträchtlicher Teil ethnographischer Informationen auch aus den in die teilnehmende Beobachtung eingebetteten informellen Gesprächen, in denen Kontextwissen, kulturelle Codes, neue Fragestellungen usw. erlernt und entwickelt werden. Den meisten Interviews gehen nicht Opferrituale, sehr wohl aber Begegnungen und Gespräche voraus, in denen oftmals bereits wichtige Informationen ausgetauscht und spezifische Umgangsweisen entwickelt werden. Ebenso geht es nach den Interviews weiter. Ein wesentliches methodologisches Prinzip ethnologischer Feldforschung ist, dass wir nicht nur erfragen und erfahren, was eine bestimmte Person in einer bestimmten Situation uns mitteilen möchte, sondern dass wir, wenn wir zusammen leben und wiederholte Interviews machen und Gespräche führen, auch die multiplen Aspekte erfassen können, die damit zusammenhängen, dass die Interviewpartner sich in verschiedenen Kontexten bewegen und verorten. Damit unterscheidet sich ethnographisches Interviewen grundlegend von dem von Kaufmann (1999) vertretenen Ansatz des *verstehenden Interviews* in der Soziologie, für das empfohlen wird, die Informanten nach den Interviews nie wiederzusehen, weil sie dann am freiesten seien. Allerdings ist es auch in der ethnologischen Feldarbeit oftmals von Vorteil, dass die Forschenden so weit als Außenseiter wahrgenommen werden, dass ihnen manches anvertraut wird, was gegenüber einem Angehörigen der eigenen Gemeinschaft nicht geäußert würde. Dass es sich dabei nicht immer um „Wahrheit" handeln muss, liegt auf der Hand. Aber auch in Konstruktionen und „Lügen" kommt eine erwünschte Realität zum Ausdruck, sofern wir ihren Grund zu erkennen vermögen.

6.3 Form und Ablauf

Viele Aspekte des Hergangs und der Formen von Interviews können wir aus der empirischen Sozialforschung übertragen, aber zugleich ist es wichtig, dass wir uns die spezifischen Bedingungen ethnographischer Interviews vor Augen halten. Im Kontext einer Feldforschung stehen sie meist in Zusammenhang mit kultureller Fremderfahrung, anderen Sprachen, kulturellen Codes, zu erlernenden Konventionen und Höflichkeitsformen.

Wie sieht nun der Ablauf und die Form ethnographischer Interviews konkret aus? Angesichts der Zentralität der Methode ist die Literatur direkt zum Thema überraschend spärlich. Spradley (1979) ist noch immer der Klassiker, daneben finden sich Kapitel zum Thema Interview in allgemeinen Methodenwerken wie Bernard (2006) oder Davies (1999), und darüber hinaus müssen Ethnologen auf Ansätze aus dem Bereich der qualitativen empirischen Sozialforschung zurückgreifen, wie z.B. Mayring (2002), Flick (2000), Bryman/Burgess (1999, v. a. Bd. II) Helfferich (2008) oder das Forum qualitative Sozialforschung im Internet (http://www.qualitative-research.net/fqs/fqs.htm). In diesen Werken wird, ebenso wie in vielen Einzelschilderungen von Feldforschungen, der Zugang zum Feld und die erste Kontaktaufnahme zu Informanten relativ ausführlich dargestellt. Wobei natürlich nicht viel mehr gesagt werden kann, als dass sich der Zugang je nach Fragestellung, Situation und Forschungsfeld unterschiedlich gestaltet und dass wir sorgsam und bewusst damit umzugehen haben. Ich werde darauf an späterer Stelle im Kontext der Beziehungsdynamiken noch einmal kurz zurückkommen. Wie die eigentliche Datensammlung vonstatten geht, welche Interview- und Gesprächsformen praktiziert werden, wird in der ethnologischen Literatur – abgesehen von den genannten, wenigen

Methodenwerken – sehr selten systematisch besprochen. Deshalb seien hier die wichtigsten Erhebungstechniken qualitativer, nicht-standardisierter Interviews kurz wiedergegeben. Vorauszuschicken ist freilich gleich wieder eine Einschränkung, denn in der ethnologischen Praxis werden wesentlich häufiger Mischformen verschiedener Interviewstile und -techniken je nach Thema, Situation und Person verwendet als konsequente, strikte Beschränkungen auf die folgenden Strategien der Gesprächsführung.

6.3.1 Unstrukturierte Interviews

Im Gegensatz zu informellen, „freien" Interviews – Gesprächen während einer Feldforschung, die im Nachhinein schriftlich festgehalten werden – zeichnen sich die eigentlichen Interviews dadurch aus, dass die Gesprächspartner sie auch als solche verstehen. Sie setzen sich an einem bestimmten Ort für eine begrenzte Zeit zusammen, befinden sich also außerhalb des gewöhnlichen Rahmens, und die zu interviewende Person wird in eine reflexive Haltung gegenüber sich selbst und dem Gegenstand gelenkt. Beim nicht-standardisierten Interview gibt es aber kein festes Frage-Antwort-Schema, sondern die Interviewten sollen sich in ihrer Weise ausdrücken, sollen das zum Ausdruck bringen, was ihnen wichtig erscheint. Dabei spielt zum einen eine Rolle, was sie der interviewenden Person mitteilen möchten – bzw. was sie ihr zutrauen zu verstehen – und zum anderen, welches Publikum bzw. welche Leserschaft für die Forschung anvisiert ist (vgl. Kohl 1998). Narrativ-biographische und problem- oder themenzentrierte Interviews stellen die Hauptformen unstrukturierter Interviews dar.

Narrative Interviews

In dieser Interviewform wird den Interviewten besonders viel Raum gegeben, damit sie ihre eigene Erzählweise entfalten können. Insbesondere in der narrativ-biographischen Variante werden sie dazu angehalten, über Ereignisse, Erfahrungen und Deutungsmuster lebensgeschichtlicher Prozesse zu erzählen und diese nach ihrer Sichtweise zu strukturieren. In der Eröffnungsphase wird eine Erzählaufforderung gegeben, die zu einer umfassenden, freien Stegreiferzählung führen soll. Diese ist von Seiten der interviewenden Person durch bekräftigendes Nicken, durch „hm" – oder was auch immer in der jeweiligen Kultur und Sprache Verstehen signalisiert – zu verstärken. Im anschließenden, nicht-narrativen Nachfrageteil werden Fragen gestellt, um weitere Erzählanstöße zu geben, und in der abschließenden Bilanzierung wird nach Erklärungen der Informanten gefragt. Nach diesem eher traditionellen Methodenansatz haben sich die Interviewenden, um nicht zu beeinflussen, äußerste Zurückhaltung aufzuerlegen, sie sollen beispielsweise keinesfalls eigene Ansichten oder Interpretationsansätze zum Thema äußern, sondern in allererster Linie zuhören.

In dieser methodisch strengen Weise verfahre ich selbst fast nie. Das narrative Element ist zwar in vielen meiner Interviews zentral, aber nur dann, wenn die interviewte Person absolut kein Interesse an Gegenfragen oder an meiner Person und Meinung hat, halte ich mich so distanziert wie es der „Reinform" eines narrativen Interviews entspricht.

Problem- bzw. themenzentrierte Interviews

Die in der qualitativen Sozialforschung gängigere Bezeichnung für diese Interviewform ist *problemzentriert*, da es aber tatsächlich, im Gegensatz zu den genannten offeneren Formen, darum geht, auf einen thematischen Fokus (der nicht unbedingt ein *Problem* darstellen muss) zu verweisen, ziehe ich den Begriff *themenzentriert* vor. Die formale und inhaltliche Ausgestaltung wird den Interviewten überlassen bzw. von der Situationsdynamik zwischen Befragten und Interviewenden bestimmt. Abschweifungen sind möglich und erwünscht, sollen aber nicht uferlos sein, vielmehr hat der oder die Interviewende ggf. immer wieder zum Thema zurückzuführen.

Nach der Gesprächseröffnung durch eine Einstiegsfrage werden detailfördernde, sich aus dem Interviewkontext ergebende Nachfragen, z. B. „wie war das genau?", nicht (wie beim narrativen Interview) als Störung des Erzählflusses, sondern im Wechselspiel zwischen den Gesprächsteilnehmern eher als Verstärkung begriffen. Bilanzierende Zurückspiegelung, Verständnisfragen und Konfrontation mit widersprüchlichen Aussagen gehören ebenso zu dieser Interviewform wie Leitfadenfragen, die vor dem Interview skizziert wurden. Die Interviewenden bringen hier ihre ersten Interpretationsansätze zur Sprache und geben den Interviewpartnern und -partnerinnen die Möglichkeit, sich dazu zu äußern.

Diese Art der Interviewführung habe ich immer als sehr lebendig, effektiv und zugleich aufrichtig erlebt. Ich gehe häufig noch darüber hinaus, indem ich, wenn ich meine vorläufigen Interpretationsansätze zur Diskussion stelle, dies sowohl mit Eindrücken aus vorangegangenen Interviews als auch mit Erfahrungen aus meinem eigenen Leben verbinde. Dies allerdings in Maßen, denn mein Gegenüber, nicht ich selbst, soll im Zentrum der Aufmerksamkeit stehen.

6.3.2 Halbstrukturierte Interviews

Leitfadeninterviews

Wenn eine direkte Vergleichbarkeit bezüglich einer großen Zahl von Interviews sichergestellt werden soll, oder wenn mit einer Person nur ein einziges Mal die Gelegenheit zu einem Interview besteht (in diesem Fall wird eher von *Respondenten* als von *Informanten* gesprochen – wobei insbesondere der erstere Begriff die Interviewten deutlich in eine passive Rolle verweist), oder auch wenn der oder die Interviewende noch unerfahren und relativ unsicher ist, dann bietet es sich an, vorab einen schriftlichen Leitfaden zu erstellen. Dieser erleichtert die Vorbereitung auf ein Interview, er kann der interviewenden Person Sicherheit verleihen, besonders wenn sie befürchtet, um Fragen verlegen zu sein, und er kann dem oder der Interviewten Kompetenz bezüglich des fokussierten Themenbereiches beweisen. Der Leitfaden enthält die wichtigsten Aspekte, die im Interview zur Sprache kommen sollen, sowie konkrete Fragen, die sämtlichen der weiter unten dargestellten Typen entsprechen können. Er wird möglichst nicht nur auf der Basis von Literaturstudien und eigenen Fragen erstellt, sondern auch aufgrund der Daten aus informellen, unstrukturierten Interviews gewonnen. Damit wird wahrscheinlicher, dass er diejenigen Bereiche aufgreift, die für die Befragten relevant sind.

Ein wichtiges Prinzip ist der flexible Umgang mit dem Leitfaden. Er muss keineswegs stur abgearbeitet werden, vielmehr ist auch hier die situative Kompetenz der interviewenden Person gefragt, insofern als sie je nach Gesprächsverlauf nicht nur die Reihenfolge, sondern auch die Themen ändern bzw. dem oder der Interviewten die Möglichkeit geben darf, eigene Themen neu einzuführen. Außerdem gibt es auch in dieser Interviewform die Möglichkeit, vertiefend nachzufragen, bevor man zur nächsten Frage übergeht: Neben den Leitfadenfragen können immer auch Ad-hoc-Fragen gestellt werden.

Meines Erachtens ist es, vor allem in den oben genannten Fällen, sinnvoll, einen Leitfaden zu erstellen, um ihn sich dann einzuprägen, damit man ihn während des Interviews nicht auszupacken braucht. Besonders in Methoden-Übungen mit Studierenden fällt uns nämlich immer wieder auf, wie viel Druck für alle Beteiligten produziert werden kann, wenn zwischen dem Interviewer und seinem Gegenüber eine Fragenliste liegt. Insbesondere dann, wenn die Reihenfolge der Fragen nicht strikt eingehalten werden soll, blättert der Interviewer in seinen Papieren, um zu prüfen, ob nichts Wichtiges ausgelassen wurde, der Blickkontakt zwischen den Gesprächspartnern reißt ab, und die Aufmerksamkeit wird auf die Liste gelenkt, der sich beide gewissermaßen verpflichtet fühlen. Dem Interviewer kann es dann kaum noch gelingen, die Gespächsdynamik in offener und flexibler Weise aufzunehmen.

Biographische Interviews

Lebensgeschichten werden meist in einer Abfolge von mehreren Interviews aufgezeichnet. Diese können jeweils durch Fragen nach Lebensabschnitten oder nach Themen eingeleitet werden, denn das Konzept einer chronologisch wiederzugebenden Biographie stößt keineswegs überall auf Verständnis (Spülbeck 1997). Auch hier geht es natürlich nicht in erster Linie um Fakten und nüchterne Beschreibung, sondern um Bewusstsein, Erinnerung, Interpretation,

Strukturierung und Konzepte von Identität. Lebensgeschichten können ihren Beitrag zur Erfassung von *oral history* leisten, sie vermögen aber zugleich auch besondere Nähe zu erzeugen, indem detaillierte und elaborierte Geschichten erzählt werden, die das Leben ganz bestimmter Individuen in Zeit und Raum verankern und so „ein Gefühl des Wiedererkennens statt der Distanz" schaffen (Abu-Lughod 1996: 40).

Ein Schwachpunkt der biographischen Methode liegt, wie bereits angedeutet, darin, dass Interviewpartner unter Umständen dazu getrieben werden, ihr Leben zu einem linear fortlaufenden, „erzählbaren Ganzen" zu stilisieren, was nicht unbedingt ihrem Konzept entspricht. Dem kann begegnet werden, indem die Erzählaufforderungen eher auf Lebensperioden und Situationen abzielen, welche der interviewten Person selbst für die Fragestellung der Untersuchung relevant erscheinen. Damit ist der Vorteil dieser Interviewform, nämlich die Kontextualisierung im individuellen Lebenszusammenhang, beibehalten, wobei dann allerdings die Grenze zwischen biographischen und so genannten episodischen Interviews verschwimmen kann.

Schlüsselinformanten- und Experteninterviews

Meist spricht man im Laufe einer Feldforschung mit vielen Personen, die jeweils für gewisse Aspekte des Themas stehen. Konzentriert man sich aber auf einen Menschen, der als repräsentativ gelten soll, oder der über besonders tief gehendes Wissen zum Thema verfügt und dies auch zu vermitteln versteht, so wird diese Person als Schlüsselinformant oder -informantin bezeichnet. Sie soll in umfassender Weise für ihre Kultur und Gemeinschaft sprechen. Auf diese Weise erlangten die Gewährsleute mancher Ethnologen Berühmtheit im Fach (etwa Baldambe, Nisa oder Ogotemmeli). Sie wurden im Laufe wiederholter Feldaufenthalte über viele Jahre hinweg befragt. Im Fall von Baldambe (Hamar, Äthiopien) kam es auch zu einer Einladung nach Deutschland, in deren Rahmen der Ethnologe Ivo Strecker Baldambes Eindrücke in einem Radiointerview festhielt (und damit dem Publikum auch akustisch in Originalsprache und -stimme mit Übersetzung vermittelte, eine Möglichkeit, die künftig über das Internet vielleicht mehr Verbreitung finden wird).

Was am Konzept von Schlüsselinformanten in erster Linie zu kritisieren ist, leitet sich aus dem Begriff *Schlüssel* ab: Die Vorstellung, dass einzelne Personen – oftmals gesellschaftliche Außenseiter und meistens Männer, welche sich Ethnologen als Lehrer anbieten – als Quellen der Authentizität einen Zugang zum Verständnis einer Gesamtkultur liefern könnten.

So genannte Experteninterviews werden mit Personen durchgeführt, die für bestimmte Kategorien oder Probleme als besonders kompetent gelten, oftmals eher in einem unmittelbar praktischen Sinn, etwa wenn es darum geht, bestimmte Handhabungen oder Arbeitsabläufe bzw. organisatorische oder institutionelle Zusammenhänge zu erklären. Hier besteht nicht wie beim Begriff Schlüsselinformant der Anspruch umfassender Repräsentativität und die Vorstellung, sich über bestimmte Gewährsleute Zugang zu einer Gesamtkultur zu erschließen. Vielmehr beschränkt sich das Erkenntnisinteresse bei Experteninterviews im Allgemeinen auf Partikulares.

E-Interviews

Forschungen über Cyberkulturen oder über die Bedeutung des Internet für transnationale Gemeinschaften oder MigrantInnen sind auch in der Ethnologie *en vogue*. Diese werden großenteils online durchgeführt. Aber auch darüber hinaus stellen Interviews per E-Mail eine neue Form des Austausches und der Datengewinnung dar, die meines Wissens bisher noch keine Aufnahme in den Methodenkanon der Ethnologie gefunden hat. E-Interviews bieten insbesondere auch Chancen für Studierende und Forschende, welchen keine Reisemittel zur Verfügung stehen. Man kann, unabhängig von Raum und Zeit, so genannte schriftliche Interviews – auch qualitativer Art – mit Partnern aus aller Welt durchführen; freilich nur mit solchen, die ihrerseits Zugang zum Internet haben. Natürlich wird die Kommunikation anders und reduziert, wenn Körpersprache, Stimme und unmittelbare Reaktionsmöglichkeiten fehlen, aber dafür bietet, nach Bampton/Cowton (2002), ein E-Interview auch Vorteile: Sensitive Themen werden von manchen Menschen lieber im virtuellen Raum als in einer direkten Begegnung besprochen. Außerdem können die Befragten sich mit ihrer Antwort Zeit lassen, und auch die Interviewenden stehen nicht unter dem Druck, die nächste Frage immer gleich stellen zu müssen.

Ich kann von keinen eigenen Erfahrungen mit Forschungen, die ausschließlich auf E-Interviews beruhen, berichten. Dennoch ist die Kommunikation per E-Mail zu einem wichtigen Bestandteil meiner Forschungspraxis geworden. In etlichen Fällen konnte ich bereits vor einer Feldforschung Kontakte herstellen und Verabredungen treffen. Ein Beispiel dafür ist die amerikanisch-burjatische Schamanin, deren E-Mail-Adresse ich auf der *homepage* einer Vereinigung mongolischer Schamanen gefunden habe. Sie erklärte mir, die ich zu der Zeit in Ulaanbaatar (Mongolei) war, per E-Mail aus den USA die Grundprinzipien ihrer (neo)schamanistischen Praktiken. Ein paar Wochen später kam sie in die Mongolei, ich konnte dort *face-to-face* Interviews mit ihr machen und sie bei verschiedenen Zeremonien begleiten. Ohne den vorangegangenen Kontakt wäre das nicht zustande gekommen. In anderen Fällen – und das waren die häufigeren – konnte ich nach Interviews, nach einem Feldaufenthalt noch einmal gezielte Nachfragen stellen oder auch einfach den Kontakt halten, um zu erfahren, wie eine Geschichte weiter ging. Es kam aber auch vor, dass Informanten mir E-Mails schickten, weil sie selbst im Anschluss an ein Interview noch etwas anfügen, ergänzen, berichtigen oder weiter erzählen wollten. Insofern kann das Internet, sofern die Interviewten Zugang dazu haben, eine wichtige Ergänzung darstellen, die die Forschung nicht nur effektiver macht, sondern die vor allem die Einschränkungen durch Distanzen und Zeitlimits abmildert. Ich vermute, dass E-Interviews künftig als Ergänzung von *face-to-face* Interviews zu den gängigen ethnologischen Methoden dazu kommen werden, sie werden diese aber niemals ersetzen können.

Gruppeninterview und Gruppendiskussion

Eine Erweiterung und Kontextualisierung der Erhebungssituation über die bisher besprochenen Einzelinterviews hinaus, stellen Gruppen als Untersuchungseinheiten dar. Gruppeninterviews und -diskussionen können mit systematisch, nach bestimmten Kriterien ausgewählten bzw. zusammengestellten (so genannten Fokus-) Gruppen oder mit zufällig angetroffenen, „natürlichen" (auch im Alltag bestehenden) Gruppen durchgeführt werden. Durch die alltagsnähere Interaktionssituation in einer Gruppe ist es manchmal leichter, die Sichtweisen von Einzelpersonen zu erfassen und Strukturen offen zu legen, die in soziale Zusammenhänge eingebunden sind. Dazu werden v. a. Gruppeninterviews eingesetzt. Die interviewende Person muss hierbei darauf achten, dass sie Antworten von der gesamten Gruppe erhält. In Gruppendiskussionen werden individuelle Meinungen ebenfalls deutlich, überdies können aber auch gruppenspezifische Meinungsbildungs- und Aushandlungsprozesse studiert werden, da sie Einblick in die Beziehungsdynamik und Kommunikationsmodalitäten der Akteure bieten (Bohnsack 2006).

Meine eigene Forschungspraxis machte mir die Unterschiede zwischen Gruppeninterviews und Gruppendiskussionen sehr deutlich. Wenn ich Personen – oftmals welche, mit denen ich zuvor Einzelinterviews durchgeführt hatte – zu einem gemeinsamen Interview bat und sich die hier erläuterte Form des Gruppeninterviews entwickelte, dann kam es zwar zuweilen zu einer inhaltlichen Bezugnahme der Teilnehmenden untereinander, aber im Grunde war das Gesagte doch immer an mich gerichtet, und es konnte sogar in einer gewissen „Konkurrenz ums Wort" unterschwelliger Unmut entstehen. Ähnliche Erfahrungen machte ich auch bei Paar-Interviews.

Anders stellte sich die Situation bei Gruppendiskussionen in natürlichen Gruppen dar, die sich immer als sehr ergiebig erwiesen. Im Rahmen von teilnehmender Beobachtung nehmen wir ohnehin an Gruppenaktivitäten und -gesprächen teil und bemühen uns darum, die kollektiven Diskurse zu erfassen. Wenn ich in solchen Zusammenhängen lediglich den thematischen Anstoß gab, die Teilnehmenden sich dann aber primär untereinander besprachen, dann waren die entstehenden Diskussionen von einer – im Vergleich zum Einzelinterview – wesentlich erweiterten Interaktionsdynamik geprägt. Die Leute stellten sich gegenseitig, und auch mir, Fragen, tauschten Erfahrungen aus, verglichen, korrigierten einander oder suchten gemeinsam nach Erklärungen (sie fielen dem anderen auch ins Wort, was das Transkribieren besonders erschwert), und ich moderierte mehr als dass ich befragte. Solche Diskussionen waren nicht immer geplant, zuweilen kamen sie auch zufällig zustande, etwa wenn während eines Einzelinterviews andere Leute dazu kamen. Dies geschieht in Südostasien sehr häufig, und man kann, wenn man sich nicht rigide an die vorgesehenen Interviewformen hält, Neuankömmlinge oft in sehr produktiver Weise integrieren.

Eine neue Möglichkeit, über das Medium der Gruppendiskussionen zu forschen, ist durch die synchrone, computervermittelte Chat-Kommunikation entstanden. Dies wurde aber in der Ethnologie bislang so wenig genutzt, dass darüber noch keine Aussagen gemacht werden können.

6.4 Praktische Aspekte der Interviewführung

6.4.1. Auswahl, Sprache, Ort

Um innerhalb eines Untersuchungsfeldes Vergleiche und Kontrastierungen vornehmen zu können, ist es wichtig, dass die Auswahl der Informanten (*sampling*) nicht nur zufällig zustande kommt, sondern dass die für die Fragestellung relevanten Personen berücksichtigt werden und dass eine Variationsbreite abgebildet wird: Verschiedene soziale Positionen, Geschlechter, Alter, Klassen, Berufe usw. sollten erfasst werden. Dabei geht es nicht um statistische Repräsentativität, sondern darum, die Heterogenität des Untersuchungsfeldes in den Blick zu bekommen. Darüber hinaus spielt der Zufall dann aber sehr wohl eine wichtige Rolle, und man sollte sich unbedingt offen halten für unerwartete Möglichkeiten, neue Interviewpartner und erweiterte Fragestellungen.

Dabei besteht der prinzipielle Anspruch an eine ethnologische Feldforschung, dass sie in der Sprache der Untersuchten durchgeführt wird. Das heißt, dass es für Ethnologinnen und Ethnologen gilt, Sprachen zu erlernen, wobei allerdings der Schwerpunkt weniger auf der Linguistik, sondern mehr auf der Entwicklung kommunikativer Kompetenzen liegen sollte. In vielen Fällen begnügt man sich mit der jeweiligen Verkehrssprache. Ich lernte beispielsweise nur Indonesisch, nicht Javanisch, Balinesisch und Sasak (die Lokalsprachen der Regionen, in denen ich in Indonesien forschte). Und ich habe notgedrungen auch Interviews mit in Indonesien lebenden Japanerinnen auf Indonesisch und mit Italienerinnen auf Englisch durchgeführt.

Leider ist es nicht in jeder Forschung möglich, dem oben genannten Anspruch nachzukommen oder überhaupt eine gemeinsame Sprache zu finden. Deshalb sind nicht selten auch Übersetzer beteiligt, deren Einfluss in den Forschungsberichten jedoch häufig unterschlagen wird. Bei den Interviews, die ich in der Mongolei durchführte, war ich ganz auf Übersetzer angewiesen, und ich habe erlebt, wie groß die Unterschiede waren, je nach dem, wer mich begleitet hat. Da war ein akademisch gebildeter Stadt-Mongole, der unsere Interviewpartnerin, Angehörige einer in großer Höhe lebenden ethnischen Minderheit (Tsaatan/Dukha), als Erstes fragte, wie viele Male sie in ihrem Leben bereits ein Bad genommen habe. Es erübrigt sich zu erklären, dass er damit eine Distanz schuf, die einen denkbar schlechten Einstieg in ein Interview bedeutet. Da war aber auch ein anderer, der mich zu einer Schamanin führte, die sein Kind geheilt hatte und dem sehr daran gelegen war, dass wir uns nicht nur verständigen konnten, sondern dass wir uns auch verstanden. Und da war eine junge Frau als Übersetzerin ins Deutsche, die großen Spaß daran entwickelte, alte Leute nach den Ursprungslegenden bestimmter ritueller Plätze zu fragen, nicht zuletzt, weil sie sich ausmalte, dass sie nach unserer Forschung Touristen dort hinführen und mit den alten Geschichten unterhalten könnte.

Auch der Ort, an dem Interviews stattfinden, ist nicht unerheblich. Wenn ich, im Rahmen einer Forschung über „gemischte" Ehen in Indonesien ein Paar zu Hause besuchte und im Verlauf eines gemeinsam verbrachten Tages ein Interview mit ihnen machte, konnte es vorkommen, dass der balinesische Mann nach einer Weile ging und die australische Frau und mich unter vier Augen weiter über die transkulturellen Aushandlungsprozesse in ihrer Beziehung reden ließ. Dennoch erzählte sie mir erst bei einem nächsten Treffen in einem Café von bestimmten Dingen, von denen er auf keinen Fall etwas erfahren sollte. Im anonymeren, öffentlichen Raum war ihr das angenehmer. Deshalb ist es empfehlenswert, wiederholte Interviews und Gespräche an unterschiedlichen Orten und in unterschiedlichen Teilnehmer-Konstellationen durchzuführen. Bei der oben erwähnten Forschung über die javanische Meeres- und Geisterkönigin wurde dies von den Interviewpartnern selbst massiv eingefordert: Über gewisse, die Geisterwelt betreffende Dinge spricht man nur an bestimmten Plätzen und zu bestimmten Zeiten. Das bedeutete oftmals ungeplante Reisen und durchwachte Nächte.

Ein weiteres, praktisches Problem im Vorfeld eines Interviews ist die Frage nach einer angemessenen Gegenleistung. Sofern eine Bezahlung oder anderweitige direkte Vergütung vorgesehen ist, sollte dies unbedingt vorab geklärt sein. In den meisten Fällen wird man sich aber, um eine Kommerzialisierung zu vermeiden, eher auf das zuweilen sehr komplizierte, kulturelle System von Gastgeschenken einlassen. Dies erfordert einiges an Sorgfalt, denn je nach sozialer Schicht, Geschlecht, Wohlstand, Alter und persönlicher Beziehung ist fein abzustimmen, was mitzubringen ist. Tee, Zucker und – für Männer – Zigaretten, für einen Besuch im ländlichen Bereich Javas angemessen, würden z. B. für wohlhabende Städter eine Beleidigung bedeuten. Aber auch ihnen kann man nur beim ersten Besuch die obligatorische Keksdose mitbringen, später sollte es persönlicher werden. Wenn es zu wenig ist, heißt das, dass einem die Person nicht wichtig ist, bringt man aber ein teures Geschenk, so verpflichtet man die Empfänger u. U. zu Gegengeschenken, die für sie eine erhebliche Belastung darstellen können. Leichter wird dieses Problem, wenn man länger an einem Ort lebt und dadurch die Möglichkeit hat, auch anderweitige Gegenleistungen zu erbringen, z. B. bei manchen Arbeiten zu helfen oder bestimmte Verpflichtungen (wie etwa Patenschaften, Arztkosten o. ä.) zu übernehmen.

6.4.2 Fragen und Verhalten

Die verwendeten Fragetechniken müssen immer den Gepflogenheiten der untersuchten Kultur und dem spezifischen Gegenüber angepasst werden. Wenn das Interview eher einen Gesprächs- als einen Befragungscharakter haben soll, dürfen die Fragen nicht zu dicht und keinesfalls bedrängend sein. Generell ist darauf zu achten, dass Fragen verständlich – beispielsweise nicht zu abstrakt – sind. Anfänger neigen zuweilen dazu, Konzepte abzufragen, um sicher zu gehen, dass das Interview themenrelevant bleibt. Suggestivfragen sind zu vermeiden, statt „glaubst du nicht, das ist so und so …", ist es besser, zu fragen: „was denkst du über das und das …". Aber auch die Gegenstände selbst sollten nicht als selbstverständlich genommen werden, vielmehr ist immer wieder nach den Bedeutungen und nach allen damit verbundenen Details, Bezügen, Handhabungen usw. zu fragen. Dabei kann man gar nicht gründlich genug sein. Am Anfang fällt es deshalb oftmals am leichtesten, mit Interviewpartnern und -partnerinnen zu arbeiten, die tatsächlich einer fremden Kultur oder Szene angehören. Ein Zurückgehen hinter kulturelle Gewissheiten, ein systematisches Befremden ist aber immer beizubehalten, v. a. bei Forschungen in der eigenen Gesellschaft, sowie auch bei einem längeren Feldforschungsaufenthalt, wenn wir vielleicht versucht sind, unsere erlernten Kenntnisse und Kompetenzen unter Beweis zu stellen und deshalb auf Fragen verzichten mögen.

Die in der Literatur vorgenommenen und im Folgenden wiedergegebenen Einteilungen in Fragetypen, werden in der ethnographischen Interviewpraxis gemischt. Fragen nach Alter, Familienstand, Schulbildung usw. (zum Genre der *Zensusfragen* gehörig) entfallen häufig, wenn Interviews in längere Forschungsaufenthalte eingebettet und die Partner einander bereits bekannt sind. *Deskriptive Fragen* allgemeiner Art – wer, was, wo, wann, wie, warum? – zur Beschreibung von Orten, Zeitabläufen, Ereignissen, Personen(gruppen), Aktivitäten oder Gegenständen, sind immer wesentlich. „Könnten Sie mir bitte beschreiben, wie es dort und dort aussieht …", „… welche Arbeitsschritte Sie in der und der Zeit durchführen …", „… welche Verwandten Sie haben …" usw.

sind geeignete Einstiegsfragen. Diese führen dann zu *Sondierungsfragen,* zu Nachfragen nach Beispielen, Erklärungen, Erfahrungen, Bezeichnungen und, nicht zuletzt, nach Bedeutungen. Hierdurch zeigt sich auch, ob das Thema für den Interviewpartner überhaupt wichtig ist (vgl. Mayring 2002: 70). Davon unterscheidet Spradley (1979: 120ff) die *strukturellen Fragen,* die sich auf die von den Interviewpartnern selbst vorgenommenen Einteilungen beziehen. Und schließlich gibt es noch so genannte *Kontrast- und Konfrontationsfragen*, in denen z. B. konkurrierende Alternativen vorgelegt werden. Diese sollten m. E. eher sparsam eingesetzt werden, da sie am wenigsten offen sind.

Um möglichst viel von einem Interviewpartner zu erfahren und um einen Gedankengang bzw. einen Erzählfluss nicht zu unterbrechen, oder um ein Thema nicht aus seinem Zusammenhang zu reißen, ist es zuweilen besser, statt vorschnelle und übereifrige Fragen zu stellen, erst einmal zu schweigen und abzuwarten. Oder man kann, statt gleich weiter zu fragen, zunächst lediglich bestätigend reagieren, indem man z. B. Interesse, Begreifen oder Akzeptanz ausdrückt. Bernard (2006) bezeichnet es als *echo probe,* wenn man zeigt, dass man verstanden hat, was der Informant oder die Informantin meinte, indem man das zuletzt Gesagte noch einmal aufnimmt und zum Fortfahren auffordert. Verstärkende und bestätigende Bemerkungen können auch „sehr interessant", „hm", „ah ja" oder dergleichen sein, wobei auch hierbei wieder auf das kulturell Übliche zu achten ist. Beispielsweise wäre ein deutscher Interviewpartner vermutlich in höchstem Maße irritiert, wenn eine Interviewerin das tun würde, was im Javanischen ein unabdingbares Gebot der Höflichkeit ist, nämlich nach jedem einzelnen Satz ein lang gezogenes „jaaaa" (javanisch: „enggeh") einstreuen.

Ebenso wirksam, wichtig und aussagekräftig kann die entsprechende Körpersprache sein. Generell prägen ja nicht nur Worte die (inter)kulturelle Kommunikation in einer ethnologischen Forschung, sondern auch eigene und gegenseitige Körperwahrnehmungen (Schlehe 1996). Mimik und Gestik wie Kopfnicken, Blickkontakt, interessiertes Aufleuchten der Augen, Stirnrunzeln usw. können ein Interview, ebenso wie jedes andere Gespräch, enorm beeinflussen. Um sich darüber klar zu werden, kann es hilfreich sein, beim Interviewen einmal gefilmt zu werden oder zuweilen zu zweit zu interviewen und sich anschließend darüber auszutauschen.

6.4.3 Dokumentieren

Eine gewisse Kontrolle des eigenen Verhaltens – selbstverständlich nur des sprachlichen – und eine Reflexionsmöglichkeit bzgl. der Einflussnahme von Mitarbeitern, Übersetzern und anderen Gesprächsteilnehmern, liegt in den

Aufnahmen (auf Kassette, Minidisc oder MP3-Player), die nach Möglichkeit von jedem Interview gemacht werden sollten. Sie sind ungemein wichtig für die Erinnerung des Gesagten und stellen die Grundlage für Transkriptionen dar. Selbstverständlich dürfen sie nur mit ausdrücklichem Einverständnis aller Gesprächsteilnehmer gemacht werden. Dazu gehört auch eine Erklärung, wofür die Aufnahme gebraucht wird, nämlich im Allgemeinen lediglich als Gedächtnisstütze (falls es in Zukunft üblicher werden sollte, Interviewaufnahmen ins Internet zu stellen, so wird das ganz neue Verhältnisse und Probleme des Informantenschutzes schaffen).

Ganz wesentlich ist, dass der oder die Interviewende selbst eine entspannte Einstellung gegenüber dem Aufnahmegerät hat. Dazu gehört, dass man die Technik perfekt beherrscht, denn es kann ein Gespräch enorm stören, wenn man zwischendurch die Aufnahmequalität kontrolliert, das Mikrofon hin- und her rückt, die Batterien wechselt, sich der verbleibenden Aufnahmekapazität vergewissert oder dergleichen. Am besten ist es, wenn das Gerät möglichst wenig Aufmerksamkeit beansprucht, es sollte nebenbei laufen, egal wer worüber redet. D. h. man sollte es keinesfalls ausschalten, wenn die Sprache auf etwas kommt, was einem in diesem Moment als für das Forschungsthema unwesentlich erscheint. Man kann im Anschluss an das Interview immer noch entscheiden, ob man alles transkribiert.

Zusätzlich zur Aufnahme sollte immer auch ein Gedächtnisprotokoll angefertigt werden, in dem die Situation beschrieben wird und in dem das festgehalten wird, was vor und nach der Aufnahme gesagt wurde. Falls keine Aufnahme möglich war (sei es, dass ein Interviewpartner sie nicht wollte oder sei es, dass die Umstände – etwa der Regen auf einem Wellblechdach – sie verhinderte), so ist ein Gedächtnisprotokoll um so wichtiger. In diesem Fall muss das ganze Gespräch, so gut es geht, schriftlich festgehalten werden. Sofern ein Mitarbeiter oder Übersetzer beim Interview dabei war, ist es ungemein hilfreich, wenn er oder sie ein separates Gesprächsprotokoll anfertigt, denn jede Person erinnert etwas anderes.

Des Weiteren ist es dringend empfehlenswert, immer sehr sorgfältig ein Tagebuch zu führen, und zwar für alles, was nicht auf dem Aufnahmegerät ist: Kontextbeschreibungen, visuelle Impressionen, Stimmungen, Gefühle, spontane Eindrücke sowohl emotionaler Art als auch erste Ideen, vorläufige Interpretationen und vor allem: Selbstreflexionen. Manche Feldforscher schließen die o. g. Gedächtnisprotokolle in ihre Tagebücher ein, andere trennen die Textsorten. Wichtig ist in jedem Fall, mit derartigen Niederschriften nie lange zu warten, damit Erinnerungen und Eindrücke nicht von späteren Ereignissen überdeckt werden.

6.4.4 Mitarbeiter

An vielen Feldforschungen und Interviews sind lokale Mitarbeiterinnen oder Mitarbeiter (Forschungsassistenten) beteiligt, deren Rolle und Einfluss ebenso reflektiert werden sollte wie die eigene Subjektivität. Sie sind Begleiter, geben Rat, vermitteln, erklären. Kommt man an einen neuen Ort, stellen sie oft die ersten Kontakte her. Das ist, besonders für eine Frau als Feldforscherin, meist eine Erleichterung. Findet man eine Mitarbeiterin oder einen Mitarbeiter, mit dem man gut auskommt, der sich mit dem Forschungsthema identifiziert und der weder zu zurückhaltend noch zu dominant ist, so kann das eine unschätzbare Bereicherung darstellen. Während eines Interviews kann er oder sie durch eigene Fragen neue Perspektiven eröffnen, und im Anschluss an ein gemeinsames Interview kann man die Eindrücke austauschen und gemeinsam reflektieren. Dadurch lernt man voneinander, und es kann sich als sehr aufschlussreich erweisen, wenn sich im Laufe des Forschungsprozesses herauskristallisiert, welche Fragestile und -inhalte besser einer Mitarbeiterin oder einem Mitarbeiter überlassen werden und welche man sich selbst aneignet.

Freilich kommt es auch vor, dass ein Interviewpartner lieber mit einer fremden Ethnologin als beispielsweise mit einem einheimischen Studenten spricht. Dies wurde mir besonders bei einer Forschung im Milieu indonesischer junger Männer deutlich, deren Beziehungen mit westlichen Touristinnen ich dokumentieren wollte. Meine Idee war, Interviews in verschiedenen Konstellationen durchzuführen: alleine, zusammen mit einem einheimischen Mitarbeiter und dieser alleine. Letzteres weil ich davon ausging, dass die betreffenden jungen Männer mit einem Indonesier anders reden würden als mit mir. Aber weit gefehlt: Sie redeten überhaupt nicht mit ihm. Ich versuchte es mit anderen Mitarbeitern, die mir an der staatlichen Universität empfohlen wurden, und auch diese machten dieselbe Erfahrung. Wenn ich dabei war, wurden sie noch höflich in ein Gespräch einbezogen, sowie sie sich aber alleine um Gespräche oder Interviews bemühten, wurden sie abgewiesen. Einer, ein engagierter junger Ethnologe, erklärte mir, ziemlich frustriert, dass er ähnliche Erfahrungen bereits zuvor gemacht hatte. Indonesiern mache es mehr Spaß und bringe es mehr Prestige, mit Ausländern zu reden, die außerhalb der lokalen Hierarchien stünden und von denen kein Tratsch zu befürchten sei. Daraufhin versuchte ich etwas anderes: Ich gab einem Angehörigen der Szene, den ich bereits interviewt hatte, ein Aufnahmegerät und bat ihn, Gespräche mit seinen Freunden über deren Erfahrungen mit ausländischen Frauen zu führen. Auch dies konnte nicht „authentisch" sein, denn alle wussten, dass für mich aufgenommen wurde, aber dennoch war es interessant zu vergleichen, wie sich der Gesprächsstil und -inhalt änderte, wenn ich nicht dabei war. So ist es sinnvoll, fortlaufend mit neuen Formen zu experimentieren.

6.4.5 Neue Forschungskonstellationen

Die ethnologischen Institute der Albert-Ludwigs-Universität Freiburg und der Gadjah Mada Universität Yogyakarta praktizieren seit 2004 einen Ansatz, der darauf abzielt, symmetrische transnationale Forschungskooperationsbeziehungen zu etablieren (Schlehe 2006). Indigene EthnologInnen sind nicht nur Mitarbeiter und Forschungsassistenten, sondern gleichberechtigte Partner. Und dies in beide Richtungen, denn die deutsch-indonesischen Tandems forschen abwechselnd im einen Jahr in Indonesien, im nächsten in Deutschland. In diesem Rahmen entstehen multirelationale Interviewkonstellationen, welche die gewohnten Grenzen zwischen dem »Eigenen« und dem »Fremden« mehrfach unterlaufen und systematisch brechen, was zu neuen Sichtweisen führt. Dies wurde besonders bei interkulturellen Themen, aber auch bei einer Forschung über „Akademische Kulturen" deutlich. Teilweise wurden die Interviewten selbst im Folgejahr zu Interviewern, und in allen Fällen erweiterten und ergänzten sich die Perspektiven und Erfahrungen aller am Forschungsprozess Beteiligten enorm.

6.5 Beziehungsaspekte

Soziale Strukturen und Rollen

Um die gemeinsamen Konstruktionen eines Interviews analysieren zu können, ist immer wieder danach zu fragen, wer was zu wem sagt, zu welchem Zweck und unter welchen Umständen. Die „Umstände" umfassen dabei sowohl den persönlichen Bereich als auch die äußeren Bedingungen bzw. beides in Verflechtung. Denn Misstrauen und Abwehr oder Sympathie und Verstehen sowie die gesamte Begegnungssituation sind nicht nur von den individuellen Personen abhängig, sondern auch vom Kontext, von den sozialen und politischen Bedingungen. Meist – nicht immer – sind die Interviewenden in der strukturell vorteilhafteren Position. In früheren Zeiten wurde der *Zugang zum Feld* oftmals davon geprägt, dass Ethnologen von ihren Informanten zunächst für Missionare, Händler, Agenten der (Kolonial-)Regierung oder Spitzel gehalten wurden – Rollenzuweisungen, die eine gewisse Machtposition widerspiegeln und die natürlich enormen Einfluss auf das in Gesprächen oder Interviews Mitgeteilte ausübten. Heute werden wir eher mit Bildern vom reichen Helfer, Geschäftspartner, Journalisten, Langzeittouristen, Freund, Sexualpartner, vom Heilsuchenden oder – bestenfalls – vom Lernenden konfrontiert. In jedem Fall sind die Rollen im Feld immer wieder neu auszuhandeln, nicht nur zu Beginn, sondern während des gesamten Forschungs- und Interviewprozesses. Weiterhin spielen Machtverhältnisse in Zusammenhang mit den politischen

Verhältnissen zwischen den Herkunftsländern (oder, bei Forschungen in der eigenen Gesellschaft, in Zusammenhang mit sozialen Hierarchien, auch beispielsweise in Institutionen) sowie kulturelle Identität, Geschlecht, Alter, Klasse, Bildung und finanzielle Ressourcen eine wichtige Rolle in der gegenseitigen Wahrnehmung und Positionierung in Feldforschungsbeziehungen. Aber der Impetus, „den Unterprivilegierten eine Stimme zu verleihen" wird zunehmend in Frage gestellt. Dies zum einen, weil es immer häufiger auch Situationen des *studying up* gibt (z. B. wenn mächtige Politiker, Managerinnen oder berühmte *gurus* interviewt werden), zum anderen, weil wir wissen, dass alle eine eigene Stimme haben und es deshalb darauf ankommt, ob wir in der Lage sind, diese zu verstehen, bzw. gegenseitige Verständigung herzustellen, und ob die Interviewpartner überhaupt Interesse daran haben, mit uns zu sprechen (das sich daran anschließende Problem der Repräsentation ist damit noch nicht angeschnitten, denn hier soll es ja zunächst nur um Interviews gehen). Indem ich dies sage, möchte ich nicht die Asymmetrie herunterspielen, die darin liegt, dass die Forschenden meistens das Thema bestimmen, die Dauer des Aufenthaltes festlegen, dass sie oftmals eher ein Gespräch zu „führen" versuchen als sich in ein Gespräch verwickeln. Ich möchte vielmehr darauf aufmerksam machen, dass jede qualitative Forschung in hohem Maße davon abhängig ist, wie die Beteiligten aufeinander reagieren.

Zwischenmenschliche Beziehungen

Es geht hier also nicht nur um Einsichten in die Abhängigkeit des Erkenntnisprozesses und -produktes von den Charakteristika des erkennenden Subjekts, sondern um Beziehungsdynamiken, wie sie allen ethnographischen Erhebungsmethoden zugrunde liegen. Diese sind nicht als epistemologisches Defizit zu charakterisieren, das – in der methodologischen Konsequenz – zu minimieren oder gar zu eliminieren ist. Vielmehr möchte ich auch die darin liegenden Herausforderungen und Potenziale herausstellen. Keineswegs um zu romantisieren, denn es gibt nicht nur Sympathie und gegenseitiges Verstehen, sondern auch Antipathie und vielerlei Missverständnisse in Forschungsbeziehungen. Und je nach Forschungsthema, Milieu und Person kann es geschehen, dass der Forscher oder die Forscherin die vom Interviewten vertretenen Werthaltungen, politischen Überzeugungen usw. ablehnt. Im Gegensatz zu den meisten älteren Ratgebern zur Interviewführung, welche auf Distanz pochen und den Interviewenden zu (vorgetäuschter) Neutralität verpflichten, gibt es in der gegenwärtigen Methodendebatte immer mehr Stimmen, die dafür plädieren, dass der oder die Interviewende seine eigene Persönlichkeit in offener – und zugleich bewusster, reflektierter – Weise in die Beziehung investieren soll. Man muss sich demnach nicht mehr kritiklos als mit allem Gesagten einverstanden zeigen, wohl aber sollte man, so meine ich, einander gelten lassen.

Vorausgesetzt, dass man nicht sich selbst in den Mittelpunkt rückt und damit das Ziel des Interviews, nämlich die Sicht der Interviewten in Erfahrung zu bringen, aus den Augen verliert, so ist es meines Erachtens durchaus sinnvoll, auch von sich zu erzählen, eigene Erfahrungen anzusprechen, um sie mit denjenigen der interviewten Person zu vergleichen oder um sie ihnen gegenüberzustellen. Wenn ich mich als Person einbringe, erwecke ich mehr Vertrauen, schaffe eine offenere Atmosphäre und signalisiere, dass ich mein Gegenüber als Gesprächspartner ernst nehme. Wenn dies auf Interesse stößt, stelle ich durchaus auch meine theoretischen Erklärungen bzw. Thesen zur Diskussion, allerdings niemals zu Beginn eines Interviews oder einer Forschungsbeziehung.

Am konsequentesten behandelt die Ethnopsychoanalyse die Intersubjektivität als Mittel des Verstehens im Forschungsprozess, indem sie die gegenseitigen Erwartungen, Zuschreibungen und Reaktionen aufeinander als relevanten Erkenntnisgegenstand sieht. In ethnopsychoanalytischen Gesprächen sollen Erkenntnisse nicht nur aus den inhaltlichen Informationen gewonnen werden, sondern auch aus der Deutung des kulturspezifischen Beziehungsprozesses zwischen Forscherperson und Gesprächspartnerin. Maya Nadig (2000) bezieht dabei nicht zuletzt die Kommunikation auf der Ebene des Körpers und der Emotionen mit ein. Aber auch wer den Forschungs- und Gesprächsprozess nicht derart in den Mittelpunkt rückt wie es die Ethnopsychoanalytiker tun, sollte Empathie, Engagement und persönliche Präsenz einbringen (Kaufmann 1999: 78), um sie sodann in wissenschaftliche Konzeptualisierung umzusetzen.

6.6 Aus- und Rückblick

Die Ethnologie wird sich auch künftig auf subjektzentrierte Methoden stützen und deshalb weiterhin mit Interviews arbeiten. Diese werden sich dem Ideal gleichberechtigter dialogischer Klärung immer nur von verschiedenen Seiten annähern, es aber wohl niemals ganz erreichen können. Deshalb müssen wir uns weder *Against Dialogue* wenden noch *Gegen Kultur Schreiben* (so die Titel von Kohl 1998 und Abu-Lughod 1996), sondern mit aller gebotenen Selbstkritik auch weiterhin mit immer neuen Interviewformen experimentieren. Da die Stärke der Ethnologie darin liegt, dass sie das Augenmerk auf kulturelle Dynamiken richtet und diese sich gegenwärtig zunehmend individueller gestalten, immer vielfältiger mischen, haben wir um so mehr danach zu fragen, wie das Individuum seine Welt erlebt.

Das Dilemma, dass die Datengewinnung auf persönlichen Beziehungen beruht, die meist nicht über die Forschung hinausgehen können, ist prinzipiell nicht lösbar. Ich persönlich empfinde es oft als belastend, dass es so viele Menschen in verschiedenen Teilen und Kulturen der Welt gibt, denen ich, dank meines Berufes, nahe kommen konnte, die mir Einblick in ihr Leben gegeben haben, ohne dass ich all diese Kontakte weiter pflegen, all diese Lebenswege mit verfolgen könnte. Das ist weniger gravierend in den Fällen, in denen es sich um kurze Begegnungen und einmalige Interviews handelte, obwohl selbst da, wenn man sich gegenseitig mochte, oft das Gefühl zurückbleibt „ich würde gerne wissen, wie es ihr/ihm weiter ergeht, würde die Offenheit, die sie/er mir entgegengebracht hat, gerne mit Freundschaft erwidern". Aber das geht nicht, weil wir, im Rahmen einer Forschung, auf so viel mehr Menschen zugehen als wir in der Lage sind, Freundschaften zu erhalten.

Dies lässt sich nur abmildern, wenn wir da, wo wir tatsächlich nur kurze Begegnungen für einmalige Interviews beabsichtigen, dies sehr deutlich machen. Und in anderen Fällen ist es ja durchaus möglich, wieder zu kommen und Beziehungen, in denen Forschungs- und persönliche Interessen zusammen laufen, weiter zu pflegen. Beispielsweise mache ich mit der Familie auf Java, bei der ich seit 1985 jedes Jahr mehr oder weniger lange zu Besuch bin, schon lange keine formellen Interviews mehr, und in den letzten Jahren habe ich auch nicht mehr in ihrem Dorf, sondern in der nahe gelegenen Stadt Jogjakarta geforscht. Aber dennoch fahre ich, wenn ich in Jogja bin, gelegentlich hin, lasse mir alle Neuigkeiten erzählen, nehme Anteil an den Veränderungen, die durch die individuellen Lebensabläufe und durch politische Wechsel, ökonomische Krisen, Einführung von Elektrizität, Fernsehen, usw. zustande kommen. Darauf, wie auch auf den vielen anderen, weniger dauerhaften, aber oft intensiven Eindrücken von konkreten Menschen, denen ich während meiner Feldforschungen begegnet bin, beruhen die Bilder, die für mich den Hintergrund und Maßstab aller ethnologischen Theorien bilden.

6. 7 Literatur

6.7.1 Weiterführende Literatur

Bernard, Harvey Russell
2006   Research Methods in Anthropology. Qualitative and Quantitative Approaches. 3rd Edition, New York.
          Ein verständlich geschriebenes, praktisch-anleitendes Werk, das unstrukturierte und halbstrukturierte Interviews neben andere qualitative und quantitative Methoden stellt und somit verschiedene Möglichkeiten ethnologischer Forschungsprozesse aufzeigt.

Bryman, Alan/Robert G. Burgess (Hg.)
1999   Qualitative Research. Vol. I–IV. London.
           Vier Bände, die diverse qualitative Erhebungs-, Auswertungs- und Analyseme-
           thoden umfassend darstellen. Von Soziologie und Cultural Studies ausgehend,
           finden sich hier auch wichtige Aspekte zum ethnographischen Interview (Bd. II)
           und zu Fragen von Rasse, Klasse und Geschlecht (Bd. IV).

Mayring, Philipp
2002   Einführung in die qualitative Sozialforschung: eine Anleitung zu qualitativem
           Denken. 5., überarb. Aufl..Weinheim
           Ein sehr gutes, knapp gehaltenes Überblickswerk, das in der neuesten Auflage
           auch qualitative Evaluationsforschung und den Einsatz von Computern bei der
           Interview-Auswertung einschließt.

Mey, Günter
2000   Erzählungen in qualitativen Interviews: Konzepte, Probleme, soziale Konstruk-
           tion. In: sozialersinn, 1: 135–151.
           Ein kritischer Vergleich zwischen narrativen Interviews nach Fritz Schütze und
           problemzentrierten Interviews nach Andreas Witzel.

Spradley, James P.
1979   The Ethnographic Interview. New York u. a.
           Der Klassiker zum Thema, der eine sehr systematisch aufgebaute, konkrete
           Anleitung zum ethnographischen Interviewen gibt, welche auch die diversen
           Fragetypen einschließt.

6.7.2 Zitierte Literatur

Abu-Lughod, Lila
1996   Gegen Kultur Schreiben. In: Lenz, Ilse/Andrea Germer (Hg.): Wechselnde
           Blicke. Frauenforschung in internationaler Perspektive:14–46. Opladen (engl.
           Orig. 1991).

Bampton, Roberta und Cowton, Christopher J.
2002, May The E-Interview [27 paragraphs]. Forum Qualitative Sozialforschung / Forum:
           Qualitative Social Research [On-line Journal], 3(2). Available at: http://www.
           qualitative-research.net/fqs/fqs-eng.htm [Date of access: 5/6/02].

Bohnsack, Ralf (Hrsg.)
2006   Das Gruppendiskussionsverfahren in der Forschungspraxis. Leverkusen: Bud-
           rich.

Davies, Charlotte, Aull
1999   Reflexive Ethnography. A guide to researching selves and others. London.

Flick, Uwe/Ernst von Kardorff/Ines Steinke (Hg.)
2007   Qualitative Forschung. Ein Handbuch. 5. Aufl. Reinbek bei Hamburg.

Girtler, Roland
2001   Methoden der Feldforschung. 4. Aufl. Wien.

Helfferich, Cornelia
2008   Die Qualität qualitativer Daten: Manual für die Durchführung qualitativer Inter-
          views, 3. Aufl.. Wiesbaden: VS Verlag für Sozialwissenschaften.

Kaufmann, Jean-Claude
1999   Das verstehende Interview. Theorie und Praxis. Konstanz.

Kohl, Karl-Heinz
1998   Against Dialogue. In: Paideuma 44: 51–58.

Nadig, Maya
2000   Körpererfahrung im Wahrnehmungsprozess. Transkulturelle (Re)Konstruktionen
          in Übergangsräumen. In: Schlehe Judith (Hg.): Zwischen den Kulturen – zwischen
          den Geschlechtern. Münster.

Schlehe Judith
1996   Die Leibhaftigkeit in der ethnologischen Feldforschung. In: Historische Anthro-
          pologie, 4: 451–460.

Schlehe, Judith
2006   Transnationale Wissensproduktion: Deutsch-indonesische Tandemforschung.
          In: Rehbein, Boike/Jürgen Rüland/Judith Schlehe (Hg.): Identitätspolitik und
          Interkulturalität in Asien. Münster: Lit: 167–190.

Spülbeck, Susanne
1997   Biographie-Forschung in der Ethnologie. Hamburg.

Martin Sökefeld

7 Strukturierte Interviews und Fragebögen

7.1 Quantitative Methoden in der Ethnologie

Viele Ethnologen verstehen ihre Wissenschaft als eine Disziplin, die überwiegend mit *qualitativen* Methoden arbeitet. Teilnehmende Beobachtung und
offene Interviews werden als die Standardmethoden der Ethnologie angesehen. Strukturierte Interviews, die mit Fragebögen erhoben und quantitativ
ausgewertet werden, gelten dagegen als Methoden der Soziologie und als
‚unethnologisch'. Der Gegensatz von qualitativen und quantiativen Methoden
hat oft eine fast identitätsstiftende Funktion für Ethnologen. Zum Teil werden
auch bestimmte theoretische Richtungen der Ethnologie auf den einen oder
den anderen Methodenbereich festgelegt. Dann heißt es etwa, analytische
Ethnologie arbeite quantitativ, interpretative Ethnologie verwende dagegen
qualitative Methoden.

Dieser strikte Gegensatz, bzw. die hinter diesem Schematismus oft verborgene
Ablehnung quantitativer Methoden, ist jedoch zu kurz gedacht (Schweizer
1998; Sobo/de Munck 1998). Ethnologen arbeiten sowohl qualitativ als auch
quantitativ. Bernard hält fest: "No method of data collection is perfect. Un-
structured interviews and questionnaires produce different *kinds* of data, and
it is up to you to decide which method, or combination of methods, is best."
(Bernard 1995: 287)

Tatsächlich kommt keine ethnologische Studie ohne Quantifizierungen aus. Quantitative Methoden haben mit Häufigkeits- und Mengenangaben zu tun. Wenn jede Ethnographie auch quantitative Aspekte hat, bedeutet das natürlich nicht, dass ethnographische Monographien stets ausgefeilte Tabellen und Statistiken enthalten. Sehr oft bleiben Quantifizierungen implizit, vage und damit ungenau. Es heißt dann etwa über die Nuer: "Families *often* change their place of residence from one part of a village to another (...)" (Evans-Pritchard 1969: 65). Oder, zu Beginn dieses Beitrags: "*Viele* Ethnologen..." Wir erfahren nicht genau, wie oft Nuer umziehen, oder für wie viele Ethnologen tatsächlich diese Aussage gilt. Eine genaue Quantifizierung ist vielleicht auch gar nicht nötig – es kommt eben vor allem darauf an, auszudrücken, dass Nuer überhaupt immer wieder umziehen, dass sie nicht dauerhaft am selben Ort wohnen. Aber manchmal wäre eine genauere Zahlenangabe doch sinnvoll. Dies ist vor allem dann der Fall, wenn aus der Zahl der Umzüge weitere Schlüsse gezogen werden sollen, oder wenn Vergleiche angestellt werden zwischen Haushalten, die oft umziehen und solchen, die sesshafter sind.

Quantitative Methoden haben zum Ziel, exakte Mengenangaben zu erreichen. Sie implizieren Zählungen und Messungen. Damit diese Messungen gültig sind, müssen sie mit verlässlichen Messinstrumenten erhoben werden. *Standardisierte Erhebungsinstrumente* sind erforderlich, die sicherstellen, dass allen Befragten dieselben Fragen gestellt werden, damit die Antworten auch tatsächlich ausgezählt, verglichen, und zu einander in Beziehung gesetzt werden können. Wenn Interviewdaten quantitativ ausgewertet werden sollen, muss also mit *strukturierten Interviews* gearbeitet werden, die in der Regel mit Hilfe von Fragebögen geführt werden. Bei offenen oder unstrukturierten Interviews gibt der Ethnologe häufig den Gesprächsfaden zu einem gewissen Grad aus der Hand und lässt seine Gesprächspartner (mit-)bestimmen, über welche Themen gesprochen wird. Bei strukturierten Interviews ist dagegen der Ablauf des Gesprächs vorgegeben. Das heißt, sowohl der Wortlaut der Fragen als auch ihre Reihenfolge wird festgelegt und bleibt für alle Gesprächspartner, die bei der Erhebung befragt werden, gleich. Diese Strukturierung und Standardisierung ist erforderlich, um valide Quantifizierung zu ermöglichen.

Die wichtigste Voraussetzung für Zählen und Messen sind definierte Einheiten. Die Definition solcher Einheiten ist in der Ethnologie häufig sehr schwierig. Damit werde ich mich im folgenden Abschnitt auseinandersetzen. Im Weiteren behandelt dieses Kapitel die Standardisierung von Erhebungen, die Konstruktion von Fragebögen, die Auswahl von Informanten (das Sampling) und verschiedene Erhebungswege. Mein Beitrag schließt mit einem kurzen Einblick in die Datenauswertung.

7.2 Zählen: Das Problem der Einheiten

Zählen ist einfach, man lernt es spätestens in der Grundschule. Schwierig wird Zählen in der Ethnologie dadurch, dass wir *etwas* zählen und uns sehr genau darüber klar werden müssen, was wir da zählen. Wir haben es eben nicht – wie in der Mathematik – mit abstrakten Zahlen zu tun, sondern mit konkreten Dingen, Personen oder Ereignissen, deren Anzahl uns interessiert. Wir wollen *etwas* zählen, und dazu muss zunächst definiert werden, was dieses Etwas ist. Wir stehen vor der Frage der Einheiten des Zählens. Auch das erscheint zunächst vielleicht unproblematisch. Wenn wir wissen wollen, wie viele Menschen in einem Dorf leben, dann zählen wir diese Menschen. Die Einheit ist definiert als das menschliche Individuum. Aber bei genauerem Nachdenken wird klar, dass diese Definition ungenau und keineswegs eindeutig ist. Denn welche Menschen *leben* in unserem Dorf? Wie lange etwa muss man sich in dem Dorf aufhalten, damit man zur Bevölkerung gezählt wird? Gehört ein Kind dazu, das ein halbes Jahr bei seinen Großeltern im Dorf lebt, ansonsten aber mit seinen Eltern in der Stadt wohnt? Was ist mit Migranten, die sich mal im Dorf aufhalten, mal woanders? Um eine genauere Definition dessen, was gezählt werden soll, kommt man nicht herum. Das Ziel der Definition ist eine klare und eindeutige Abgrenzung dessen, was unter eine Kategorie gezählt wird, von dem, was nicht dazu gerechnet wird.

Die Definition einer Einheit ist zunächst ein willkürlicher Akt. Ich könnte beispielsweise festlegen: Ein Bewohner des Dorfes ist ein Mensch, der sich mindestens die Hälfte des Jahres in diesem Dorf aufhält. Vielleicht habe ich Aufzeichungen darüber, wer sich wie lange im Dorf aufhält, dann kann ich objektiv sagen, wer unter diese Definition fällt und wer nicht (vermutlich habe ich solche Aufzeichnungen aber nicht, dann ist es schwierig, diese Definition anzuwenden).

Trotzdem kann es sein, dass diese Definition nicht besonders sinnvoll ist. Vielleicht fallen Individuen heraus, die nicht die Hälfte des Jahres im Dorf leben, die aber im dörflichen sozialen Gefüge eine wichtige Rolle spielen und von den anderen Dorfbewohnern als Einwohner betrachtet werden. Was ist dann wichtiger, unsere ‚objektive' Definition, oder die Ansicht der Dorfbewohner? Wir müssen uns zwischen einer *emischen* und einer *etischen* Definition entscheiden. Über diese beiden aus der Linguistik übernommenen Konzepte hat es in der Ethnologie eine langandauernde Debatte gegeben (Headland et al. 1990). Grob gesagt bezieht sich *emisch* auf das Bedeutungsuniversum der jeweils Untersuchten, während *etisch* Kategorien und Definitionen meint, die vom Forscher von außen an den Untersuchungsgegenstand herangetragen werden. Meine selbst festgelegte Definition wäre also etisch, die Definition von ‚Bewohner' durch die Einwohner des Dorfes selbst wäre dagegen eine emische Definition.

Die Unterscheidung von emischer und etischer Perspektive erleichtert es, die Problematik der Definition von Einheiten der Zählung zu veranschaulichen, aber sie löst diese Schwierigkeit nicht. Häufig gibt es nämlich nicht ‚die' emische Perspektive in einer untersuchten Gruppe, sondern verschiedene, konfligierende Sichtweisen. Neben unterschiedlichen lokalen Ansichten mag es auch noch eine offizielle Definition des ‚Einwohners' durch die staatliche Verwaltung geben, die sich von den lokalen Definitionen unterscheiden kann. Bei meiner Feldforschung in Gilgit/Nordpakistan, stellte sich beispielsweise heraus, dass es höchst umstritten war, wer im Ort als Einwohner galt und wer nicht. Das Konzept des ‚Einwohners' umfasste nämlich eine Reihe von Rechten auf Nutzung knapper Ressourcen (vor allem Land und Wasser), die keineswegs allen Bewohnern zugestanden wurden. Aber es gab keine Einigkeit darüber, wer nun Einwohner war und wer nicht. Manche Familien, die von einigen als Einwohner anerkannt wurden, wurden von anderen als ‚Leute von außen' kategorisiert, die keine Einwohner sind und keine Rechte haben. Der Rückgriff auf die offizielle Definition der Verwaltung brachte hier keine Lösung, denn manche Einwohner warfen der Verwaltung Korruption vor: Sie habe den Status des Einwohners auch ‚Leuten von außen' eingeräumt, die kein Recht darauf haben. Man muss sich darüber im Klaren sein, dass in einer solchen Situation der einfache Forschungsakt des Zählens ein *politischer* Akt sein kann, der die Version einer bestimmten Fraktion in der untersuchten Gruppe stützt und selbst zum Teil des Konfliktes werden kann.

Ein zweites Beispiel für die Problematik der Definition von Einheiten der Befragung: Bei ihrer Untersuchung in Dörfern im nordpakistanischen Bagrot wollte Monika Schneid (persönl. Mitteilung) auch Daten über den Viehbesitz der Haushalte sammeln. Sie fragte jeweils, wie viele Kühe und Ziegen ein Haushalt besaß. Erst im Nachhinein stellte sie fest, dass sie mit dieser Frage nicht einfach den Viehbestand der Dörfer erhoben hatte. Vor allem Kühe hatte sie mehr gezählt, als tatsächlich vorhanden waren. Denn die Dorfbewohner praktizierten bei Kühen, die eine teure Investition darstellten, kollektiven Viehbesitz. Dieses ‚Cowsharing' bedeutete, dass eine Kuh mehrere Besitzer haben konnte. Bei der Befragung hatte aber jeder der (Teil-)Besitzer die Kuh als seinen Besitz genannt, so dass Tiere zum Teil mehrfach gezählt worden waren.

Wie viele Einwohner ein Dorf hat oder wie viele Kühe jemand besitzt sind also nicht unbedingt Fragen, die sich ‚objektiv' beantworten lassen. Die Beantwortung dieser Fragen ergibt sich nicht einfach ‚aus der Empirie'. Was die jeweilige Empirie ist, hängt davon ab, wie wir die Fragen formulieren und wie sie von unseren Gesprächspartnern verstanden werden. Wenn man in die Tiefe geht, wird man für sehr viele auf den ersten Blick einfache Fragen feststellen, dass sie nicht so einfach zu beantworten sind, wie sie ursprünglich zu sein scheinen, bzw., dass in ihre Beantwortung zahlreiche Vorannahmen fließen, die nicht unmittelbar offensichtlich sind. Wenn man die Befragung aufgrund dieser Schwierigkeiten nicht gleich wieder aufgeben will, dann muss man sich pragmatisch für eine Definition der jeweils in Frage stehenden Kategorie entscheiden. Welche Definition sinnvoll ist, muss aus dem Forschungskontext heraus entschieden werden, dafür kann es keine allgemeine Lösung geben.

7.3 Die Standardisierung der Erhebung

Aus der Diskussion um die Definition der Einheiten ergibt sich die entscheidende Forderung: Wie auch immer die jeweilige Einheit definiert wird, diese Definition muss für die ganze Erhebung durchgehalten werden. Die Verwendung verschiedener Definitionen in ein und derselben Untersuchung führt zu inkonsistenten Daten, die nicht untereinander vergleichbar sind und aus denen daher keine gültigen Schlüsse gezogen werden können.

Die Standardisierung dient dazu, die Vergleichbarkeit der erhobenen Daten herzustellen. So soll ein Fragebogen sicherstellen, dass allen Informanten dieselben Fragen gestellt werden und dass sie ihnen auf dieselbe Art und Weise gestellt werden. Der zweite Aspekt ist natürlich nicht vollständig zu erfüllen, denn die Art und Weise des Fragens kann auch von so unkontrollierbaren Bedingungen wie dem Wetter oder der momentanen psychischen Verfassung des Interviewers beeinflusst werden. Die Bedeutung einer Frage ergibt sich schließlich nicht nur aus ihrem Wortlaut sondern etwa auch aus ihrer Betonung. Tatsächlich kann ein Fragebogen also nur gewährleisten, dass die Unterschiede der Art und Weise, wie dieselben Fragen verschiedenen Gesprächspartnern gestellt werden, minimiert werden.

Das strukturierte Interview ist eindeutig vom Forscher dominiert. Der jeweilige Gesprächspartner hat auf die Themen, die besprochen werden, keinen Einfluss. Er kann lediglich die Beantwortung von Fragen verweigern. Dies ist ein wichtiger Punkt, denn er besagt, dass durch strukturierte Interviews selbst keine neue Fragestellung für die Untersuchung entwickelt und nichts über die Bedeutung der gestellten Fragen für die Forschung erfahren werden kann. Was als wichtig angesehen wird und was nicht, ist durch die Konstruktion des Fragebogens bereits festgelegt.

Daraus folgt eine wichtige Konsequenz für den Einsatz strukturierter Interviews und Fragebögen im Rahmen einer Feldforschung: Die Konstruktion eines sinnvollen Fragebogens erfordert bereits erhebliches Wissen über die untersuchte Gruppe und das Thema, das erforscht werden soll. Eine standardisierte Befragung ist also keine Methode, mit der man sich einem neuen, weitgehend unbekannten Untersuchungsfeld nähern sollte. Dies gilt auch aus Gründen der Forschungspragmatik: Es ist so aufwändig, einen Fragebogen zu erstellen und eine standardisierte Befragung durchzuführen, dass dafür vorhandene Ressourcen sehr überlegt und zielgenau eingesetzt werden sollten. Vorwissen ist dabei in mindestens zweierlei Hinsicht erforderlich: Einerseits muss schon bekannt sein, welche Fragen im Kontext der Forschung tatsächlich relevant sind, andererseits muss man wissen, wie man die gewünschten Informationen erreichen kann, d. h. wie die beabsichtigten Fragen gestellt werden müssen.

7.4 Die Konstruktion von Fragebögen

Die Konstruktion eines Fragebogens sowie die Art des notwendigen Vorwissens hängt davon ab, welche Art von Informationen mit ihm erhoben werden sollen. Geht es etwa um allgemeine Daten, die eine Bevölkerung beschreiben, wie Alter, Geschlecht, Wohnort, Familienstand, Zahl der Kinder usw.? Viele solcher Fragen benötigen eher geringes Vorwissen, da die Dimensionen einer allgemeinen Beschreibung der untersuchten Gruppe weitgehend vom Untersucher und seinem Interesse festgelegt werden und kaum kulturelle Kategorien in sie eingehen. Aber auch hier benötigt man einen gewissen Forschungsstand, um zu entscheiden, welche dieser Informationen zur Beantwortung übergeordneter Fragen erforderlich sind. Anders ist es bei Befragungen, die auf Wissen über Einstellungen, auf Werte oder kulturelles Wissen, also auf *Kognitionen* zielen, sowie bei solchen, die nach bestimmten *Handlungen* fragen. Hier kann das erforderliche Vorwissen sehr umfangreich sein.

7.4.1 Der Fragebogen als Produkt vorhergehender Forschung

Wie erfährt man das Wissen, das man benötigt, um einen sinnvollen Fragebogen zu erstellen? In der Regel geht der Konstruktion eines Fragebogens eine längere Phase der Feldforschung voraus, in der man erfährt, welche Aspekte eines Themas wichtig sind, welchen Aspekten von den Angehörigen der untersuchten Gruppe Bedeutung beigemessen wird, wie die Untersuchten über diese Bereiche sprechen (d. h. welche Terminologie und Kategorien sie verwenden) und über welche Aspekte es sinnvoll wäre, quantitative Daten zu erheben.

Es kommt also zunächst darauf an, Fragen zu entwickeln, die in den Fragebogen aufgenommen werden sollen. Diese Fragen werden auch *Items* genannt. Da man auf jede Frage verschiedene Antworten geben können muss (sonst wäre die Frage überflüssig), nennt man die erfragte Information *Variable*. Das Item ‚Was ist Ihr Geschlecht?‘ fragt nach der Variable ‚Geschlecht‘ und kann beispielsweise die Ausprägung ‚weiblich‘ oder ‚männlich‘ annehmen. Die meisten Items sind jedoch komplexer und können mehr als nur zwei Merkmalsausprägungen haben.

7.4.2 Wie viele Fragen? Pragmatische Aspekte

Zunächst erstellt man also eine Liste der Items, die in einen Fragebogen aufgenommen werden sollen. Dabei ist zu beachten, dass die Beantwortung von Fragebögen Zeit kostet. Ausführliche Fragebögen mit vielen Items kosten viel Zeit, und man kann davon ausgehen, dass das Interesse und die Bereitschaft der meisten Informanten, an einer Befragung teilzunehmen, mit dem erforderlichen Zeitaufwand abnimmt. Susan Weller (1998: 376) rät, lieber zu viele als zu wenige Fragen zu stellen, da es in der Regel unmöglich ist, später noch einmal zu allen Informanten zu gehen und die Fragen zu stellen, die zwar nicht im Fragebogen enthalten waren, die sich aber im Nachhinein als auch noch wichtig entpuppten. Ich halte das nur dann für einen sinnvollen Ratschlag, wenn ‚zu viele Fragen‘ nicht einen zu langen Fragebogen ergeben, den niemand mehr beantworten will. Dabei geht es natürlich nicht nur um den Zeitaufwand der Informanten sondern auch um den der Interviewer. Wenn Ressourcen für mehrere Interviewer zur Verfügung stehen, kann in das einzelne Interview mehr Zeit investiert werden, als wenn eine Person sämtliche Interviews führen muss - und daneben auch noch andere Methoden anwenden möchte. Die Zeit, die ein Interview tatsächlich erfordert, ist nicht unbedingt im Voraus absehbar. Sie hängt nicht nur von der Länge des Fragebogens ab, sondern auch davon, ob tatsächlich nur die einzelnen Items durchgegangen werden sollen, oder ob auch Nebenbemerkungen der Informanten aufgezeichnet werden sollen. Manche Informanten antworten knapp und präzise, andere erzählen zu jeder Frage kürzere oder längere Geschichten, die es durchaus auch wert sein können, als Zusatzinformationen festgehalten zu werden.

Aber natürlich hat Weller Recht, dass es ein schwerer Rückschlag für eine Erhebung ist, wenn man nach ihrer Durchführung feststellt, dass eine wichtige Frage nicht gestellt worden ist. Daraus folgt für mich aber weniger die Forderung, gleich so viele Fragen wie irgendmöglich zu stellen, als die, sich über Sinn und Zweck der Erhebung im Rahmen der Gesamtforschung sowie

über die Gestaltung eines Fragebogen sehr genau Gedanken zu machen und
den Fragebogen gut zu testen. Ich denke aber auch, dass es sich zu einem gewissen Grad nicht vermeiden lässt, dass später noch neue Fragen auftauchen.
Da Forschung ein offener Prozess ist, der zu neuen Erkenntnissen führen soll,
werden ständig neue Fragen enstehen, die dem Forscher zu Beginn nicht in den
Sinn gekommen sind. Das gilt besonders für ethnologische Feldforschung, die
in der Regel immer auch einen explorativen Charakter hat und somit Aspekte
umfasst, die nicht genau im Voraus gesehen werden können. Auch das ist ein
Argument dafür, eine standardisierte Befragung erst dann durchzuführen,
wenn der Stand der Forschung schon fortgeschritten ist.

7.4.3 Die Formulierung von Fragen

Die Frage nach dem Geschlecht bereitet in der Formulierung normalerweise
keine Schwierigkeiten. Das trifft leider nicht auf alle Fragen zu, auch wenn
sie zunächst ebenso einfach erscheinen. Auch die Frage nach dem Geburtsort
bei Migranten scheint zunächst unproblematisch. Wenn man aber beispielsweise türkische Migranten nach ihrem Geburtsort fragt, bekommt man in
der Regel nicht wirklich den Ort der Geburt genannt (d. h., ein Dorf oder
eine Stadt), sondern die Provinz, in der dieser Ort liegt. Wenn man genauere
örtliche Angaben haben will als die Provinz der Geburt, dann muss man die
Frage spezifizieren oder erklären, etwa durch den Zusatz, dass nicht (nur) die
Provinz gemeint ist, sondern der tatsächliche Ort der Geburt. Welche Fragen
einfach sind und welche nicht, bzw. wie eine Frage formuliert werden muss,
damit man tatsächlich das erfährt, was man wissen will, das lernt man erst,
wenn man die Fragen tatsächlich stellt und ausprobiert.

7.4.4 Geschlossene Fragen und offene Fragen

Grundsätzlich können Fragen in einem Fragebogen auf zwei Arten gestellt
werden: mit vorgegebenen Antwortmöglichkeiten (*geschlossene Fragen*) oder
ohne vorgegebene Antworten (*offene Fragen*). Die Frage nach dem Geschlecht,
bei der man je ein Kästchen zum Ankreuzen für ‚weiblich‘ oder ‚männlich‘
vorgibt, ist eine geschlossene Frage. Die Frage nach dem Geburtsort, bei der
keine Liste möglicher Orte genannt wird, sondern der Befragte selbst den
Ort nennen soll, ist eine offene Frage. Man kann jede Frage als offene oder
als geschlossene Frage formulieren, aber die Pragmatik wird geschlossene
Fragen für manche Bereiche ausschließen. So wäre es wenig sinnvoll, eine
Liste möglicher Geburtsorte in der Türkei in den Fragebogen einzufügen,
da er dann den Umfang eines mittleren Telefonbuchs hätte. Offene Fragen

sind auch dann ratsam, wenn die Antwortmöglichkeiten auf eine Frage nicht im Voraus bekannt sind. Wenn ich also davon ausgehe, dass es in einer Gesellschaft nur zwei Geschlechter gibt, dann kann ich problemlos die Frage nach dem Geschlecht geschlossen formulieren und die beiden Antwortmöglichkeiten vorgeben. Wenn ich aber nicht genau weiß, ob es nicht vielleicht weitere Geschlechter gibt, dann muss die Frage offen formuliert werden, da die Geschlossenheit weitere Antworten verhindern würde.

Geschlossene Fragen setzen also voraus, dass alle möglichen Antworten auf die Frage bekannt sind. Die vorgegebenen Antwortmöglichkeiten müssen erschöpfend sein, es darf keine Antwortmöglichkeit geben, die nicht erfasst wird. Und sie müssen wechselseitig ausschließend sein, es muss also eindeutig klar sein, welche der angebotenen Antworten zutrifft. Diese zweite Bedingung bedeutet nicht, dass nur jeweils eine Antwort zutreffend sein darf, da je nach Frage auch Mehrfachantworten möglich sein können. Wenn ich Migranten aus der Türkei nach ihrer Staatsangehörigkeit frage und ‚deutsch‘ und ‚türkisch‘ als Antwortmöglichkeiten vorgebe, dann kann es sein, dass auf einige Informanten beide Antworten zutreffen, da sie zwei Staatsangehörigkeiten besitzen. Wichtig ist aber, dass die beiden Antwortmöglichkeiten klar voneinander abgegrenzt sein müssen. Wenn etwa in der Türkei nach ethnischer Zugehörigkeit gefragt wird und (unter anderem) die beiden Antwortkategorien ‚Kurt‘ (Kurde) und ‚Zaza‘ gegeben werden, so sind diese beiden Antworten nicht klar voneinander abgegrenzt, da oft – aber nicht immer – Zaza als eine Unterkategorie von Kurden verstanden wird. Für einen Zaza-Informanten wäre also nicht klar, ob er beide Antwortmöglichkeiten als auf sich zutreffend betrachten sollte oder nicht, und für den Interviewer ist nicht klar, ob der Informant ‚Zaza‘ und ‚Kurt‘ als exklusive Kategorien verstanden hat oder nicht.

7.4.5 Problematische Fragen

Manche Fragen werden schnell und ohne Vorbehalte beantwortet, anderen weicht man lieber aus. Leider sind die schwierigen Fragen oft gerade die, die uns besonders interessieren. Fragen nach Einkommen oder Besitz etwa, die der Feststellung von Schichtzugehörigkeit und ökonomischem Status dienen, wecken häufig Befürchtungen, die Steuerverwaltung könnte hinter der Befragung stehen oder sich zumindest die Ergebnisse nutzbar machen. Solche Befürchtungen sind nicht immer leicht zu zerstreuen, da man Fragebogenerhebungen ja bei vielen Informanten durchführt und gerade auch bei solchen, denen man nicht aus offenen Interviews oder teilnehmender Beobachtung gut bekannt und vertraut ist. Das Hantieren mit Fragebögen hat immer einen gewissen ‚offiziellen‘ Charakter. Viele Informanten kennen Fragebögen vielleicht nur aus staatlichen Zensuserhebungen, bei denen der Zusammenhang zwischen Wissen und Macht bzw. staatlicher Kontrolle unmittelbar auf der Hand liegt. Man denke nur an die Erregung, die die Volkszählungspläne 1987 in Deutschland hervorriefen. Gerade in Ländern mit weniger entwickeltem Datenschutz kann das Misstrauen groß und berechtigt sein. Für die Ergebnisse der Erhebung kann sich Misstrauen verheerend auswirken, weil es in der Regel zu kreativen Verweigerungsstrategien führt, nämlich zu falschen oder irreführenden Angaben. Dies ist für das Ergebnis schlimmer als die direkte Weigerung zu antworten. Nicht gegebene Antworten kann man bei der Auswertung als solche behandeln. Falsche Angaben sind dagegen häufig nicht zu identifizieren. Man kann versuchen, ein gewisses Vertrauensverhältnis zu unbekannten Informanten aufzubauen, indem man sich über geeignete Mittelspersonen einführen lässt. Das wird aber bei einer Zufallsstichprobe in den meisten Fällen unmöglich sein.

Andere Fragen werden vielleicht gerade dann nicht gerne beantwortet, wenn der Interviewer gut bekannt ist. Diese betreffen vor allem intime Lebensbereiche wie Sexualität. Fragen dazu werden manchmal als Bedrohung empfunden. Hierbei ist zu beachten, dass es natürlich kulturell unterschiedlich sein kann, welche Fragen Intimes berühren und damit problematisch sind. Man kann solche Fragen mit einem Satz einleiten, um ihnen etwas von ihrem ‚Bedrohungscharakter‘ zu nehmen. Ich halte jedoch nichts davon, derartige Fragen psychologisch besonders geschickt zu formulieren, um den Informanten eine Antwort zu entlocken, die sie eigentlich nicht geben wollen. Aus Gründen der Forschungsethik finde ich es besser, sich im Zweifelsfall mit ‚keine Antwort‘ zufrieden zu geben.

In jedem Fall setzen beide Kategorien problematischer Fragen voraus, dass den Informanten verlässlich und nachvollziehbar Anonymität und Datenschutz zugesichert wird. Häufig ist es sinnvoll, dies in einer schriftlichen Erklärung zu tun – bei verschickten Fragebögen etwa in einem Begleitschreiben zum Fragebogen. Bei selbst ausgefüllten Fragebögen erfordert Anonymität, dass alle Angaben, die den Informanten identifizierbar machen, vom Hauptteil der Fragen klar getrennt werden.

Schließlich gibt es andere Fragen, die problematisch sind, obwohl sie weder Intimes noch steuerlich Relevantes berühren. Sie betreffen Dinge, deren Quantität nicht genau bekannt ist. So kann in vielen Gesellschaften die Frage nach dem Alter schwierig sein, da die meisten Menschen nicht genau wissen, wann sie geboren wurden. Auch ein Blick in den Ausweis, falls vorhanden, hilft hier nicht unbedingt weiter, da auch er oftmals nur ein geschätztes Geburtsdatum enthält. Früher war es beispielsweise in der Türkei üblich, neugeborene Kinder nur alle paar Jahre (und oft eben längere Zeit nach der Geburt) bei den

Behörden anzumelden, mit der Konsequenz, dass die offizellen Daten nicht verlässlich sind. Ähnliche Probleme können sich beim Landbesitz ergeben. Auch hier sind häufig keine genauen Flächenmaße bekannt. Man kann dann versuchen, sich mit Ersatzmaßen zu behelfen, etwa mit der Arbeitszeit, die benötigt wird, um die Felder zu pflügen, oder mit der Menge des Saatgutes, das für die Aussaat erforderlich ist.

7.4.6 Übersetzungen und Pretests

In der Regel führen Ethnologen ihre Befragungen nicht in ihrer eigenen Muttersprache durch. Fragebögen und andere Erhebungsinstrumente werden meistens in der Sprache des Ethnologen erstellt und dann in die Sprache der Informanten übersetzt. Aber oft lassen sich Konzepte nicht direkt aus einer Sprache in eine andere übersetzen. Manchmal gibt es in der anderen Sprache kein Wort, dass einen bestimmten Begriff aus der Sprache des Forschers direkt wieder gibt. Homonyme oder Synonyme sind in den beiden Sprachen unterschiedlich, so dass auch dort, wo es direkte Entsprechungen gibt, das jeweilige semantische Feld differieren kann. Oft gibt es aber auch die zentralen Kategorien der Fragen nicht in der Sprache der Ethnologen, wenn es etwa um lokale, emische Konzepte geht. All das erfordert große Sorgfalt bei der Übersetzung von Fragebögen. Ethnologen sollten sich daher nicht auf die eigenen Kenntnisse der Sprache der Informanten verlassen, sondern die Übersetzung von Muttersprachlern oder sogar von ausgebildeten Übersetzern machen lassen. Manchmal ist es sinnvoll, mehrere Übersetzungen in Auftrag zu geben und miteinander abzugleichen. Viele Autoren schlagen vor, dass die Übersetzung wieder in die Sprache des Ethnologen zurück übersetzt wird, um eventuelle Bedeutungsverschiebungen erkennen zu können. Brislin (1986) fordert sogar einen doppelten Durchgang durch diesen Übersetzungskreislauf, um Probleme ausschließen zu können.

Die Schwierigkeit der Auswahl und Formulierung von Fragen sowie der Übersetzung macht es erforderlich, dass der Fragebogen an mehreren Informanten getestet wird, bevor man mit der eigentlichen Untersuchung beginnt. Erst wenn die Fragen tatsächlich Informanten gestellt werden, wird deutlich, wo Bedeutungen unklar sind, wo Fragen missverstanden werden können, wo Einheiten problematisch sind oder sonstige Schwierigkeiten auftauchen. Erst bei einem *Pretest* wird etwa offensichtlich, welche impliziten Vorannahmen in den Fragen stecken, die von den Informanten nicht geteilt werden. Nach dem Pretest muss der Fragebogen auf der Basis der gewonnenen Erfahrungen gründlich überarbeitet werden. Wichtig ist, dass die Testpersonen nicht aus dem Sample stammen dürfen, das letztendlich befragt werden soll.

7.5 Sampling

7.5.1 Wer soll befragt werden?

Will man eine Erhebung in einer kleinen Siedlung oder in einer Nomadengruppe durchführen, die nur wenige Haushalte umfasst, dann kann man tatsächlich alle Mitglieder der Gruppe befragen. Sehr oft, bei fast allen Forschungen, die in Städten durchgeführt werden, ist das jedoch nicht der Fall. Man kann nur einen Teil der Gruppenmitglieder interviewen. In der Regel möchte man mit der Befragung aber zu Daten kommen, die nicht nur etwas über die tatsächlich Befragten aussagen, sondern über die gesamte Gruppe. Dies ist problematisch, weil man davon ausgehen kann, dass die Gruppe nicht homogen ist. Wenn man Gruppenmitglieder A und B befragt hat, kann man nicht schließen, dass C und D dieselben Antworten geben würden. Und wahrscheinlich haben schon A und B unterschiedliche Antworten gegeben. Das Zauberwort heißt hier *Repräsentativität*: Die Stichprobe von Gruppenmitgliedern (das *Sample*), die befragt werden, soll repräsentativ für die gesamte Gruppe sein, so dass Aussagen, die über das jeweilige Sample gemacht werden, mit großer Wahrscheinlichkeit auf die gesamte Gruppe zutreffen.

Wie wählt man ein repräsentatives Sample aus? Sampling ist in der Regel eine schwierige Forschungsoperation. Eigentlich müsste man bereits die Gesamtgruppe kennen, um eine Stichprobe mit beispielsweise der gleichen Alters-, Geschlechts-, Einkommensstruktur ziehen zu können, wie sie in der Gesamtgruppe vorherrscht. Da das nicht der Fall ist (denn dann wäre die Erhebung ja überflüssig), behilft man sich mit einem *Zufallssample*. ‚Zufall' heißt hier nicht, dass die Informanten einfach zufällig ausgewählt werden, denn ‚zufällig' in diesem Sinne wäre gleichbedeutend mit ‚willkürlich' oder ‚beliebig'. Zufall bedeutet, dass jedes Mitglied der Gesamtgruppe die selbe Chance haben muss, ausgewählt werden zu können. Es darf also keine Faktoren geben, die bewirken, dass bei einigen Gruppenmitgliedern eine größere Wahrscheinlichkeit besteht, in das Sample aufgenommen zu werden, als bei anderen.

Um ein Zufallssample herstellen zu können, muss man durchaus etwas über die Gesamtgruppe wissen, nämlich wer alles zur Gruppe gehört und in das Sample fallen kann. Man braucht einen Rahmen, ein *Sampling frame*, aus dem gewählt wird. Ein Sampling frame ist eine Liste, in der alle Mitglieder einer Gruppe verzeichnet sind. Das kann ein Einwohnerregister oder ein Telefonbuch (Bernard 1995: 84) sein, wenn es um eine Studie in einer Stadt oder einem Stadtteil geht oder etwa die Liste der Schüler einer Schule, wenn diese Schülerschaft untersucht werden soll. Falls kein Sampling frame zugänglich ist, muss man selbst einen Rahmen herstellen, etwa, indem man einen Zensus aufnimmt. Da dies bei einer größeren Gruppe nahezu unmöglich ist, wird man in diesem Fall alle Kreativität daran setzen, doch ein bereits bestehendes Sampling frame zu verwenden.

Nur wenn man einen Rahmen für das Sampling hat, kann man überlegen, wie man vorgehen muss, um daraus eine Zufallsstichprobe auszuwählen. Da jedes Individuum des Sampling frames dieselbe Chance haben muss, ausgewählt werden zu können, hat es sich eingebürgert, mit Tabellen von Zufallszahlen vorzugehen. Eine solche Tabelle findet sich in Bernard (1995: 514ff.). Man nummeriert alle Individuen des Rahmens durch und muss festlegen, wie viele Individuen im Sample enthalten sein müssen (s. u.). Dann geht man die Zufallszahlen von einem beliebigen Einstieg aus der Reihe nach durch und wählt immer ein Individuum aus, wenn dessen Nummer in der Folge der Zufallszahlen vorkommt. Das macht man so lange, bis man so viele Individuen ausgewählt hat, wie das Sample enthalten soll.

Diese Methode ist bei sehr großen Sampling frames impraktikabel, da man nicht alle Mitglieder einer großen Gruppe durchnummerieren kann. Man kann sich dann mit einem *Sampling Intervall* behelfen. D. h. man beginnt mit einem zufällig ausgewählten Individuum in der Liste des Sampling frame und wählt jedes *n*-te Individuum in der Folge aus, wobei *n* für das Intervall, den ‚Abstand‘ zwischen den jeweils ausgewählten Individuen steht. Wenn man bei einer Gruppe von 10000 Individuen jedes 25. Individuum nimmt, bekommt man ein Sample von 400. Das Intervall ist demnach abhängig von der Größe des Rahmens und des gewünschten Samples. Beim Intervall Sampling muss man darauf achten, dass das Sample nicht durch eine mögliche Regelmäßigkeit der Gesamtgruppe beeinflusst wird. Angenommen, man will in einer großen Reihenhaussiedlung jeden zehnten Haushalt befragen, und die Siedlung ist so aufgebaut, dass jedes zehnte Haus ein Eckhaus mit großem Garten ist. Dann kann es passieren, dass das Sample entweder nur oder gar keine Eckhäuser enthält. Das Sample wäre also nicht repräsentativ. Wenn eine solche Periodizität erkennbar ist, muss man ein Sample-Intervall wählen, das nicht parallel zu dieser Regelmäßigkeit verläuft.

Falls man ein Sample aus einer Gruppe ziehen will, die nach einem bestimmten Kriterium (z. B. Migrationserfahrung) eine zahlenmäßig nicht sehr große, für Vergleichszwecke der Untersuchung aber wichtige Subpopulation enthält, dann kann es sinnvoll sein, für jede der Gruppen ein eigenes Zufallssample zu bilden. Angenommen, zehn Prozent einer Gesamtgruppe von 10000 sind Migranten und man möchte ein Sample von 400 bilden, dann kann man bei der Zufallsauswahl eines Gesamtsamples nicht unbedingt davon ausgehen, dass man darunter gerade 40 Migranten (= zehn Prozent) auswählt. Vielleicht enthält das Zufallssample nur 30 Migranten. In diesem Fall ist es besser, gleich zwei Samples zu bilden: eins mit 360 Nicht-Migranten und eins mit 40 Migranten. In diesem Fall hat man zwei proportionale Samples gebildet. Wenn eine Untergruppe, die man erfassen möchte, relativ zur Gesamtbevölkerung sehr klein ist, kann es auch sinnvoll sein, nicht-proportionale Samples zu bilden. Man wählt dann im Vergleich zur Hauptgruppe überproportional viele Angehörige der Untergruppe aus, um zu gewährleisten, dass die Untergruppe im Sample ausreichend vertreten ist.

Falls kein praktikabler Sampling frame zur Verfügung steht, da die zu untersuchende Gruppe zu groß und zu unübersichtlich ist, kann man sich mit *Cluster Samples* behelfen. Bei einer Stadtforschung unterteilt man etwa die Stadt in Stadtteile, Nachbarschaften oder Häuserblocks (die *Cluster*), unter denen man ein Zufallssample auswählt. In diesen zufällig ausgewählten Clustern kann dann jeweils ein repräsentatives Sample erstellt werden.

7.5.2 Wie groß soll ein Sample sein?

Wir wissen nun, wie man Samples auswählen kann, aber das beantwortet noch nicht die Frage danach, wie groß ein Sample zum Zweck der Untersuchung sein soll. Die notwendige Größe des Samples ist eine Funktion seiner Heterogenität. Wenn alle Individuen in einer Stadt mit einer Million Einwohner völlig identisch wären, dann bräuchte man nur eine Person zu befragen, um Informationen über alle Bewohner zu haben. Derartige extreme Homogenität ist aber bei unseren Untersuchungsgegenständen nicht vorhanden. Da im Voraus nicht bekannt ist, wie homogen oder heterogen eine Gruppe ist, geht man auf Nummer sicher, indem man ihre größtmögliche Heterogenität annimmt. Die Größe des erforderlichen Samples wächst mit der Größe der Gesamtgruppe, über die etwas ausgesagt werden soll. Allerdings wächst die Größe des Samples nicht proportional zur Gesamtgruppe. Im Gegenteil: Für kleine Gesamtgruppen ist ein relativ großes Sample erforderlich, für große Gesamtgruppen aber nur ein relativ kleines Sample. Die Größe des erforderlichen Samples hängt dabei auch von der gewünschten Wahrscheinlichkeit ab, dass das Sample tatsächlich die Gesamtgruppe repräsentiert, d.h. dass die Verteilung eines bestimmten Merkmals im Sample tatsächlich der Verteilung desselben Merkmals in der Gesamtgruppe entspricht. Bernard gibt an, dass bei 95% Wahrscheinlichkeit, dass das Sample der Gesamtgruppe entspricht, bei einer Gesamtgruppe von 50 ein Sample von 44 erforderlich ist, bei einer Gesamtgruppe von 1 000 000 ein Sample von 384 (Bernard 1995: 79, Tabelle 4.3). Mathematisch Interessierte finden bei Bernard auch die Formel, mit der die Samplegröße berechnet werden kann (ibid., 78).

7.6 Erhebungswege

Wie werden die Fragen den Informanten bzw. dem ausgewählten Sample nun tatsächlich gestellt? Grundsätzlich können über die verwendeten Kommunikationswege drei Arten der Befragung unterschieden werden: a) mündliche Befragung durch den Interviewer; b) telefonische Befragung durch Interviewer; c) schriftliche Befragung, bei der die Informanten einen vorliegenden Fragebogen selbst ausfüllen. Für alle Erhebungsarten gilt, dass die Erhebung in einem möglichst kurzen Zeitraum durchgeführt werden sollte, um zu vermeiden, dass Ereignisse eintreten, die das Antwortverhalten der später Interviewten entscheidend beeinflussen.

7.6.1 Direkte mündliche Befragung

In vielen Fällen ergibt sich die Erhebungsweise schon aus der Art und dem Ort der Forschung.

In vielen Gebieten, in denen Ethnologen klassischerweise ihre Feldforschungen durchführen, sind andere Erhebungsweisen als die direkte mündliche Befragung durch einen Interviewer nicht möglich. Eine telefonische Befragung scheidet vielleicht aus, weil Telefonieren dort eine eher außergewöhnliche Kommunikationsform ist oder weil überhaupt nur wenige Menschen an ein Telefonnetz (soweit vorhanden) angeschlossen sind. Eine schriftliche Befragung ist vielleicht nicht möglich, weil viele der Informanten des Lesens und Schreibens nicht kundig sind.

Mündliche Interviews sind in der Regel zeitaufwändig. Das gilt nicht nur, wenn der Fragebogen sehr umfangreich ist, sondern auch weil man in der Regel nicht mit einem Fragebogen ,ins Haus fallen' und gleich wieder verschwinden kann, wenn alle Fragen abgehakt sind. Die mündliche Befragung ist in der Regel in einen ,Besuch' eingebettet, und ein ,Besuch' kann je nach kulturellem Kontext ein relativ lang andauerndes Ereignis sein. Bevor man zum Fragebogen kommt, muss man vielleicht verschiedene Begrüßungsrituale absolvieren und ausführlich ,Smalltalk' führen – wobei *small* ein sehr irreführendes Adjektiv sein kann. Oft erfordert ein Besuch, dass der Besuchte, der sich dann als Gastgeber versteht, dem Besucher und Gast etwas zu Essen oder zu Trinken anbietet, was der Interviewer als Gast wiederum nicht ablehnen darf. Es kann also länger dauern, bis man überhaupt dazu kommt, den Fragebogen hervorzuholen. Und wenn er denn abgearbeitet ist, dann müssen vielleicht analog zur Ankunft diverse Abschiedsformalitäten eingehalten werden. Diese *kommunikative Einbettung* einer Befragung muss kein Nachteil sein, da man auch beim Gespräch vor und nach dem Interview zahlreiche Informationen erhalten kann.

In einem solchen Kontext kann man also nicht davon ausgehen, dass ein Interview nur so viel Zeit erfordert, wie man etwa für das testweise Durchgehen der Fragen mit einem Probeinformanten benötig. Unter Umständen kann man sich glücklich schätzen, wenn man pro Tag auch nur zwei Interviews durchführen kann. Wenn man als Ethnologe für die Feldforschung ein Jahr Zeit hat, aber nicht das ganze Jahr mit standardisierten Interviews verbringen möchte, kann man sich ausrechnen, dass ein einzelner Forscher auf diese Art nicht sehr viele Personen befragen kann.

Hier ist der Einsatz von Forschungsassistenten sinnvoll. Wenn man einen Antrag auf Forschungsmittel stellt, sollte man gleich überlegen, welche Befragungen geplant sind, und ob es sinnvoll ist, Mittel für Assistenten zu beantragen. Wenn man Assistenten engagiert, muss man sie jedoch sehr gründlich auf ihre Aufgabe vorbereiten. Sie müssen beispielsweise die Fragen so gut verstehen, dass sie sie auf Nachfrage dem Interviewten erläutern können. Auch dürfen sie die Frage nicht auf eine suggestive Art und Weise stellen, die den Informanten schon eine Antwort in den Mund legt. In der Regel ist es sinnvoll, dass man nach einer theoretischen Anleitung mehrere Interviews gemeinsam mit den Assistenten durchführt, ihr Frageverhalten beobachtet und nach der Interviewsituation mit ihnen bespricht und korrigiert. Axinn et al. (1991) gehen ausführlicher auf das Training von Interviewern ein.

7.6.2 Telefonische Befragung

Telefonische Befragungen assoziiert man eher mit Wahl- oder Marktforschung, aber sie kann auch in der Ethnologie sinnvoll sein. Das ist der Fall, wenn einerseits Telefone weit genug verbreitet sind, so dass man seine Informanten tatsächlich telefonisch erreichen kann, und wenn andererseits die Informanten so weit verstreut leben, dass man sie gar nicht alle zu einem Interview aufsuchen kann.

Telefonische Interviews lassen sich oft schneller erledigen als Interviews im direkten Gespräch, da man am Telefon häufig direkter ‚zur Sache' kommen kann und die sonst vielleicht obligatorische Tasse Kaffee beim Gespräch ausfällt. Gleichzeitig ist die Atmosphäre häufig unverbindlicher. Das kann eine gewisse Anonymität herstellen, in der sich manche Dinge leichter fragen und beantworten lassen als im persönlichen Gespräch. Genauso wie im persönlichen Gespräch sind auch beim Telefoninterview Nachfragen durch die Informanten möglich, Unklarheiten können also ausgeräumt werden. Eine Schwierigkeit bei Telefoninterviews besteht darin, überhaupt die Telefonnummern herauszufinden. Selbst in Deutschland, wo CD-ROMs oder Internetabfragen zur Verfügung stehen, ist das nicht immer leicht.

7.6.3 Schriftliche Befragung

Bei der schriftlichen Befragung wird dem Befragten der Fragebogen überge-
ben, den er dann selbständig, ohne Beteiligung eines Interviewers ausfüllt. Das
hat einige Nachteile. Nachfragen sind nicht möglich, der Interviewte interpretiert den Fragebogen auf seine Art, und diese Interpretation kann von dem, der
die Fragebögen erstellt und verteilt hat, nicht nachvollzogen werden. Man weiß
also nicht, ob die Fragen ‚richtig' verstanden wurden. Der Forscher kann die
Art des Verständnisses nicht aus Nebeninformationen, wie sie im Gespräch
selbstverständlich sind, schließen. Diese Schwierigkeit erfordert besondere
Sorgfalt bei der Erstellung von Fragebögen. Fragen müssen besonders einfach
und eindeutig formuliert werden. Ein schriftlicher Fragebogen muss außerdem
von einem Anschreiben begleitet werden, das Sinn und Zweck der Befragung
erläutert, Datenschutz und Anonymität zusichert und auch eine Kontaktadresse
für die Informanten nennt, falls sie doch weitergehende Fragen haben.

Schriftliche Befragungen sind in der Marktforschung sehr üblich. In der Ethnologie können sie dann sinnvoll sein, wenn man ein großes Sample befragen
möchte und dazu die Möglichkeiten direkter oder telefonischer Befragung nicht
ausreichen. Häufig wird eine schriftliche Befragung per Post durchgeführt.
Dies ist sinnvoll, da man dann kontrollieren kann, wer einen Fragebogen erhält
und wer nicht. Natürlich kann man Fragebögen auch selbst verteilen oder in
einem Schneeballsystem verteilen lassen. Dann fehlt aber die Kontrolle über
ihre Verteilung und es ist entsprechend schwieriger, die Aussagekraft der
Ergebnisse einzuschätzen.

Der postalische Versand von Fragebögen setzt zwei wichtige Ressourcen
voraus. Dies sind einerseits die Adressen der Informanten und andererseits
ausreichende Mittel für Porto, Rückporto und eventuell notwendige Erinne-
rungsschreiben. Aufgrund des gestiegenen Bewusstseins für Datenschutz ist
es allgemein schwieriger, Adressen zu bekommen. Für allgemeine, repräsen-
tative Surveys kann man sich mit dem Telefonbuch behelfen und nach einer
Zufallsmethode Adressen heraussuchen. Dies hilft aber nicht weiter, wenn
man ein bestimmtes Segment einer Bevölkerung befragen will. Hier muss
man versuchen, über Einrichtungen oder Vereine, mit denen diese Gruppe
zu tun hat, weiter zu kommen. Während ich diesen Beitrag schreibe, bereite
ich eine postalische Erhebung unter den Mitgliedern alevitischer Vereine in
Hamburg vor. Um die Adressen zu bekommen, bin ich auf die Kooperation
dieser Vereine angewiesen. Diese Kooperation ist nur möglich, wo ein größeres
Vertrauen aufgrund guter Kontakte besteht. Die Nutzung derartiger Mittlerin-
stitutionen schränkt natürlich die Gültigkeit der Ergebnisse ein. So bekomme
ich mit meiner Erhebung keine Informationen über Aleviten in Hamburg,

sondern lediglich über die Mitglieder alevitischer Vereine in Hamburg. Dies ist ein wichtiger Unterschied, da vermutlich nur solche Aleviten Mitglieder eines Vereins werden, für die es eine relativ große Bedeutung hat, Alevit zu sein. Es ist anzunehmen, dass sie viele Fragen anders beantworten als solche Aleviten, denen das Alevitentum nicht viel bedeutet.

Eine Schwierigkeit bei postalischen Befragungen besteht darin, dass die Antwortquote in der Regel geringer ist als in der persönlichen oder telefonischen Interviewsituation. Man wirft eben leichter einen Fragebogen ins Altpapier, als dass man ein Interview ablehnt, wenn man direkt angesprochen wird. Tipps, wie sich die Antwortquote bei postalischen Befragungen erhöhen lässt, finden sich bei Dillman (1978, 1983).

7.7 Auswertung

Wir haben nun also einen Fragebogen erstellt, ein Sample ausgewählt und die Befragung durchgeführt. Die ausgefüllten Fragebögen stapeln sich im Zelt neben dem Schlafsack des Forschers oder auf dem heimischen Schreibtisch. Was fängt man damit nun an?

Das Thema dieses Bandes ist die Datenerhebung. Verfahren zur Datenauswertung würden ein eigenes Buch füllen. Da es aber unbefriedigend wäre, auf die Auswertung der erhobene Daten überhaupt nicht einzugehen, sollen hier wenigstens einige einführende Informationen gegeben werden. Zum weitergehenden Studium verweise ich auf den Beitrag von Handwerker und Borgatti (2000), der auch zahlreiche weiterführende Literaturangaben enthält.

Die Auswertung der erhobenen Daten geschieht heute in der Regel mit entsprechenden Computerprogrammen, wie z.B. dem Statistical Package for the Social Sciences (SPSS). Das befreit den Forscher davon, selbst komplizierte Rechnungen durchzuführen. Die sinnvolle Benutzung derartiger Programme setzt aber Statistikkenntnisse voraus, damit man die Operationen des Programms nachvollziehen kann und weiß, welche Operationen mit welchen Daten sinnvoll durchgeführt werden können. An dieser Stelle kann ich keinen Crashkurs in Statistik geben, nur einige Grundbegriffe sollen vermittelt werden. Eine gute Einführung in die Statistik, die gleichzeitig die Arbeit mit SPSS vorstellt, bieten Diehl und Staufenbiel (2001).

7.7.1 Typen von Variablen

Mit den Fragen eines Fragebogens werden verschiedene *Variablen* erhoben. Diese Variablen können sehr unterschiedlichen Charakter haben. *Dichotome Variablen* können lediglich zwei Zustände annehmen. So wird in zahlreichen Gesellschaften die Variable ‚Geschlecht' entweder die Ausprägung ‚weiblich' oder ‚männlich' haben. Dichotom sind auch alle Variablen, die mit einer Ja/Nein-Frage erhoben werden. Dichotome Variablen sind gleichzeitig *nominale Variablen*. Sie erfassen Eigenschaften, die an sich keine Quantitäten wieder geben. Männlich ist nicht mehr als weiblich. Nominale Variablen sind nicht immer dichotom, die Variablen können auch mehrere Zustände annehmen. Betrachten wir die Variable ‚Familienstand' mit vier Ausprägungen: ledig, verheiratet, geschieden, verwitwet. Diese Variable ist *polytom*. Nominale Variablen geben Qualitäten wieder und sind dadurch charakterisiert, dass man lediglich die Häufigkeit ihrer Zustände feststellen, aber keine weitergehenden Rechenoperationen mit ihnen durchführen kann. So kann man auszählen, wieviele Informanten ledig oder verwitwet sind, es ist aber unmöglich, etwa einen Mittelwert der Ausprägungen anzugeben. Das Gleiche gilt für *ordinale* Variablen, die Rangfolgen erfassen, wie etwa der Schulabschluss oder der soziale Status. Hier ist zwar ein ‚mehr' oder ‚weniger' impliziert, das Abitur gilt eben ‚mehr' als ein Hauptschulabschluss. Aber auch hier können weder Mittelwerte gebildet noch der Abstand zwischen zwei Merkmalsausprägungen quantifiziert werden.

Dies ist bei *numerischen* Variablen anders, die tatsächlich Quantitäten angeben. Das Alter oder die Haushaltsgröße sind numerische Variablen, die keine Eigenschaften erfassen, sondern Mengen und daher Rechenoperationen erlauben. Numerische Variablen können eine diskrete Ausprägung haben und nur ganzzahlige Ergebnisse liefern, wie etwa die Zahl der Kinder in einem Haushalt. Oder sie sind kontinuierlich und können im Prinzip jede Zahl annehmen, was beispielsweise für die Größe von Landbesitz oder das Gewicht der Ernte zutrifft.

7.7.2 Die Codierung der Daten

Bevor quantitativ erhobene Daten ausgewertet werden können, muss man sie *codieren*. Dabei wird jeder möglichen Merkmalsausprägung einer Variablen ein Code zugeordnet, in der Regel eine Zahl. Die Codierung wird in einem Codebuch festgehalten, damit auch im Nachhinein die Bedeutung der Codes wieder expliziert werden kann. Für die Variable ‚Familienstand' kann etwa festgelegt werden: ledig = 1; verheiratet = 2; geschieden = 3; verwitwet = 4.

In der Datentabelle werden dann nur noch die entsprechenden Codes notiert. Man darf sich dabei nicht durch die Tatsache verwirren lassen, dass auch Nominalvariablen mit Ziffern ausgedrückt werden. Mit diesen Ziffern kann nicht gerechnet werden! Um das zu verhindern, muss im Codebuch unbedingt festgehalten werden, welchem Typ die jeweilige Variable enstpricht, d. h. ob es sich um eine nominale, ordinale oder numerische Variable handelt. Neben der exakten Beschreibung einer Variablen mit den möglichen Merkmalsausprägungen und dem Typus enthält ein Codebuch normalerweise auch die laufende Nummer der Variablen (die meistens der Nummer der Frage im Fragebogen entspricht) sowie eine Abkürzung als Namen der Variablen.

Im Abschnitt über die Konstruktion von Fragebögen wurde zwischen offenen und geschlossenen Fragen unterschieden. Geschlossene Fragen, bei denen die Antwortkategorien (die vollständig und disjunkt sein müssen) schon vorgegeben sind, erleichtern die Codierung. Man kann gleich auf dem Fragebogen hinter jedem Kästchen zum Ankreuzen den zugeordneten Code angeben. Die Codierung offener Fragen ist schwieriger. Sie kann erst *nach* der Befragung vorgenommen werden, da vorher gar nicht bekannt ist, welche Antworten vorkommen werden. In diesem Fall müssen aus den Antworten sinnvolle Kategorien gebildet werden, denen man dann die Codes zuordnet.

Numerische Daten müssen nicht notwendigerweise codiert werden. Bei der Variable ‚Alter‘ kann einfach das Alter als Anzahl der Lebensjahre in die Datentabelle eingetragen werden. Es ist aber unbedingt erforderlich, dass die Einheit im Codebuch festgehalten wird, also etwa, dass das Alter in Jahren angegeben wird. Es kann auch sein, dass man numerische Daten nicht als solche weiterverarbeiten will, sondern dass sie in Gruppen zusammen gefasst werden. So ist es vielleicht sinnvoll, die Variable ‚Einkommen‘ nicht in absoluten Zahlen festzuhalten, sondern in Tausendergruppen, etwa ‚bis 1000 €‘, ‚1001 bis 2000 €‘, ‚2001 bis 3000 €‘ und so weiter. Dann wird jeder Gruppe ein Code zugeordnet. In solchen Fällen muss man sich überlegen, ob gleich bei der Datenerhebung nur danach gefragt werden soll, in welche Gruppe das Einkommen der Informanten fällt, oder ob das exakte Einkommen erhoben wird und man erst im Nachhinein Gruppen bildet. Dabei ist es wichtig zu beachten, dass Daten, die nur in Gruppen erhoben werden, nicht wieder in exakte Angaben zurückverwandelt werden können, auch wenn das zu einem späteren Zeitpunkt der Analyse sinnvoll wird. Man hält sich also mehr Möglichkeiten der Analyse offen, wenn Daten erst nachträglich in Gruppen zusammengefasst und codiert werden.

Häufig liegen nicht von allen Informanten Daten zu allen Variablen vor, etwa weil ein Informant eine Frage nicht beantworten kann oder will. Derartige *fehlenden Daten* werden gesondert codiert, damit sie bei der Analyse als solche erkannt und behandelt werden können.

7.7.3 Die Datentabelle

Die codierten Daten können nun in eine *Datentabelle* oder *Matrix* eingetragen werden. Die Datentabelle ist so organisiert, dass alle Angaben zu einem Informanten sich in einer Zeile befinden. Diese Daten bilden einen *Datensatz*. Wenn man hundert Interviews geführt hat, liegen also hundert Datensätze vor. Die Variablen sind in Spalten angeordnet. Auch Statistikprogramme wie SPSS arbeiten mit solchen Datentabellen. Dabei müssen die Spalten jeweils für die entsprechende Variable eingerichtet werden. Der Spalte wird der Name der Variable zugeordnet, die Art der Variablen und ihre Codierung werden angegeben. Die erste Spalte der Datenmatrix enthält normalerweise die laufende Nummer des Datensatzes (d. h. die Nummer des Informanten). Daran schließen sich Spalten zu allen Variablen an.

Mit Statistikprogrammen ist es kein Problem, auch große Datentabellen zu verwalten – und Datentabellen werden sehr schnell sehr groß. Wenn man hundert Informanten befragt hat und von jedem Informanten sechzig Variablen erhoben hat, dann umfasst die Matrix schon 6000 Felder.

Die Eingabe der Daten ist eine ermüdende Tätigkeit, besonders bei zahlreichen und großen Datensätzen. Umso wichtiger ist es, dass die Dateneingabe mit großer Sorgfalt geschieht, denn Fehler bei der Dateneingabe gehören zu den häufigsten Fehlerquellen bei der Auswertung. Es ist daher wichtig, die Daten nach der Eingabe noch einmal zu überprüfen.

7.7.4 Univariate Statistik

Die quantitative Auswertung von Daten lässt sich in zwei große Bereiche unterteilen. Der erste betrifft die jeweils einzelnen Variablen und beschreibt die für sie erhobenen Daten. Da jede Variable für sich betrachtet wird, spricht man von *univariater* oder auch von *deskriptiver* Statistik. Der zweite Bereich betrifft die Analyse von Relationen zwischen verschiedenen Variablen, mit denen spezifische Hypothesen getestet werden. Ich gehe in diesem Beitrag lediglich auf die univariate Statistik ein.

Drei Bereiche univariater Statistik können unterschieden werden: Häufigkeits-
verteilung, zentrale Tendenz und Streuung. Zur Feststellung der *Häufigkeits-
verteilung* wird errechnet, wie oft jede Merkmalsausprägung einer Variablen
im Sample vorkommt. Dazu legt man eine Häufigkeitstabelle an, in der die
Häufigkeit jedes Zustandes normalerweise sowohl in absoluten Zahlen als
auch in Prozenten angegeben wird. Oft werden zusätzlich zu den Angaben zu
den einzelnen Merkmalsausprägungen auch jeweils die kumulierten Angaben
(meist in Prozenten) errechnet, damit man auf einen Blick die gemeinsame
Häufigkeit mehrerer Merkmalsausprägungen sehen kann. So kann man in
der folgenden Tabelle der Anzahl von Kindern in einem Haushalt auf einen
Blick erkennen, dass in 65,7% der Haushalte höchstens zwei Kinder leben.
Konventionell wird zu der Tabelle die Größe des Samples (n) angegeben.

Häufigkeitstabelle: Zahl der Kinder im Haushalt

Zahl der Kinder	Häufigkeit	Prozent	kumulierte Prozente
0	5	14,3	14,3
1	7	20,0	34,3
2	11	31,4	65,7
3	8	22,9	88,6
4	3	8,6	97,1
5	1	2,9	100,0

n = 35

Maße der zentralen Tendenz geben die *Mittelwerte* an. Das *arithmetische
Mittel* ist sicherlich das bekannteste Maß der zentralen Tendenz, es errechnet
sich aus der Summe der erhobenen Werte geteilt durch die Anzahl der Fälle.
Im Fall der Anzahl der Kinder im Haushalt ergibt sich so ein arithmetisches
Mittel von zwei Kindern. Das arithmetische Mittel kann nur für numerische
Variablen errechnet werden. Ein weiteres Maß ist der *Median*. Der Median
unterteilt die erhobenen Werte so, dass er genau in der Mitte liegt, d.h. die eine
Hälfte der aufgetretenen Werte liegt ‚vor' dem Median, die andere Hälfte folgt
‚nach' dem Median. Ein weiteres Maß der zentralen Tendenz ist der *Modus*
oder *Modalwert*. Er ist der im Sample am häufigsten vorkommende Wert. Es
können bei einer Messung auch mehrere Modi vorkommen, wenn mehrere
Werte gleich häufig gemessen werden.

Mit der Angabe von Mittelwerten allein ist ein Sample unvollständig beschrieben. Darauf weist ein alter Statistikerwitz hin: Ein Statistiker hat die rechte
Hand im Eisfach und die linke auf einer heißen Herdplatte. Er kommentiert:
‚Im Mittelwert eine angenehme Temperatur!' *Maße der Streuung* liefern Informationen über die Verteilung der Werte in einem Sample. Hier ist zunächst die

Spannweite zu nennen, die sich aus der Differenz zwischen dem größten und dem kleinsten gemessenen Wert ergibt. In die Spannweite gehen nur zwei der gemessenen Werte ein, die *Standardabweichung* berücksichtigt dagegen alle Werte. Sie errechnet sich, indem man die Wurzel aus der durchschnittlichen quadrierten Abweichung vom Mittelwert bildet. Die Standardabweichung ist ein Maß für die Homogenität oder Heterogenität der Meßwerte: Werden nur identische Werte gemessen, ist die Standardabweichung null.

Mit Häufigkeiten, Maßen der zentralen Tendenz und Maßen der Streuung lassen sich die Erhebungsergebnisse zu den einzelnen Variablen beschreiben. Wichtig ist, dass es hier immer nur um einzelne Variablen geht, nicht um Beziehungen und Zusammenhängen zwischen mehreren Variablen.

7.8 Schluss

Quantitative Methoden werden mehr mit Soziologie assoziiert als mit Ethnologie. Dass auch die Ethnologie ohne Quantifizierung nicht auskommt, hat dieser Beitrag gezeigt. Die Verfahren, die Soziologen und Ethnologen bei quantitativen Erhebungen anwenden, sind identisch. Aber es gibt trotzdem Unterschiede: Da Ethnologen häufiger in anderskulturellen Kontexten arbeiten, müssen sie bei der Erstellung von Fragebögen, bei der Auswahl von Kategorien und der Formulierung der Fragen noch größere Sorgfalt walten lassen als die Kollegen aus der Soziologie. Und schließlich kommt in der Ethnologie etwas kaum vor, was in der Soziologie recht häufig ist: dass eine Forschung allein mit quantitativen Daten operiert. Man mag das – etwa aus der Perspektive der empirischen Sozialforschung – für einen Mangel an Exaktheit halten, tatsächlich drückt sich darin aber die Erkenntnis aus, dass sich nicht alle Aspekte menschlicher Lebenswelten sinnvoll in Zahlen erfassen lassen. Ethnologische Forschung wird daher nie ohne eine Kombination verschiedener Erhebungsmethoden auskommen.

7.9 Literatur

Axinn, William G.; Thomas E. Fricke; Arland Thornton
1991   The Microdemographic Community-Study Approach. In: Sociological Methods
        & Research 20: 187–217.

Bernard, H. Russel
1995   Research Methods in Anthropology. Walnut Creek.

Brislin, R. W.
1986   The Wording and Translation of Research Instruments. In: Lonner, W. J.; J. W.
              Berry (Hg.): Field Methods in Cross-cultural Research: 137–164. Thousand
              Oaks.

Diehl, Joerg M.; Thomas Staufenbiel
2001   Statistik mit SPSS. Eschborn.

Dillman, D. A.
1978   Mail and Telephone Surveys: The Total Design Method. New York.
1983   Mail and Other Self-administered Questionnaires. In: Rossi, P. H.; J. D. Wright;
              A. B. Anderson (Hg.): Handbook of Survey Research. New York, Academic
              Press: 359–378.

Evans-Pritchard, Edgar Evan
[1940] 1969 The Nuer. Oxford.

Handwerker, W. Penn; Stephen P. Borgatti
2000   Reasoning with Numbers. In: Bernard, H. Russel (Hg.): Handbook of Methods
              in Cultural Anthropology: 549–594. Walnut Creek.

Headland, Thomas N.; Kenneth L. Pike; Marvin Harris (Hg.)
1990   Emics and Etics. The Insider/Outsider Debate. Newbury Park.

Schweizer, Thomas
2000   Epistemology. The Nature and Validation of Anthropological Knowledge. In:
              Bernard, H. Russel (Hg.): Handbook of Methods in Cultural Anthropology:
              39–87. Walnut Creek.

Sobo, Elisa J.; Victor C. De Munck
1998   The Forest of Methods. In: De Munck, Victor C.; Elisa J. Sobo (Hg.): Using
              Methods in the Field. A Practical Introduction and Casebook: 13–37. Walnut
              Creek.

Weller, Susan C.
1998   Structured Interviewing and Questionnaire Construction. In: Bernard, H. Rus-
              sel (Hg.): Handbook of Methods in Cultural Anthropology: 365–409. Walnut

Bettina Beer

8 Systematische Beobachtung

8.1 Was ist Systematische Beobachtung?

Systematische Beobachtung ist die *an einer konkreten Fragestellung orientierte, vorher geplante und sorgfältig dokumentierte Wahrnehmung mit allen Sinnen.* Der Unterschied zwischen alltäglichen und wissenschaftlichen Beobachtungen besteht darin, dass wissenschaftliche Beobachtungen gezielt eingesetzt, kontrolliert und dokumentiert werden. Häufig wird Beobachtung nur mit der visuellen Aufnahme von Informationen gleichgesetzt und dem Bereich des Sprachlichen und damit akustisch Aufgenommenen gegenübergestellt. Das Mithören sprachlicher Äußerungen kann jedoch ebenfalls wichtiger Teil einer Beobachtungssituation sein. Allerdings wird Sprechen dann als Verhalten unter anderen Verhaltensweisen aufgenommen und nicht wie in Gesprächen und Befragungen (siehe dazu die Beiträge von Judith Schlehe und Martin Sökefeld) als Antwort auf Fragen des Ethnologen genutzt. Im Allgemeinen gehen bei der Teilnehmenden Beobachtung dagegen Mithören, Unterhaltungen, Fragen, Beobachtungen und das Sammeln gezielter Informationen ineinander über. In der Feldforschung werden, je nach theoretischer Ausrichtung und Fragestellung, beide methodischen Schwerpunkte miteinander kombiniert, wenn auch unterschiedlich gewichtet: zum einen sprachliche und zum anderen stärker an beobachtbarem Verhalten orientierte Datenerhebungen.

Was beobachten Ethnologen? Spontan würde man antworten: *Verhalten*, also das, was Menschen tun. Bei einigem Nachdenken wird jedoch deutlich, dass wir auch die Ergebnisse von Verhalten und *Verhaltensspuren* beobachten. Wir nehmen wahr, welche Kleidung Menschen tragen, wie ihre Häuser aussehen, welche Gegenstände sie anfertigen. Ethnologen schließen beispielsweise auch aus Abfällen auf früheres Verhalten von Menschen. Zu diesen indirekten Methoden später mehr.

Bei der ethnologischen Feldforschung spielt die *Teilnehmende Beobachtung* im Allgemeinen die wichtigste Rolle (siehe Kapitel 2). Häufig wird dieser Begriff in der Öffentlichkeit oder in Nachbardisziplinen sogar synonym für Ethnographie und ethnologische Feldforschung überhaupt benutzt, was jedoch aus Gründen der Eindeutigkeit vermieden werden sollte. Die Systematische Beobachtung wird im Vergleich zur Teilnehmenden Beobachtung meist eher am Rande diskutiert, obwohl Ethnologen sie ebenfalls, wenn auch seltener, als Feldforschungsverfahren einsetzen.

Auf Beobachtung beruhende Methoden können zur Kontrolle der stärker sprachlich ausgerichteten Verfahren (Interviews, Unterhaltungen, Erhebung von Texten) dienen. Gerade die Kombination von Beobachtung und Befragung macht Unterschiede zwischen dem Ideal (wie es von Informanten formuliert wird) und der Wirklichkeit, dem tatsächlichen Verhalten, deutlich. Teilnehmende und Systematische Beobachtung werden in diesem Band gesondert dargestellt, in der Feldforschungssituation ergänzen sie sich jedoch und können in jeweils unterschiedlichen Phasen zum Einsatz kommen.

In den Sozialwissenschaften liegt die Betonung stärker als in der Ethnologie auf der Befragung. Andreas Diekmann (2007: 434–436) hat die Jahrgänge zwischen 1988 und 1993 der drei wichtigsten deutschen soziologischen Zeitschriften ausgewertet. Es waren 184 Artikel mit Ergebnissen empirischer Untersuchungen. Davon beruhten die meisten auf Befragungen (164), dagegen basierten nur 15 auf Beobachtungen, 26 auf Inhaltsanalysen und 30 auf amtlichen Daten. Eric Wolf sieht gerade die Betonung der Beobachtung als eine Stärke der Ethnologie, die sie von ihren „mächtigeren" Nachbarfächern wie Soziologie, Politologie und Psychologie unterscheidet. Er schreibt:

„Wir sind heute eine der wenigen übrig gebliebenen beobachtungsorientierten Disziplinen. Beobachtung erlaubt es uns, zwischen Normen und Verhalten zu unterscheiden und deren Beziehung zu problematisieren. Das macht uns professionell misstrauisch gegenüber nomothetischen [auf Gesetzmäßigkeiten zielenden] Abstraktionen dessen, was Menschen tun, egal, ob diese von Informanten oder Sozialwissenschaftlern geltend gemacht werden oder ob sie für alle Menschen überall behauptet werden. Die Bakweri oder Melpa zu untersuchen, hat uns gegenüber wohlgemeinten generalisierenden Schemata, die nicht auf spezifizierten Bevölkerungen in definierten Umständen beruhen, vorsichtig gemacht. Viel wahrscheinlicher sind wir deshalb Kritiker als Architekten der großen Theorien." (Wolf 2001: 79, Übersetzung u. Anmerkung der Verfasserin)

8.2 Beobachtungsverfahren

Beobachtung kann mehr oder weniger ausgeprägt *teilnehmend* oder in unterschiedlichem Maße *systematisiert* sein. Bei beiden Dimensionen handelt es sich um ein Kontinuum, um ein Mehr oder Weniger. Die Systematische Beobachtung eröffnet wiederum verschiedene Möglichkeiten, von denen vier in der folgenden Tabelle hervorgehoben sind. Diese Möglichkeiten bewegen sich zwischen den Dimensionen *offen – verdeckt* und *direkt – indirekt*. Der Gegensatz offen – verdeckt bezieht sich darauf, inwieweit alle beobachteten Personen Kenntnis von der Anwesenheit und/oder den Motiven der Beobachter haben. Der Gegensatz direkt – indirekt bezieht sich darauf, ob Verhalten oder nur dessen Spuren bzw. Auswirkungen beobachtet werden (etwa entstandene Abfälle, angefertigte Gegenstände, bepflanzte Felder etc.). Der Vorteil von verdeckten und/oder indirekten Beobachtungen liegt darin, dass sie weniger *reaktiv* sind als Beobachtungen, bei denen der Forscher sich zu erkennen gibt. *Reaktiv* bedeutet, dass die Untersuchten den Wissenschaftler wahrnehmen, auf ihn reagieren und damit eventuell ihr Verhalten verändern. Den Wert nicht-reaktiver Verfahren für die Sozialwissenschaften haben Webb, Campbell, Schwartz und Sechrest (1968) zu Recht betont. Diese Datengewinnungsverfahren haben jedoch auch Nachteile, vor allem bringen sie ethische Probleme mit sich. Aus den vier Dimensionen der Beobachtung ergeben sich die folgenden Möglichkeiten:

		nicht-teilnehmend (weniger reaktiv)		teilnehmend (stärker reaktiv)	
		verdeckt	offen	verdeckt	offen
systematisch	direkt	X	X	X	X
	indirekt	X	X	(X)	—
unsystematisch	direkt	X	X	X	X
	indirekt	X	X	(X)	—

Tabelle 1: Übersicht über verschiedene Beobachtungsverfahren.

Charakteristisch für die Teilnehmende Beobachtung ist, dass der Beobachter eine soziale Rolle in der untersuchten Gemeinschaft übernimmt und an deren Aktivitäten teilnimmt. *Teilnahme* kann anfänglich nur Anwesenheit und später weitgehende Integration bedeuten (siehe dazu auch den Beitrag von Brigitta Hauser-Schäublin). Meist spielt sie zu Beginn in der explorativen ("entdeckenden") Phase der Feldforschung eine größere Rolle, wenn man noch für alles

Neue offen ist. Zunächst sind hier nur geringe Vorkenntnisse nötig. Offenheit und die Vermeidung der verfrühten Anwendung eigener Beobachtungskategorien sind in dieser Phase Vorteile der Teilnehmenden Beobachtung. Als Vorteil wird auch genannt, die Teilnehmende Beobachtung minimiere den störenden Einfluss des Forschers auf die untersuchte Gesellschaft, da sich die Informanten an ihn gewöhnten. Seine Integration lasse ihn vom Fremden zum Mitglied der Gemeinschaft werden. Gleichzeitig kann allerdings die lange Anwesenheit und Integration des Ethnologen die untersuchte Gruppe verändern.

In diesem Kapitel soll es jedoch um die *Systematische Beobachtung* gehen, also um die grau hervorgehobenen Möglichkeiten in der obigen Tabelle. Bei der Systematischen Beobachtung ist im Gegensatz zur Teilnahme (1.) die soziale und manchmal auch räumliche Distanz des Forschers zu den Untersuchten größer, (2.) wird größerer Wert auf die Auswahl der Untersuchungseinheiten und -kategorien (die Stichprobenauswahl oder das *sampling*) gelegt und (3.) geht es darum, Verhalten quantitativ zu fassen, also messbar zu machen.

Im Allgemeinen wird in der Ethnologie die *verdeckte Beobachtung* als unethisch abgelehnt. Ich möchte jedoch das Beispiel eigener Untersuchungen zum Verkauf von Heilmitteln auf den Philippinen aufgreifen, um zu zeigen, dass es unter Abwägung aller Vor- und Nachteile ethisch gerechtfertigt sein kann, auch in einer Feldforschung verdeckte Beobachtung einzusetzen. Ich schildere hier ein Beispiel aus meinen eigenen Feldforschungen bei Ati (so genannten *Negritos*) auf den Philippinen, auf das ich auch in den folgenden Abschnitten zurückkommen werde. Ati-Frauen (selten auch Männer) verkaufen auf Märkten ihre Heilmittel an die Mehrheitsbevölkerung, an die Filipinos. Beim Verkauf beziehen sie sich auf ihre ethnische Herkunft, die gegenüber den Filipinos für Kenntnisse traditioneller Medizin und magischer Praktiken bürgt. Bei solchen Verkaufsinteraktionen wollte ich dabei sein und direkt Fragen stellen, um zu erfassen, welche Heilmittel besonders gerne gekauft werden, von wem sie gekauft werden und wieviel die Ati damit einnehmen. Sobald ich, eine „weiße" Frau, mit den auf den Philippinen etwas misstrauisch betrachteten kleinen „schwarzen" Ati zusammen auf dem Markt saß, müssen wir für Filipinos ein ausgesprochen exotisches Bild abgegebenen haben. Es bildete sich in kürzester Zeit ein Menschenauflauf. Die Leute wollten wissen, woher ich diese Negritos kenne, ob ich an ihre Medizin glaube, ob ich keine Angst vor ihrer Magie hätte etc. In dieser Situation selbst Fragen zu stellen, war für mich schwierig. Die direkte, offene Beobachtung des Heilpflanzenverkaufs der Ati an Filipinos war so nicht möglich. Auch späteres Befragen erwies sich als schwierig: So gaben etwa viele Filipinos, die mir von Ati als Kunden genannt worden waren, den Kauf nicht zu und konnten schon deshalb nicht befragt werden. Die Ati selbst schwiegen sich über ihre Einnahmen untereinander und zunächst auch mir gegenüber aus. Die Lösung bestand darin, dass ich auf dem Markt der Hauptstadt Bohols in einem kleinen Friseurladen direkt hinter dem Verkaufsstand der Ati saß, von wo aus ich alles beobachten und einen Teil der Gespräche auch mithören konnte. Die Ati waren vollständig in mein Vorhaben eingeweiht, ihre Kundinnen und Kunden jedoch glaubten, ich warte auf einen Haarschnitt. Ich konnte im Friseurladen einigermaßen bequem sitzend Protokolle schreiben und Beobachtungsbögen ausfüllen, die ich im nächsten Abschnitt noch genauer darstellen werde. Außerdem konnte ich sofort nachdem Kunden gegangen waren, die Verkäuferinnen nach Details fragen, die mir entgangen waren.

Dieses Vorgehen hatte einen weiteren unerwarteten Vorteil: Ich erlebte zum ersten Mal offen diskriminierendes Verhalten der Filipinos gegenüber den Ati. Im Dorf äußerten sich Filipinos mir gegenüber, wenn es um die Ati ging, eher zurückhaltend. Man merkte höchstens an, sie würden stinken oder seien Alkoholiker. Aber das waren vereinzelte Aussagen, denn alle wussten, dass ich in einer Ati-Familie lebte, dass ich ihnen nicht negativ gegenüberstand. Und Filipinos hatten wohl auch das Gefühl, Toleranz zeigen zu müssen. Erst auf dem Markt in der Stadt konnte ich erleben, wie Männer die Ati-Frauen belästigten, wie Passanten stehen blieben, mit dem Finger auf sie zeigten und lachten oder sie als „kleine Affen" bezeichneten. Diese Vorfälle notierte ich in einer gesonderten Rubrik. Die Filipinos, die sich so verhielten, wussten nicht, dass sie von einer Ethnologin beobachtet wurden. Das wichtigste Argument dafür, weiterhin verdeckt zu beobachten, war, dass die Personen sich auf einem Markt, das heißt in der Öffentlichkeit, bewegten und schon deshalb damit rechnen mussten, beobachtet zu werden. In privaten Situationen verdeckt zu beobachten, wäre ethisch jedoch noch problematischer.

Zu den nicht auf Teilnahme beruhenden, indirekten, teilweise verdeckten Verfahren, bei denen Beobachtung systematisch eingesetzt wird, gehören auch *Experimente*. Dabei ist zentral, dass der Untersuchende eine Situation herstellt, in der er für die Fragestellung wichtige Variablen bestimmen und variieren kann. Ein *Feldexperiment* (auch als „naturalistisches Experiment" bezeichnet) bedeutet, dass der Untersuchende dies nicht in einem Labor, sondern in der *natürlichen* Umgebung der Versuchspersonen tut. Solche Feldexperimente, die hin und wieder von Soziologen und Sozialpsychologen durchgeführt werden, spielen in der Ethnologie seltener eine Rolle. Das liegt zum einen daran, dass meist mehrere Forscher und Assistenten zusammenarbeiten müssen und zum anderen daran, dass solche Experimente im Allgemeinen nur in der Anonymität der Großstadt möglich sind. Ein bekanntes Beispiel ist die *lost-letter-technique*, bei der Briefe an verschiedenen Orten „verloren" werden. Ziel ist es, herauszufinden, wie Status oder ethnische Zugehörigkeit der Adressaten die Hilfsbereitschaft von Passanten beeinflussen. Sozialwissenschaftler zählen, wie viele der Briefe aufgehoben und in einen Briefkasten gesteckt werden – je nach Titel, Namen des Empfängers oder Namen der in der Adresse angegebenen Organisation ergeben sich unterschiedliche Rücklaufquoten (weitere

Beispiele in: Diekmann 2007, zur Ethnologie: Bernard 2006: 133–145). Sozialpsychologen haben auch schon die Belästigung von Frauen oder Schlägereien
in der Öffentlichkeit *inszeniert*, um das Eingreifen von Passanten beobachten
zu können. In einem Dorf auf den Philippinen wären Feldexperimente, wie sie
von Sozialwissenschaftlern durchgeführt werden, schwierig zu arrangieren.
Ein gefundener Brief wäre beispielsweise leicht zuzuordnen und öffentliche
Inszenierungen würde man als sehr merkwürdiges Verhalten des Ethnologen
auslegen, was im schlimmsten Fall Konsequenzen für die weitere Forschung
hätte. Es kann jedoch sein, dass phantasievolle Ethnologinnen und Ethnologen in Zukunft kulturell angepasste Feldexperimente entwickeln, die zu
brauchbaren Ergebnissen führen. Der Übergang von Feldexperimenten zu
Experimenten (dazu etwa Sechrest 1973) und *Testverfahren* ist fließend. Da
bei diesen jedoch nicht die Beobachtung, sondern die Planung der Situation
und Kontrolle bestimmter Variablen im Mittelpunkt stehen, soll hier nicht
ausführlicher darauf eingegangen werden. Experimente und Tests spielen etwa
für Methoden der kognitiven Ethnologie eine Rolle, die in diesem Band im
Beitrag von Christoph Antweiler genauer dargestellt werden.

Auch das Merkmal, ob systematische Beobachtungen in einer *natürlichen*
oder *künstlichen Situation* durchgeführt werden, spielt für das Verfahren eine
Rolle. Während ihrer Feldforschungen bemühen sich Ethnologen meistens,
„natürliches", also nicht durch den Forscher hervorgerufenes, Verhalten zu
erfassen. Das mag ein weiterer Grund dafür sein, dass man mit den oben geschilderten Feldexperimenten eher zurückhaltend ist. Allerdings kann es für
gezielte Fragestellungen durchaus sinnvoll sein, Informanten aufzufordern,
zum Beispiel die Herstellung von Gegenständen in einer „unnatürlichen"
Situation vorzuführen.

III. Üblicher als die Durchführung von Feldexperimenten ist in der Ethnologie
die Auswertung von *Verhaltensspuren*. Es handelt sich dabei ebenfalls um
eine nicht-reaktive und indirekte Methode der Datengewinnung. Die Aufnahme der im Garten angebauten Nutzpflanzen, das Auflisten aller im Haushalt
befindlichen Gegenstände oder die Untersuchung des täglich entstehenden
Mülls bieten Möglichkeiten, von *Spuren* oder Ergebnissen auf vergangenes
Verhalten zu schließen.

IV. Beobachtung muss nicht immer *Fremdbeobachtung* bedeuten, es sind auch
Selbstbeobachtungen möglich. So kann der Ethnologe, statt selbst zu beobachten, beispielsweise verschiedene Informanten bitten, ihren Tagesablauf
schriftlich festzuhalten, also aufzuschreiben, was es zu den Mahlzeiten zu
essen gab oder wofür täglich wie viel Geld ausgegeben wurde. So hat eine
meiner Hauptinformantinnen auf den Philippinen beispielsweise über längere
Zeit Tagebuch geführt und alle ihre Einnahmen verzeichnet. Voraussetzung
sind dafür zuverlässige, disziplinierte und kooperative Informantinnen und
Informanten. Möchte man Selbstbeobachtungen systematisch einsetzen, ist

es ratsam, den Betreffenden vorbereitete Protokollbögen zu geben, in die sie Angaben eintragen können. Ein Nachteil besteht darin, dass Selbstbeobachtung **stark reaktiv** ist: Das Bewusstwerden von Verhalten durch Selbstbeobachtung wirkt sich auf das Verhalten aus. Deshalb empfiehlt man z. B. übergewichtigen Personen, alle verzehrten Nahrungsmittel zu protokollieren – allein durch das Bewusstsein, wie viele Kalorien aufgenommen werden, kann sich das Essverhalten ändern. Ähnlich verhält es sich mit ständig gestressten Menschen, die so ihre Zeiteinteilung überprüfen und verbessern können. Für zivilisationsgeplagte Mitbürger sind das wünschenswerte Effekte – für den Ethnologen jedoch durch die Methode hervorgerufene Verzerrungen, die er gerade vermeiden möchte.

8.3 Wann ist Beobachtung sinnvoll?

Die Brauchbarkeit jeder Methode kann nur in Bezug auf Fragestellungen und Themen beurteilt werden, für die sie eingesetzt werden soll. Eine Methode ist also nicht *per se* besser oder schlechter als eine andere. Zunächst sollte man sich deshalb fragen, für welche Themenbereiche, Fragestellungen, Hypothesen und Phasen der Feldforschung die Systematische Beobachtung besonders geeignet ist. Es gibt bestimmte Themen und Fragestellungen, bei denen Beobachtung eher einsetzbar ist als Befragung bzw. bei denen Systematische Beobachtungen ergänzend genutzt werden sollten. Solche Fragestellungen und Problemfelder sind im Folgenden zusammengestellt:

1. Ein übliches Verfahren ist die Systematische Beobachtung bei der Untersuchung des Verhaltens von Tieren. Aber auch in der Ethnologie wird sie vor allem in Bereichen angewandt, in denen kein oder nur ein *begrenzter Einsatz von Sprache* möglich ist. Ein klassisches Beispiel für ein solches Anwendungsgebiet ist die Beobachtung des Verhaltens von Kleinkindern, die zum einen noch nicht in der Lage sind, sich verbal auszudrücken und zum anderen auch durch die Anwesenheit bzw. den Umgang mit Erwachsenen beeinflusst werden, die also sehr stark auf die Person des Forschers reagieren. Aggressives Verhalten von Kindern untereinander, Kinderspiele oder Mutter-Kind-Interaktionen werden dementsprechend häufig mit Hilfe systematischer Beobachtungen erfasst. Ein Klassiker der Untersuchung von Kindern durch Ethnologen ist etwa die *Six Cultures Study* von Beatrice und John Whiting (1975). In dieser vergleichenden Untersuchung beobachteten Feldforscher in sechs verschiedenen Gesellschaften Kinder im Alter zwischen drei und elf Jahren jeweils fünf Minuten lang. Das Datenmaterial wurde später von anderen Wissenschaftlern an der Harvard University nach zwölf festgelegten Kategorien kodiert und von den Whitings vergleichend

ausgewertet. Es zeigten sich vielfältige Zusammenhänge beispielsweise zwischen unterstützend-verantwortlichem bzw. egoistischem Verhalten von Kindern und der Komplexität der untersuchten Gesellschaft (ebd.: 175, 176).

2. Systematische und vor allem distanzierte Beobachtung empfiehlt sich auch, wenn zu erwarten ist, dass die *Anwesenheit eines Forschers die Situation stark verändert.* Möchte man unbeaufsichtigte Kinder auf Schulhöfen oder regelwidriges Verhalten von Autofahrern untersuchen, dann müssen sich diese Personen unbeobachtet fühlen. In der Feldforschung, vor allem, wenn sich Ethnologen von der einheimischen Bevölkerung auch äußerlich stark unterscheiden, kann ihre Anwesenheit das Verhalten völlig verändern. Ein Beispiel für eine solche Situation habe ich oben bereits angeführt. Es war mir nicht möglich, die Interaktionen zwischen Ati-Frauen und ihren Kundinnen und Kunden offen zu beobachten. Die Ati-Frauen am Ende des Tages zu befragen, brachte ebenfalls wenige Informationen, da sie sich über ihren Verdienst ausschwiegen und auch im Nachhinein keine brauchbaren Angaben über die verkauften Mittel machten. Unter den Ati ist der soziale Erwartungsdruck, dass Einnahmen geteilt werden müssen, hoch. Den eigenen Verdienst spielt man deshalb meistens herunter. Der Widerspruch zwischen dem Ideal, zu teilen und dem Wunsch, eigene Einkünfte oder davon gekaufte Heilmittel für sich zu behalten, leitet auch schon zu dem nächsten Punkt über.

3. Systematische Beobachtung ist vor allem dann ratsam, wenn *Ideal und Verhalten* besonders weit auseinander gehen, bzw. wenn es um Bereiche einer Kultur geht, die normalerweise nicht offen angesprochen werden. Als Beispiel dafür können wieder die Erfahrungen bei den Ati dienen: Sie verkaufen Heilmittel, an deren Wirkung sie teilweise selbst nicht glauben. Hätte ich nur Heilmittel abgefragt, hätte ich dieselben Antworten bekommen, wie man sie auch den interessierten philippinischen Kundinnen gibt. Erst durch Systematische Beobachtung wurde deutlich, dass es zwei Klassen von Heilmitteln gibt: solche, an die man glaubt und die man selbst benutzt, und solche, die man für viel Geld verkauft, ohne dass sie von besonderer Wirkung sind.

4. Es gibt Themen, bei denen es aufgrund der *Fragestellung* sehr viel einfacher ist, einen Vorgang selbst zu beobachten als ihn sich von Informanten beschreiben zu lassen. Dies trifft vor allem dann zu, wenn Handlungen oder Verhalten selbst Gegenstand der Untersuchung sind. Möchte man etwa über verschiedene Herstellungstechniken bestimmter Gegenstände arbeiten, ist es für beide Seiten am einfachsten, der Informant führt die Herstellung vor. In solchen Fällen kann das Verhalten dann auch durch Foto oder Film festgehalten und eventuell später vergleichend ausgewertet werden. Aspekte, die bei einer ersten Beobachtung eventuell übersehen oder als Problem noch

Abbildung 1: Eine Kundin betrachtet Heilmittel (Cebu, 1997).

Abbildung 2: Auf dem Boden ausgebreitete Heilmittel (Cebu, 1997).

nicht deutlich geworden sind, können später kontrolliert werden. Den Ati war es etwa zu umständlich, mir bestimmte „Taschenspieler-Tricks" aus ihrem magischen Repertoire der Heilmittel zu erklären, ich konnte sie aber auch nicht direkt beobachten. Also musste ich die Kundin spielen, und sie machten mir vor, wie eine solche „Behandlung" abläuft. Dies war dann keine „natürliche Situation", sondern eine gestellte Vorführung, die jedoch den Vorteil hatte, dass ich jederzeit nachfragen, notieren und fotografieren konnte.

5. Beobachtungen sind auch dann Grundlage und Voraussetzung für weitere Befragungen, wenn man ein völlig *neues Thema* behandelt. Als Ethnologin muss man sich häufig systematisch einen Gesamtüberblick über einen größeren Handlungsablauf verschaffen. Sind noch keine sprachlichen Kenntnisse vorhanden, kann Systematische Beobachtung auch schon in den ersten Phasen einer Feldforschung eingesetzt werden. Hier ist jedoch Vorsicht geboten: *Systematische* Beobachtung ist stärker theoriegeleitet und deshalb weniger für die explorative Phase der Untersuchung geeignet als die Teilnehmende Beobachtung. Es müssen in der Regel also schon ausreichende Vorkenntnisse zu dem zu untersuchenden Thema bestehen, um Hypothesen oder genaue Fragestellungen formulieren zu können, auf die man mit Hilfe Systematischer Beobachtungen Antworten finden möchte. Man muss bereits eine Reihe von Vokabeln kennen, selbst wenn man die Sprache noch nicht vollständig beherrscht, um sinnvoll notieren zu können, die Beobachtung zu planen und durchzuführen.

6. Auch Verhalten, das den Informanten selbst *weitgehend unbewusst* ist, kann eher durch Beobachtung als durch Befragung festgestellt werden. Dies trifft etwa auf Mimik, Gestik und Körpersprache zu. Solch unbewusstes Verhalten sollte man direkt beobachten und eventuell zur späteren Auswertung fotografisch oder filmisch dokumentieren.

7. Systematische Beobachtung sollte auch dann eingesetzt werden, wenn es um den Nachweis geht, dass bestimmte *Verhaltensweisen nicht* vorkommen. Menschen berichten nicht, was sie nicht tun. Und wenn sie Verhalten nicht erwähnen, bedeutet das noch nicht, dass es nicht vorkommt. Ist die Frage nach dem Auftreten bestimmter Verhaltensweisen für eine Untersuchung von besonderer Bedeutung, werden also systematische Beobachtungen dazu durchgeführt. Whiting und Whiting (1973: 285) führen als Beispiel an, dass Eltern im Nachhinein nur selten berichten, bei welchen Gelegenheiten sie ihre Kinder nicht beachten und auf deren Wunsch nach Aufmerksamkeit nicht eingehen. Ist es für die Fragestellung von Bedeutung, wird der Beobachter Nichtbeachtung oder Zurückweisungen des Kindes durch die Eltern in seinem Protokoll vermerken.

8. Befragung setzt nicht nur voraus, dass Forscher und Informant eine Sprache sprechen, dass es eine gemeinsame Norm der Aufrichtigkeit oder Vor-

stellung von „Wahrheit" gibt, sondern auch, dass Informanten überhaupt zur Kooperation bereit sind. Besteht *keine Kooperationsbereitschaft*, ist die Beobachtung die einzige Möglichkeit, Informationen zu bekommen. Grundsätzlich sind Ethnologen auf die Bereitschaft ihrer Informanten zur Zusammenarbeit angewiesen. Im Rahmen der Feldforschung kann es jedoch immer wieder dazu kommen, dass man zu bestimmten Bereichen keinen Zugang hat – oder nur als passiver, außenstehender Beobachter Vorgänge dokumentieren kann. So war ich während meiner Feldforschung durch die Aufnahme in meine Familie gleichzeitig in Ungnade bei einer anderen Familie gefallen, die normalerweise Kontakte zu Vertretern von kirchlichen Hilfsorganisationen oder der Regierung pflegte und deshalb meinte, auch ein „Recht" auf die Ethnologin zu haben. Der Haushaltsvorstand war ein Schwiegersohn von Joe, bei dem ich lebte, und er stand in ständiger Konkurrenz zu ihm. Phasenweise verweigerte er jeden Kontakt oder verbot uns, seiner Hütte näher zu kommen. Während öffentlicher Treffen mit Vertretern der genannten Organisationen konnte ich jedoch sein Verhalten beobachten. Ich konnte Interaktionen miterleben und mir, zumindest aus der Distanz, ein eigenes Bild der (konflikthaften) Beziehungen zwischen ihm und seinen Gönnern wie auch zwischen ihm und den anderen Ati machen.

8.4 Planung und Durchführung Systematischer Beobachtungen

Johnson und Sacket (1998: 302) zitieren mehrere Untersuchungen, nach denen die menschliche Fähigkeit, im Gedächtnis gespeicherte Ereignisse korrekt wiederzugeben, erschreckend begrenzt ist. Das gilt sowohl für Ethnologen als auch für ihre Informanten. Verglichen mit Beobachtungsdaten zeigen Beschreibungen aus der Erinnerung Fehlerquoten zwischen 50% und 80%. Geht es um die Selbstdarstellung von Informanten, sind auch verzerrte Aussagen über Erlebtes wertvolle Daten. Geht es aber um tatsächliche Ereignisse, sollte man sich auf keinen Fall ausschließlich darauf verlassen. Die schlechten Leistungen unseres Gedächtnisses sprechen zum einen dafür, sich nicht nur auf Befragungen zu verlassen, sondern auch ergänzend Beobachtungen einzusetzen. Zum anderen bedeutet das aber auch, dass jede Beobachtung mit großer Sorgfalt geplant und möglichst schnell dokumentiert werden muss.

Ein erster wichtiger Hinweis zur Planung von Beobachtungen: *Alles in einer Beobachtungssituation festhalten zu wollen, ist unmöglich!* Das heißt, eine der wichtigsten Vorbereitungen besteht darin, festzulegen, was genau, mit welchem Ziel beobachtet werden soll. Bei der systematischen Beobachtung gehen Ethnologen von vorher festgelegten Beobachtungseinheiten und Beobachtungskategorien aus. Wie man diese auswählt und festlegt und wie man Beobachtungen dokumentiert, wird in den folgenden Abschnitten behandelt. Große Vorteile der systematischen Beobachtung sind die Wiederholbarkeit von Beobachtungen bestimmter Verhaltensweisen sowie bessere Überprüfbarkeit und Vergleichbarkeit der Ergebnisse. Das heißt jedoch, dass Vorentscheidungen über Beobachtungseinheiten, -kategorien und -situationen in die spätere Darstellung der Daten einbezogen werden müssen.

8.4.1 Protokolle und Kontext

Das Gedächtnis arbeitet ausgesprochen unzuverlässig und selektiv. Vor allem in einer ungewohnten Situation, in der viele neue Eindrücke auf den Untersuchenden einströmen, ist es besonders schwierig, sich Erlebtes zu merken. Deshalb eine Faustregel: das Beobachtete *so schnell wie möglich* schriftlich (oder mündlich mit einem Aufnahmegerät) *festhalten!* Verschiebt der Beobachter Aufzeichnungen auf später, leidet die Qualität mit jedem Ereignis, das zwischen Erlebnis und Dokumentation liegt. Eine zweite wichtige Regel lautet: So *verständlich notieren* und dokumentieren, dass man die eigenen Aufzeichnungen später noch benutzen kann. Das erscheint banal, Fehler passieren jedoch leicht und sind später nicht wieder zu korrigieren. Abkürzungen in Beobachtungsprotokollen und -bögen sind beispielsweise sehr sinnvoll. Aber ohne ein sorgfältig geführtes Abkürzungsverzeichnis fragt sich der Beobachter später beispielsweise, warum am Rand seiner Aufzeichnungen manchmal Ausrufezeichen stehen oder was * hinter einigen Namen bedeutet.
Für jede Systematische Beobachtung ist es empfehlenswert, ein Protokoll anzulegen. Dieses Protokoll muss mindestens Angaben enthalten zu:

– Ort,
– Wochentag, Datum und Uhrzeit,
– Namen oder Identifikationsnummern anwesender Personen,
– Angaben zum relevanten Kontext (etwa zum Wetter).

Je nach Fragestellung können sehr unterschiedliche zusätzliche Informationen zum Kontext der Beobachtung eine Rolle spielen. Bei der Beobachtung des Verkaufs von Heilmitteln habe ich beispielsweise neben den oben angeführten Angaben jeweils vor Beginn der Systematischen Beobachtung aufgeschrieben, welche Heilmittel die Frauen an ihrem Marktstand ausgebreitet hatten. Eine solche Auslage ist auf obiger Abbildung 2 zu sehen. Dieses Beispiel verdeutlicht, dass für stärker systematisierte Beobachtungen viele Vorinformationen notwendig sind. Um die am jeweiligen Tag ausgelegten und in der aktuellen Situation verkauften Heilmittel schnell notieren zu können, musste ich die verschiedenen Sorten kennen. Bevor ich mit den Beobachtungen beginnen

konnte, nahm ich also zunächst eine Liste aller bekannten „Heilmittel" auf.
Dabei stellte sich heraus, dass es solche gab, die Ati gar nicht zum Verkauf
anbieten, sondern nur selbst als Hausmittelchen anwenden und solche, die
nur zum Verkauf angeboten werden, von deren Wirkung man aber selbst nicht
unbedingt überzeugt ist. Es gibt Heilmittel, die selbst hergestellt werden und
fertig abgepackte, die man bei Filipinos aufkauft, um sie dann weiter zu verkaufen. Insgesamt ergab sich eine Liste von 103 verschiedenen Heilmitteln,
deren Bezeichnungen, Bestandteile, Fertigungsweise, Herkunft und Wirkung
ich festhielt. Diese Liste wie auch eine Liste der Krankheiten, die mit den Heilmitteln behandelt werden, waren notwendig, um einzelne Verkaufsgespräche
zu verstehen und diese schnell protokollieren zu können.

Nicht alle *Informationen über den Beobachtungskontext* verändern sich und
müssen in jedem Protokoll wieder festgehalten werden. Beobachtet man etwa
die Aktivitäten von Personen in verschiedenen Haushalten, dann reicht es, einen Dorfplan mit allen Haushalten zu erstellen und diese zu nummerieren. Eine
Nummer im Beobachtungsprotokoll verweist dann auf diesen Plan. Zensus,
Karten und allgemeinere Beschreibungen der Situation, die etwa im Tagebuch
festgehalten sind, reichen aus, um Konstanten festzuhalten. In Karten und
Stadt- oder Dorfpläne können die Orte eingetragen werden, an denen jeweils
beobachtet wurde. Wie viel darüber hinaus sinnvoll festgehalten werden sollte,
muss man vor Ort entscheiden. Johnson und Sackett (1998: 328) schreiben,
dass die meisten Ethnologen später wenig mit ihren Kontextdaten anfangen.
Die Fragen „wozu halte ich diese Informationen fest? Mit welchem Ziel? Was
trägt die Information zur Beantwortung der übergeordneten Fragestellung
bei?" sollten wie immer Grundlage und Maßstab der Entscheidung sein, was
notiert wird und was nicht.

Ein *Beobachtungsprotokoll* muss nicht unbedingt niedergeschrieben werden,
es kann auch in ein kleines Aufnahmegerät gesprochen werden. Bei ersten
Versuchen sollte man ausprobieren, welche Methode der Dokumentation sich
für die jeweilige Situation und Fragestellung am besten eignet. Das hängt unter
anderem davon ab, wie lange die beobachteten Ereignisse dauern, ob der Beobachter die Möglichkeit hat, Notizen zu machen, und ob Sprechen eventuell
stören würde. Sprechen geht schneller als Schreiben, allerdings ist die Schreibarbeit damit nicht aufgehoben, sondern nur aufgeschoben. Informationen, die
nur als Tonaufnahmen dokumentiert sind, lassen sich schwerer wieder finden,
weil man nicht wie im Notizbuch einfach „zurückblättern" kann. Man muss
die Daten also später transkribieren, um sie leichter zugänglich zu haben.

Um das *Notieren in der Beobachtungssituation* zu erleichtern, ist es sinnvoll,
sich ein Formblatt herzustellen und zu kopieren, in das man die entsprechenden
Informationen nur noch einträgt. So vergisst man nicht, entscheidende Angaben
zu notieren, und hat die Protokolle später in einheitlicher und übersichtlicher
Form vorliegen. Eventuell können die Daten auch direkt in den Computer ein-

geben werden. Als Beispiel für ein Formblatt ist in Abbildung 3 das Protokoll einer Beobachtung des Heilpflanzenverkaufs wiedergegeben. C und L stehen jeweils für die Namen der Verkäuferinnen, K steht für „Kunde" und verweist mit der Nummer auf den entsprechenden Beobachtungsbogen.

8.4.2 Beobachtungseinheiten, Stichprobenauswahl und Anzahl

Es wurde bereits darauf hingewiesen, dass ein Beobachter in einem Vorgang nicht alles auf einmal beobachten kann. Whiting und Whiting (1973) schreiben, dass Beobachter auch nicht versuchen sollten, mehrere Dinge gleichzeitig zu beobachten, sondern sich besser auf einen Aspekt konzentrieren. Verhalten kann entweder daraufhin untersucht werden, ob es auftritt oder nicht („Alles-oder-Nichts-Kategorien", nominale Variablen) oder wie lange, wie oft bzw. in welcher Intensität es im Rahmen eines bestimmten Ausschnitts der Wirklichkeit auftritt (quantitative Variablen, Skalen). Auch der zu beobachtende Ausschnitt, die *Beobachtungseinheit*, muss vorher festgelegt werden. Sie kann (1.) räumlich, (2.) zeitlich, (3.) auf den Akteur bezogen, (4.) auf eine Aktivität, (5.) auf bestimmte Handlungen oder (6.) auf eine Dyade, eine Beziehung zwischen Personen, festgelegt sein.

Die gesamte Beobachtungsdauer auf dem philippinischen Markt habe ich beispielsweise vom zeitlichen Ablauf her wie dargestellt protokolliert. Die eigentlichen Beobachtungseinheiten waren jedoch die Interaktionen zwischen Verkäuferinnen und Filipinos oder Filipinas, die sich für die Heilmittel interessierten. Im Protokoll taucht dafür immer nur der Vermerk „Kunde" und dann eine Nummer auf. Auf dem Beobachtungsbogen (siehe Abbildung 4) sind dann alle wesentlichen Informationen zum Verkaufsgespräch festgehalten.

Ein Beispiel für die räumliche Abgrenzung der Beobachtungseinheit und die Untersuchung einer Aktivität ist die Messung der Gehgeschwindigkeit. So haben Jahoda et al. (1960: 69) in Marienthal, im Rahmen einer Studie über die Auswirkungen von Arbeitslosigkeit, eine Strecke von 300 m markiert und gemessen, wie schnell Passanten gehen und wie häufig sie stehen bleiben. Weitere Beobachtungen zu Gehgeschwindigkeiten wurden mittlerweile vergleichend in verschiedenen Kulturen in Orten verschiedener Größe durchgeführt, mit dem Ergebnis eines deutlichen Zusammenhangs zwischen Gehgeschwindigkeit und Größe der untersuchten Gemeinde (Johnson und Sackett 1998: 314).

Ein von Ethnologen häufig mit Hilfe Systematischer Beobachtung untersuchtes Thema ist die Frage, womit Menschen in verschiedenen Kulturen ihre Zeit verbringen. In der Literatur ist meist von *time allocation studies* (oder Zeitbudget-Studien) die Rede. An diesen Forschungen können die verschiedenen Möglichkeiten, Beobachtungseinheiten auszuwählen, gut verdeutlicht werden. So kann der Forscher sich etwa auf eine Person konzentrieren und

Datum: 5.3.1996	**Uhrzeit**: 9.05 bis 12.20 (systematisch ab 9.20)
Wochentag: Dienstag (Markttag!)	**Wetter**: regnerisch
Verkäuferinnen: L, C	

Ausgelegte Heilmittel: hemoghat, kugangkugang, palina, sambagisa, montawe, duguan, asopre, bukog sa baksan, halot, liso sa mahogany, salong, tagulaway, kapinan, habak (verschiedene Sorten), abarra, panamay, panagang (habak), Patronenhülsen, tinduganay, tuwa, paragaya, incenso, tawas, tawas tapul, bakus sa ungoy, pulseras, kaballokaballo, panagdagang, sayag sa salao, vorgefertigt: chinamut, agoso kaswarina, bugayana

Uhrzeit	Verkäuferin	Tätigkeit
9.05 bis 9.15	L + C	Auslegen der Heilmittel
9.15	L, C	K 1, 2
9.20	C	K 3, 4, 5, 6 Liste d. Heilmittel aufgenommen. In den Friseurladen gegangen, wenige Leute bleiben stehen. Sachen liegen auf einem Brett am Boden auf Zeitungspapier. C. sitzt (hockt) auf einer großen Blechdose, über die sie Zeitungspapier gelegt hat.
10.40	C, L	Es fängt an leicht zu regnen, L deckt Auslage mit Plastikfolie ab, kommt in den Laden, C K 7
10.50	L	Macht sich ein Betelpäckchen und kaut
11.00		Vor dem Stand hat sich eine große Pfütze gebildet.
11.05	L	Beseitigt Regenwasser mit einem Besen, Regen hört auf, füllt *tawas* in Zellophantüten.
11.10 – 11.50	(L), C L	K 8, 9 Kommt in den Laden, isst Brot und trinkt eine Cola
11.50	L	Geht wieder hinaus, lehnt sich an die Tür, Mittagsgebet wird über Lautsprecher durchgegeben
	C	Bekreuzigt sich
12.00	C	Geht zur Toilette, nach 10 Minuten zurück
	L	K 10, 11, 12
12.20		Alma und ich gehen

Gesamtdauer: 3 Stunden 40 Minuten   **Anzahl der Kunden**: 12, **Einnahmen**: 90 P

Abbildung 3: Beispiel für ein Verlaufsprotokoll.

diese den ganzen Tag oder einige Stunden lang verfolgen. Diese Variante wird als *continuous monitoring* oder *focal subject sampling* bezeichnet. Ein Nachteil dieses Verfahrens ist, dass die Beobachtungen lange dauern, die Aufmerksamkeit leicht nachlässt und der Beobachter durch seine Anwesenheit die Aktivitäten der Informanten unter Umständen beeinflusst. Außerdem können bei einem relativ hohen Zeitaufwand jeweils nur Aussagen über die Aktivitäten von wenigen beobachteten Personen gemacht werden.

Eine andere Möglichkeit besteht darin, ausgewählte Haushalte zu unterschiedlichen Zeitpunkten zu besuchen und die Aktivitäten eines oder aller Bewohner aufzunehmen. Dieses Vorgehen wird als *spot, instantenous* oder *point sampling* bezeichnet (siehe zu den Methoden der *time allocation studies* auch Borgerhoff-Mulder und Caro 1986: 324). Wie wählt man die jeweiligen Beobachtungseinheiten aus? Diese Frage der Auswahl von Einheiten, der Stichprobenauswahl, wird im Allgemeinen als *sampling* bezeichnet, ein *sample* ist die Gesamtzahl aller Beobachtungseinheiten. Ethnologen erfahren während der Feldforschung, dass es wie immer und überall Menschen gibt, die einem sympathischer sind, und solche, die man lieber meidet. Für eine systematische und wissenschaftliche Untersuchung dürfen solche persönlichen Neigungen jedoch nur dann eine Rolle spielen, wenn beispielsweise ein großes Maß an Teilnahme notwendig ist, die bei gegenseitiger Abneigung nicht möglich wäre. Geht es aber um kurzzeitige systematische Erhebungen, sollten beobachtete Personen und Zeitpunkte mit einem System nach dem Zufallsprinzip ausgewählt werden. Das heißt, der Beobachter schreibt Namen von Personen oder Haushaltsnummern sowie Uhrzeiten auf Zettel und zieht jeweils beides. Er besucht dann den entsprechenden Haushalt zur angegebenen Zeit. Schnell wird der Beobachter feststellen, dass dieses Vorgehen Vorteile hat, indem es beispielsweise das soziale Netzwerk erweitert. Ethnologen neigen sonst dazu, vor allem sozial nahe stehende Informanten zu befragen. Während der Feldforschung sind das meist Mitglieder der „eigenen Familie", Nachbarn oder besonders sympathische Angehörige der untersuchten Gesellschaft.

Die Gesamtheit der Personen muss also vor der Systematischen Beobachtung geplant und festgelegt werden, aber auch die Gesamtheit der möglichen *Besuchszeiten*. Richard Scaglion (1986) hat etwa festgestellt, dass Forscher in Zeitbudget-Studien im Allgemeinen nächtliche Aktivitäten unterschätzt haben. Das hätte in seinem Untersuchungsgebiet, am Sepik in Papua-Neuguinea, zu erheblichen Verzerrungen der Daten geführt, denn dort finden viele wichtige Aktivitäten nachts statt. In anderen Gesellschaften mag nach Einbruch der Dunkelheit ohnehin niemand mehr das Haus verlassen, die Einheimischen ruhen sich aus und auch der Ethnologe kann zu Hause bleiben. Bevor der Beobachter die Beobachtungszeiten festlegt, muss er sich also auf jeden Fall informieren, wann Aktivitäten normalerweise beginnen und enden. Das sind Informationen, die Ethnologen im Rahmen der Teilnehmenden Beobachtung und des Lebens in einer fremden Gesellschaft meist nebenbei erhalten. Als Hintergrundinformationen für die Planung und Anwendung gezielter Methoden sind sie von großem Wert.

Für Zeitbudget-Studien zieht der Beobachter mehrere Namen/Haushaltsnummern aus der Gesamtmenge und macht sich eine Liste, wohin er im Verlauf des Tages gehen wird. Trifft er die Person an, notiert er sich, was sie in diesem Moment oder beispielsweise in einem Zeitraum von 5 Minuten tut. Anschließend kann die Zeit für ein informelles Gespräch genutzt werden, bei dem Fragen zu weiteren Themen gestellt werden können. Dies ist der günstigste Fall, die Wirklichkeit sieht jedoch häufig anders aus. Wenn die gesuchte Person beispielsweise zur entsprechenden Zeit abwesend ist, muss der Beobachter entscheiden, ob er Aussagen von Nachbarn über Aufenthaltsort und Tätigkeit gelten lässt oder nur *abwesend* einträgt. Auch diese Vorentscheidungen hängen wiederum von der Fragestellung ab. Es kann auch passieren, dass die zu beobachtende Person mit zwei Tätigkeiten gleichzeitig beschäftigt ist. Auf dieses Problem, das sich auf die Beobachtungskategorien bezieht, wird im nächsten Abschnitt genauer eingegangen.

Wie groß muss die *Anzahl* von Beobachtungen sein? Liest man Untersuchungen zu Systematischen Beobachtungen, vor allem über *time allocation studies*, dann hat man häufig den Eindruck, dass grundsätzlich gelte: „Je mehr bzw. öfter desto besser". Das ist jedoch nicht prinzipiell zutreffend und hängt jeweils von Ziel und Fragestellung ab. Bestimmte Rituale können unter Umständen während der Zeit der eigenen Feldforschung nur ein Mal beobachtet werden, und den Bau einer bestimmten Falle muss man sich beispielsweise nicht häufiger als einmal zeigen lassen. Den Heilpflanzenverkauf der Ati-Frauen auf dem Markt beobachtete ich insgesamt 22 Stunden und 25 Minuten, während derer ich 104 Verkaufsgespräche festhalten konnte. Davon fanden 32 mit männlichen und 72 mit weiblichen Kunden statt. Von den Männern kauften dann tatsächlich nur 15 etwas, von den Kundinnen waren es 55. Der bloße Eindruck, dass eher Frauen zum Kundenkreis der Ati zählen, wurde bestätigt. Hätte sich der Anteil bei weiteren hundert Beobachtungen (die mich noch einmal viel Zeit gekostet hätten) leicht verschoben, dann würde das an der Gesamtaussage nichts ändern. Hier diente die Systematische Beobachtung auch nur zur Beantwortung von Teilfragen, die sich während meiner Forschungen zu interethnischen Beziehungen ergaben. Anders in Untersuchungen, bei denen die Systematische Beobachtung Antworten auf die zentralen Untersuchungsfragen geben soll. Whiting und Whiting (1973: 284) sammelten etwa unter Mitarbeit mehrerer Kollegen in der bereits erwähnten *Six Cultures*-Studie ungefähr dreitausend jeweils fünfminütige Beobachtungen. Es hat dann auch mehrere Jahre gedauert, diese zu kodieren und auszuwerten.

8.4.3 Beobachtungskategorien

Im vorigen Abschnitt wurde die Auswahl von Beobachtungseinheiten, also von beobachteten Ausschnitten der Wirklichkeit, dargestellt. In diesem Abschnitt geht es um Merkmale des beobachteten Verhaltens, um die Beobachtungskategorien. Bei den beschriebenen Zeitbudget-Studien ergeben sich im Allgemeinen zwei Probleme, die sich auf Beobachtungskategorien beziehen. Zum Zeitpunkt des Besuches durch den Ethnologen können zwei Verhaltensweisen gleichzeitig auftreten. So kann eine Mutter ihr Baby auf dem Arm halten und es beruhigen, während sie das Essen auf dem offenen Feuer kocht. Hier stellt sich bei der Auswertung das Problem, ob beide Tätigkeiten voll gewertet werden, ob jede nur halb oder ob man sich bei der Aufnahme dafür entscheidet, nur die im Vordergrund stehende Arbeit zu berücksichtigen. Dann würde jedoch mit großer Wahrscheinlichkeit die Beaufsichtigung von Kindern (was tatsächlich in vielen Studien der Fall ist) insgesamt unterbewertet. Will man in einer Zeitbudget-Studie feststellen, wieviel Zeit die Menschen in einer Kultur mit Arbeit verbringen und wie viel Freizeit sie genießen, dann taucht das nächste Problem auf: Was ist eigentlich Arbeit? Ist es „Arbeit", wenn ein Jäger Pfeile herstellt – aber nebenher entspannt mit einem Verwandten plaudert? Ist es „Arbeit", ein Kind auf dem Arm zu halten? Diese Fragen sollen verdeutlichen, dass der Beobachter sich vor dem Beginn einer Systematischen Beobachtung über die Kategorien des zu beobachtenden Verhaltens klar werden muss. Er könnte etwa danach gehen, was die Untersuchten selbst als „Arbeit" bezeichnen, oder er könnte aus anderen Zeitbudget-Studien, in Gesellschaften mit ähnlichem Wirtschaftstyp die verwendeten Kategorien übernehmen. Wie immer muss man eine Kosten/Nutzenrechnung aufstellen und ein der eigenen Fragestellung entsprechend ideales Verhältnis herstellen. Ein für alle Untersuchungen ideales Vorgehen gibt es nicht – damit muss man sich abfinden. Für das beschriebene Beispiel der Definition von „Arbeit" bedeutet das: Beziehe ich mich auf die Kategorie der Untersuchten, erhalte ich einen genaueren Einblick in deren Weltbild, allerdings auf Kosten der Vergleichbarkeit (siehe etwa Lütkes 1999). Steht für mich der Vergleich im Vordergrund, dann werde ich bereits häufig genutzte Kategorien anwenden, so dass meine Untersuchungsergebnisse später mit denen anderer Ethnographen problemlos zu vergleichen sind.

Für geplante und Systematische Beobachtungen sollte also nicht nur, wie im vorigen Abschnitt dargestellt, vorher festgelegt werden wer, zu welchem Zeitpunkt, wo und wie lange beobachtet wird, sondern auch, was festgehalten und nach welchen Kategorien beobachtet wird. Dafür sollten Beobachtungsbögen angelegt werden, in denen Ort, Zeit, Person und die entsprechenden Kategorien für Verhalten nur noch einzutragen sind. Bei meiner Beobachtung der Interaktion zwischen Ati und ihren Kundinnen konnte ich solche Bögen für jede Interaktion verwenden. Für das Verhalten der Kunden habe ich bestimmte

Kunden Nr.: *7*	Verkäuferin: *C*	Ankunft: *10.40*
Geschlecht: *w*	Alter: *45-49*	Geht: *10.55*

Bleibt stehen	Allein **X**
Hockt sich hin **X**	In Begleitung
Lacht	
Zeigt Verlegenheit	Nimmt Dinge in die Hand **X**
Sorgenvolles Gesicht **X**	*Habak, Santo Kristo*
Kauft nicht	
Kauft **X**	
Stellt Fragen **X**	Schildert Probleme **X**
Verabredung für weitere Behandlung	*Untreuer Ehemann*

Preise: *Habak 10, Pangamay 25*	**Gesamt**: *35 Pesos*

Abbildung 4: Beispiel für einen Beobachtungsbogen.

Kategorien festgelegt, über die ich mich vorher bei ersten unsystematischen Beobachtungen informiert habe. Ein vereinfachter Beobachtungsbogen ist in Abbildung 4 zu sehen. Die jeweiligen Kontext-Informationen sind dem oben abgebildeten Beobachtungsprotokoll zu entnehmen.

Da ich mehr über Geschlecht und Alter der Personen herausfinden wollte, stehen diese Kategorien im Kopf des Beobachtungsbogens und sind für jeden Kunden ausgefüllt. Das Alter habe ich geschätzt, und sofern ich mir nicht sicher war, die Ati-Frauen um Rat gefragt. Durch die Angaben zum Verhalten der Kundinnen und Kunden konnte ich dann Ausmaß und Grund des Interesses feststellen und die entsprechenden Verkaufsstrategien der Ati. Hockt sich eine Kundin auf den Boden, um die ausgelegten Heilmittel genauer zu betrachten, dann verwickelt die Verkäuferin sie in ein Gespräch und findet schnell heraus, was sie verkaufen könnte. Der abgebildete Beobachtungsbogen enthält sowohl Nominalwerte als auch quantitative Werte. Der gezahlte Gesamtpreis konnte zwischen 0 und 5, 6 und 10, 11 und 15 usw. Pesos liegen, ist also ein quantitativer Wert. Bei bestimmten Verhaltensweisen wie Lachen, Verhalten, das Verlegenheit signalisiert, sorgenvoller Gesichtsausdruck usw. wird nur festgehalten, ob sie auftreten oder nicht.

Fazit aus der Beschreibung der Auswahl von Beobachtungseinheiten und -kategorien ist, dass die Erstellung von Protokollen, die Brauchbarkeit von Kategorien und die Auswahl von Orten und Zeiten auf jeden Fall vor dem Beginn einer systematischen Datenerhebung getestet werden müssen. Dies kann in relativ kurzen Zeitspannen erfolgen, erfordert keinen großen Aufwand und erspart späteren Ärger. Ein Beobachtungsbogen, der beispielsweise keine Kategorien für wichtige Verhaltensweisen enthält, ist unbrauchbar und kann, frühzeitig getestet, den Erfordernissen der Wirklichkeit angepasst werden. Mehr noch gilt die Notwendigkeit, *Pretests* durchzuführen, dann, wenn Ethnologen mit Feldassistenten zusammenarbeiten oder mehrere Beobachter in einem Projekt zusammenarbeiten. Vor der eigentlichen Untersuchung sollten die beteiligten Beobachter eine Situation beobachten und vergleichen, ob dasselbe notiert worden ist. Wenn nicht, müssen eindeutige Kategorien geschaffen und deren Anwendung muss eingeübt werden, bis alle zu demselben Ergebnis kommen. Solche Situationen werden während des Studiums und auch bei den ersten Feldforschungen meist nicht eintreten, denn systematische Erhebungen mit mehreren Personen und/oder Feldassistenten sind fast immer kosten- und zeitaufwendig.

Werner und Schoepfle (1987: 260) empfehlen, Beobachtungsbeschreibungen später in jedem Fall mit Informanten durchzusprechen. Die Gefahr von Missverständnissen und Fehlinterpretationen ist sonst sehr groß. Gerade bei der direkten Beobachtung scheint vieles selbstverständlich und „objektiv", da eigene Voreingenommenheit unbewusst die Wahrnehmung steuert. Gespräche mit Informanten können solche Verzerrungen korrigieren, die Wahrnehmung schulen und künftige Beobachtungen verändern.

8.5 Probleme, Grenzen und Nachteile

Nachteile liegen bei der Teilnehmenden Beobachtung in der mangelnden Überprüfbarkeit der Daten, der Einzigartigkeit und damit *schlechten Vergleichbarkeit* der Beobachtungssituation und damit auch in der Schwierigkeit, sie zu wiederholen. Systematische Beobachtungen dagegen, die nach einem klar dargestellten System durchgeführt wurden, können problemlos mit denselben Vorgaben zu späteren Zeitpunkten und/oder an anderen Orten von anderen Forschern wiederholt werden. Ein direkter Vergleich von Ergebnissen etwa der Zeit, die Menschen in verschiedenen Kulturen für verschiedene Tätigkeiten aufwenden, wird so möglich. Aber auch die Systematische Beobachtung hat Grenzen und Nachteile.

Die *Beeinflussung der Beobachtungssituation* durch den Beobachter muss sowohl bei der Teilnehmenden Beobachtung als auch bei der Systematischen Beobachtung beachtet werden, sofern letztere nicht verdeckt durchgeführt wird. Systematische Beobachtung ist weniger reaktiv und vor allem durch die bewusste Auswahl von Person, Zeit, Ort und Beobachtungskategorien stärker kontrolliert als die Teilnehmende Beobachtung. Allerdings ist der Beobachter auch bei der Systematischen Beobachtung nicht automatisch vor *verzerrten Ergebnissen* durch *selektive Wahrnehmungen* geschützt. So besteht für Ethnologen, die in einer ihnen fremden Kultur beobachten, die Gefahr, dass sie möglicherweise die ihnen exotisch vorkommenden Verhaltensweisen überbetonen und vertrauten dagegen keine Aufmerksamkeit schenken. Oder umgekehrt: Vertrautes und Erwartetes kann wahrgenommen werden, während Verhaltensweisen, die unverständlich sind, ignoriert werden, weil sie in der beobachteten Situation für den Beobachter keinen Sinn ergeben.

Nur sorgfältige Überlegungen zur ausgewählten Zeitspanne (z. B.: Sind auch nächtliche Beobachtungen notwendig?) und zu den Beobachtungskategorien (z. B.: Was versteht man unter „Arbeit"? Welche Verhaltensweisen werden festgehalten?) reduzieren den Spielraum für *Fehlinterpretationen* in der aktuellen Beobachtungssituation und damit die Möglichkeit von Verzerrungen. Auch sollte man sich seine Erwartungen und Hypothesen vorher soweit wie möglich klar machen, um Verzerrungen in diese Richtungen zu verhindern. Fehlinterpretationen in der Beobachtungssituation können auch dann entstehen, wenn man in einer fremden Kultur arbeitet und sich nach wie vor auf Interpretationsmuster aus der eigenen Kultur verlässt. Auf den Philippinen habe ich beispielsweise häufiger Konflikte vermutet, wenn Menschen in Gesprächen plötzlich laut wurden, obwohl Tonlage und die Art zu sprechen ganz andere Gründe hatten.

Ihre Grenzen haben Beobachtungsverfahren auch dadurch, dass viele Ereignisse schwer vorhersagbar sind oder selten stattfinden. Begnügt man sich mit Befragungen, spielt es keine Rolle, ob man selbst zum gegebenen Zeitpunkt anwesend ist. Will man jedoch etwa ein selten stattfindendes Ritual, aktuelle Konflikte oder spontane Handlungen selbst beobachten, kann der Aufwand an Geduld, Nerven und Ausdauer erheblich sein. Für andere Beobachtungen ist man von der Wetterlage, von der Stimmung der Informanten oder von Zufällen abhängig. Sprechen nicht wichtige Gründe für die direkte Beobachtung, kann die Befragung im Nachhinein rationeller sein. Situationen, bei denen Außenstehende grundsätzlich unerwünscht sind, sind der direkten Beobachtung nicht zugänglich und können nur durch Befragungen untersucht werden.

Problematisch ist auch der *hohe zeitliche* bzw. *personelle Aufwand* der meisten stärker systematisierten Beobachtungsverfahren. Ethnologen, die mit knapper Forschungszeit allein im Feld sind, müssen sorgfältig abwägen, ob der Aufwand für die entsprechende Fragestellung gerechtfertigt ist. Da Daten in der Ethnologie gewöhnlich mit mehreren sich ergänzenden und sich gegenseitig kontrollierenden Verfahren aufgenommen werden, geht der Aufwand für ein Verfahren auf Kosten eines anderen. *Continuous monitoring* etwa verlangt dem Forscher oder auch den *Feldassistenten*, die er einsetzt, sehr viel *Durchhaltevermögen* und *Geduld* ab. Sich mehrere Stunden mit Informanten in ihren Gärten aufzuhalten, daneben zu sitzen, wenn sie sich unterhalten, dösen oder mittlerweile bekannte Tätigkeiten verrichten, kann unglaublich langweilig sein. Der Einsatz von Feldassistenten ist in dieser Hinsicht auch problematisch. Ich könnte jeden verstehen, der sich nach den ersten Stunden des Beobachtens zu einem Schläfchen zurückzieht und mit etwas Phantasie und Hilfe der Informanten später den restlichen Beobachtungsbogen ausfüllt.

Ein weiteres Problem bei stark strukturierten Beobachtungen ist, dass sie die *Flexibilität einschränken.* Häufig geschieht während der Feldforschung lange Zeit gar nichts und plötzlich passieren mehrere Dinge gleichzeitig oder wichtige Ereignisse zu völlig unvorhergesehenen Zeitpunkten. Ist man gezwungen, einem Plan zufällig gezogener Zeitpunkte der Beobachtung zufällig ausgewählter Personen zu folgen, entgeht einem eventuell die Gelegenheit, ein länger erwartetes Ereignis mitzuerleben oder eine selten anwesende Person zu sprechen. Kosten und Nutzen der Methode in Bezug auf die jeweilige Fragestellung müssen sorgfältig abgewogen werden. Ein *Pretest* hilft dabei, Aufwand, Vor- und Nachteile der Methode realistisch einzuschätzen.

8.6 Zitierte Literatur

Adler, Patricia A. und Peter Adler
1994   Observational Techniques. In: N. K. Lincoln und Y. S. Denzin (Hg.), Handbook of Qualitative Research, 377–392. Thousand Oaks, London, New Delhi.

Bernard, H. Russell
2000   Social Research Methods. Qualitative and Quantitative Approaches. Thousand Oaks, London, New Delhi.
2006   Research Methods in Anthropology. Qualitative and Quantitative Approaches. Thousand Oaks, London, New Delhi.

Borgerhoff-Mulder, M. B. und T. M. Caro
1985   The Use of Quantitative Observational Techniques in Anthropology. In: Current Anthropology 26: 323–336.

Diekmann, Andreas
2007   Empirische Sozialforschung. Reinbek bei Hamburg.

Hollan, Douglas W. und Robert I. Levy
1998   Person-Centered Interviewing and Observation. In: H. R. Bernard (Hg.), Handbook of Methods in Cultural Anthropology, 333–364. Walnut Creek, London, New Delhi.

Jahoda, Marie; P. Lazarsfeld und H. Zeisel
1960   Die Arbeitslosen von Marienthal. (2. Auflage). Allensbach und Bonn.

Johnson, Allen und Ross Sackett
1998   Direct Systematic Observation of Behavior. In: H. R. Bernard (Hg.), Handbook of Methods in Cultural Anthropology, 301–331. Walnut Creek, London, New Delhi.

Lütkes, Christiana
1999   GOM. Arbeit und ihre Bedeutung bei den Wampar im Dorf Tararan, Papua-
            Neuguinea. Münster, New York, München, Berlin.

Scaglion, Richard
1986   The Importance of Nighttime Observations in Time Allocation Studies. In:
            American Ethnologist 13: 537–545.

Sechrest, Lee
1973   Experiments in the Field. In: R. Naroll and R. Cohen (Hg.), Handbook of Method
            in Cultural Anthropology, 196–209. New York.

Webb, Eugene J.; Donald T. Campbell; Richard D. Schwartz und Lee Sechrest
1968   Unobtrusive Measures. Nonreactive Research in the Social Sciences. Chicago.

Werner, Oswald and G. Mark Schöpfle
1987   Systematic Fieldwork. (2 Bände). Newbury Park.

Whiting, Beatrice and John Whiting
1973   Methods for Observing and Recording Behavior. In: R. Naroll und R. Cohen
            (Hg.), Handbook of Method in Cultural Anthropology, 282–315. New York.
1975   Children of Six Cultures: A Psycho-Cultural Analysis. Cambridge, MA.

Wolf, Eric R.
2001   Anthropology among the Powers. In: ders., Pathways of Power, 63–80. Berkeley,
            Los Angeles.

Martin Rössler

9 Die Extended-Case-Methode

9.1 Hintergrund und bisherige Verwendung des Verfahrens

Die Extended-Case-Methode (ECM) wurde während der fünfziger und sechziger Jahre des zwanzigsten Jahrhunderts in der britischen Sozialanthropologie entwickelt. Eine Übersetzung ins Deutsche („Erweiterte-Fall-Methode") ist möglich aber unüblich. Die Methode verdankt ihr Entstehen sowohl theoretischen Innovationen innerhalb der Sozialanthropologie als auch dem soziopolitischen Wandel in den damaligen afrikanischen Kolonialgebieten Großbritanniens. Die meisten Forschungen der *British Social Anthropology* im Afrika der dreißiger und vierziger Jahre waren durch den Strukturfunktionalismus in der Tradition Radcliffe-Browns geprägt. Im Mittelpunkt des Interesses standen vermeintlich stabile soziale Strukturen speziell unilinearer Deszendenzsysteme in Ost- und Westafrika. Diejenigen Sozialanthropologen, die im zentralen und südlichen Afrika arbeiteten, fanden sich demgegenüber mit gänzlich anderen Verhältnissen konfrontiert: Antikoloniale Bewegungen, Industrialisierung und das städtische Umfeld stellten neue Herausforderungen an Theorie und Methodik.

In diesem Kontext erkannte Max Gluckman während seiner Forschungen im südafrikanischen Zululand der dreißiger Jahre den institutionellen Wandel durch die Oppositionen zwischen Zulu, Kolonialinstanzen und weißen Siedlern als prägend für die heterogene lokale Gesellschaft. Die Analyse einer spezifischen sozialen Situation, der Einweihung einer Brücke im Jahre 1935 (Gluckman 1958, ursprgl. 1940), betonte den Wettbewerb *individueller Akteure* um Ressourcen und Status im Rahmen widersprüchlicher, inkonsistenter Normen und Regeln. Neben dieser theoretischen Einsicht bereitete die Studie in methodischer Hinsicht den Weg zu einer neuen, damals revolutionären Form der ethnographischen Darstellung: Im Zentrum der Aufmerksamkeit stand nicht länger eine abstrahierte Struktur, sondern das alltägliche Handeln konkreter Personen in der sozialen Praxis. Als ausgebildeter Jurist wandte sich Gluckman zudem einem in der Afrikaforschung bis dato eher ungewöhnlichen Thema zu, nämlich rechtlichen Konflikten (Gluckman 1955). Die ECM kann daher im Wesentlichen als eine Methode verstanden werden, die aus der Analyse von Rechts-Fällen (*cases*) heraus entwickelt wurde. Das Verfahren verwendete empirische Daten nicht allein zur Illustration von Modellen und Idealstrukturen, sondern hatte vielmehr die Entwicklung sozialer Konflikte, das Aushandeln individueller Interessen, das Interpretieren und Umgehen von Regeln sowie das Entstehen und Zerbrechen sozialer Bindungen über eine längere Zeitspanne hinweg zum Inhalt. All dies wurde als Bestandteil des alltäglichen Lebens angesehen – und nicht als abnormes Phänomen innerhalb ansonsten harmonischer Strukturen. Von daher ist die ECM definiert als die detaillierte Untersuchung spezifischer Ereignisse oder Ereignisketten, aus denen sich generelle theoretische Prinzipien ableiten lassen (Mitchell 1983: 192).

Vor diesem Hintergrund erstellten auch die Schüler von Gluckman, der von 1942 bis 1947 Direktor des *Rhodes-Livingstone Instituts* in Nord-Rhodesien (heute Zambia) war, ethnographische Studien, die sich deutlich von denjenigen ihrer Kollegen unterschieden, die in Ost- und Westafrika arbeiteten. Nachdem Gluckman im Jahre 1949 an die Universität Manchester gewechselt war, wurden die auffallend uniformen thematischen Schwerpunkte zu einem prägenden Charakteristikum der so genannten *Manchester-Schule* innerhalb der britischen Sozialanthropologie. Typische Forschungsgegenstände waren die Dynamik dörflicher politischer Strukturen, Prozesse des Konfliktes und der Konfliktlösung, sowie der Ausdruck dieser Konflikte über die Medien der Hexerei und des Rituals (siehe Kuper 1996: 142f.). Zumindest ebenso prägnant war jedoch die Priorität der ECM: Kaum sonst einmal wurde in der Geschichte der Ethnologie eine wissenschaftliche Schule in solchem Maße über eine spezifische Methode definiert.

Die Charakteristik der ECM in ihren ersten Anwendungen erschließt sich gut aus den Werken von Clyde Mitchell (1956) und Victor Turner (1957), die beide als *research officers* am *Rhodes-Livingstone Institute* fungierten. Interessanterweise folgten theoretische Abhandlungen zur ECM erst in den sechziger

Jahren, als nach Veröffentlichung der genannten Studien der innovative Wert dieser Methode allgemein gewürdigt worden war (Gluckman 1961; van Velsen 1967; Garbett 1970). Clyde Mitchell führte seine Feldforschungen zwischen 1946 und 1949 bei den Yao im damaligen Nyasaland (heute Malawi) durch. Die Muster politischer Integration in dieser Gesellschaft zeichnete er anhand einer Reihe von miteinander verbundenen *case histories* über politische Dispute, Oppositionen und Sukzessionsmechanismen innerhalb eines Dorfes nach, wobei insbesondere die Hexerei als politisches Manipulationsinstrument im Vordergrund stand. Mitchell stellte das Leben der Yao in bedeutender zeitlicher Tiefe als einen dauerhaften Zyklus von Streitigkeiten im Laufe der Jahre dar, der als konstitutiv für die Alltagsrealität aufgefasst wird. Dies war vor allem auch eine deutlich neue Form der ethnographischen Darstellung.

Die wichtigste frühe Anwendung der ECM liegt sicherlich in Gestalt von Victor Turners Dorfstudie der matrilinearen Ndembu im heutigen Zambia vor (Turner 1957), die auf Forschungen zwischen 1950 und 1954 beruht. Die widersprüchlichen Interessen der Männer als Mitglieder einer Matrilineage, Ehemänner, Väter und Schwäger führen in dieser Gesellschaft zu sozio-politischer Instabilität bzw. permanent zu Krisen innerhalb des Wettbewerbes um politische Macht. Diese Prozesse stellt Turner anhand so genannter *social dramas* dar, innerhalb derer er die Entwicklung und Lösung von Konflikten und Spannungen nahezu akribisch beschreibt. Dabei ergeben sich ganze Serien von Konfrontationen zwischen immer denselben Akteuren, deren Eigeninteresse in konkreten Handlungsstrategien aufgezeigt wird. Dieser innovative Fokus auf individuelles Handeln in komplexen Beziehungsgefügen bereitete unter anderem den Weg für die Netzwerkanalyse, um die sich später wiederum Mitchell besonders verdient machen sollte (Mitchell 1969; vgl. Garbett 1970).

Die Manchester-Schule war nur von begrenzter Dauer: Gluckmans Schüler orientierten sich in inhaltlich sehr unterschiedliche Richtungen, und das typische Studienfeld des kolonialen Afrika gab es bald nicht mehr. Entsprechend verlor die ECM ihre strikte institutionelle Einbindung und kam allgemein mit dem Siegeszug quantitativer Methoden in den Sozialwissenschaften für einige Zeit aus der Mode (Mitchell 1983: 187f.). Dennoch wurde sie auch in jüngerer Zeit immer wieder angewandt (s. Evens/Handelman 2006), auch in einer Reihe anderer Disziplinen, auf die hier jedoch nicht eingegangen werden soll. Mitchells Schüler Bruce Kapferer beispielsweise, der ebenfalls für kurze Zeit mit dem *Rhodes-Livingstone Institute* assoziiert war, knüpft in seiner Darstellung eines exorzistischen Rituals in Sri Lanka methodisch an die typischen Manchester-Monographien an (Kapferer 1997: 16–21): Heterogene soziale Praktiken, Konflikte und Hexereibeschuldigungen zeigen hier das scheinbar Widersprüchliche und Ungeordnete in der Alltagspraxis als konstitutiv für das soziale Leben auf. In ihrer Analyse der Arbeitsbedingungen von Elektronikarbeiterinnen in China weist Lee (1998) über die ECM nach, inwieweit die sozioökonomischen Situationen in zwei unterschiedlichen Firmen jeweils spezifisch kulturell und politisch eingebettet sind. Die Beispiele von Röttger-Rössler (1994, 2004) und Rössler (1987) sollen weiter unten dazu dienen, die Technik der empirischen Anwendung der ECM zu erläutern. In der Soziologie wird die ECM vor allem von van Velsens Schüler Burawoy (1991, 1998) diskutiert. Im soziologischen Diskurs über die ECM dominiert jedoch ein spezifischer theoretischer Schwerpunkt, nämlich das Verhältnis zwischen dem Partikularen des Falles einerseits und generalisierten Makroprozessen andererseits, welches zudem auf einem deduktiven Test von Theorien aufbaut (siehe Babbie 2000: 285f.; Hamel et al. 1993). Diese Problematik ist in vielerlei Hinsicht neben dem Erkenntnisinteresse angesiedelt, das über die ECM in der ethnologischen Forschung angestrebt wird.

9.2 Zur Typologie von Fallstudien

Auf der Grundlage von Gluckman (1961) unterscheidet Mitchell (1983: 193f.) einige methodische Varianten, die häufig nicht deutlich differenziert werden. Ausgehend vom sehr weiten Begriff der *Fallstudie*, wie er von der Chicagoer Schule der Soziologie (siehe Hamel et al. 1993: 13ff.) in den Sozial- und anderen Wissenschaften verbreitet wurde, schlägt Mitchell folgende Typologie speziell für ethnologische Anwendungen vor: 1) Die *Angemessene Illustration* (*apt illustration*) ist die Beschreibung eines einzelnen Ereignisses, das zur anschaulichen Erläuterung eines generellen Prinzips dient: Das normative Meidungsverhalten zwischen Schwiegermutter und Schwiegersohn wird z. B. durch eine Szene illustriert, in der sich Max vor seiner Schwiegermutter Hermine versteckt. 2) Die *Situationsanalyse* bezieht mehrere miteinander verbundene Situationen innerhalb einer begrenzten Zeitspanne in die Untersuchung ein; ein Musterbeispiel ist Gluckman (1958). 3) Die *Extended-Case-Methode* dehnt die Verbundenheit solcher Situationen mit denselben Akteuren über eine längere bis lange Zeit aus, wobei dem Moment des Prozesshaften besondere Gewichtung zukommt; Mitchell (1956) ist eine vorbildhafte Anwendung. 4) Die Analyse *sozialer Dramen* (Turner 1957) schließlich bezeichnet Mitchell als eine zeitlich und thematisch eingeschränkte ECM. In der Tat handelt es sich aber – mit Ausnahme der *apt illustration* – innerhalb desselben methodischen Prinzips nur um Nuancen hinsichtlich zeitlicher Tiefe und der Komplexität der dargestellten sozialen Beziehungen. Es ist von daher durchaus legitim, alle genannten Verfahren 2) bis 4) als ECM zu bezeichnen.

9.3 Fragestellungen und Voraussetzungen der ECM

Die hier vorgestellte Methode ist explizit *akteur-, handlungs- und prozessorientiert*. Sie ist daher zur Untersuchung aller Problemfelder geeignet, in denen es um eine Verknüpfung mehrerer bis vieler miteinander in enger Beziehung stehender Ereignisse innerhalb eines spezifischen sozialen Kontextes geht. Von daher bietet es sich an, die Methode vor allem in den Bereichen sozialer und politischer Prozesse, rechtlicher Probleme und ritueller Zyklen anzuwenden, also überall dort, wo Handlungen eine primäre Rolle spielen. Weiterhin ist sie besonders geeignet, der Analyse von Lebensgeschichten eine zusätzliche analytische Tiefe zu verleihen, die über das rein Biographische hinausreicht (Röttger-Rössler 1994, Mitchell 1983). Im Prinzip hat sich an der Art der Fragestellungen, die über die ECM verfolgt werden können, im Laufe der Jahrzehnte nicht viel geändert; es muss aber natürlich berücksichtigt werden, dass der theoretische Rahmen ethnologischer Forschung erweitert wurde. Zu erwähnen ist hier z. B. die *Writing Culture*-Debatte, die insofern Auswirkungen auf die ECM hat, als diese sehr eng mit der Frage nach der Art der Datenpräsentation verbunden ist.

Weiterhin werden an die ECM einige wichtige Anforderungen gestellt. Wesentliche Bedingung für eine erfolgreiche Anwendung ist zunächst eine ausreichend lange *Feldforschungsdauer*. Wie bereits die klassischen Beispiele von Mitchell und Turner zeigen, müssen die Forschungen nicht unbedingt an einem Stück durchgeführt werden. Eine mehrmals unterbrochene Langzeitforschung über viele Jahre oder gar Jahrzehnte hinweg ergibt fast automatisch immer neue Verknüpfungen zwischen zeitlich weit auseinander liegenden Einzelfällen unter Beteiligung derselben Akteure (siehe Röttger-Rössler 1994, 2000). Daraus folgt auch, dass eine weitere Voraussetzung in der *intimen Kenntnis* der untersuchten Gemeinschaft liegt. Um die Entwicklung sozialer Beziehungen zwischen konkret identifizierten Akteuren darstellen und interpretieren zu können, muss ein reichhaltiges Wissen um einzelne soziale Positionen, verwandtschaftliche Verbindungen, wirtschaftliche Situationen, religiöse Orientierungen, Lebensgeschichten, gegenseitige persönliche Zu- und Abneigungen etc. gewährleistet sein. Die parallele Anwendung der genealogischen Methode leistet hier z. B. wertvolle Hilfe. Ein sehr gutes *Vertrauensverhältnis* mit der untersuchten Gruppe ist ebenso wichtig, denn gerade Konflikte, abweichendes Verhalten etc. stellen einen höchst sensiblen Bereich dar, den man unter Umständen dem fremden Ethnographen gegenüber möglichst verheimlichen will. Des weiteren ist eine gute *Kenntnis der lokalen Sprache* unabdingbar. Ist diese nicht gegeben, so gehen wesentliche Inhalte von beobachteten Ereignissen verloren, die im Nachhinein nicht mehr zufriedenstellend rekonstruiert werden können, denn gerade in Situationen des Konfliktes, der politischen

Streitigkeit etc. verbietet sich häufig das Medium der Ton- oder filmischen Dokumentation. Schließlich dürfte es selbstverständlich sein, dass die ECM nur dann als sinnvolles Instrument eingesetzt werden kann, wenn eine möglichst weitreichende *Kenntnis der lokalen Gesellschaft und Kultur* gegeben ist. Bevor die Manipulation von Regeln und Institutionen, einzelne Konflikte und ihr Ausdruck in rituellen Handlungen methodisch in den Mittelpunkt gerückt werden können, muss ein umfassendes Wissen über die besagten Regeln und Institutionen erworben sein. Dies soll jedoch nicht heißen, dass mit der ECM erst nach Monaten im Feld begonnen werden kann. Die Aufzeichnung von konkreten Ereignissen und Handlungen kann durchaus mit dem kontinuierlichen Erlernen der gesellschaftlichen und kulturellen Verhältnisse einhergehen. In jedem Falle gilt auch für die spätere Datenpräsentation, dass die Darstellung allein der reinen Ereignisse und Ereignisketten der Leserschaft unter Umständen unklare oder gar konfuse Informationen liefern kann; die Einbettung des Fallmaterials in einen adäquaten Hintergrund ist folglich unerlässlich (siehe Schweizer 1989: 61; Mitchell 1983: 189).

9.4 Methodische Probleme bei der Anwendung der ECM

Gerade eine so komplexe Methode wie die ECM weist besonders problematische Aspekte auf, denen daher hier etwas breiterer Raum gewidmet werden soll. Zunächst sei die *Quantität und Qualität der erhobenen Daten* zu Handlungen und Ereignissen erwähnt. Ein befriedigendes Ergebnis lässt sich nur dann erzielen, wenn das Ereignis selbst sowie alle zum Verständnis notwendigen Informationen in diachronischer und synchronischer Dimension erschöpfend erhoben werden. Dies kostet viel Zeit und Mühe. Neben akribischer Dokumentation des Beobachteten müssen weitere Befragungen von direkt und indirekt Beteiligten oder auch von Unbeteiligten herangezogen werden. Hierbei kann es nicht darum gehen, eine Art von *Wahrheit* in Erfahrung zu bringen. Gerade die ECM gewinnt ihre Stärke vielmehr daraus, dass widersprüchliche Meinungen und Kommentare einander gegenüber gestellt und im sozialen Kontext der betreffenden Personen, im Zusammenhang mit ihrem Status, ihrer Persönlichkeit, ihren spezifischen Interessen usw. beleuchtet werden.

Hinzu kommt die Erhebung möglichst vieler Informationen zur *Vorgeschichte des Ereignisses*, die zum Verständnis desselben sehr wichtig ist. Die somit vollzogene Ausdehnung der *zeitlichen Tiefe* des Falles auf selbst nicht beobachtete Situationen ist besonders problematisch, da man hier auf das Gedächtnis der Informanten und auf die Verlässlichkeit ihrer Aussagen angewiesen ist. Es ergibt sich also eine Parallelität zweier unterschiedlicher Datenkategorien, die nicht ohne weiteres kompatibel sind. Erstens werden Ereignisse aus der Vergangenheit anhand von gegenwärtigen Normen interpretiert (Garbett 1970: 220). Zweitens ist eigenes Erleben und Beobachten etwas anderes als die Interpretation von Erzählungen. Drittens zeigt die eigene Erfahrung die Inkonsistenzen und Widersprüche innerhalb der sozialen Praxis unmittelbar auf. Demgegenüber erscheinen die über Befragungen erhobenen Informationen aus der *guten alten Zeit* – sofern sie nicht überhaupt lückenhaft sind – meist strikt normativ geordnet und regelhaft oder auch überdramatisiert (siehe van Velsen 1967: 144). Mir wurden z. B. in Sulawesi viele Geschichten darüber erzählt, wie *früher* junge Paare nach einer Fluchthochzeit im Falle ihrer Entdeckung von Vätern oder Brüdern erbarmungslos getötet wurden – wie es der Norm entspricht. In der Tat erfreuen sich jedoch alle Leute, deren Fluchthochzeit ich selber erlebt habe, bis heute bester Gesundheit. Eine genaue Recherche ergab, dass die idealisierte Norm weder früher noch heute der gelebten Praxis entsprach bzw. entspricht, denn auch in jener Gesellschaft gibt es Hemmungen, die eigene Tochter und/oder ihren Geliebten mir nichts dir nichts zu erdolchen. Gleichzeitig ist gerade dieses Beispiel sehr geeignet für den Einsatz der ECM, denn eine Fluchthochzeit ist ein soziales Drama par excellence (Röttger-Rössler 2004).

Ein beachtliches Problem stellt weiterhin die *Auswahl der Fälle* und Ereignisketten sowie damit einhergehend ihre *Repräsentativität* dar. Letztere wurde in der Ethnologie während der letzten Jahre und Jahrzehnte im allgemeinen Sinne hinreichend diskutiert; für die ECM ergeben sich zusätzliche Akzente, weil ja gerade der Begriff *Fall/case* die Konnotation des Zufälligen in sich birgt (siehe Mitchell 1983; Burawoy 1991). Zunächst einmal erfordert die große Detailfülle, die es aufzunehmen gilt, sowie die notwendige enge Vertrautheit mit den Akteuren und ihrem soziokulturellen Umfeld zwingend eine Beschränkung des analytischen Rahmens. Daten solcher Art lassen sich nicht für Hunderte von Individuen erheben. Es ließe sich von daher kritisch einwenden: Gut, dies ist mit den Personen A–G passiert, aber was ist mit den anderen 500 Personen im selben Dorf? Und was ist mit den Tausenden in der weiteren Region? In Bezug auf die ECM ist eine solche Frage aber schon insofern falsch gestellt, als über diese Methode seit ihren Ursprüngen überhaupt nicht *die* Gesellschaft erfasst werden sollte. Dies ist nicht nur aus den genannten Gründen gar nicht möglich. Hinzu kommt, dass diese Methode sich ja gerade bewusst vom Makromodell weg hin zu exemplarischen Akteuren und ihren Handlungen auf der Mikroebene orientierte. Vielmehr geht es also um bewusst *nach räumlichen und zeitlichen Kriterien definierte Ausschnitte der alltäglichen Praxis*, die intensiv untersucht werden, und zwar nicht als geschlossene Einheiten, sondern im Sinne von sozialen Prozessen innerhalb eines offenen analytischen Feldes (siehe van Velsen 1967: 145; Garbett 1970:

215ff.). Gleichwohl werden aus der Untersuchung dieser Ausschnitte allgemeine Aussagen getroffen und generelle theoretische Prinzipien abgeleitet.

Im Hinblick auf die spezifische *Auswahl der Fälle* muss hinterfragt werden, ob die für die Erhebung und/oder für die Präsentation ausgewählten Fälle einer gewissen Willkür seitens des Ethnographen unterliegen (weil sie z. B. analytisch besonders interessant oder dramatisch sind), oder ob sie tatsächlich typisch für die alltägliche Praxis der betroffenen Menschen sind. Im Vergleich zu weitgehend unverbundenen Fällen oder Ereignissen, die in der Regel doch eher illustrativen Charakter haben, ist für die speziell über die ECM erfassten Fälle die Gefahr einer entsprechenden Verfälschung allerdings deutlich geringer (siehe Schweizer 1989: 61f.). Wirkliche Ereignisketten, wie sie diese Methode typischerweise verwendet, treten nicht beliebig häufig und einander vielfach überlappend auf. Sie sind vielmehr relativ selten, weisen stringente Verbindungen untereinander auf und haben aus diesem Grunde auch für die betreffende Gemeinschaft eine Relevanz, die einerseits zwar Teil des Alltags ist (z. B. Politik), andererseits aber auch das immer wieder auftretende Außergewöhnliche (z. B. politischer Streit) innerhalb des Alltags betont.

Schließlich gilt es nochmals einen bereits erwähnten Aspekt aufzugreifen: Die charakteristischen sozialen Ereignisse, die über die ECM analysiert werden, involvieren eigentlich immer Krisen- und Konfliktsituationen. In Kombination mit der intimen Kenntnis der Akteure und ihres gesellschaftlichen Umfeldes, die sich ein Ethnograph aneignen muss, ergibt sich daraus immer auch ein *ethisches Problem*. Das Wissen um Schuldzuweisungen, um den Vater eines unehelichen Kindes, um die Umstände eines Diebstahls oder eines Tötungsdeliktes macht den Ethnographen buchstäblich zum *Mitwisser* innerhalb eines Teiles der Gruppe, der über ein solches Detail oft besser informiert ist als die Mehrheit der Gemeinschaft. Bei anderen methodischen Verfahren kann man diese Wissenskomponenten ausblenden und unerwähnt lassen. Die ECM und die daraus gewonnenen Daten stellen solches Wissen jedoch in den Mittelpunkt, die Methode erfordert sogar oft ein intensives Nachhaken (durch Befragung) und die Partizipation an Gerüchten, Verdächtigungen und sorgfältig gehüteten Geheimnissen. Hier gilt es dann einerseits, gewissermaßen einen Datenschutz wie etwa durch Anonymisierung der Betroffenen vorzunehmen und generell zu beurteilen, was veröffentlicht werden kann (Rössler 1987). Ein anderes Problem ist die Situation während der Feldforschung selbst. Seine Stellung als Mitwisser macht den Ethnographen schnell involviert und parteiisch, ganz egal ob er es de facto ist (was sich trotz aller wissenschaftlichen Objektivität oft nicht vermeiden lässt), oder ob ihn nur manche der Beteiligten dafür halten. Man kann sich einem solchen misslichen Rollenkonflikt jedoch insbesondere dann nicht entziehen, wenn man als Ethnograph von Individuen oder Gruppen innerhalb von Konfliktsituationen als politisches Instrument eingesetzt wird. Birgitt Röttger-Rössler (1994) hat dies in Indonesien sehr intensiv erlebt, als eine von ihrer Familie verstoßene adlige Frau mittels einer in vielen Situationen überbetonten Affinität zur europäischen, statushohen Wissenschaftlerin einen Wiederaufstieg an sozialem Ansehen zu erzwingen versuchte. Solche Aspekte erfordern während der Forschung äußerste Sensibilität und im Rahmen der Datenpräsentation große Aufmerksamkeit unter Berücksichtigung der eigenen Rolle im jeweils geschilderten sozialen Prozess.

9.5 Praktische Durchführung

Die Bedingungen des Teilhabens an Ereignissen sind in jeder Gesellschaft anders gestaltet, ebenso auch das Erheben zusätzlicher Informationen. Ich halte es dennoch für die anschaulichste Lösung, anhand eines empirischen Beispiels vorzugehen und wähle dafür aus dreizehn chronologisch geordneten Ereignissen während meiner Forschungen in Indonesien fünf beteiligte Personen aus. Auch beschränke ich mich auf zwei miteinander verwobene Haupthandlungsstränge. Bei dem einen geht es um einen Konflikt um das formalpolitische Führungsamt des Dorfchefs, bei dem anderen um das nur noch symbolische Amt des traditionellen Führers (*karaeng*). Den Kontext bildet die Auseinandersetzung zwischen den Anhängern der traditionellen Religion und denjenigen des Islam. Zu Beginn ist die Aufeinanderfolge der Ereignisse dicht, aus der Zeit von 1989 bis 1997 habe ich aus Platzgründen drei besonders wichtige ausgewählt. Insgesamt kann hier natürlich nur die Grobstruktur vorgestellt werden (für Näheres zu den Fällen bis 1985 siehe Rössler 1987). Zunächst zu den *dramatis personae*:

Bantang: Bis 1970 formaler Dorfchef und gleichzeitig Inhaber des an
ein Heiligtum gebundenen traditionellen Führungsamtes, seit
1970 nur noch in letzterer Funktion
Nembo: Formaler Dorfchef von 1983 bis 1986
Ngalle: Seit 1968 wird in seinem Haus das Heiligtum aufbewahrt
Jumali: Formaler Dorfchef für einige Monate 1975
Nawa: Dorf-Imam seit 1960

Die Kommentare beruhen auf Informationen, die ich vor, nach und parallel zu den Ereignissen erhoben habe. Sie standen mir also nicht von Beginn an vollständig zur Verfügung.

9.5.1 Technische Aspekte

Speziell bei rituellen Situationen, wie sie in meinem Beispiel im Mittelpunkt stehen, sollte man sich bereits vor dem Ereignis möglichst genau erkundigen, um was es geht. Jede noch so bescheidene Vorkenntnis erleichtert das Beobachten einer komplexen Situation erheblich. Ich gehe bei der Schilderung des Vorgehens zunächst implizit von Fall [1] aus, einem Schwangerschaftsritual im Juli 1984:

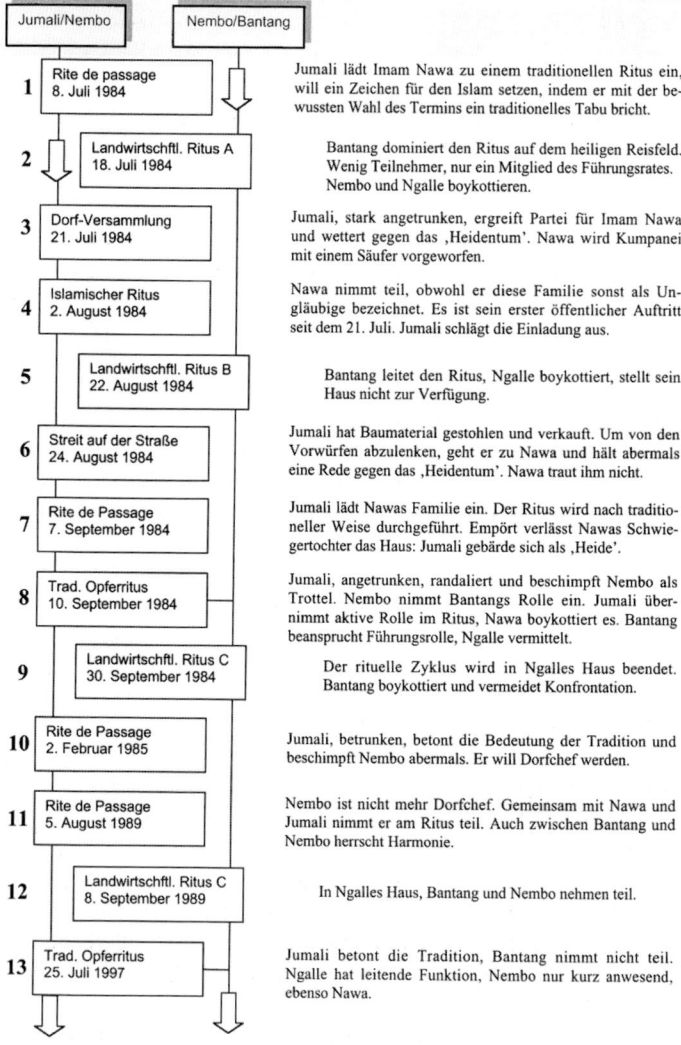

Jumali/Nembo | **Nembo/Bantang**

1 | Rite de passage — 8. Juli 1984
Jumali lädt Imam Nawa zu einem traditionellen Ritus ein, will ein Zeichen für den Islam setzen, indem er mit der bewussten Wahl des Termins ein traditionelles Tabu bricht.

2 | Landwirtschftl. Ritus A — 18. Juli 1984
Bantang dominiert den Ritus auf dem heiligen Reisfeld. Wenig Teilnehmer, nur ein Mitglied des Führungsrates. Nembo und Ngalle boykottieren.

3 | Dorf-Versammlung — 21. Juli 1984
Jumali, stark angetrunken, ergreift Partei für Imam Nawa und wettert gegen das ‚Heidentum'. Nawa wird Kumpanei mit einem Säufer vorgeworfen.

4 | Islamischer Ritus — 2. August 1984
Nawa nimmt teil, obwohl er diese Familie sonst als Ungläubige bezeichnet. Es ist sein erster öffentlicher Auftritt seit dem 21. Juli. Jumali schlägt die Einladung aus.

5 | Landwirtschftl. Ritus B — 22. August 1984
Bantang leitet den Ritus, Ngalle boykottiert, stellt sein Haus nicht zur Verfügung.

6 | Streit auf der Straße — 24. August 1984
Jumali hat Baumaterial gestohlen und verkauft. Um von den Vorwürfen abzulenken, geht er zu Nawa und hält abermals eine Rede gegen das ‚Heidentum'. Nawa traut ihm nicht.

7 | Rite de Passage — 7. September 1984
Jumali lädt Nawas Familie ein. Der Ritus wird nach traditioneller Weise durchgeführt. Empört verlässt Nawas Schwiegertochter das Haus: Jumali gebärde sich als ‚Heide'.

8 | Trad. Opferritus — 10. September 1984
Jumali, angetrunken, randaliert und beschimpft Nembo als Trottel. Nembo nimmt Bantangs Rolle ein. Jumali übernimmt aktive Rolle im Ritus, Nawa boykottiert es. Bantang beansprucht Führungsrolle, Ngalle vermittelt.

9 | Landwirtschftl. Ritus C — 30. September 1984
Der rituelle Zyklus wird in Ngalles Haus beendet. Bantang boykottiert und vermeidet Konfrontation.

10 | Rite de Passage — 2. Februar 1985
Jumali, betrunken, betont die Bedeutung der Tradition und beschimpft Nembo abermals. Er will Dorfchef werden.

11 | Rite de Passage — 5. August 1989
Nembo ist nicht mehr Dorfchef. Gemeinsam mit Nawa und Jumali nimmt er am Ritus teil. Auch zwischen Bantang und Nembo herrscht Harmonie.

12 | Landwirtschftl. Ritus C — 8. September 1989
In Ngalles Haus, Bantang und Nembo nehmen teil.

13 | Trad. Opferritus — 25. Juli 1997
Jumali betont die Tradition, Bantang nimmt nicht teil. Ngalle hat leitende Funktion, Nembo nur kurz anwesend, ebenso Nawa.

Abbildung 1: Beispielhafte Ereigniskette.

0.   Vorab: Falls ein Schritt nicht durchführbar ist, darf man ihn nicht er-
     zwingen wollen!

1.   Für *jedes* Ereignis gilt im Moment seines Ablaufs:
1.1 Grundregel: Niemals das Geschehen aktiv beeinflussen, es sei denn,
     man wird dazu angehalten.
1.2 Wichtige Elemente aller Beobachtungen möglichst genau während des
     Ereignisses notieren, das Erinnerungsvermögen lässt rasch nach!
1.3 *Wenn möglich*, zusätzliche Dokumentationsmedien einsetzen: Foto, Au-
     dio etc. Oft lassen sich Beteiligte, die man „vergessen" hat, nachträglich
     auf Fotos identifizieren.
1.4 Zeichnungen, Skizzen von räumlichen Anordnungen, Sitzpositionen,
     Bewegungen etc. anfertigen. Vieles lässt sich besser zeichnen als foto-
     grafieren.
1.5 Bei bekannten/vertrauten Personen in der Situation selbst nachfragen:
     Wer ist das? Was macht sie da gerade? Worum geht es? Wieso ist er
     wütend? Ich habe nicht verstanden, was sie eben gesagt hat! etc.
1.6 Beteiligte auf weitere Erkundigungen vorbereiten: Das habe ich
     überhaupt nicht verstanden, können wir morgen noch einmal darüber
     sprechen?

2.   Für *jedes* Ereignis gilt nach dem Geschehen:
2.1 Notizen möglichst umgehend, umfassend und detailliert festhalten (egal
     ob Papier oder Notebook). Bei der ECM fließen Feldnotizen oft direkt
     in die Präsentation ein! Beim Notieren der Daten gibt es 4 Punkte zu
     beachten (siehe Burgess 1991):
2.1.1 *Was Wann Wo Wer*: Ereignis, Datum, Zeit, Ort(e), Akteure festhalten.
2.1.2 *Substantive Notizen* über Beobachtungen und Gespräche.
2.1.3 *Methodologische Notizen* über persönliche Eindrücke, persönliche
     Involvierung, Auswahl von Informanten, Beziehung zu Informanten,
     Reflexion der eigenen Erfahrung.
2.1.4 *Analytische Notizen*: Notizen vorläufig analysieren, dabei dieses trennen
     von Kommentaren der Informanten! Auftretende Fragen/Unklarheiten
     ebenfalls notieren.
2.2 Grundregel des Nachfragens: Immer reflektieren, ob ein Nachfragen
     Missbilligung oder gar Verärgerung seitens der Befragten hervorrufen
     kann. Zu manchen Aspekten kann man nur bestimmte Personen befragen.
     Geschlechts- und altersspezifische Fragen beachten!
2.3 Bei Hauptprotagonisten nachfragen: Warum waren Sie denn so wütend?
     Warum sind Sie vorzeitig gegangen? Warum haben Sie nichts gesagt?
     Was haben Sie da gesagt? etc.
2.4 Bei beteiligten Personen die Situation nachfragen: Was war da gestern/

letzte Woche etc. los? Wer waren die Personen? In welchem Dorf wohnt denn der bärtige Mann? etc.

2.5   Bei Unbeteiligten nachfragen: Ich war gestern bei einem *Rite de Passage* bei Jumali. Wieso waren Sie denn nicht da? Dies und jenes ist da passiert; ist das immer so? etc.

2.6   Direkte Hintergründe nachfragen: Zum Beispiel Fall [1]: Wieso geht der Imam zu einem traditionellen Ritual? Was hat es mit dem Tabu auf sich? etc.

2.7   Verbindungen zwischen Personen nachfragen: Gehören Jumali und Nawa zur selben Familie? (Antwort: Nein, es folgen lange Erklärungen, die aufgearbeitet werden müssen, daher Übergang zu 3:)

3.   Für *jedes* Ereignis gilt in Verbindung mit anderen Ereignissen:

3.1   Ausführliche persönliche Hintergründe nachfragen: Genealogie von Jumali und Nawa und der anderen Beteiligten, Informationen zu ihrer Lebensgeschichte, ökonomischen Position, religiösen Einstellung etc. Das Sammeln dieser Informationen erstreckt sich über die gesamte Dauer der Feldforschung(en). Selbst nach vielen Jahren werden sich neue Aspekte zu Akteuren ergeben, die man bereits gut zu kennen glaubte.

3.2   Ausführliche Hintergründe anderer Art erfragen. Auch dies erstreckt sich prinzipiell über die gesamte Forschung, kann aber hier bei Fall [1] oder schon davor einsetzen: Ritual, Symbolik, Situation des Islam, Geschichte der politischen Ämter/Reihenfolge der Amtsinhaber, Kriterien für politische Nachfolge etc.

All diese Daten – und zwar in größtmöglichem Detail – müssen ggf. mittels anderer spezifischer Methoden erhoben werden. Darüber hinaus fließen zahllose Informationen aus Klatsch und normalen Alltagssituationen ein. Ich traf auch z. B. Jumali keineswegs nur in „dramatischen" Situationen, sondern regelmäßig an unterschiedlichen Orten. In Anknüpfung an das oben Gesagte hat er mich dann z. B. nach Fall [3] angesprochen: „Wie war ich bei meinem Auftritt, he? Denen hab ich's gezeigt! Diese blöden Götzenanbeter! Was denkst du darüber?" Eine geeignete Antwort muss sich jeder (spätestens jetzt involvierte!) Ethnograph für sich überlegen.

Es dürfte einleuchten, dass all diese Informationen insgesamt eine enorme Dichte aufweisen. Um zu zeigen, was sich aus den Ereignissen [1] bis [13], den Beobachtungen und Erhebungen ableiten lässt, will ich den Umriss des ersten Handlungsstranges kurz skizzieren:

1975 erlangt Jumali – ein statusniederer Nachfahre von Sklaven, aber mit Schulbildung – durch Intrigen das Amt des Dorfchefs, wird wegen diverser Ausfälle im betrunkenen Zustand bald abgesetzt und versucht seit 1983 mit

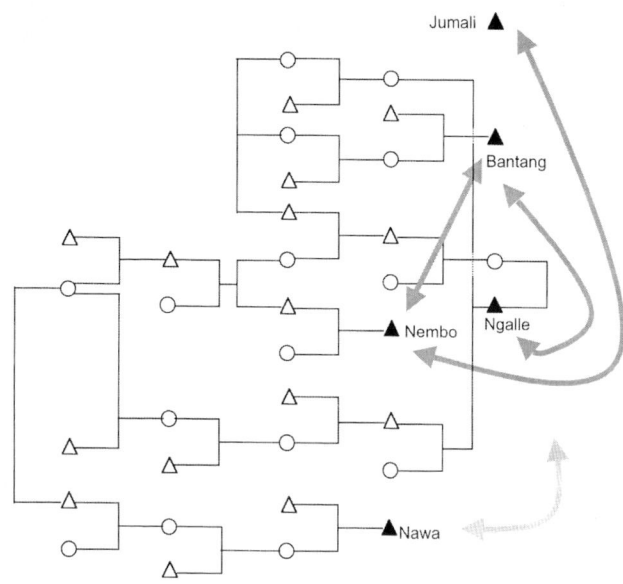

Abbildung 2: Verwandtschaftsbeziehungen zwischen den beteiligten Akteuren.

allen Mitteln, das Amt wieder zu erlangen, denn der neue Dorfchef Nembo (ohne Schulbildung) gilt als ein Mann, der sich gegen Jumali nicht behaupten kann. [Jetzt Beginn der ersten Forschung] Über die überbetonte Hinwendung zu Nawa versucht er sich – konform mit der Politik der Distriktsregierung – als Wegbereiter des Islam darzustellen, was ihm jedoch schon auf Grund seines Alkoholkonsums niemand abnimmt, und sich dadurch für das Amt zu qualifizieren. Immer wieder randaliert Jumali und droht in unbeherrschten Anfällen mit Waffengewalt. Er stiehlt sogar Gemeinschaftsbesitz, um den Ruf nach einem starken Dorfchef zu provozieren. Man hat zunehmend Angst vor ihm und erwägt, den Distriktchef zu konsultieren. Andererseits ist letzterer auch überzeugt, dass Jumali ein Vorkämpfer des Islam ist. Jumali versucht es dann plötzlich mit einer anderen Strategie, erklärt sich zum Bewahrer der Tradition, stärkt den Anhängern der prä-islamischen Religion der Rücken, führt selbst Riten durch, die er Wochen zuvor als „heidnisch" gebrandmarkt hat. 1986 wird Nembo abgesetzt und ein anderer Mann zum Dorfchef ernannt; seit 1988 übt ein Adliger das Amt aus, der Jumali öffentlich wie seinen Leibeigenen (Sklaven, s. o.) behandelt und nach inoffiziellem, kulturellem Konsens auch behandeln darf. Nembo und Jumali gehen nun normal miteinander um, letzterer propagiert 1997 verstärkt die Tradition, geht aber auch regelmäßig in die Moschee. Jumalis Machtkampf hat sich in Luft aufgelöst. Die latente Spannung zwischen Tradition und Islam, die Jumali als politisches Instrument nutzen wollte, hat sich dafür als denkbar ungeeignet erwiesen. Statt dessen waren die wesentlichen Faktoren: Deszendenz, Schulbildung (…)

Ausgebaut mit ethnographischen Details – vor allem auch den gegenseitigen verwandtschaftlichen Verbindungen, die ich hier nicht näher berücksichtigt habe – mündet dies in eine Analyse, die in diachronischer (1975 bis 1997) wie synchronischer Dimension äußerst komplex ist. Zahllose weitere Informationen fließen hier mit ein, doch dreht sich der Haupthandlungsstrang wie gesehen um Konflikte religiöser, sozialer und politischer Art, um widersprüchliches Verhalten, Manipulation von Normen und politische Strategien im Allgemeinen. Auf zusätzliche Erkenntnisse gehe ich weiter unten ein.

9.5.2 Verbindungen zwischen Fällen und Ereignisketten

Ein Hauptproblem besteht in der Zusammenfügung einzelner Ereignisse zu Ereignisketten. Manche liegen auf der Hand, manche nicht. So gibt es mehrere Möglichkeiten, Verbindungen z. B. zwischen Fall [1] und anderen Fällen zu ziehen. Manche sind weniger ergiebig, manche hochgradig interessant, weil sie in eigene Ereignisketten münden. Beispielsweise ließen sich an Fall [7] viele andere anschließen, in denen Nawas Schwiegertochter ebenfalls das gastgebende Haus verlässt, weil sie als Anhängerin des reformistischen Islam traditionelle Riten nicht toleriert. Zwar ist dieses Verhalten grob unhöflich, aber die Gemeinschaft nimmt es gelassen zur Kenntnis. Es ergibt sich keine Entwicklung von Beziehungen oder Spannungen aus diesen aufeinander folgenden Ereignissen. Solche Fälle haben allein Wert als Illustration, weil sie immer wiederkehren und weitgehend stereotyp sind.

Anders sieht es aus mit Fall [8]. Hier – anlässlich des umfassendsten traditionellen Rituals – treffen außer Nawa alle anderen unserer Akteure zusammen. Schon Fall [2] wies darauf hin: Der Kampf um politischen Einfluss spielt sich auch auf einer anderen Ebene ab, auf der Nembo sich mit dem inaugurierten *karaeng* Bantang auseinander setzt. Dieser hat keine Ambitionen mehr, Dorfchef zu werden (er hatte das Amt in den sechziger Jahren inne), aber er sieht sich nach wie vor in der Rolle des eigentlichen Führers der Gemeinschaft als kulturelle Einheit. Vor diesem Hintergrund ergeben sich nun folgende Handlungsstränge, die *nebeneinander herlaufen*: a) Jumalis Kampf um die formale Führung des Amtes mit Nembo, wobei Nawa als Instrument eingesetzt wird;

und b) Bantangs Auseinandersetzung mit Nembo, dem er die Berechtigung
abspricht, die Riten der Tradition zu leiten.

Zusätzlich gibt es eine Auseinandersetzung zwischen Bantang und Ngalle um
die Aufbewahrung des Heiligtums. Diese geht auf das Jahr 1975 zurück, als
Jumali für kurze Zeit Dorfchef war (!). Damals nämlich beanspruchte Bantang
das Feld, das vom jeweiligen *karaeng* genutzt wird, weiterhin für sich, da er
es dem zugezogenen Sklavennachfahren Jumali schlichtweg verweigerte. Er
kassiert die Ernte bis heute. Fall [2] spielt sich auf diesem Feld ab. Parallel dazu
wurde im Jahre 1968 das Heiligtum in Ngalles Haus gebracht, wo es seitdem
aufbewahrt wird. Bantang will es in sein eigenes bringen, da er dies für seine
Rolle als *karaeng* als selbstverständlich erachtet. Verfolgt man nun ausgehend
von Fall [2] diese Beziehung weiter, so ergeben sich stets neue Situationen
[5, 8, 9, 12, 13, weitere hier nicht genannte], in denen diese Problematik in
ihrer zeitlichen Entwicklung aufgezeigt wird. Auch dies wäre ein eigener
Handlungsstrang, der sich im Gegensatz zu den beiden genannten bis heute
hinzieht. Es kommen aus der Vergangenheit weitere Informationen hinzu, die
sich auf Landkonflikte zwischen Ngalles engerer Verwandtschaft und Bantang
beziehen (detailliert erhoben 1990/91), so dass ich zwischen etwa 1950 und
1997 aufzeigen kann, wie Auseinandersetzungen um Ressourcen, Symbole
und politischen Einfluss dieselben Akteure immer wieder zusammenführen,
wie neue Akzente entstehen und wie verschiedene Arten von Führerschaft
auf mehreren Ebenen parallel und eng miteinander verwoben Politik in der
sozialen Praxis dieser Gemeinschaft gestalten.

Ihre Komplexität gewinnt die Analyse daraus, dass sie erst durch das Ein-
arbeiten zahlloser Informationen aus anderen Bereichen von Kultur und
Gesellschaft ihre endgültige Gestalt gewinnt. Im vorliegenden Fall sind dies
u.a. die Schlüsselrolle des Islam, der Stellenwert traditioneller Überzeugungen, Determinanten sozialer Hierarchien, Einzelheiten ritueller Handlungen,
der Faktor der Bildung, Auswirkungen administrativer Reformen und vieles
mehr. Kennzeichnend ist, dass solche Aspekte einerseits erhellend für die
Darstellung (hier: des politischen Prozesses) wirken, und dass die Leserschaft
andererseits auch über die Analyse (des politischen Prozesses) Informationen
zu vielen zusätzlichen Aspekten von Kultur und Gesellschaft vermittelt bekommt: nicht nur per se, sondern auch in deren Zusammenhängen mit dem
analytischen Schwerpunkt.

9.6 Präsentation

Hinsichtlich der Präsentation der Ereignisse und Ereignisketten lassen sich keine eigentlichen Standards nennen. Als sehr nützlich erweist es sich, die erwähnten Klassiker der ECM zu studieren, um einen Einblick in die textlichen Gestaltungsmöglichkeiten zu gewinnen. Selbstverständlich kommt dem Moment der Chronologie generell besonderes Gewicht zu, allerdings muss unter Umständen auf eine exakt chronologische Darstellung verzichtet werden, wenn andere Gliederungskriterien Priorität haben (z. B. Rössler 1987). Die minutiöse Darstellung der Fälle kann textlich durchgehend dominieren (Turner 1957), sie kann aber auch auf einen Teil oder Teile des Textes beschränkt bleiben (Kapferer 1997, Middleton 1960). Die Eigenart der ECM, Details aus den Feldnotizen direkt in den Text einzubringen, wurde bereits erwähnt. Besonders problematisch ist die Art und Weise, wie einzelne Ereignisketten oder Handlungsstränge, die in bestimmten Ereignissen zusammen- und danach wieder auseinander fließen, präsentiert werden (siehe Fälle [8] und [13]). Dies ist jedoch stark abhängig von der Fragestellung, der Art der Ereignisse und vor allem von den jeweiligen Intentionen des Ethnographen. Denkbar ist auch eine Berücksichtigung rezenter Modi des ethnographischen Schreibens wie etwa die Einbeziehung der Rolle des Ethnographen selbst, der ja wie erläutert bei der Anwendung dieser Methode eine besondere Position bezieht. Im Vordergrund muss in jedem Falle der eigentliche Fokus der ECM stehen: die Transparenz des Geschehens und das Handeln spezifischer Akteure im sozialen Prozess.

9.7 Literatur

9.7.1 Weiterführende Literatur

Burawoy, Michael
1998   The Extended Case Method. In: Sociological Theory 16: 4–33.
            Der meist zitierte neuere Beitrag zur ECM, zwar aus einer eher soziologischen
            Perspektive, doch bezieht Burawoy (ein Schüler van Velsens) viele spezifisch
            ethnologische Aspekte ein.

Evens, Terence M.S. / Don Handelman (eds)
2006   The Manchester School. New York.
            Diese neue Aufsatzsammlung reflektiert die ECM in theoretischer wie in fach-
            historischer Perspektive und betont dabei den Praxisbezug als nach wie vor
            herausragende Stärke der Methode.

Garbett, G. Kingsley
1970   The Analysis of Social Situations. In: Man 5: 214–227.
            Ein umfassender theoretischer Überblick, der auch die Weiterentwicklung ak-
            teurzentrierter Ansätze wie Netzwerkanalyse und Spieltheorie einbezieht.

Mitchell, J. Clyde
1983   Case and Situation Analysis. In: The Sociological Review 31: 187–211.
            In diesem Spätwerk diskutiert Mitchell, einer der Pioniere der ECM, insbesondere
            das Problem der Repräsentativität von Fallstudien.

Velsen, Jan van
1967   The Extended-Case Method and Situational Analysis. In: A.L. Epstein (Hg.),
            The Craft of Social Anthropology, 129–149. London.
            Nach wie vor die klassische Diskussion der Methode mit Zusammenfassungen
            ihrer frühen Anwendungen durch die Manchester-Schule.

9.7.2 Zitierte Literatur

Babbie, Earl
2000   The Practice of Social Research. (9th ed.) Belmont.

Burawoy, Michael
1991   The Extended Case Method. In: Michael Burawoy et al., Ethnography Unbound,
            271–287. Berkeley.
1998   The Extended Case Method. In: Sociological Theory 16: 4–33.

Burgess, Robert G.
1991   Keeping Field Notes. In: Robert G. Burgess (Hg.), Field Research, 191–194.
            London.

Evens, Terence M.S. / Don Handelman (eds)
2006   The Manchester School. New York.

Garbett, G. Kingsley
1970   The Analysis of Social Situations. In: Man 5: 214–227.

Gluckman, Max
1955   The Judicial Process among the Barotse of Northern Zululand. Manchester.
1958   Analysis of a Social Situation in Modern Zululand. Manchester.
1961   Ethnographic Data in British Social Anthropology. In: Sociological Review 9:
            5–17.

Hamel, Jacques et al.
1993   Case Study Methods. Newbury Park.

Kapferer, Bruce
1997   The Feast of the Sorcerer. Chicago.

Kuper, Adam
1996   Anthropology and Anthropologists. The Modern British School. (3. Aufl.).
            London.

Lee, Ching Kwan
1998   Gender and the South China Miracle. Berkeley.

Middleton, John
1960   Lugbara Religion. London.

Mitchell, J. Clyde
1956   The Yao Village. Manchester.
1969   The Concept and Use of Social Networks. In: J. Clyde Mitchell (Hg.), Social
          Networks in Urban Situations, 1–50. Manchester.
1983   Case and Situation Analysis. In: The Sociological Review 31: 187–211.

Rössler, Martin
1987   Die soziale Realität des Rituals. Berlin.

Röttger-Rössler, Birgitt
1994   Fatimahs Weg nach oben. In: Zeitschrift für Ethnologie 119: 229–248.
2004   Die kulturelle Modellierung des Gefühls. Ein Beitrag zur Theorie und Methodik
          ethnologischer Emotionsforschung anhand indonesischer Fallstudien. Mün-
          ster.

Schweizer, Thomas
1989   Prozessanalyse in der Ethnologie. In: Zeitschrift für Ethnologie 114: 55–74

Turner, Victor W.
1957   Schism and Continuity in an African Society. Manchester.

Velsen, Jan van
1967   The Extended-Case Method and Situational Analysis. In: A.L. Epstein (Hg.),
          The Craft of Social Anthropology, 129–149. London.

Michael Schnegg

10 Die ethnologische Netzwerkanalyse*

10.1 Einleitung

Der Begriff „Netzwerk" ist in den letzten Jahren zu einer beliebten Metapher geworden: Wir sprechen von einer Netzwerkgesellschaft, von Terrornetzwerken und virtuellen Netzwerken, die mit Hilfe von *social software* (wie Facebook oder StudiVZ) entstehen. Dabei wird oft übersehen, dass sich in den Kultur- und Sozialwissenschaften bereits seit langem eine Forschungsrichtung etabliert hat, die Netzwerke nicht nur als Metapher für gesellschaftliche Verbundenheit verwendet, sondern sie auch empirisch fassbar macht. Wichtige Impulse dieser Forschungsrichtung stammen aus der Ethnologie (Barnes 1954). In diesem Beitrag werden Methoden vorgestellt, mit denen man Informationen über gesellschaftliche Vernetzungen und die sich daraus ergebenden Muster sozialer Ordnung im Rahmen einer Feldforschung erheben kann. Die Aufbereitung und die computergestützte Auswertung der Daten werden dagegen nicht besprochen. Für eine ausführliche Darstellung sei hier auf die praktische Einführung von Schnegg und Lang (2001) verwiesen. Ich beschränke mich in diesem Beitrag auf quantitative Methoden der Netzwerkanalyse und plädiere dafür, diese mit anderen, qualitativen, Verfahren zu kombinieren. In den letzten Jahren hat sich außerdem eine Forschungsrichtung etabliert, die sich als „Qualitative Netzwerkanalyse" bezeichnet (Hollstein and Straus 2006). Diese Ansätze sind heterogen und unterscheiden sich darin, ob sich das Attribut „qualitativ" auf die Daten oder die Analyse bezieht.

Soziale Netzwerke bestehen aus einer Menge an Akteuren, die durch soziale Beziehungen miteinander verbunden sind. ‚Akteure' können dabei etwa Personen, Haushalte, Organisationen und Nationen sein. Die Beziehungen zwischen ihnen können von Liebe und Hass unter Personen, über den Tausch von Nahrungsmitteln zwischen Haushalten, die Kooperation zwischen NGOs bis hin zu Tourismusströmen zwischen Nationen reichen. In ethnologischen Feldforschungen sind die Akteure meist Personen oder Haushalte; die Beziehungen sind oft sozialer oder wirtschaftlicher Art.

Ein erstes Ziel der Netzwerkanalyse besteht darin, die soziale Einbettung von einzelnen Akteuren oder die Struktur einer Gruppe möglichst präzise zu beschreiben. Im zweiten Schritt der Analyse schließt sich dem oft ein Interesse an Erklärungen an. Dabei lautet eine wichtige theoretische Grundannahme der Netzwerkanalyse, dass man das Handeln von Akteuren besser verstehen kann, wenn man die sozialen Beziehungen kennt, in die Einzelne eingebunden sind (Schweizer 1996; Wellman 1988). Soziale Beziehungen schaffen Handlungsspielräume (engl. *agency*), indem sie etwa den Zugang zu Informationen oder materiellen Ressourcen ermöglichen. Sie bedeuten aber oft auch Einschränkungen (eng. *structure*), etwa in Form von Verpflichtungen, die aus bestimmten Beziehungen oder Konflikten erwachsen. Konflikte sind immer in soziale Beziehungen eingebettet, wie einige der klassischen Arbeiten der Netzwerkanalyse gezeigt haben (Kapferer 1969).

Um verstehen zu können, wie Netzwerke entstehen und welche Konsequenzen sie für andere Felder des Handelns haben, ist es notwendig, mehr über die Individuen oder die Gruppe zu wissen als nur wie sie untereinander verbunden sind. Die einfachsten zusätzlichen Informationen sind Merkmale der Akteure, wie etwa ihr Geschlecht, ihr Alter, ihre Clanzugehörigkeit oder ihre Religion. Komplexere Informationen schließen ihre Ziele, ihre Einstellungen zu bestimmten Themen und dergleichen ein. Diese zusätzlichen Informationen lassen sich durch einen Zensus, Fragebogenerhebungen, teilnehmende Beobachtung oder qualitative Interviews erheben. Die Netzwerkanalyse ist heute ein interdisziplinäres Forschungsfeld, in dem Soziologen, Psychologen, Politologen, Ethnologen und Vertreter vieler anderer Fächer theoretische Annahmen und einen gemeinsamen Methodenapparat teilen. Eine ethnographische Netzwerkanalyse zeichnet sich im Gegensatz zu anderen Ansätzen dadurch aus, dass sie in eine umfassendere Feldforschung eingebettet ist, die die Möglichkeit eröffnet, die über formale Verfahren gewonnenen Erkenntnisse zu interpretieren, zu validieren und zu kontextualisieren. Die ethnologische Netzwerkanalyse ist somit im Idealfall immer Teil einer Untersuchungsstrategie, die qualitative und quantitative Ansätze verbindet.

Der Gedanke, die soziale Struktur einer Gesellschaft als Netzwerk zu verstehen, ist in der Ethnologie eng mit den Arbeiten von Radcliffe-Brown verbunden, der die soziale Struktur als Netzwerk begreift: „I use the term 'social structure' to denote this network of actually existing relations" (Radcliffe-Brown 1952: 2). Während der 1920er Jahre hat Radcliffe-Brown in Sydney Ethnologie gelehrt. Dort betreute er die Feldforschung von Lloyd Warner, den er auf der Durchreise in Berkeley kennengelernt hatte. Lloyd Warner hat später diese von Radcliffe-Brown übernommene strukturelle Perspektive weiterentwickelt und in Projekten angewandt, an denen er mitgearbeitet hat. Zu den bekanntesten zählen die Studien über industrielle Gemeinden (die sogenannte „Yankee City" Studie), die Organisationsforschungen bei Western Electric (das „Hawthorne"-Projekt) und Arbeiten über soziale Stratifizierung im Süden der Vereinigten Staaten (das „Deep South"-Projekt). Lloyd Warner war der erste Ethnologe, der Daten über soziale Netzwerke erhoben und analysiert hat.

Der zweite wichtige Impuls für die ethnologische Netzwerkanalyse kam aus Manchester, wo Max Gluckman, der zu der Zeit vornehmlich an der Analyse von Konflikten interessiert war, die strukturelle Sichtweise in einer Reihe von Seminaren etabliert hatte. In seinem Umfeld haben John Barnes, Clyde Mitchell und Elisabeth Bott diese Ideen in ihren jeweiligen Forschungen aufgriffen und vertieft. Während Mitchell und Barnes in ihren Studien noch die Gemeinde als Ganzes im Blick hatten, konzentriert sich Bott in ihrer Arbeit über den Einfluss des persönlichen Umfeldes auf die Arbeitsteilung zwischen Mann und Frau in Londoner Haushalten erstmals auf Individuen und deren soziale Einbettung. Ihre Arbeiten bilden die Grundlage für die Analyse persönlicher Netzwerke.

Ein weiterer Eckpunkt für die Entwicklung der ethnologischen Netzwerkanalyse ist eine Konferenz, die Thomas Schweizer (Köln) und Douglas White (University of California, Irvine) 1992 in Köln organisiert haben. Clyde Mitchell war ebenfalls unter den Teilnehmern. Die daraus entstandene Publikation *Kinship, Networks and Exchange* (1998) fasst den damaligen Diskussionsstand zusammen und enthält viele ethnographische Fallbeispiele. Was dieser Generation von Ethnologen jedoch noch weitgehend fehlte, war die Möglichkeit, in eigenen ethnographischen Feldforschungen Daten über Netzwerke zu erheben und so qualitative und quantitative Ansätze zu kombinieren. Das leisten jüngere ethnographische Arbeiten, wie etwa die von Bollig (2006), Pauli (2000) und Schnegg (2005), die die Netzwerkanalyse als Teil einer ethnographischen Forschungsstrategie verwenden.

Die bisherige Darstellung zeigt bereits, dass die Netzwerkanalyse verschiedene Bereiche umfasst: eine bestimmte theoretische Herangehensweise, eine Methode der Datenerhebung und eine Methode der Datenanalyse. Dieser Beitrag konzentriert sich auf die Datenerhebung. Als Erhebungsmethode unterscheidet sich die Netzwerkanalyse stark von anderen ethnographischen Methoden wie etwa dem Zensus oder der genealogischen Methode. Im Fall einer Genealogie ist es verhältnismäßig einfach festzulegen, welche Informationen dazugehören und in welchen Schritten man vorgeht, um diese zu erheben. Das ist bei der Netzwerkanalyse schwieriger, da es sich um ein breites Spektrum an Erhebungs- und Analysemethoden handelt. Wir werden hier nur einen sehr kleinen Ausschnitt davon darstellen können. Dennoch wird auch dabei schon deutlich, dass es keinen ‚Masterplan' gibt, um eine Netzwerkanalyse durchzuführen, sondern dass im Laufe des Forschungsprozesses sehr viele Entscheidungen getroffen werden müssen, die dann zusammengenommen festlegen, welche Daten zur Verfügung stehen und wie diese analysiert werden können. In dieser Vielfalt liegt eine große Herausforderung, aber auch die Chance einer gut durchgeführten Netzwerkanalyse. Die wohl wichtigste Entscheidung im Forschungsprozess ist die folgende zwischen der Erhebung eines Gesamt- oder eines persönlichen Netzwerkes.

10.2 Gesamtnetzwerke vs. persönliche Netzwerke

Oben wurde bereits die Unterscheidung zwischen persönlichen und Gesamtnetzwerken eingeführt. Diese Unterscheidung ist von großer Bedeutung, da sich die Untersuchungsplanung, die Erhebungsinstrumente und die Datenanalyse für beide Netzwerktypen grundlegend unterscheiden.

(a)   (b)

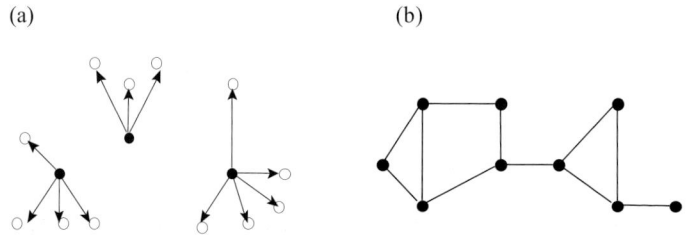

Abbildung 1: Persönliche Netzwerke (a) und Gesamtnetzwerke (b) im Vergleich.

In Abbildung 1 ist dieser Unterschied graphisch veranschaulicht. Im Fall von persönlichen Netzwerken (a) wird das unmittelbare soziale Umfeld des Informanten erfasst. In der Terminologie der Netzwerkanalyse nennt man die befragte Person Ego und die als Interaktionspartner genannten Akteure Alteri. In der Abbildung stellen die schwarz gekennzeichneten Punkte die interviewten Personen dar. Diese haben in der Befragung soziale Beziehungen zu weiteren

Akteuren genannt. Diese Akteure sind weiß gekennzeichnet. Diese letztgenannten Personen sind also nicht selber interviewt worden, vielmehr wissen wir von ihnen nur das, was uns über sie berichtet wurde. Aus persönlichen Netzwerken können wir Aussagen darüber ableiten, wie groß die Netzwerke von Akteuren sind und ob sie im Hinblick auf bestimmte Merkmale (etwa Ethnizität, Geschlecht) homogen sind. Wir können aber keine Aussagen über die *Struktur* der Gruppe machen. Solche Aussagen setzen die Erhebung eines Gesamtnetzwerkes voraus. Bei der Erhebung von Gesamtnetzwerken legt man die Grenzen des Netzwerkes vor der Erhebung fest. Das ist in Abbildung 1 (b) veranschaulicht. Die zu untersuchende Gruppe besteht aus allen 9 Haushalten, die in einem Weiler leben. Die Analyse von Gesamtnetzwerken stellt die Beziehungen der Untersuchten untereinander in den Mittelpunkt, also innerhalb des Weilers; sie fragt aber nicht nach den Beziehungen zu anderen Akteuren, die nicht zu der Grundgesamtheit der Untersuchten zählen.

Mit beiden Untersuchungen gehen unterschiedliche Fragestellungen einher (Schnegg and Lang 2001):

1. Gesamtnetzwerke: Welche Beziehungen unterhält (oder unterhält nicht) jedes Mitglied einer Gruppe mit jedem anderen Mitglied?
2. Persönliche Netzwerke: Welche Beziehungen unterhalten Akteure einer Untersuchungsmenge mit anderen Akteuren, unabhängig davon, ob diese selbst Teil der Untersuchungsmenge sind?

Die erste Frage, die sich vor der Durchführung einer ethnologischen Netzwerkanalyse stellt, ist demnach, ob ein Gesamt- oder eine Reihe persönlicher Netzwerke erhoben werden sollen. Für diese Entscheidung lassen sich einige Hilfestellungen formulieren.

– Wenn Aussagen über die Struktur der Gruppe und die Positionen einzelner Akteure in der Gruppe angestrebt werden, so muss ein Gesamtnetzwerk erhoben werden.
– Wenn die Einbettung des einzelnen Akteurs oder der Einfluss seines Umfeldes auf seine Entscheidungen im Vordergrund steht, dann empfiehlt es sich, eher persönliche Netzwerke zu erheben.
– Wenn die zu untersuchende Gesamtheit größer ist als die Anzahl der Interviews, die geführt werden können, so scheidet die Gesamtnetzwerkanalyse aus.

Viele frühe Netzwerkuntersuchungen in der Ethnologie basieren auf der Analyse von Gesamtnetzwerken. Das liegt auch daran, dass sich Ethnologen mit relativ kleinen Untersuchungseinheiten beschäftigt haben. In einer zunehmend globalisierten Welt, die sich gerade dadurch auszeichnet, dass die soziale und wirtschaftliche Verbundenheit zunimmt, wird es zunehmend schwerer, Einheiten abzugrenzen, die als relativ geschlossene Systeme betrachtet werden können. Das ist auch einer der Gründe, weshalb die Analyse persönlicher Netzwerke in der Soziologie an Bedeutung gewonnen hat, als sich ihr Fokus von Gemeindestudien auf die Stadt verschoben hat. In der Ethnologie ist momentan eine analoge Verschiebung zu beobachten. Ethnologen erkennen zunehmend, dass Netzwerke für das Verständnis von zentralen Themen wie Diasporen, religiösen Bewegungen und Fragen sozialer Sicherheit wichtig sind. In diesen Forschungsfeldern ist es jedoch oft schwer, Gruppen und ihre Grenzen a priori zu definieren. Hier bietet sich die Analyse von persönlichen Netzwerken an. Abschließend sei noch darauf hingewiesen, dass man die beiden Untersuchungsformen auch verbinden kann. Genauere Informationen dazu finden sich bei Schnegg und Lang (2001).

10.3 Konzepte der Netzwerkanalyse

Die Netzwerkanalyse erlaubt Aussagen auf drei unterschiedlichen Analyseebenen: über Dyaden, Akteure und Gruppen.

Dyaden

Als Dyaden bezeichnet man die Beziehung zwischen zwei Akteuren. In der Netzwerkanalyse unterscheidet man drei Arten von Dyaden: Nulldyaden, gerichtete Dyaden und symmetrische Dyaden (Wasserman und Faust 1994: 124).

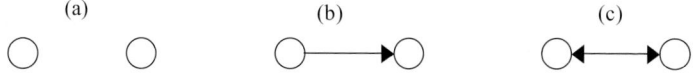

Abbildung 2: Die drei Dyadentypen

Die drei Typen sind in Abbildung 2 dargestellt. Jede Beziehung zwischen zwei Akteuren lässt sich einer der drei Klassen zuordnen. Abbildung (a) zeigt eine Dyade, in der keine Transaktionen stattfinden. Da in persönlichen Netzwerken nur vorhandene Beziehungen erfasst werden, können hier keine Aussagen über Nulldyaden gemacht werden. Das sieht bei Gesamtnetzwerken anders aus. Hier lassen sich oft gerade aus dem Fehlen von Beziehungen wichtige Eigenschaften der sozialen Struktur ableiten. Gerichtete Beziehungen zeichnen sich dadurch aus, dass die Beziehung nur in eine Richtung existiert, dass also etwa Person A Person B ein Geschenk gemacht hat, ohne dass B dieses erwiderte. Das ist bei Abbildung 2 (c) anders. Hier findet eine Transaktion in beide Richtungen statt. Die wichtigsten Konzepte zur Beschreibung von Dyaden sind (1) Reziprozität, (2) Multiplexität, und (3) Homophilie. Diese sollen nun im Einzelnen vorgestellt werden.

Die symmetrischen Beziehungen entsprechen am ehesten dem, was in der Ethnologie als (direkte) *Reziprozität* bezeichnet wird. Im Gegensatz zu der in der Ethnologie viel zitierten Definition von Sahlins werden hier keine Angaben darüber gemacht, wie nahe die beiden Transaktionen zeitlich beieinander liegen müssen, und ob dasselbe Gut getauscht wird. Beide Fragen deuten bereits die Herausforderungen bei der Operationalisierung von sozialen Beziehungen an. Betrachten wir ein Beispiel: In Tlaxcala, Mexiko, werden *compadrazgo*-Beziehungen (rituelle Verwandtschaft) in der Regel ausschließlich gerichtet eingegangen, d.h. wenn Paar A Paar B eingeladen hat, seine *compadres* zu werden, dann kann Paar B Paar A nicht mehr fragen. In Bezug auf *compadrazgo* ist die Beziehung gerichtet (s.u.). *Compadrazgo* ist jedoch in weitere soziale Felder eingebettet, wie etwa wirtschaftliche und politische Unterstützung. Diese Transaktionen können unabhängig davon, wer wen zu einem *compadrazgo* eingeladen hat, in beide Richtungen fließen. Über mehrere Dimensionen der Beziehung betrachtet, kann die soziale Beziehung zwischen Paar A und Paar B somit durchaus symmetrisch sein. Es ist also immer wichtig zu berücksichtigen, auf welche Formen der Beziehung sich eine Aussage bezieht. Ähnlich sieht das bei der zeitlichen Dimension aus. Wenn man etwa erfasst, wer wem im letzten Monat einen bestimmten Geld-Betrag geliehen hat, so wird eine Beziehung als gerichtet gelten, bei der Person A Person B vor drei Wochen Geld geliehen hat, während Person B Person A bereits seit drei Monaten einen Betrag schuldet. Wählt man einen anderen zeitlichen Rahmen, so kann die Beziehung auch als symmetrisch gelten.

Unter *Multiplexität* versteht man die Anzahl der Dimensionen (oder Rollen), die eine soziale Beziehung umfasst. Die Vorstellung wurde in der Ethnologie von Max Gluckman in seinen rechtsethnologischen Arbeiten eingeführt. Darin unterscheidet er zwischen uni- und multiplexen sozialen Beziehungen. Er knüpft dabei an Überlegungen von Simmel über die Unterschiede von Beziehungen in urbanen und ländlichen Gesellschaften an. Als uniplex bezeichnet Gluckman Beziehungen, die sich nur auf eine Dimension stützen. Kollegen etwa, die außerhalb des Arbeitsplatzes keine Beziehung zueinander haben, sind ein Beispiel für diesen Beziehungstypus. Im Gegensatz dazu fallen bei multiplexen Beziehungen mehrere Dimensionen zusammen. Verwandte, die gemeinsam arbeiten und ebenfalls in einer Nachbarschaft wohnen, sind multiplex miteinander verbunden (Gluckman 1955; Schnegg und Lang 2001). Die Unterscheidung von Gluckman hat sich als sehr nützlich erwiesen, um soziale Beziehungen zu klassifizieren (Kapferer 1969).

Unter *Homophilie* versteht man die Tendenz von Akteuren, Beziehungen zu anderen einzugehen, die Ego in bestimmter Hinsicht ähnlich sind. Eine Untersuchung in Deutschland hat etwa gezeigt, dass Mitglieder der verschiedenen christlichen Konfessionen dazu neigen, soziale Beziehungen mit Gleichgesinnten einzugehen. Diese Tendenz ist unter Protestanten stärker ausgeprägt als unter Katholiken (Wolf 1995). In der Vergangenheit sind eine Reihe unterschiedlicher Konzepte vorgeschlagen worden, um den Grad der Homophilie zu messen. So verwenden etwa Schweizer, Schnegg und Berzborn (1996) Kreuztabellen und den Korrelationskoeffizienten *r* (nach Pearson), um zu überprüfen, ob die von ihnen untersuchten Bewohner der kalifornischen Stadt Costa Mesa dazu neigen, für tägliche Hilfe eher auf das eigene Geschlecht und die eigene ethnische Gruppe zurückzugreifen. Wolf hat ein komplizierteres Maß vorgeschlagen, das besser geeignet ist, Homophilie zu bestimmen, wenn die Gruppen verschieden groß sind; wenn also etwa 100 Frauen und nur 10 Männer befragt worden sind und die Homophilie in Bezug auf das Geschlecht festgestellt werden soll (Wolf 1995). Die Homophilie kann man sowohl in persönlichen als auch in Gesamtnetzwerken berechnen.

10.3.1 Akteure

Das wichtigste theoretische Konzept zur Beschreibung der strukturellen Einbettung von Akteuren ist die Zentralität. Die Zentralität umfasst eine ganze Familie von Maßzahlen, die zum Ziel haben zu bestimmen, wer in einem sozialen System an den entscheidenden Schnittstellen des sozialen Netzes sitzt und wer eher peripher eingebunden ist. Die einzelnen Konzepte unterscheiden sich darin, wie sie definieren, was zentral ist.

Die einfachste Antwort auf diese Frage lautet: zentral ist, wer viele Beziehungen hat. Diese Form der Zentralität bezeichnet man als Grad-Zentralität. Sie beschreibt die Summe der Beziehungen, die eine Person unterhält. Falls die Richtung der Beziehungen bekannt ist, lässt sich die Grad-Zentralität weiter in die Zentralität der ein- und die der ausgehenden Beziehungen unterscheiden (engl. *In-* und *Outdegree*). Bei Freundschaftsbeziehungen beschreiben die eingehenden Beziehungen etwa die Popularität eines Akteurs, die ausgehenden Beziehungen dessen Expansivität oder Aktivität. Die Interpretation der Beziehungen kann jedoch je nach Beziehungsart unterschiedlich sein. Unter afrikanischen Pastoralisten ist es weit verbreitet, Rinder zwischen Haushalten zu verleihen. Dabei leihen oft reichere Haushalte jungen und nicht so wohlhabenden Familien Tiere. Die Besitzer streuen so das Risiko, von ökologischen und politischen Krisen getroffen zu werden. Die Empfänger dürfen im Gegenzug die Milch und andere Produkte nutzen. Hier beschreiben ein- und ausgehende Beziehungen die Richtung eines Patron-Klient-Verhältnisses (Bollig 2006). Unabhängig von der Art der Beziehung kann die Grad-Zentralität sowohl für Gesamt- als auch für persönliche Netzwerke bestimmt werden.

Eine zweite Antwort auf die Frage, wer zentral ist, lautet: zentral ist, wer alle anderen Akteure möglichst schnell erreichen kann. Dieses Konzept heißt *Closeness*-Zentralität. ‚Schnell' heißt hierbei ‚in wenigen Schritten'. Wenn A ausschließlich eine Beziehung zu B und B eine Beziehung zu C hat, so beträgt die Distanz von A nach B und von B nach C je eins, wohingegen die Distanz von A nach C zwei Schritte beträgt. Wenn man alle Pfade eines Akteurs zu allen übrigen Mitgliedern des Netzwerkes bestimmt und deren Längen aufaddiert, so erhält man die Distanz zu allen anderen Akteuren. Derjenige Akteur, der die kürzeste Distanz zu allen übrigen besitzt, ist am zentralsten. Die *Closeness*-Zentralität lässt sich nur für Gesamtnetzwerke bestimmen, da sie voraussetzt, dass man alle Beziehungen in einem Netzwerk kennt.

Die dritte Antwort auf die Frage lautet, dass derjenige zentral ist, der auf vielen Kommunikationswegen liegt. Dieses Konzept nennt man die *Betweenness*-Zentralität. Einem Verkehrsknotenpunkt gleich zeichnen sich zentrale Akteure dadurch aus, dass viele Transaktionen nur über sie laufen können, da sie das Bindeglied oder die Brücke zwischen sonst nur schlecht verbundenen Subgruppen sind. Diese Akteure werden oft auch als Vermittler (engl. *broker*) bezeichnet.

10.3.2 Gruppen

Wir haben oben gesehen, dass sich nur auf der Grundlage von Gesamtnetzwerken Aussagen über die Struktur einer Gruppe ableiten lassen. Die folgenden Konzepte beziehen sich somit nur auf diesen Typ von Netzwerken.

Bei der Analyse von sozialen Gruppen lassen sich zwei grundlegende Analysestrategien unterscheiden, die mit unterschiedlichen Fragestellungen einhergehen: die Suche nach Zonen sozialer Kohäsion und die Suche nach sozialen Positionen. Die Suche nach Zonen der sozialen Verdichtung stützt sich in der Regel auf Verfahren der mathematischen Graphentheorie. Dabei geht es darum festzustellen, wie dicht oder eng eine Gruppe verbunden ist. Das lockerste Kriterium für die Verbundenheit ist die generelle Erreichbarkeit. Zwei Akteure sind dann erreichbar, wenn zwischen Ihnen ein Pfad beliebiger Länge existiert. Die Mitglieder einer Gruppe sind untereinander erreichbar, wenn zwischen allen Akteuren ein solcher Pfad existiert. Man spricht in diesem Fall auch davon, dass die Akteure eine *Komponente* bilden. Am anderen Ende des Spektrums von Konzepten zur Beschreibung von Zonen relativer Verdichtung in sozialen Netzwerken steht die *Clique*. Eine graphentheoretische Clique deckt sich mit dem alltäglichen Verständnis des Begriffs: Jeder Akteur ist mit jedem anderen verbunden. Zwischen diesen beiden Extremen gibt es eine ganze Reihe weitere Konzepte zur Beschreibung sozialer Kohäsion, auf die ich hier nicht im Einzelnen eingehen kann. Dazu sei auf die einschlägige Literatur verwiesen (Schnegg und Lang 2001; Schweizer 1996; Wasserman und Faust 1994).

Die Überlegungen zur Bestimmung sozialer Kohäsion beschränken sich allein auf vorhandene Beziehungen. Im Gegensatz dazu beziehen Konzepte von *Position* und *Rolle* vorhandene und fehlende Beziehungen gleichermaßen ein. Die sozialwissenschaftlichen Konzepte zur Analyse von Positionen und Rollen gehen auf die Verwandtschaftsethnologie und auf die Arbeiten von Siegfried Nadel zurück. Die Grundüberlegung besteht darin, dass Individuen in der Gesellschaft Rollen einnehmen, die ihre Beziehungen zu anderen Mitgliedern der Gesellschaft beschreiben. So stehen Studenten in einer Beziehung zu ihren Professoren. Aus dieser Beziehung ergeben sich bestimmte Rechte, Pflichten und Erwartungen. Man könnte diese Rolle als Lehrer-Schüler-Rolle beschreiben. Studenten stehen aber nicht nur zu den Professoren, sondern auch zu den anderen Studierenden in einer bestimmten Rollenbeziehung. Diese Beziehung hat einen eigenen Namen: Kommilitonen. Aus ihr ergeben sich ganz andere Rechte, Pflichten und Erwartungen. Auch die Professoren haben Beziehungen untereinander. Hier spricht man sich in der Regel als Kollegen an. Aus der Summe dieser Beziehungen (Rollen), in die Akteure eingebettet sind, ergibt sich ihre Position im sozialen Raum. Dabei ist es wichtig, dass Studierende nicht unbedingt zu denselben Professoren und Kommilitonen Beziehungen haben müssen, und dennoch dieselbe Position in dem sozialen System einnehmen können. Je nachdem, wie man diese Ähnlichkeit definiert, sind unterschiedliche Konzepte der Position vorgeschlagen worden (Trappmann et al. 2005: Kapitel X).

10.4 Datenerhebung

10.4.1 Akteure

Im Hinblick auf die Akteure sind bei der Vorbereitung einer netzwerkanalytischen Datenerhebung vornehmlich drei Dinge zu beachten: (1) Wie legt man die relevante Analyseeinheit fest? (2) Wie wählt man die einzelnen Akteure aus? (3) Und welche zusätzlichen Informationen sollen zu den Akteuren erhoben werden?

Die Analyseeinheit ergibt sich aus der Fragestellung. Für eine Untersuchung des Konsumverhaltens unter Jugendlichen kann das Individuum die relevante Analyseeinheit sein. Für reproduktive Entscheidungen, wie etwa die Frage, Verhütungsmittel zu benutzen oder nicht, ist es dahingegen oft das Paar. Ein Beispiel für Entscheidungen auf der Ebene des Haushaltes ist etwa das Teilen von Nahrungsmitteln. Auch wenn die Analyseeinheit mehrere Personen umfasst, reicht es oft aus, eine einzige Person zu befragen. Das verdeutlicht ein Beispiel: Die Damara- und Nama-Haushalte in Namibia, bei denen mei-

ne Frau Julia Pauli und ich 2003/4 geforscht haben, tauschen untereinander
Lebensmittel aus. Dabei handelt es sich um eine Form des Tausches, die von
den Empfängern initiiert wird. Sie wird daher in der Literatur auch als *demand
sharing* bezeichnet. Ein Haushalt, der etwa keinen Zucker mehr hat, schickt ein
Kind zu einem anderen Haushalt, das dort fordert: „Gib mir etwas Zucker!".
Es besteht ein starker moralischer Druck, dieser Forderung nachzukommen,
insbesondere wenn bekannt (sichtbar) ist, dass das Gut in dem angefragten
Haushalt vorhanden ist. Da die Mitglieder eines Haushaltes Lebensmittel
gemeinsam besitzen und zubereiten, ist hier der Haushalte die relevante Analyseeinheit. Das, was man abgibt, wird nicht mehr im eigenen Topf landen.
Um diese Informationen zu erheben, braucht man aber nicht alle Mitglieder
des Haushaltes zu befragen. Da Nahrungsmittel in der Regel von einer älteren
Frau verwaltet und zubereitet werden, ist sie die beste Informantin. Männer,
die mit der Zubereitung oft nichts zu tun haben, wären sicherlich schlechtere
Quellen für diese Information.

Wenn klar ist, welche Einheiten untersucht werden sollen, stellt sich in
einem nächsten Schritt die Frage, wie man diese auswählt. Bei der Erhebung
von Gesamtnetzwerken besteht das Ziel, alle Einheiten der Grundgesamtheit
zu befragen. Leider gelingt das nicht immer, etwa, weil bestimmte Individuen
oder Haushalte nicht anzutreffen sind, oder weil sie aus anderen Gründen für
die Befragung ausscheiden. Leider ist nur sehr wenig darüber bekannt, welche
Auswirkungen diese „Lücken" in einem Netzwerk auf die Aussagen haben,
die man aus den Daten ableitet.

Es ist in der Regel wenig aufschlussreich, allein die sozialen Beziehungen
einer Gruppe zu kennen. Um zu erklären, wie diese zustande kommen oder
was diese bewirken, benötigen wir weitere Angaben über die Akteure. Oben
ist bereits am Beispiel der Analyse der Homophilie gezeigt worden, wie man
Informationen über Akteure in der Analyse mit denen über soziale Beziehungen verbinden kann. Informationen über Akteure werden in der Regel in
Form von Fragen über Einstellungen oder Eigenschaften erhoben, wie sie in
dem Kapitel zur Fragebogenkonstruktion (Sökefeld) und dem Kapitel zum
Zensus (Pauli) besprochen worden sind. Sie sollen daher hier nicht wiederholt
werden. Um die Dynamiken in Netzwerken besser zu verstehen, bietet sich
die *Extended Case Method* an (Rössler). Im Gegenzug liefert das Netzwerk
die soziale Landkarte, in die der Fall eingebettet ist.

10.4.2 Beziehungen

Die Frage, wie man Informationen über soziale Beziehungen erhebt, ist spezifisch
für die Netzwerkanalyse und verdient daher eine ausführlichere Betrachtung. Die
in der Forschungspraxis am weitesten verbreiteten Fragekategorien über soziale

Beziehungen beziehen sich auf soziale (und wirtschaftliche) Unterstützung (engl. *support*). Das ist auch ein Erbe der soziologischen Forschungstradition, in der diese Fragen insbesondere in den 1980er und 1990er Jahren im Vordergrund wegweisender Netzwerkuntersuchungen standen. Inzwischen sind diese Indikatoren so anerkannt und verbreitet, dass sie in großen internationalen Umfragen verwendet werden (etwa dem *International Social Survey Program*, ISSP).

Bei der Erfassung von sozialen Beziehungen können zwei Arten von Fragen unterschieden werden: hypothetische Fragen und Fragen nach konkreten Ereignissen. Hypothetisch ließe sich etwa nach Unterstützung bei der Kinderbetreuung fragen: „Stellen Sie sich vor, Ihr Kind wird krank. Wen würden Sie um Hilfe bei der Kinderbetreuung bitten?" Man kann dieselbe Frage aber auch an konkreten Ereignissen orientiert formulieren, indem man fragt: „Wen haben Sie um Hilfe bei der Kinderbetreuung gebeten, als Ihr Kind das letzte Mal krank war?" Umfangreiche Untersuchungen haben zeigen können, dass sich die Antworten auf beide Fragen oft nicht decken. Noch geringer ist der Deckungsgrad, wenn man statt nach dem Verhalten zu fragen, dieses wirklich beobachtet. Bei genauerer Analyse der Diskrepanzen hat sich gezeigt, dass hypothetische Fragen in der Regel typische Interaktionsmuster abbilden, konkrete Fragen dahingegen situationsbedingte Schwankungen in vollem Maße einfangen (Freeman, et al. 1987). Auch wenn eine Informantin in der oben genannten Situation in der Regel ihre Schwester fragt, kann es sein, dass diese beim letzten Mal ausnahmsweise verhindert war und sie so eine andere Lösung finden musste. Die hypothetische Frage erfasst das typische Verhalten, während die zweite Frage das tatsächliche Verhalten zu einem bestimmten Zeitpunkt erfasst. Dabei ist zusätzlich zu bedenken, dass Antworten auf hypothetisch gestellte Fragen durch normative Erwartungen und sozial erwünschtes Verhalten beeinträchtigt sein können.

Ein gängiges Instrument zur Erfassung von sozialen Beziehungen in westlichen Gesellschaften ist der Fragenkatalog, den Schweizer, Schnegg und Bezborn (1996) verwendet haben. Die Fragen lauten etwa:

1. Nehmen wir an, Sie bräuchten ein Werkzeug oder eine Leiter. Wen würden Sie fragen, um diese Dinge auszuleihen?
2. Nehmen wir an, Sie bräuchten Rat vor einer *größeren Veränderung* in Ihrem Leben, z.B. beim Wechsel des Arbeitsplatzes oder bei einem Umzug in einen anderen Ort. Wen würden Sie um Rat fragen, wenn eine solche Entscheidung anstünde?
3. Nehmen wir an, Sie hätten *Grippe* und müssten ein paar Tage das Bett hüten. Wen würden Sie darum bitten, Sie zu versorgen oder etwas einzukaufen?
4. Nehmen wir an, Sie müssten eine *größere Summe Geld* leihen. Wen würden Sie fragen?

Eine vollständige Liste der Fragen ist bei Schnegg und Lang (2001) zu finden. Diese Fragen decken bestimmte Dimensionen sozialer Unterstützung ab. Wir können dabei etwa soziale, emotionale, wirtschaftliche und instrumentelle Unterstützung unterscheiden. Auch andere Formen der Unterstützung sind denkbar. Für die ethnologische Umsetzung ist es von großer Bedeutung, einen solchen Fragebogen den lokalen kulturellen Bedingtheiten anzupassen. Wenn man Netzwerke sozialer Unterstützung in Mexiko, Namibia oder auf Java erheben möchte, kann sich der Fragebogen in der oben präsentierten Form als sehr unbrauchbar erweisen. Es ist jedoch nicht falsch davon auszugehen, dass sich auch in diesen Gesellschaften Akteure sozial, emotional, wirtschaftlich und instrumentell unterstützen. Nur die Art und Weise mag eben eine andere sein. Man muss somit auch anders danach fragen. Während unserer Forschung im ländlichen Namibia wäre es für viele Haushalte schwer zu verstehen gewesen, weshalb sie sich eine Leiter oder dergleichen bei einem Nachbarn leihen sollten. Ich habe in den zwei Jahren der Feldforschung nie eine Leiter zu Gesicht bekommen. Das heißt aber nicht, dass sich Personen und Haushalte nicht gegenseitig unterstützen. Eine wichtige Form der Unterstützung ist etwa die Hilfe beim Brandmarken der Rinder. Diese gefährliche und körperlich anstrengende Tätigkeit kann man nur in der Gruppe bewältigen. Eine Frage nach der gegenseitigen Unterstützung bei dieser Tätigkeit ist somit ein sehr guter Indikator für instrumentelle Hilfe unter den männlichen Mitgliedern von Farmhaushalten.

Die oben diskutierten Fragen sind sehr allgemein und oft nur unzureichend geeignet, spezielle ethnographische Phänomene zu verstehen. Möchte man etwa erforschen, wie sich religiöse Netzwerke bilden, wie Menschen soziale Absicherung in Zeiten von AIDS herstellen, wie Diasporen mit der Heimatgemeinde vernetzt sind, oder wie sich Einwanderer integrieren, so helfen diese Fragen und die damit erhobenen Beziehungen oft nicht weiter. In diesen Fällen ist es notwendig, genau zu konzeptualisieren und dann im zweiten Schritt zu operationalisieren, welche Form sozialer Beziehung erfasst werden soll. Es gelten dabei die üblichen Regeln für die Operationalisierung theoretischer Konzepte in den Kultur- und Sozialwissenschaften (Schnell et al. 1995).

Man kann soziale Beziehungen nicht nur durch Fragebögen erheben, sondern auch anhand von Objekten rekonstruieren. Ein gutes Beispiel für eine solche Datenerhebung sind die Arbeiten von Polly Wiessner über den *Hxaro*-Tausch der Ju/hoansi (früher wurden die Ju/hoansi auch als !Kung bezeichnet) (Wiessner 1982). *Hxaro*-Beziehungen werden durch den Tausch von Geschenken initiiert. Geschenke können etwa Halsketten, Tücher oder andere kleiner Gegenstände sein. *Hxaro*-Beziehungen weisen eine Bandbreite sozialer und wirtschaftlicher Unterstützungsformen auf, die etwa den Zugang zu Wasserlöchern beinhaltet. Jeder Ju/hoansi besitzt zu einem bestimmten Zeitpunkt eine gewisse Menge an *Hxaro*-Gütern. Jedes davon steht für eine

Beziehung, die von einem anderen Mitglied der Gruppe initiiert wurde. Möchte der Akteur nun selbst eine Beziehung anregen, so wählt er eines dieser Güter aus und verschenkt es weiter. Polly Wiessner hat sich während ihrer Feldforschung von gut 60 Informanten die Gegenstände zeigen lassen, die aus *Hxaro*-Transaktionen stammten. Zu jedem der Gegenstände hat sie erfasst, wer ihn gegeben hat, wo die betreffende Person wohnt, wie die beiden verwandt sind etc. Sie hat die Daten dann auf der Ebene der Dyaden analysiert, um Aussagen über den Tausch der Ju/hoansi zu machen. Schweizer hat die Daten dann später einer umfangreichen Netzwerkanalyse unterzogen, um die Muster zu beschreiben, die sich aus den individuellen Tauschakten ablesen lassen (Schweizer 1997).

Um der Interviewdauer eine Obergrenze zu setzen, ist es in der Umfrageforschung üblich, eine maximale Anzahl an Beziehungen festzulegen, die eine Person nennen darf. In ethnographischen Feldforschungen ist das dahingegen unüblich, da man den Informanten nur ungern Beschränkungen vorgibt.

10.4.2 Gesamtnetzwerke

Wenn klar ist, welche Akteure und welche Beziehungen erfasst werden sollen, kann man das Datenerhebungsinstrument entwerfen. Das ist in der Regel ein Fragebogen oder ein Datenblatt.

Bei der Konstruktion eines prototypischen Fragebogens (s. Abb. 3) kann man zwei Formen unterscheiden: Entweder wird den Informanten eine Liste aller Mitglieder der untersuchten Gruppe vorgelegt und man erfragt, mit welchem Mitglied welche Beziehung besteht. Der hier abgebildete Fragebogen folgt diesem Schema. Eine andere Möglichkeit besteht darin, die Beziehungsfragen in den Vordergrund zu stellen und bei der Antwort eine Einschränkung der Alteri vorzuformulieren. Ein Beispiel wäre die folgende Frage: Mit welchem Kollegen aus der Abteilung haben Sie sich schon einmal außerhalb der Arbeitszeit getroffen, um einen Kaffee oder ein Bier zu trinken? Hier wird bereits in der Frageformulierung deutlich, dass sich der Feldforscher nur für Beziehungen mit Kollegen aus derselben Abteilung interessiert. Beide Vorgehensweisen haben Vor- und Nachteile. Wenn die zu untersuchende Gruppe groß ist, kann es sehr lange Zeit in Anspruch nehmen, alle Alteri durchzugehen und jeweils zu fragen, welche Beziehungen zu dem betreffenden Akteur bestehen. Der große Vorteil bei dem Verfahren liegt darin, dass jede Person angesprochen wurde und somit bekannt ist, wie nicht vorhandene Beziehungen interpretiert werden müssen: Entweder gibt es keine Beziehung oder der Informant hat sie bewusst verschwiegen. Das ist bei der an der Beziehungsfrage orientierten Befragung anders. Da der Informant nicht mit jedem Stimulus konfrontiert wurde, ist nicht klar, ob ein Nicht-Nennen möglicherweise auf eine Erinnerungslücke zurückzuführen ist.

```
Datum:
Interviewer:
Namensgeneratoren:
1. Du hast zwei Stunden bei dem Seminar versäumt.
Wen würdest du um eine Mitschrift bitten?
2. Du hast kein Geld dabei und möchtest einen Kaffee
/Tee trinken. Wen würdest Du nach Geld fragen?


              Mitschrift    Geld
Max              ☐            ☐
Michael          ☐            ☐
Elke             ☐            ☐
….


Weitere Angaben zu der befragten Person:
Wie alt sind Sie?
Geschlecht:
Seit wie vielen Semestern studieren Sie?
```

Abbildung 3: Prototypischer Fragebogen zur Erhebung von Gesamtnetzwerken (hier Beziehungen unter den Teilnehmer/innen einer Lehrveranstaltung)

Im zweiten Schritt werden neben den Informationen zu den Personen weitere Informationen erhoben. In ethnographischen Forschungen stehen solche Informationen oft bereits aus anderen Befragungen, etwa einem Zensus, zur Verfügung. Informationen, die speziell im Zusammenhang mit der Fragestellung der Netzwerkerhebung stehen, wie etwa die Annahme bestimmter Innovationen oder die Einstellung zu bestimmten Themen, müssen zusätzlich erhoben werden. Eine zweite Kategorie von Informationen, die man zusätzlich erheben sollte, bezieht sich auf die Beziehung zwischen Ego und Alter. Hier wird man oft wissen wollen, ob und wie die Personen verwandt sind, oder wie sie sonst ihre Beziehung beschreiben, wie lange sie sich kennen etc. In diesem Fall ist auch dafür Platz auf dem Fragebogen vorzusehen.

10.4.3 Persönliche Netzwerke

Bei persönlichen Netzwerken werden die Informanten zu ihrer sozialen Einbettung befragt. Da der Forscher nicht persönlich mit den Alteri spricht, müssen die Informationen über diese Personen ebenfalls von dem Informanten

```
Namen des Interviewten:
Datum:

Interviewer:

Namensgeneratoren:

1. Nehmen wir an, Sie bräuchten Zucker oder etwas in
dieser Art und die Läden sind geschlossen oder Sie
bräuchten ein Werkzeug. Wen würden Sie fragen, um
diese Dinge auszuleihen?
2.
3.


Angaben zu den Alteri

1    Name:
     Alter:                          Fragen:
     Geschlecht:
     Wohnort:
     Rolle:

2    Name:
     Alter:                          Fragen:
     Geschlecht:
     Wohnort:
     Rolle:

     Etc.

     Angaben zu dem Interviewten

     Alter:
     Geschlecht:
     Wohnort:
```

Abbildung 4: Prototypischer Fragebogen zur Erhebung von persönlichen Netzwerken.

erhoben werden. Die Befragungsinstrumente sehen daher in der Regel etwas anders aus. Sie gliedern sich in drei Blöcke: (1) Die Namensgeneratoren, (2) die Informationen über die durch die Namensgeneratoren erfassten Personen und (3) die Informationen über den Befragten selber.

In Abbildung 4 ist ein Fragebogen zur Erfassung persönlicher Netzwerke auszugsweise dargestellt. Der erste Block beinhaltet die Namensgeneratoren, die der Reihe nach gestellt werden. Die Namen der genannten Personen werden in die vorgesehenen Felder eingetragen. Falls eine Person mehrfach genannt wird, werden die weiteren Fragen in dem Feld „Fragen" eingetragen. Nachdem alle Fragen gestellt worden sind und somit das vollständige Netzwerk erfasst ist, erfragt man weitere Informationen zu den Alteri und den Beziehungen, die sie mit Ego verbinden. Im dritten Schritt werden Ego einige Fragen zu seiner Person gestellt.

In manchen Situationen kann es notwendig oder hilfreich sein, die Anonymität der genannten Netzwerkpartner zu wahren. Dazu gibt es einen einfachen Trick. Man führt während des Interviews eine Liste mit allen Namen und vergibt diesen Identifikationsnummern. In die Interviewbögen überträgt man nur die Nummern, die Namen dienen nur als Stütze während des Interviews. Nach Abschluss der Befragung lässt man dem Informanten die Liste mit Namen und Nummern da und behält nur den mit den Nummern ausgefüllten Fragebogen. So ist klar, dass der Feldforscher keine Chance hat, die Identität der Alteri zu rekonstruieren oder diese zu kontaktieren.

10.5 Fallbeispiel

Ich möchte abschließend ein Fallbeispiel aus meiner eigenen Forschung skizzieren, das den Zusammenhang von Forschungsfrage, Datenerhebung und Analysestrategien anschaulich macht. Dabei geht es um den Wandel des *compadrazgo*-Systems in Tlaxcala, Mexiko. *Compadrazgos* sind soziale Beziehungen, die anlässlich von zentralen Ereignissen im Lebenszyklus eingegangen werden. Historisch sind sie aus den Patenschaften entstanden, die die katholische Kirche im Zuge von Eroberung und Missionierung eingeführt hat (Schnegg 2005). Im Laufe der Jahrhunderte hat sich ihre Bedeutung jedoch in zwei zentralen Punkten verändert: Zum einen steht nicht mehr die Beziehung zwischen dem Getauften und seinem Paten, sondern die Beziehung zwischen den Eltern und dem Paten im Vordergrund. Die Miteltern werden zu *comadres* und *compadres*. Zum anderen hat sich der Horizont der Ereignisse, zu denen diese Beziehungen eingegangen werden, stark ausgeweitet. Sie schließen in vielen Regionen ein breites Spektrum von religiösen und sekularen Ereignissen ein, wie dem dritten oder dem 15. Geburtstag eines Mädchens, der Hochzeit etc. In Tlaxcala haben die Informanten mehr als 30 verschiedene *compadrazgos* unterschieden.

Bereits in den 1970er Jahren haben die amerikanischen Ethnologen Nutini, White und Brudner eine umfangreiche Feldforschung in Tlaxcala durchgeführt. In dem Rahmen sind auch ausführliche Netzwerkdaten über die *compadrazgo*-Beziehungen der Bewohner erhoben worden. Eine der untersuchten Gemeinden war Belén. Damals umfasste die Gemeinde rund 150-180 Haushalte. Nutini und seine Kollegen haben mit Feldassistenten gearbeitet und sich entschlossen, ein Gesamtnetzwerk aller in Belén lebenden Paare zu erheben. Im Gegensatz zu der oben besprochenen Form der Gesamtnetzwerkanalyse ließen sie den Interviewten jedoch die Freiheit, auch *compadres* außerhalb der Gemeinde zu nennen. Es ist bereits erwähnt worden, dass die *compadrazgos* zu bestimmten Ereignissen eingegangen werden. Bei jedem Ereignis kann ein Paar entweder die Rolle des Einladenden (also etwa als Eltern eines Kindes) oder des Paten übernehmen. Als Namensgenerator haben die Feldforscher daher eine Liste mit allen Ereignissen verwendet, zu denen ein *compadrazgo* eingegangen werden kann. Im ersten Durchgang wurde gefragt, wen das Paar eingeladen hatte, im zweiten Durchgang, wann das Paar selber Pate war. Die Namen der Alteri wurden notiert, so dass sich aus den Informationen später ein Netzwerk der internen Beziehungen aller 142 interviewten Paare bilden ließ. Dieses Netzwerk ist in Abbildung 5 dargestellt. Betrachten wir einige Eigenschaften des Netzwerkes.

Zuerst zur Reziprozität. Wir haben oben gesehen, dass sich Dyaden in drei Klassen unterteilen lassen. Berechnen wir die Verteilung der Klassen für unser Beispiel, so stellen wir fest, dass lediglich sieben der 263 erfassten Beziehungen symmetrisch sind. Das ist ein deutliches Ergebnis: *compadrazgo*-Beziehungen sind gerichtet. Wenn ein Paar ein anderes eingeladen hat, dann erwidert das diese Einladung nicht.

Akteure zeichnen sich dadurch aus, dass sie unterschiedlich gut in das Netzwerk der Gemeinde eingebunden sind. In Abbildung 5 korrespondiert die Größe der Symbole mit dem *Indegree* der Paare. Es zeigt sich bereits hier sehr deutlich, dass einige Akteure als *compadres* deutlich populärer sind als andere. Oft sind es neben dem Alter persönliche Eigenschaften eines Paares, die dessen Popularität bestimmen. Betrachten wir exemplarisch den ökonomischen Status, so zeigt sich ein positiver Zusammenhang zwischen der Popularität und dem ökonomischen Status (r=0,293; p=0,001). Je wohlhabender ein Paar ist, desto beliebter ist es im *compadrazgo*-System. Belén ist somit bereits Mitte der 1970er Jahre sozial stratifiziert. Diese Stratifikation spiegelt ökonomische Verhältnisse wider.

Um die *compadrazgos* und die sozialen Konfigurationen, die sich aus den Einzelbeziehungen ergeben, besser verstehen zu können, sollen im Folgenden

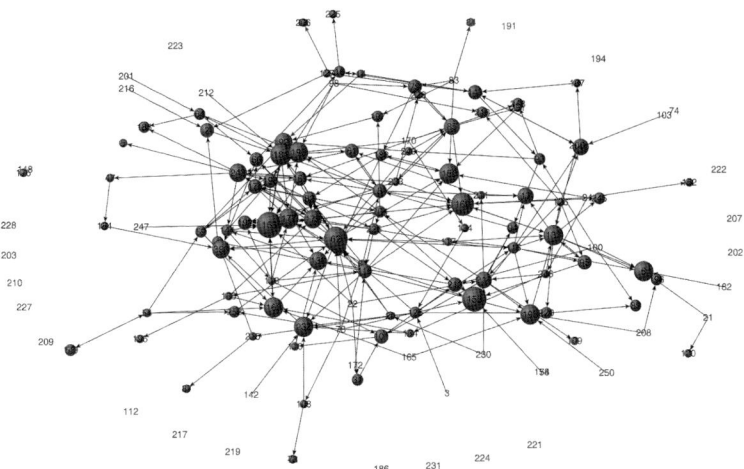

Abbildung 5: *Compadrazgo*-Beziehungen zwischen den Haushalten Belins (N=142)

Zonen sozialer Verdichtung genauer betrachtet werden. Wir haben oben zwei unterschiedliche Konzepte vorgestellt: Das der Komponente und das der Clique. Betrachten wir zuerst den Zusammenhalt der Gruppe auf einem sehr schwach verbundenen Niveau, dem der Komponente. Fast alle Paare der Gemeinde sind Teil der größten Komponente, d.h. sie können sich gegenseitig erreichen. Betrachten wir engere Zonen der Verdichtung wie etwa die Clique, so sehen die Ergebnisse anders aus. In dem gesamten Netzwerk der *compadrazgo*-Beziehungen gibt es nur 40 Cliquen, in denen drei Paare miteinander verbunden sind. Es gibt keine einzige Clique, in der vier Paare verbunden sind. Das ist deutlich weniger, als man erwarten würde, wenn die Beziehungen zufällig verteilt wären, und noch weniger, als wir von Freundschaftsnetzwerken kennen. Die zeichnen sich gerade dadurch aus, dass es enge Zirkel und Cliquen gibt. Die Bewohner Beléns meiden die Verbindungen zu den *compadres* ihrer *compadres*. Das hat zur Folge, dass mit einer relativ geringen Anzahl an Beziehungen ein Maximum an Verbundenheit geschaffen wird. Ich habe oben bereits erwähnt, dass neben den *compadrazgo*-Beziehungen auch genealogische Informationen erhoben worden sind. Wenn man daraus ebenfalls ein Netzwerk bildet und diese Beziehungen mit den *compadrazgos* vergleicht, so stellt man fest, dass *compadrazgos* nie unter Verwandten eingegangen worden sind. Wenn man die beiden Beziehungssysteme gemeinsam betrachtet, so knüpfen sie ein sehr enges und alle Mitglieder der Gemeinde umschließendes Netzwerk, das sich nicht trennen lässt. Es schafft eine starke soziale Kohäsion in der bäuerlichen Gemeinde.

Seit den 1970er Jahren hat sich in Belén sehr vieles geändert. Heute ist die Gemeinde ökonomisch extrem stratifiziert. Während einige Haushalte in mehr als zehn Zimmern mit Basketballplatz und Schwimmbad residieren, leben andere weiterhin in traditionellen *Adobe*-Hütten. Als ich 2000 auf Einladung der oben genannten Autoren meine Forschung in Belén begonnen habe, bestand das Ziel darin herauszufinden, wie diese immensen wirtschaftlichen Transformationen die soziale Organisation beeinträchtigt und gewandelt haben. Als ich in Belén ankam, musste ich feststellen, dass mein ursprünglicher Plan, wie meine Vorgänger alle Paare der Gemeinde zu befragen, illusorisch war. Belén war inzwischen laut nationalem Zensus auf 2.500 Einwohner angewachsen (ca. 400-500 Haushalte). Ich habe mich in dieser Situation dazu entschlossen, *compadrazgos* nicht mehr als Gesamtnetzwerk der Gemeinde, sondern als persönliche Netzwerke ausgewählter Paare zu begreifen. Ich habe die Erhebung zum Ende meiner Forschung durchgeführt und bei der Auswahl der Informanten zum einen auf Paare vertraut, die mir schon gut bekannt waren. Darüber hinaus habe ich versucht, die Stichprobe in zentrale Kriterien wie dem Alter und dem ökonomischen Status der Befragten zu differenzieren, um ein Maximum an Variation zu erfassen. Insgesamt habe ich so 105 Paare zu ihren *compadrazgo*-Beziehungen befragen können. Die Art der Frageformulierung war identisch mit der Studie von Nutini, White und Brudner.

Die oben vorgetragenen Ergebnisse haben gezeigt, dass im Belén der 1970er Jahre Verwandtschaft und *compadrazgo* zwei sich ausschließende Institutionen waren und dass dadurch ein Maximum an Integration und externer Verankerung geschaffen wurde. Eine der zentralen Fragen des Projektes bestand darin herauszuarbeiten, ob und wie sich die soziale Organisation in Folge des rapiden ökonomischen Wandels geändert hat. Diese Veränderung lässt sich unter anderem an dem Verhältnis von Verwandtschaft und *compadrazgo* festmachen. Wir haben oben das Konzept der Multiplexität von sozialen Beziehungen kennengelernt. Im Fall von Belén sind die beiden Dimensionen der Beziehung *compadrazgo* und Verwandtschaft. Eine Beziehung ist uniplex, wenn sie nur eine der beiden sozialen Beziehungen umfasst, multiplex, wenn sie beide vereint. Diese Informationen lassen sich für persönliche und Gesamtnetzwerke gleichermaßen bestimmten.

In Tabelle 1 sind die Ergebnisse für ausgewählte *compadrazgos* zusammengefasst. Dabei werden die unterschiedlichen Anlässe differenziert, zu denen ein *compadrazgo* eingegangen werden kann. Die Tabelle zeigt sehr deutlich, dass es weiterhin einige Ereignisse gibt, bei denen fast nie Verwandte gewählt werden. Dabei handelt es sich um die Sakramente und andere wichtige sakrale Ereignisse. Betrachtet man den Anteil der Verwandten, so wird deutlich, dass diese am stärksten bei Ereignissen zunehmen, die kulturell als weniger zentral eingestuft werden, wie etwa die Bettung des Jesuskindes im Haus (*acostada*) und die Weihe eines Autos.

	Verwandtschaft	
compadrazgos	N	%
acostada	67	72,0
Auto	55	66,3
Schulabschluss	141	44,6
Hochzeit	44	20,1
Taufe	167	19,4

Tabelle 1: Anteil der Verwandten an den *compadres* für ausgewählte *compadrazgos*

Auch wenn wir aus diesen Daten keine Aussagen ableiten können, wie sich das soziale Gesamtnetz der Gemeinde verändert hat, so lassen sich bestimmte Hypothesen formulieren. Durch die Überschneidung von Verwandtschaft und *compadrazgo* werden zunehmend vorhandene Beziehungen gestärkt und nicht neue aufgebaut. Dadurch verliert das System einen Teil seines integrativen Charakters. Die sich herausbildenden ökonomischen Klassen werden auch sozial untermauert.

10.6 Schlussbemerkungen

Dieses Kapitel hat die ethnologische Netzwerkanalyse als eine Methode vorgestellt, um Daten über soziale Beziehungen und die sich daraus ergebenden Muster sozialer Ordnung zu erheben. Dabei ist deutlich geworden, dass die Netzwerkanalyse eine umfangreiche Methode ist, die sowohl Verfahren zur Erhebung als auch zur Analyse von Daten umfasst. Darüber hinaus zeichnet sie sich durch eine bestimmte theoretische Schwerpunktsetzung aus.

Bereits 1954 hat Barnes in einem der ersten ethnologischen Artikel, der den Begriff Netzwerk zur Beschreibung sozialer Strukturen eingeführt hat, darauf hingewiesen, dass eine ethnologische Netzwerkanalyse ihre Stärke dadurch gewinnt, dass sie detaillierte qualitative Beschreibungen mit Daten über die Strukturen der Vernetzung verbindet (Barnes 1954). Die Kultur- und Sozialwissenschaften waren sehr lange in Lager gespalten, die sich entweder qualitativer oder eher quantitativer Methoden bedient haben. Erst in letzter Zeit setzt sich wieder die Vorstellung durch, dass Beschreibungen möglich sind, die sowohl das Individuum in seinen Handlungszusammenhängen verstehen als auch die Ursachen oder die Konsequenzen dieser Handlungen erklären. Diese Verbindung qualitativer und quantitativer Herangehensweisen ist sicherlich die größte Herausforderung und die größte Chance für die ethnologische Netzwerkanalyse.

10.7 Zitierte Literatur

Barnes, John
1954   Class and committees in a Norwegian island parish. In: Human Relations 7:
          39–58.

Bollig, Michael
2006   Risk Management in a Hazardous Environment: A Comparative Study of Two
          Pastoral Societies. Heidelberg.

Freeman, Linton, Kimball Romney, and Sue Freeman
1987   Cognitive structure and informant accuracy. In: American Anthropologist 89:
          310–325.

Gluckman, Max
1955   The judicial process among the Barotse of Northern Rhodesia. Manchester.

Hollstein, Betina und Florian Straus
2006   Qualitative Netzwerkanalyse: Konzepte, Methoden, Anwendungen. Wies-
          baden.

Kapferer, Bruce
1969   Norms and the manipulation of relationships in a work context. In: Clyde Mitchell
          (ed.), Social networks in urban situations, 181–244. Manchester.

Pauli, Julia
2000   Das geplante Kind: Demographischer, wirtschaftlicher und sozialer Wandel in
          einer mexikanischen Gemeinde. Hamburg.

Radcliffe-Brown, Alfred Reginald
1952   Structure and Function in Primitive Society. London.

Schnegg, Michael
2005   Das Fiesta Netzwerk: Soziale Organisation in einer mexikanischen Gemeinde,
          1679-2001. Münster.

Schnegg, Michael und Hartmut Lang
2001   Die Netzwerkanalyse: Eine praxisorientierte Einführung. In: Hartmut Lang
          und Michael Schnegg (Hrsg.), Methoden der Ethnographie (URL: http://www.
          methoden-der-ethnographie.de), 1-55, Vol. 1.

Schnell, Rainer, Paul Bernhard Hill und Elke Esser
1995   Methoden der empirischen Sozialforschung. München.

Schweizer, Thomas
1996   Muster sozialer Ordnung: Netzwerkanalyse als Fundament der Sozialethnologie.
          Berlin.
1997   Embeddedness of ethnographic cases: social networks perspective. In: Current
          Anthropology 38(5): 739–760.

Trappmann, Mark, Hans Hummell und Wolfgang Sodeur
2005   Strukturanalyse sozialer Netzwerke. Konzepte, Modelle, Methoden. Wies-
          baden.

Wasserman, Stanley and Katherine Faust
1994   Social network analysis: methods and applications. Cambridge.

Wellman, Barry
1988   Structural analysis: from method and metaphor to theory and substance. In: Barry
            Wellman and Steve Berkowitz (eds.), Social structures: a network approach,
            19–61. Cambridge.

Wiessner, Polly
1982   Risk, reciprocity and social influences on !Kung San economies. In: E.B.
            Leacock and Richard Lee (eds.), Politics and history in band societies, 61–83.
            Cambridge.

Wolf, Christof
1995   Religiöse Sozialisation, konfessionelle Milieus und Generation. In: Zeitschrift
            für Soziologie 24(5): 345–357.

* Ich danke Julia Pauli, Thomas Schweizer, Hartmut Lang und Michael Bollig für die zahlreichen Diskussionen, die wir über die Verbindung von Netzwerkanalyse und Ethnographie
geführt haben. Julia Pauli, Bettina Beer, Anastasia Weiss und Aleksandar Milivojevic danke
ich darüber hinaus ich für die gründliche Lektüre des Manuskriptes und Ihre umfangreichen
Verbesserungsvorschläge.

Christoph Antweiler

11 Kognitive Methoden

11.1 Hintergrund und Gegenstand: Vielfalt und Muster kulturellen Wissens

Was müssen Menschen wissen, um in ihren jeweiligen Kulturen zu „funktionieren"? Denken Menschen in verschiedenen Kulturen auf grundlegend unterschiedliche Weise? Gibt es kulturspezifische Rationalität oder dominieren universale Denkstrukturen? Das sind Fragen, wie sie in der Kognitionsethnologie gestellt werden. Es geht um das oft implizite Wissen, das Menschen benötigen, um ihrer sozialen Umwelt Sinn abzugewinnen und darum, wie dieses kulturelle Wissen gelernt, gespeichert, im Handeln genutzt, verändert und weitergegeben wird.

Die Kognitionsethnologie firmiert international zumeist als *Cognitive Anthropology*, weil sie im Rahmen einer umfassenden *Cultural Anthropology* steht (D'Andrade 1995). Im deutschen Sprachraum wird das Gebiet in der Regel als Kognitionsethnologie, als kognitive Ethnologie (z. B. Kokot 1993, Wassmann 2006), seltener als Kognitionsanthropologie, im Französischen als *anthropologie cognitif* bezeichnet. Als eigenständige Richtung besteht sie erst seit den 1950er Jahren, und sie ist eine relativ kleine und recht disparate Forschungsrichtung (Renner 1980, Kokot 1994, Wassmann 2006 als einfache Übersichten). Unter Kognition versteht man Vorgänge und Inhalte des Denkens und Wissens und nur sekundär der Emotion. Synonym für Kognition wird deshalb häufig der Begriff „kulturelles Wissen" (*cultural knowledge*) verwendet. Im engeren Sinne ist kulturelles Wissen ein kulturspezifischer gemeinsamer Wissensbestand eines Kollektivs, z. B. das geteilte Wissen der Mitglieder einer ethnischen Gruppe. Die Kognitionsethnologie fragt: Was wissen Menschen über Kategorien der Welt (Tiere, Pflanzen, Verwandtschaftskategorien), über Abläufe (z. B. Jahreszeiten oder Rituale) und was über Zusammenhänge (z. B. Kausalität)? Zentrale Themenbereiche der Kognitionsethnologie sind z. B.:

– die gedankliche Ordnung der natürlichen Umwelt,
– die impliziten Regeln für richtiges Handeln, z. B. im Alltag oder bei Zeremonien,
– die Vorstellungen zur übernatürlichen Welt.

Der Gegenstand der Kognitionsethnologie deckt sich in Teilbereichen mit der Religionsethnologie, besonders wenn es um kulturspezifische Denkweisen und Rationalität geht (Olson und Torrance 1996). In vielem deckt sie sich mit der Richtung der Symbolischen Ethnologie (*symbolic anthropology*). Die Kognitionsethnologie befasst sich insbesondere mit Vorstellungen, die einen Bezug zu Alltagshandeln haben. Während die Symbolische Ethnologie Gruppenwissen im öffentlichen Umgang untersucht, rückt die Kognitionsethnologie das individuell verfügbare Wissen ins Blickfeld. Methodisch gesehen gehen die von der Hermeneutik geprägten Ethnologen eher interpretierend vor, während die von der Linguistik beeinflussten Kognitionsethnologen mittels mehr oder minder formaler Verfahren analytisch arbeiten.

Die Kognitionsethnologie untersucht nicht einfach ein weiteres Sachgebiet wie etwa die Wirtschaftsethnologie oder die Verwandtschaftsethnologie, sondern steht gewissermaßen quer zu den anderen Teilgebieten. Das liegt am kognitiven Kulturbegriff (auch „mentalistischer Kulturbegriff" oder „idealistischer Kulturbegriff"). Kognitionsethnologen fragen, was Menschen wissen müssen, um in ihrer jeweiligen sozialen Umwelt kulturell adäquat handeln zu können (Goodenough 1957, Frake 1964). Dies stellt quasi die operationalisierte Formulierung dessen dar, was als „kulturelles Wissen" bezeichnet wird. Allerdings unterscheiden Kognitionsethnologen, insbesondere bei spezielleren Wissensbereichen, zwischen dem Wissen von Experten einerseits und dem von Laien bzw. „Novizen" andererseits. In prozessualer Sicht steht die Frage im Mittelpunkt, wie kulturelles Wissen gelernt wird, wie sich die Inhalte bei der Weitergabe verändern und wie verschiedene Wissensgebiete verknüpft sind.

Was wollen Kognitionsethnologen über den umrissenen Gegenstand herausfinden? Das allgemeine Ziel ist, die gedankliche Ordnung der wahrgenommenen Wirklichkeit zu verstehen. Dahinter stehen speziellere Ziele. Es geht erstens darum, spezifisches Verhalten durch Kognition zu erklären. Ferner wollen Kognitionsethnologen besonders die innere Struktur bzw. Organisation von Wissensbereichen verstehen und in Modellen generalisieren

(„*models of models*"). Im Mittelpunkt stand und steht also die Suche nach kulturspezifischen Denkformen. Daneben hatte die Kognitionsethnologie aber immer auch ihre universalistische Seite. Hier fragt man sich, ob es empirisch nachweisbare kulturübergreifende Muster des Denkens gibt. Schließlich ist die Kognitionsethnologie mehr als die meisten anderen Teilgebiete der Ethnologie explizit an der Entwicklung von Verfahren interessiert (Ross 2004).

11.1 Wandel der Methodik als Spiegel veränderter Fragestellungen

Die Kognitionsethnologie entstand Mitte der 1950er Jahre und hieß in den ersten Jahren *Ethnoscience*, *New Ethnography* oder auch *Ethnosemantics*. Angeregt durch die Sprachwissenschaft wollte man Konzepte, Kategorien und Taxonomien vor allem nichtwestlicher Kulturen verstehen und dafür zunächst genau beschreiben. Klassische Themen dieser frühen Phase waren lexikalische Domänen (übergeordnete Konzeptbereiche) und Kategorien spezieller Bereiche, z. B. Verwandtschaft. Nach dem Vorbild der Phonemik sollten diese mit kulturimmanenten Begriffen und in kulturspezifischer Bedeutung (*emic*) beschrieben werden. Methodisch machte man detaillierte Befragungen in der Alltagssprache und analysierte sie mittels möglichst intersubjektiver (*etic*) Verfahren.

In dieser frühen Phase war die Entwicklung neuer formaler Verfahren der Datenanalyse ein explizites Ziel. Die wichtigste Methode war die von Goodenough und Lounsbury aus der Linguistik entlehnte Komponentenanalyse (*componential analysis, feature analysis*). Das Ziel war die Klärung der indigenen Bedeutung der Wörter eines abgegrenzten Gegenstandsfeldes. Beispielsweise werden im Themenfeld Verwandtschaft die Bedeutungen der Termini „Mutter", „Vater", „Tochter" und „Sohn" jeweils mit möglichst wenigen Merkmalen beschrieben. In diesem einfachen Fall ist es das Bündel der Merkmale Geschlecht (männlich/ weiblich), Generation und Eltern-Kind-Beziehung. Dieses Bündel bildet die zentralen Bedeutungsbestandteile, die „Komponenten". Damit lässt sich die Bedeutung eines jeden Terminus eindeutig von allen anderen unterscheiden. Bei dieser Bestimmung der Kernbedeutung werden allerdings viele andere Bedeutungsfacetten eines Worts ausgeblendet, ebenso wie die Gesprächssituation.

Die Kognitionsethnologie im engeren Sinne wurde Ende der 1960er Jahre aus der Taufe gehoben. Diese Phase war noch stark von der Entwicklung formaler Verfahren geprägt, die vielen Ethnologen steril von außen aufgedrückt erschienen und zu heftigen Kritiken führten. Geertz etwa bezeichnete die Kognitionsethnologie als lebloses Gebiet. Einen inhaltlichen Schub erhielt das

Gebiet ab Mitte der 1970er Jahre, wobei wichtige Impulse aus der Kogniti-
onswissenschaft kamen. Jetzt erforschte man nicht nur einzelne gedankliche
Domänen, sondern größere Einheiten der gedanklichen Organisation. Es ging
– entsprechend sprachlicher Grammatik – um die „Kulturgrammatik" einer
jeweiligen ethnischen Gruppe. Weiterhin befasste man sich stärker mit der
Verknüpfung von Denken und Handeln. Man studierte Alltagshandlungen
und ihre unbewussten Routinen oder etwa nicht formalisiertes Wissen bei der
Werkzeugherstellung (Lave 1993).

Hinter dem Handeln stehen prototypische, idealisierte Ablaufmodelle
(Schemata). Der Alltagsmensch verfolgt, wie ein Bühnendarsteller, die Schritte
eines Drehbuches. Das klassische Beispiel solcher „Alltagsdrehbücher" ist
die Schrittfolge der Handlungen, wenn man ein Restaurant betritt: Tür öffnen
– freien Tisch suchen – Tisch besetzen – Garderobe suchen bzw. Kleidung
abgeben – sich setzen – Speisekarte nehmen – bestellen usw. Das Beispiel des
„Restaurant–Skripts" ist besonders instruktiv, weil es aus unserem eigenen
Alltag stammt und gleich mehrere Eigenschaften solcher Drehbücher des
Alltags zeigt: genaue Abfolge, Unbewusstheit, fehlende schriftliche Fixierung, Erlernen im häufigen Handeln und durch Beobachtung selbst. Daher
bleibt dieses Handlungswissen meist unbewusst. Schon kleine Fehler in der
Schrittabfolge führen zu Verwirrungen bei Sozialpartnern und oft dazu, dass
das Handlungsziel nicht erreicht wird. Wenn ich zum Beispiel in einem Restaurant in den USA die gewohnte europäische Schrittabfolge befolge und mir
selbst einen Tisch suche, mache ich den Fehler, die Regel „Wait to be seated"
zu missachten. Das amerikanische Schema dagegen würde in europäischen
Restaurants (es sei denn, es handelt sich um ein „American Steakhouse" oder
ein teures Restaurant) in aller Regel dazu führen, vergeblich am Eingang zu
warten. Es zeigt sich, dass diese „einfachen" Handlungsabläufe ein komplexes
kulturelles Wissen voraussetzen.

Gegen Ende der 1970er Jahre begann die Kognitionsethnologie, sich auch
mit logischen Beziehungen zwischen Aussagen zu befassen. Welche Beziehungen bestehen in der Sicht von Informanten etwa zwischen verschiedenen
Krankheitssymptomen. Durch diese Fragen gewann die Kognitionsethnologie
auch starken Einfluss auf die Medizinethnologie. Damit bekam der kognitions-
ethnologische Zugang zum ersten Mal auch ein praxisorientiertes Profil. Diese
anwendungsbezogene Komponente der Kognitionsethnologie wurde dann in
den späten 1980er Jahren durch das Thema „lokales Wissen" im Rahmen der
Entwicklungszusammenarbeit wieder aufgegriffen (Warren et al. 1980, Scott
1998, Long und Long 1999, Antweiler 2004). Mit den 1980er Jahren wurde
der Einfluss der interdisziplinären Kognitionswissenschaften einerseits und
besonders der Erforschung der künstlichen Intelligenz stark (vgl. D'Andrade
1995, Sperber 1996). In einer stärker informations- und prozessorientierten
Sicht stand dadurch der Verlauf von Denkprozessen und von Lernvorgängen

Abbildung 1: Studierende üben kognitive Methoden in Malaysia
(Photo: Anita Augustin, 2006)

stärker im Mittelpunkt (vgl. Reimann 1998). Die neuen Themen waren Wissenssysteme, bes. Expertensysteme und Entscheidungen.

Mit Ende der 1980er Jahre setzte ein gewisser Umschwung ein, aber eine zunehmende Disparität zwischen verschiedenen Richtungen. Die Prozessperspektive dominiert bis heute, aber viele Kognitionsethnologen haben sich zunehmend von allzu formalen Ansätzen abgewendet. Andere behalten die formale Sicht bei und versuchen, Ansätze der Kognitionswissenschaften, z. B. neuronale Netze und den Konnektivismus, für die Ethnologie fruchtbar zu machen. Unter dem Stichwort „kulturelle Modelle" erforscht man noch komplexere Denkgebilde, nämlich kulturspezifische Vorstellungen bestimmter gesellschaftlich bedeutsamer Themen oder Vorgänge, z. B. „Heiraten". In solchen Worten bündeln sich oft kulturelle Ziele, also Ziele, die überindividuell geteilt werden. Bestimmte Wörter implizieren eine ganze Reihe von Erwartungen, so aktiviert etwa das Wort „Verpflichtung" (*commitment*) folgende Konzepte: Versprechen/Aussicht, Widmung und Bindung (*promise*, *dedication*, *attachment*). Hier zeigte sich z. B. bei Studie in den USA, dass die „Ehe" metaphorisch vielfach entweder als Krieg oder als Geschäftsunternehmen angesehen wird. Ein weiteres aktuelles Thema sind Wissensstrukturen und

Überzeugungssysteme (*belief systems*), also Kognitionsordnungen auf höherer Ebene. Ein noch relativ einfaches Beispiel wäre eine „Alltagstheorie" zu Migräne, ein komplizierteres sind Lebensentwürfe, z. B. „näher an der Natur leben" oder „mehr Harmonie ins Leben bekommen". Ein Dauerbrenner ist das Studium von Metonymien (pars pro toto) oder Metaphern, bzw. Analogien, z. B. Vorstellungen à la „Ehe ist wie ..." oder „das Leben ist wie ..." (Lakoff und Johnson 2003).

Ein weiteres neueres Forschungsfeld ist die Untersuchung von Entscheidungen im natürlichen Kontext, *real time real world decisions* (Quinn 1975: 24). Das Anliegen des naturalistischen Ansatzes bei der Erforschung von Entscheidungen ergibt sich aus der Kritik experimenteller Untersuchungen von Entscheidungen, die oft artifizielle Resultate zeigen. Das Ziel ist die Untersuchung von Entscheidungen unter realistischen Umständen, insbesondere in ihrem jeweiligen lokalen und kulturellen Kontext (als Übersicht Antweiler 2000: 71–90).

11.3 Einfache Verfahren strukturierter Datenaufnahme

Die Verfahren der Kognitionsethnologie unterscheiden sich je nach dem untersuchten Kognitionsbereich und nach unterschiedlichen Forschungszielen. Es lässt sich jedoch eine gewisse Grundmethodik angeben, die in vielen Untersuchungen verwendet wird. Zunächst werden regelmäßige Verhaltensweisen bzw. Handlungen gesucht. Dann werden mittels Interviews sprachliche Daten zu den Varianten dieser Handlungen aufgenommen. Dann werden diese in Elemente zerlegt und die jeweilige Abfolge der Elemente in den Varianten ausgelotet. Schließlich wird ein typischer Ablauf abstrahiert, z. B. wie man korrekt ein fremdes Haus betritt. Neben der Erhebung der sprachlichen Daten werden heutzutage zunehmend Texte kognitionsethnologisch untersucht. Hier bietet sich ein weites Untersuchungsfeld, in dem sich Übergänge zu den empirisch orientierten Ansätzen der Diskursanalyse in der Soziolinguistik und Literaturwissenschaft ergeben (Shore 1996).

Einige der einfacheren und heute verwendeten Methoden bestehen in strukturierten kognitiven Interviews. Ziel hierbei ist es, den Einfluss der fragenden Person im Interview dadurch gering zu halten, dass wenige Vorgaben gemacht werden, um möglichst wenige Kategorien a priori einzuführen. Es geht ja um die kulturspezifischen Bedeutungen, Kategorien und Konzepte der Gesprächspartner. Die Innensicht der Menschen soll aber trotz der geringen Vorgaben – und das ist das entscheidende Plus dieser Methoden – systematisch, also nicht in zufälliger Weise und nicht nur für einzelne oder wenige Personen, ermittelt werden. Deshalb sind die Interviews strukturiert. Anders als etwa bei fast allen klinischen Interviews oder bei offenen langen Interviews werden allen Befragten die gleichen Fragen bzw. Stimuli präsentiert, was als *structured interviewing* bezeichnet wird (Weller und Romney 1988: 6–9, Weller 1998, Bernard 2006: 240–297). Diese Methoden unterscheiden sich in wichtigen Eigenschaften, auf die ich hier aus Platzmangel nicht weiter eingehe, weil sie in der Anleitungsliteratur, im Vergleich zur konkreten Anwendung im kulturspezifischen feldethnologischen Kontext, gut behandelt werden. Diese Unterschiede bestehen darin, wie viele Informanten sinnvollerweise zu befragen sind (Umfang der Auswahl) und in welcher Richtung und mit welchen Verfahren die aufgenommenen Daten ausgewertet werden können. Zu welchen Bereichen kulturellen Wissens lassen sich mit diesen Methoden Daten gewinnen? Folgende Datentypen sind wichtig:

– Daten über das Zutreffen bzw. Nichtzutreffen von Aussagen in der Sicht der Befragten (sog. Performanzdaten),
– Daten darüber, wie Informanten Dinge in einer gegebenen Skala einordnen (Ordnungsdaten) und
– Daten über von den Gesprächspartnern geschätzte Ähnlichkeiten zwischen konkreten oder gedanklichen Gegenständen (Ähnlichkeitsdaten). Diese Dinge können Wörter, z. B. Verwandtschaftstermini, Photos, etwa von Pflanzen, oder demonstrierte Gegenstände, etwa Werkzeuge, sein.

Im Folgenden erläutere ich zunächst einige einfachere Erhebungsverfahren, wie sie in der Kognitionsethnologie genutzt werden, während ich auf Verfahren, die komplexer oder themenspezifischer sind und damit weniger universellen Anspruch haben, später eingehe. Einige der erläuterten Verfahren gehören zu den Standarderhebungsverfahren der empirischen Sozialforschung, beinhalten aber bei Kognition als ethnologischem Thema spezielle Aspekte und ergeben auch spezifische technische Probleme. Ich gehe auf Stärken und Schwächen der Techniken ein, während die grundsätzlichen theoretischen und epistemischen Probleme bei der Verwendung solcher Methoden danach behandelt werden.

11.3.1 Freies Auflisten

Worin bestehen die Hauptdimensionen und Grenzen eines Themas oder Problems in der Perspektive der Mitglieder einer Gesellschaft? Woran liegt den untersuchten Menschen wirklich viel? Dies sind Fragen, die sich am Anfang einer Untersuchung stellen. Sie lassen sich mit der besonders einfachen Methode des Auflistens (*free list* bzw. *free listing*) angehen. Bei diesem Verfahren sucht man sich zuerst grob einen relevant erscheinenden Themenbereich aus und fragt dann etwa: „Was sind alle Arten von X, die Sie kennen?" Oder: „Nennen Sie mir doch bitte alle Verfahren, um Y zu machen." Die Kunst dabei ist es, eine produktive Frage zu finden, also eine, die den Gesprächs-

partner anregt. Dies muss je nach Person und je nach Kultur durch vorherige
Versuche in informellen Gesprächen herausgefunden werden. Freies Auflisten
ermöglicht ein erstes Verständnis der Formulierung und Abgrenzung wichtiger
sowie mehr oder minder umschriebener Themen in der Sicht der Befragten.
Die aufgelisteten Wörter sind per se solche, die den Menschen vertraut sind.
Es sind in der Sicht der Befragten nicht etwa zufällig verbundene Begriffe,
die gar nichts miteinander zu tun haben, sondern Wörter, die sich auf gleicher Kontrastebene aufeinander beziehen. Einzelne genannte Wörter können
dann für weitere Auflistungen genutzt werden, um in Details vorzudringen
(*question–answer frames;* Metzger und Williams 1966). Die mittels dieses
Verfahrens gewonnenen Listen können anschließend in vielfacher Weise weiter
ausgewertet bzw. verwendet werden.

Es handelt sich um ein denkbar einfaches und leicht durchführbares Verfahren. Diese Methode ist besonders fruchtbar, wenn es darum geht, welche
Themen für die Menschen vor Ort überhaupt kulturelle Relevanz haben. Freies
Auflisten ist als erster Schritt sehr erhellend und immer zu empfehlen, bevor
zu anderen Verfahren übergegangen wird. Freies Auflisten wurde bislang oft
benutzt, um emische Taxonomien (*native taxonomies*) zu erheben. In einer
eingeschränkteren Variante des Verfahrens kann man Befragte bitten, Einheiten aus einer vorgelegten Liste hinsichtlich eines bestimmten Kriteriums
herauszusuchen (sog. *pick-N format),* indem man z. B. fragt: „Welche von den
hier aufgelisteten Maßnahmen X ‚passen‘, bzw. eignen sich, Ihrer Meinung
nach für die Behebung des Problems Y?" Mit den Erfahrungen aus solchen
einfachen *free listings* und *pick-N formats* können dann viel besser als ohne
eine solche Information Fragen gestellt werden, die lokalkulturell „sinnvoll"
sind. Aber selbst diese einfachsten und am wenigsten formalisierten Verfahren
sind – entgegen dem Tenor bei Weller und Romney (1988) – nicht in jedem
kulturellen Kontext und bei jedem Thema fruchtbar.

11.3.2 Kartenstapelsortierung

Beim sog. *card sorting* (auch *pile sorting*) bittet man die Gesprächspartner,
gemischte Kärtchen, auf denen Wörter stehen oder Bilder zu sehen sind, nach
Zusammengehörigkeit derart zu Haufen zu sortieren, dass die Elemente in
einem Haufen untereinander ähnlicher sind als alle Elemente eines anderen
Haufens. Man fragt etwa: „Welche der drei Wörter, die Sie hier sehen, gehören
zusammen?" oder man sagt: „Sagen Sie mir bitte, welcher Begriff hier nicht
hereinpasst". Entweder sollen die Kärtchen nur nach Ähnlichkeit geordnet
werden, ohne dass ein Kriterium vorgegeben ist, oder man bittet um eine
Ordnung nach Ähnlichkeit in Bezug auf eine Eigenschaft, etwa „Welche sind
die angenehmeren Straßen unter den hier zu sehenden?" oder „Welche sind die

riskanteren Y von den hier vorliegenden?". Es gibt sog. freie Sortierversionen, bei denen die Zahl der Haufen nicht vorgegeben ist und Sortierungsaufgaben mit vorgegebener Zahl der Haufen. Nach erfolgter Sortierung kann nach der Begründung der gewählten Sortierung gefragt werden. Mit Sortierungen können Ähnlichkeitsdaten gesammelt werden. Dieses Verfahren ist leicht durchzuführen. Es erlaubt die Untersuchung vieler Einheiten. Vorteilhaft bei dieser Methode ist auch, dass sie bei der befragten Person zur Aktivität führt, gleichzeitig aber wenig Mühe macht. Ein Nachteil ist es, dass man in der Auswertung Angaben verschiedener Personen nur schwierig vergleichen kann. Wenn nur wenige Menschen befragt werden können, empfiehlt sich eine wiederholte Sortierung, wobei die gebildeten Kärtchen-Haufen immer weiter unterteilt werden, bis nur noch einzelne Kärtchen da sind. Besonders, wenn aufgrund ethnographischer Lokalkenntnis anzunehmen ist, dass die Menschen bezüglich eines Themas – das man etwa durch die eben erläuterten Auflistungen erschlossen hat – in Taxonomien denken, ist eine solche sukzessive Sortierung die angemessene Methode. Wenn dies aber nicht der Fall ist, zwingt die Methode eine taxonomische Struktur auf; sie ist in diesem Fall also nicht zu empfehlen.

11.3.3 Triadenvergleich

Bei Triadenvergleichen (*triadic comparision; triad test*) werden den Gesprächspartnern drei Einheiten, etwa auf Kärtchen geschriebene Wörter oder z.B. Photos, zusammen vorgelegt, die Personen, Gegenstände oder Situationen bezeichnen. Gefragt wird nach der von der befragten Person gesehenen Ähnlichkeit der Einheiten: „Welche beiden sind ähnlich, welches eine ist besonders?" oder nach einer (Rang)ordnung: „Bitte ordnen Sie von am wenigsten X nach am meisten X". Auf diese Weise können Ähnlichkeits- wie auch Ordnungsdaten gewonnen werden. Die vorgelegten Drillinge werden mehrmals in verschiedener Mischung und Reihung präsentiert, um zu verhindern, dass die Reihenfolge innerhalb der Triade einen Einfluss auf die Auswahl hat. Triadenvergleiche sind angebracht, wenn – zum Beispiel durch informelle Gespräche oder aus der Regionalliteratur – bekannt ist, dass die Menschen in der betreffenden Gesellschaft allgemein gern vergleichen und bewerten. Der Vorteil der Drillingsmethode besteht vor allem darin, dass die Triadenfrage leicht verständlich ist; ein ganz entscheidendes Merkmal einer lebensnahen Methode. Weiterhin ermöglicht dieses Verfahren ausdrücklich sowohl Ähnlichkeits- als auch Verschiedenheitsurteile (Scheer und Catina 1993). Die Konzepte der Menschen können sogar in rein mündlicher Form erfragt werden. Da die Triaden mehrfach präsentiert werden müssen, sind Triaden jedoch für einen Vergleich großer Mengen von Einheiten eher unpraktisch.

11.3.4 Schätzskala

Schätzskalen (*rating, rating scale*) sind in den Sozialwissenschaften weit verbreitet, werden aber auch in der Kognitionsethnologie angewendet. Bei dieser Methode sagt man dem Gesprächspartner etwa: „Bitte ordnen Sie diese Begriffe diesen aufsteigenden Zahlen zu". Es sollen Statements oder etwa Photos bezüglich ihrer Ausprägung in einer Dimension, etwa ihrer „Wichtigkeit" bzw. „Bedeutsamkeit", in Wörtern „stark – mittel - schwach" oder in Zahlen ausgedrückt werden. Vorgelegte Elemente bzw. Einheiten (*items*) werden also nach einem vorgegebenen Kriterium vom Gesprächspartner in einer Skala eingeordnet. Man kann mit Skalierungen verschiedene Daten gewinnen. Außer der Skalierung können indirekt so auch Ordnungsdaten, wie beim unten erläuterten *Ranking*, aber auch Ähnlichkeiten zwischen Paaren von Vorlagen ermittelt werden. Solche Skalierungen sind vor allem dann geeignet, wenn es schwerpunktmäßig nicht nur um beschreibende Vergleiche, sondern explizit um Bewertungen seitens der Befragten geht. Außerdem sind vielen Menschen solche Skalen, etwa aus Befragungen in Publikumszeitschriften, schon vertraut, vor allem im stadtethnologischen Kontext. Ein deutlicher Nachteil in der konkreten Befragungssituation ist jedoch der Aufwand für die Untersuchten, der ermüdet, in „Arbeit" ausarten kann und damit demotivierend wirkt. Außerdem lassen sich *Ratings* mündlich kaum durchführen. Problematisch sind die aus der Literatur zu Methoden der empirischen Sozialforschung bekannten persönlichen Voreingenommenheiten der Befragten für die Mitte oder die Ränder der Skalen (*anchoring*).

11.3.5 Rangordnung

Beim Verfahren der Rangordnung (*ranking, rank ordering, rank order test*) bittet man die Gesprächspartner, vorgelegte Einheiten nach einem speziellen Kriterium zu ordnen, z. B. Kärtchen mit Berufsbezeichnungen nach deren jeweiligem Prestige zu reihen. So kann man etwa den Einheiten Nummern von 1 bis n zuordnen lassen oder die Einheiten (*items*) als Kärtchen von „am meisten X" nach „am wenigsten X" in eine Rangfolge bringen lassen. Anders als bei Ratings wird also nicht jedem einzelnen Element ein Wert zugeordnet, sondern die Elemente zusammen in eine Rangfolge gebracht. Neben solchen kompletten Rangordnungen gibt es auch die reduzierte Version eines sog. Paarvergleiches (*paired comparison*). Hierbei werden immer zugleich zwei Vorlagen gezeigt und gefragt, „Welche ist mehr X und welche weniger X?". Die Kärtchen müssen zwischen den Interviews mit verschiedenen Personen immer wieder gemischt werden. Ein entscheidender Vorteil von Rankings ist, dass sie sehr viele Informationen ergeben, also sehr produktiv sind relativ zum Aufwand für Feldforscher – und auch für Gesprächspartner. Dies ist vor allem in ethnologischen Untersuchungen ein bedeutsamer Vorteil für jede eher formal wirkende Methode. Außerdem erschließt dieses Verfahren die Unterschiede in den Anschauungen zwischen befragten Personen besonders gut. Das macht Rangordnungen vornehmlich geeignet für die Erhebung innerkultureller Vielfalt (*intracultural diversity*) im kognitiven, aber auch im emotiven Bereich. Das ist eine in der Ethnologie immer wieder vernachlässigte Dimension. Man kann empirisch ermitteln, inwieweit die Kategorien einer Person sich mit denen anderer oder dem Durchschnitt bzw. dem Kern der gemeinsam geteilten Kognitionen decken, statt das Geteiltsein im Sinne eines Kulturbegriffes der *shared orientations* nur ungeprüft anzunehmen. Dies ist in den kulturell zunehmend uneinheitlichen Untersuchungsfeldern der Ethnologie bedeutsam. Bezüglich mancher Themen sind Rankings aber gerade in heterogenen Gesellschaften nicht geeignet, z.B. ist die Herstellung eine Rangordnung des Wohlstandes anderer Nachbarschaftsbewohner (*wealth-ranking*) nicht angebracht, wenn diese sich nur unzureichend kennen. Dies sei als Hinweis auf die Themenabhängigkeit der Anwendung solcher Methoden gesagt. Im Vergleich zwischen *ratings* und *rankings* sind letztere für die Frage nach allgemeinen Bewertungen besser geeignet, während Schätzskalen besser für gesehene (also nicht bewertete) Ähnlichkeiten zwischen einzelnen Einheiten passen.

11.3.6 Satzrahmen

Bei diesem Erhebungsverfahren (*sentence frame format, frame elicitation, frame technique*) wird der befragten Person eine Liste mit Wörtern vorgelegt und eine andere Liste mit Aussagesätzen, die sich auf diese Wörter beziehen lassen, präsentiert. Die befragte Person wird dann gebeten, die Wörter mit Aussagesätzen in für sie sinnvoller Weise zu verbinden. Dann können die Antworten einfach in einer Matrix „Wörter x Aussagesätze" aufgeschrieben werden. Diese Methode ist besonders geeignet, wenn es in der Untersuchung um die Frage nach dem Zusammenhang verschiedener kognitiver Bereiche (Domänen, *domains*) bzw. emotionaler Dimensionen der Befragten geht. Satzrahmen sind auch dann ein zu empfehlendes Verfahren, wenn bekannt ist, dass ein Themenbereich durch eine Vielfalt von Merkmalen gekennzeichnet ist. Außerdem kann man Vorstellungen der Befragten über Ursache-Wirkungs-Zusammenhänge ermitteln, etwa bei der Untersuchung ganzer Überzeugungssysteme. Sehr von Nachteil ist aber, dass die Interviews bei einer derartigen Erhebung für die befragte Person meist so lang und langweilig sind, dass mehrere Sitzungen anberaumt werden müssen. Realistisch gesehen, erscheint dieses Verfahren damit in etlichen Situationen bzw. in vielen Gesellschaften als unangebracht oder nur in einer sehr reduzierten Version anwendbar.Hier wurden vor allem systematische Methoden vorgestellt, die dazu beitragen können, das in vielen neueren Arbeiten der Kognitionsethnologie vernachlässigte Problem zu lösen, wie man einer begründeten Auswahl von Personen jeweils die gleichen Fragen stellt bzw. ihnen gleiche Stimuli vorlegt und dabei zugleich möglichst wenig Vorgaben macht. Die Wahl der Methode sollte davon abhängen, welcher Typ von Daten, also Ähnlichkeits-, Ordnungs- oder Performanzdaten, gesucht wird. Dabei ist es in erster Linie die Art der Fragen bzw. Vorlagen und der Notation der Antworten und weniger die Methode insgesamt, die den Datentyp bestimmt (Weller und Romney 1988: 7f).

11.3.7 Repertory Grids als Beispiel der Kombination einfacher Verfahren

Eine Methode, die mehrere der obigen Verfahren kombiniert, ist die *Repertory Grid*-Methode (auch *Repgrid*-Technik). Das Verfahren wurde von dem Psychologen Kelly (1955) erfunden und besteht in folgendem Doppelschritt. In einem ersten Schritt werden mittels des Vergleiches zweier oder dreier Vorlagen (Dyaden- bzw. Triadenvergleich), z. B. Photos oder Kärtchen mit darauf geschriebenen Wörtern, Gegensatzpaare ermittelt. Die vorgelegten Elemente können thematisch Gegenstände, Personen oder etwa Beziehungen oder Situationen darstellen. Die gesuchten Gegensatzpaare sind Kontraste, die in der Sicht der Befragten zwischen den vorgelegten Elementen bestehen (Polaritäten, sog. Konstrukte). Diesen ersten Schritt nennt man „Konstruktfrage". In einem zweiten Schritt werden die so gewonnenen Konstrukte als Skala benutzt, in welche die befragte Person andere (!) vorgelegte Elemente, bewertend einordnet.

Es handelt sich also um eine Unterscheidungsaufgabe, bei der die befragte Person dadurch, dass sie Ähnlichkeiten und Unterschiede benennt, Auskunft über die Konstrukte gibt, mit deren Hilfe sie die Welt erfasst und ihre Veränderung antizipiert (Scheer und Catina 1993). Die Konstrukte aus dem ersten Schritt können senkrecht mit den Werten aus dem zweiten Schritt zu einer Matrix aufgezeichnet werden, die das Repertoire der von der Person gesehenen Merkmale (aus Schritt 1) und Bewertungen (aus Schritt 2) darstellt. Diese Matrix, das sog. *repertory grid* (auch „Konstrukt-Gitter", „Kelly-Matrix" bzw. „Netz" genannt), gibt der Methode ihren Namen. Weil mit Sprache gearbeitet wird, können neben dem Wissen auch Gefühle und Wertungen zu einem Thema ermittelt werden, anders als etwa mit den kognitiven Karten (*cognitive maps*). Der Clou der Methode liegt also darin, nur die Vergleichsvorlage vorzugeben. Die Konstrukte werden ja nicht vorgegeben, sondern ermittelt. Diese ermittelten, also von den Befragten selbst kommenden Be-

Abbildung 2: Interview-Materialien für Repertory-Grid-Methode
(Photo: Dario Antweiler, 2008)

griffe, werden dann wiederum von den Befragten auf ein Thema angewendet; dies aber systematisch.

Das Verfahren wurde besonders von Umweltpsychologen und in der klinischen Psychologie verwendet. Jede Methode basiert auf Vorannahmen und dieses Verfahren hat den Vorteil einfacher und expliziter theoretischer Prämissen (Catina und Schmitt 1993 als Überblick). Bezüglich der Kognitionen von Menschen in Entscheidungssituationen geht die Methode davon aus, dass Individuen in der Vielfalt ihrer Erfahrungen auf der Basis von Ähnlichkeiten und Unähnlichkeiten bestimmte Aspekte herausheben („konstruieren"). Diese persönlichen Konstrukte sind psychische Gegensätze, die nicht logisch, sprachlich, unemotional oder eindeutig sein müssen.

Wie jedes kognitive Verfahren sollte auch dieses lokalen Umständen und Gewohnheiten angepasst werden. Dabei ist es aber wichtig, den Kern beizubehalten, damit die Ergebnisse mit ähnlichen Untersuchungen in anderen Kulturen verglichen werden können. An anderer Stelle habe ich die Verwendung der *Repertory Grid*-Methode anhand des Themas Umweltkognition in einer ostindonesischen Stadt detailliert beschrieben (Antweiler 1993: 271–280). Dort gehe ich auf die vielen praktischen Modifikationen und die Anpassung der Lehrbuchversion an das lokalkulturelle Milieu ein.

11.4 Anspruch und Durchführungsprobleme

Mit den dargestellten einfachen Methoden kann selbstverständlich nicht etwa das gesamte Weltbild einer Menschengruppe (*world view*), ja selbst nicht die Weltsicht einer Person (*cultural idiolect, mazeway*), umfassend erforscht werden. Um es salopp zu formulieren: Es wird nicht erwartet, durch die Manipulation von Kärtchen in die Tiefen und die Details menschlicher Kognition vorzudringen. Die Methoden sind jedoch geeignet, wenn es um die Bedeutung eines bestimmten in einer Gruppe besonders relevanten „kulturellen Themas" (*theme*) oder eines kognitiv einheitlich strukturierten Bereiches, einer Domäne, geht.

Eine besondere Stärke der Verfahren besteht meiner Erfahrung nach gerade darin zu sehen, dass sie sowohl in das kulturelle Wissen, die kognitive Dimension im engen Sinn als auch bei entsprechender Anwendung einen Einblick in den Einstellungs- und Bewertungsaspekt (evaluative-emotive Dimension) zu einem Thema geben können. Dies ist wichtig, denn die neuere Emotionsforschung in der Psychologie, die Kulturpsychologie und die Kultursoziologie betonen zunehmend die Verknüpfung kognitiver mit emotiven Aspekten im Denken. Im Gegensatz zu früheren Verfahren der Kognitionsethnologie und auch im Gegensatz zu denen der diskursorientierten Ethnologie erlauben es diese neueren Methoden, das Ausmaß der sozialen Geteiltheit (im Verhältnis zu individueller bzw. Subgruppenkultur) oder das Muster der synchronen Verteilung und diachronen Verbreitung von Kognitionen über die Mitglieder einer Gruppe, z. B. bezüglich Alter, Geschlecht, Netzwerkposition oder sozialer Lage, zu bestimmen.

Diese Methoden ergeben meist verlässliche, bzw. intern und extern konsistente (Reliabilität) und sich auf die tatsächlich vorliegende Lebenssituation beziehende (Validität) Ergebnisse. Bernard schreibt im entsprechenden Kapitel seines Überblicks kulturanthropologischer Methoden: "I consider the techniques reviewed in this chapter to be among the most fun and most productive in the repertoire of anthropological method. They can be used in both applied and basic research, they are attractive to informants, and they produce a wealth of information that can be compared across informants and across cultures." (Bernard 1988: 240) Hinsichtlich der universalen Anwendbarkeit sind die bisherigen Erfahrungen und Einschätzungen uneinheitlich. Sind diese Verfahren grundsätzlich in verschiedensten Kulturen und Situationen einsetzbar? Selbstbewusst wird postuliert: „.... the interviewing and data collection tasks contained in this volume are as appropriate for use in such exotic settings as the highlands of New Guinea as they are in the corporate offices on Wall Street." (Weller und Romney 1988: 9)

Diesen sehr optimistischen Äußerungen stehen einerseits grundsätzliche Einwände gegen kognitive Methoden von außen und einschränkende Erfahrungen von Kognitionsethnologen selbst entgegen. Die harten Kritiken besagen, die Verfahren seien wegen ihrer formalen Strenge erstens praxisfern und nähmen zweitens keine Rücksicht auf lokale Gewohnheiten im Denken, Sprechen und Fragen, obwohl die Innensicht der Untersuchten doch gerade das Thema der Kognitionsethnologie ist. Eine typische Reaktion felderfahrener Ethnologen etwa auf Spradleys kognitiv orientierte Methodenanleitung (1997) ist, dass seine Vorschläge interessant, aber so ja gar nicht durchführbar seien. Unklar bleibt dabei meist, ob dies den von ihm postulierten, kompletten und damit extrem anspruchsvollen Forschungszyklus betrifft oder die kognitiven Methoden im Einzelnen.

Auch konkrete Praxiserfahrungen etlicher Ethnologinnen und Ethnologen mit einzelnen Verfahren stehen dem genannten Allgemeinheitspostulat Weller und Romneys entgegen. Die Methoden gelten einerseits als unterhaltsam für die Befragten, aber Kollegen berichten andererseits auch davon, dass Informanten die kognitiven Methoden kindisch oder lächerlich fanden ... und deshalb lieber gleich zum Kaffee übergehen wollten (Waltraud Kokot, pers. Mitt. 1990, bzgl. Tessaloniki, Griechenland). Das Problem betrifft sowohl die kulturelle Relevanz des jeweiligen Themas als auch die kulturelle Adäquatheit der methodischen Herangehensweise.

Ein Beispiel aus der Forschungspraxis mag die Probleme, die sich bei formalen Verfahren stellen, verdeutlichen. Röttger-Rössler berichtet über Kartenstapelsortierungen zum Thema indigener Konzepte zur Statusdifferenzierung bei Makasar im Bergland Südsulawesis (1989: 77–81), wobei etliche ihrer Befragten trotz einer vorhergehenden längeren Vertrauensbildung die Teilnahme verweigert hatten. Andere lösten zwar die Sortierungsaufgabe, aber nur bezüglich des eher stabilen und eher sozialen Ranges. Das größere persönliche Ansehen anderer wollten bzw. konnten sie dagegen nicht in einer Kartenhierarchie ausdrücken: Das formale Verfahren erwies sich als zu direkt in einer Gesellschaft, in der Ehre eine überragende Rolle spielt und ständig um Ansehen konkurriert wird. Es handelte sich in diesem Fall sicherlich um ein besonders sensibles Thema, nämlich die Einschätzung konkreter, benannter Personen. Auch die Aufgabe war sehr anspruchsvoll: 160 Karten waren zu ordnen (Röttger-Rössler 1989: 79). Andere Erfahrungen führten zu Erfolgen, z. B. bei einem solchen *prestige-ranking* mit Angehörigen der Mittelklasse im städtischen Kontext Mexikos und bei der Verwendung einfacher *wealth-rankings* zur sozialen Stratifizierung für armuts- und zielgruppenorientierte Entwicklungsmaßnahmen, wo sie sich als viel versprechend herausgestellt haben (Kievelitz 1990). Eine einfacher gestaltete Sortierungsaufgabe hätte auch im Fall der Makasar vielleicht kulturell „besser gepasst" (*lebih cocok*), wie man in Bahasa Indonesia sagt, und wäre deshalb möglicherweise akzeptiert worden. Nichtsdestotrotz können die genannten Erfahrungen mit formalen kognitiven Methoden doch als Hinweis auf die Grenzen solcher Verfahren zur Erhebung kulturellen Wissens verstanden werden (vgl. Antweiler 1993).

Dem reklamierten universalen Anspruch steht Barnes' drastische Beschreibung gegenüber: „... (the informants) quickly got stuck, resorting the cards as each new name was added, before stopping and declaring the task to be impossible." (1991: 290) Als Lösung dieser Problematik bieten sich m. E. zwei Wege an: erstens das Ausweichen auf nicht formalisierte Methoden und zweitens eine Vereinfachung des systematischen kognitiven Interviews. Fast immer entscheiden sich Ethnologen für das erstere. Im angeführten Beispiel behalf sich Röttger-Rössler mit der Analyse von Tratsch und Gerüchten, um zu einem vertieften Verständnis der Innensicht sozialer Differenzierung zu kommen, während die Kartenstapelsortierung eben nur für einen Teilbereich der Fragestellung, dem sozialen Rang, fruchtbar zu machen war. Man sollte aber nicht übersehen, dass die Ergebnisse dann oft weniger bis gar nicht interkulturell vergleichbar sind. Bernard beschreibt die Herausforderung treffend: "Today, cognitive anthropology covers the whole field of inquiry of what people think and know, how they think it and how they organize their material. The challenge, of course, is to devise methods that get at these things and that produce data that can be checked for their reliability and validity." (1988: 227)

Neben der völligen Aufgabe dieses Zieles der Vergleichbarkeit besteht aber die andere Möglichkeit, nämlich formale Verfahren zu nutzen, sie aber an die lokalen Gewohnheiten anzupassen. Diese Anpassung betrifft sowohl die Interviewtechnik als auch die thematischen Aspekte. Die Herausforderung besteht darin zu versuchen, trotz der Methodenanpassung vor Ort den allgemeinen Charakter der Methoden beizubehalten. Nur so sind Vergleiche mit Studien zu denselben Themen in anderen Regionen möglich. Diese Anpassungen erfordern eine Vorphase, und sie bedürfen einer Einbettung in andere Feldmethoden, vor allem dann, wenn nicht schon sehr viele Informationen über die Kultur der Befragten vorliegen.

Die Wahl der Methode sollte davon abhängen, welcher Typ von Daten, also Ähnlichkeits-, Ordnungs- oder Performanzdaten, angestrebt wird. Leider wird in den Methodenbüchern (z. B. Spradley 1997; Werner und Schoepfle 1987; Bernard 2006) und auch in publizierten Anwendungen dieser Methoden auf diese praktischen Probleme der systematischen Erhebung kognitiver Daten kaum eingegangen. Dort stehen – die natürlich ebenso wichtigen – Auswertungsprobleme im Mittelpunkt. Weiterhin ist es durchaus auch eine ethische Frage, ob und wie eine Untersuchungsmethode der lokalen Kultur angepasst wird!

11.5 Kognition systematisch im Handeln und Reden entdecken: experimentähnliche und komplexe Verfahren

Da Ethnologen grundsätzlich Methoden bevorzugen, die lebensnah sind („naturalistischer Zugang"; vgl. bahnbrechend Hutchins 1996) werden in der Kognitionsethnologie, anders als in der Kognitionspysychologie, kaum Experimente verwendet. Es gibt allerdings Verfahren, die einem kognitiven Laborexperiment nahe kommen, aber in der gewohnten Lebensumgebung der Untersuchten durchgeführt werden. Es ist die Methode herbeigeführter Situationen (*induced situations*, *tests*). Dabei werden einzelnen Personen in einer eigens herbeigeführten Situation Denkaufgaben vorgelegt, und sie werden bei der Lösung beobachtet. Ein typisches Beispiel sind sog. *space games*, bei denen es um Raumkognition und Orientierungswissen geht. Dabei beschreibt z. B. ein Kind eine räumliche Anordnung von Gegenständen, die vor ihm auf einem Tisch liegen, einem anderen Kind, das in der Nähe sitzt, aber durch eine Wand abgeschirmt ist. In der Erstauflage des vorliegenden Buchs beschreibt Wassmann mehrere Beispiele dieser Methode. Er diskutiert verbale und nichtverbale Varianten und die Vor- und Nachteile dieser Methode im Detail (Wassmann 2003: 173–180). Die Stärken dieser und verwandter Forschungstechniken sind die leichtere Beobachtung gegenüber Alltagsroutinen, die Möglichkeit der Kontrolle der Bedingungen sowie die Möglichkeit, nichtsprachliches Verhalten zu studieren und schließlich der spielerische Charakter. Wie andere kognitive Verfahren auch, erfordern herbeigeführte Situationen gute ethnographische Kenntnisse und ein Einstellen auf die Gewohnheiten der Menschen, mit denen man arbeitet.

In der gegenwärtigen Kognitionsethnologie werden auch andere komplexere Verfahren eingesetzt, die hier zumindest kurz erwähnt werden sollen. Dies gilt vor allem für die von der Psychologischen Ethnologie und der Diskursanalyse beeinflußte Forschung. Beispielhaft hierfür sind neuere Beiträge aus der „*Cultural Models School*" bzw. „*Cultural Schema Theory*" um Naomi Quinn, Holly Mathews und Claudia Strauss (Strauss und Quinn 1998; Moore und Mathews 2001, Quinn 2005). Im Mittelpunkt steht dabei die Rekonstruktion komplizierter Formen kulturspezifischer Kognition, vor allem die Bedeutungen, die unter Menschen einer Gruppe weitgehend geteilt, aber stark internalisiert und deshalb oft unbewusst sind. Dafür werden Interviews und andere Diskursformen genutzt, wobei mit „Diskurs" hier ein längeres Rede- oder Textsegment gemeint ist (nicht der soziale Diskurs im Sinne Foucaults). Die dort dargestellten Methoden sind explizit systematisch, indem sie transparent in der Wahl der Stichprobe und der empirischen Methodenschritte sind. Die Beispiele dieser Forschergruppe zeigen, dass systematisches Forschen nicht mit großen Stichproben und quantitativen Resultaten gleichzusetzen ist. Eine geringe Zahl von Personen kann einen großen Datenkorpus mit sehr vielen Dimensionen schaffen. Damit wird ein Mittelweg angeboten gegen den unfruchtbaren Antagonismus zwischen harten quantitativen Ansätzen, die im Extrem alles nicht Zählbare für anekdotisch und unwissenschaftlich halten, und qualitativen oder methodisch agnostischen Ansätzen, wo systematische Datensammlung zuweilen als westlicher Imperialismus gebrandmarkt wird.

11.6 Schluss: einfache Methoden systematisch und angepasst einsetzen

Angesichts der methodologischen Überlegungen einerseits und der mitgeteilten Felderfahrungen andererseits ist mein Plädoyer, das besondere Potential der einfacheren unter den formalen Methoden der Kognitionsethnologie zu sehen. Sie sollten kritisch genutzt werden, statt sie aus unspezifischen Vorbehalten formalen Methoden gegenüber ganz ungenutzt zu lassen oder nur noch einzelne Texte oder Diskurse aufwendig und in die Tiefe zu untersuchen, ein Trend der gegenwärtigen eher symbol- und diskurstheoretisch fundierten Kognitionsethnologie. Die Stärke dieser einfachen Methoden liegt darin, dass sie die systematische Erhebung vieler Fälle erlauben, intrakulturelle kognitive Varianz und Variation erfassen und die für die Ethnologie m. E. zentrale komparative und generalisierende Dimension für das Thema kulturellen Wissens eröffnen. Die Einfachheit der Methoden ermöglicht es, sich bei der ersten Durchsicht der Ergebnisse ergebende Fragen sogleich bei der weiteren Datenaufnahme zu berücksichtigen. Das fördert eine empirisch begründete und damit gegenstands- und alltagsnahe Theoriebildung (*grounded theory,* vgl. Glaser und Strauss 2005). So kann einerseits theorieloses Herumprobieren verhindert werden; andererseits hält eine solche Prüfung schon im Feld vom unreflektierten „Abspulen" vorstrukturierter Erhebungspläne ab.

Der feldmethodische Einsatz auch dieser formal einfachen Verfahren erfordert jedoch – anders als gängige Methodenpublikationen nahe legen – eine kulturadäquate Modifizierung und in aller Regel auch eine weitere Vereinfachung, um valide Ergebnisse zu zeitigen. Die Lebensnähe der geschilderten Verfahren – zusammen mit den publizierten rezeptförmigen Anleitungen und dem systematischen Charakter – lässt diese Methoden als geeignet für die Aufnahme z.B. der zumeist vielfältigen Innensichten von Menschen in der Zielbevölkerung in der Entwicklungszusammenarbeit erscheinen. Das Ausmaß der notwendigen Vorbereitung für die Anwendung solcher Methoden wird von Entwicklungspraktikern, die „schnelle Methoden" für den Einsatz im zeitlich immer sehr engen Projektrahmen suchen, allzu leicht unterschätzt. Man vergleiche dagegen Schönhuth und Kievelitz' (1993: 21, 33-80) differenzierende Einschätzung schneller Methoden je nach Thema, Gesellschaftsform, Projekttyp und Projektphase. Wenn die Verfahren jedoch extrem vereinfacht werden, liegt hier tatsächlich ein Potential solcher Methoden zum Einsatz in Projekten, wenn diese ernsthaft an den Zielen und Bedürfnissen der Zielbevölkerung orientiert sein wollen.

Sowohl über die Einsichten, die diese Methoden vermitteln können, als auch über ihre prinzipiellen Grenzen und praktischen Umsetzungsprobleme lernt man am meisten, wenn man sie selbst einsetzt. Gerade die kognitiven Methoden eignen sich sehr schön, in Form von Trainings sogar schon im Hörsaal geübt zu werden.

11.7 Literatur

11.7.1 Zur Weiterarbeit empfohlene Literatur

Bernard, Harvey Russell (ed.)
1989ff.   Field Methods (formerly Cultural Anthropology Methods): http://www.qualquant. net/FM Eine sehr hilfreiche Web-Zeitschrift mit kurzen Übersichten, Anleitungen und Diskussionen zu Methoden, wobei kognitive Verfahren einen hohen Anteil bilden.

Gladwin, Christina H.
1989   Ethnographic Decision Tree Modeling. Newbury Park, Cal. etc. Verfahren zur Untersuchung von Entscheidungen im realen raumzeitlichen Kontext durch eine Kombination intensiver Ethnographie mit Hypothesentests.

Quinn, Naomi (ed.)
2005   Finding Culture in Talk. A Collection of Methods. New York and Houndmills.. Anwendungsorientierter Überblick zu Verfahren der Untersuchung komplexer Themen, wie Schemata, Strukturen (Primitives), emischen Gender-Modellen, Erzählungen sowie kultureller Vielfalt in Diskursen und Lebensgeschichten.

Ross, Norbert
2004   Culture and Cognition. Implications for Theory and Method. Thousand Oaks etc. Eine Verknüpfung von kognitivistischer Kulturtheorie mit Methoden der Kognitionsethnologie; der Autor verbindet die kognitive Psychologie mit ihren rigorosen Verfahren und die Ethnologie mit ihrer Betonung der Untersuchung von Menschen in ihrem natürlichen Lebenskontext; ein schmaler, aber enorm gehaltreicher Band, der in klarer Sprache geschrieben ist.

Weller, Susan C. and A. Kimball Romney
1988   Systematic Data Collection. Newbury Park etc. Einfache und systematische kognitive Erhebungsmethoden, wie Sortierungen, Triadentests und Rankings; kompakt und mit konkreten Anleitungen, daher gut zum Mitnehmen ins Feld.

11.7.2 Zitierte Literatur

Antweiler, Christoph
1993   Universelle Erhebungsmethoden und lokale Kognition am Beispiel urbaner
           Umweltkognition in Süd-Sulawesi/Indonesien. Zeitschrift für Ethnologie 118:
           251–287
2000   Urbane Rationalität. Eine stadtethnologische Studie zu Ujung Pandang (Makas-
           sar), Indonesien. Berlin.
2004   Local Knowledge Theory and Methods. An Urban Model from Indonesia. In: Alan
           Bicker, Paul Sillitoe and Johan Pottier (eds.): Investigating Local Knowledge.
           New Directions, New Approaches, 1–34. Aldershot and Burlington.

Barnes, Robert H.
1990   Rezension von Röttger-Rössler 1989. In: Zeitschrift für Ethnologie 115: 289–291.

Bernard, Harvey Russell
[1]1988   Research Methods in Cultural Anthropology. Newbury Park etc..
[4]2006   Research Methods in Anthropology. Qualitative and Quantitative Approaches.
           Walnut Creek etc.

Catina, Ana und Gustel M. Schmitt
1993   Die Theorie der Persönlichen Konstrukte. In: Scheer und Catina (Hg.): 11–23.

D´Andrade, Roy G.
1995   The Development of Cognitive Anthropology. Cambridge.

Frake, Charles O.
1964   How to Ask for a Drink in Subanum. In: American Anthropologist 66 127–132

Gladwin, Christina H.
1989   Ethnographic Decision Tree Modeling. Newbury Park u.a.: Sage Publications.

Glaser, Barney G. and Anselm L. Strauss
[2]2005   Grounded Theory. Strategien qualitativer Forschung. Bern.

Goodenough, Ward Hunt
1957   Cultural Anthropology and Linguistics. In: P. Garvin (ed.): Report of the Seventh
           Annual Round Table on Linguistics and Language Study, 167–173. George-
           town.

Holland, Dorothy and Naomi Quinn (eds.)
1987   Cultural Models of Language and Thought. Cambridge etc.

Hutchins, Edwin
1995   Cognition in the Wild. Cambridge, Mass.

Kelly, George A.
1955   The Psychology of Personal Constructs (2 Vols). New York.

Kievelitz, Uwe
1990   Armutsbekämpfung und Zielgruppenorientierung. Venancio, Carmencita und
           dieArmut. Soziale Stratifizierung – eine Methode zur Armuts- und Zielgrup-
           penorientierung in ländlichen Entwicklungsprojekten. In: Entwicklung und
           Zusammenarbeit 11: 7–8.

Kokot, Waltraud
1993   Kognitive Ethnologie. In: Hans Fischer (Hg.): Ethnologie. Einführung und
          Überblick, 359-373. Berlin.
1994   Kognition als Gegenstand der Ethnologie. In: Schweizer, Thomas; Margarete
          Schweizer und Waltraud Kokot (Hg.): Handbuch der Ethnologie, 331–344.
          Berlin.

Lakoff, George and Mark Johnson
^{3}2003   Leben in Metaphern. Konstruktion und Gebrauch von Sprachbildern. Heidel-
          berg.

Lave, Jean
1993   The Practice of Learning. In: Lave, Jean and Seth Chaiklin (eds.): Understanding
          Practice. Perspectives on Activity and Context: 3-32. Cambridge.

Long, Norman and Ann Long (eds.)
1992   Battlefields of Knowledge: the Interlock of Theory and Practice in Social Research
          and Development. New York.

Metzger, Duane G. and Gerald E. Williams
1966   Some Procedures and Results in the Study of Native Categories: Tzeltal „Fire-
          wood". American Anthropologist 68: 389–407.

Moore, Carmella C. and Holly F. Mathews (eds.)
2001   The Psychology of Cultural Experience. Cambridge etc.

Olson, David R. and Nancy Torrance (eds.)
1996   Modes of Thought. Explorations in Culture and Cognition. Cambridge etc.

Quinn, Naomi and Dorothy Holland
1987   Culture and Cognition. In: Holland and Quinn (eds.), 3-40. Cambridge.

Reimann, Ralf Ingo
1998   Der Schamane sieht eine Hexe – der Ethnologe sieht nichts. Menschliche Infor-
          mationsverarbeitung und ethnologische Forschung. Frankfurt.

Renner, Egon
1980   Die kognitive Anthropologie. Aufbau und Grundlagen eines ethnologisch-lin-
          guistischen Paradigmas. Berlin.

Röttger-Rössler, Birgitt
1989   Rang und Ansehen bei den Makassar von Gowa (Süd-Sulawesi/Indonesien).
          Berlin.

Ross, Norbert
2004   Culture and Cognition, Implications for Theory and Method. Thousand Oaks etc.

Scheer, Jörn W. und Ana Catina (Hg.)
1993   Einführung in die Repertory Grid- Technik. Band 1: Grundlagen und Methoden:
          Bern etc.

Schönhuth, Michael und Uwe Kievelitz
1993   Partizipative Erhebungs- und Planungsmethoden in der Entwicklungszusammen-
          arbeit: Rapid Rural Appraisal, Participatory Appraisal. Eine kommentierte
          Einführung. Eschborn.

Scott, John P.
1998   Seeing Like a State. How Certain Schemes to Improve the Human Condition
            Have Failed. New Haven and London.

Shore, Bradd
1996   Culture in Mind. Cognition, Culture, and the Problem of Meaning. New York
            and Oxford.

Sperber, Dan
1996   Explaining Culture. A Naturalistic Approach. Cambridge, Mass.

Spradley, James Philipp
1997   The Ethnographic Interview. New York. (Reprint, zuerst 1979)

Strauss, Claudia and Naomi Quinn
1998   A Cognitive Theory of Cultural Meaning. Cambridge etc.

Warren, D. Michael, L. Jan Slikkerveer and S. Oguntunji Titilola (eds.)
1989   Indigenous Knowledge Systems. Implications for Agriculture and International
            Development. Studies in Technology and Social Change. Ames.

Wassmann, Jürg
2003   Kognitive Methoden. In: Bettina Beer (Hrsg.): Methoden und Techniken der
            Feldforschung, 161-182 Berlin.
2006   Kognitive Ethnologie. In: Bettina Beer and Hans Fischer (Hg.): Ethnologie.
            Einführung und Überblick. (6. Aufl.). Berlin: 323–340.

Weller, Susan C.
1998:   Structured Interviewing and Questionnaire Construction. In: Harvey Russell Ber-
            nard (ed.): Handbook of Methods in Cultural Anthropology. Walnut Creek:
            365–409.

Werner, Oswald and Mark G. Schoepfle
1987   Systematic Fieldwork (2 Vols.; Vol. 1: Foundations of Ethnography and Inter-
            viewing; Vol. 2: Ethnography and Data Management). Newbury Park etc.

Worsley, Peter
1997   Knowledges. Culture, Counterculture, Subculture. London and New York.

Verena Keck

12 Interdisziplinäre Projekte und Teamarbeit

12.1 Einleitung

Eigentlich ist es keine neue Erkenntnis: Die Möglichkeiten, eine ethnologische Feldarbeit zu planen und durchzuführen, sind außerordentlich vielfältig, abhängig vom Thema der Forschung, der Region, gegebenenfalls den Auftraggebern und der privaten Situation (Geschlecht, Alter, berufliche Position) sowie persönlichen Motiven: alleine, mit Freunden oder mit einem Partner, Mann oder Frau, mit Kindern, mit Kollegen, mit Forschern und Forscherinnen aus anderen Disziplinen, oder mit Ethnologinnen und Ethnologen in einem Team. Man kann mit Wissenschaftlern aus dem jeweiligen Gastland für kürzere oder längere Zeit eine Gruppe bilden, mit Informanten, die zu Freunden und zu einem Teil der Familie werden, gleichberechtigte Partnerschaften können sich transnational entwickeln und auf privater oder institutionalisierter Ebene lange über die eigentliche Forschungsphase hinaus bestehen. Ethnographische Partnerschaften sind also in allen möglichen Formen und Kombinationen denkbar.

Um diese vielfältigen Möglichkeiten soll es in diesem Kapitel gehen. Deshalb, und um nicht nur die Literatur zu diesem Thema zusammenzufassen und allein auf meine eigenen Erfahrungen zurückzugreifen, habe ich Kolleginnen und Kollegen schriftlich einige Fragen zu ihren Feldforschungen gestellt. Diese Umfrage ist keinesfalls als repräsentativ zu verstehen. Interessant ist, dass die meisten Ethnologinnen und Ethnologen während ihrer oft mehrfachen Feldforschungen unterschiedliche Erfahrungen in jeweils anderen personalen Zusammensetzungen gemacht haben, dass es also kein *Patentrezept* für alle Zeiten gibt – ein Zeichen für die viel gepriesene Flexibilität von Ethnologen?

Oder doch auch die Einzigartigkeit jeder Feldforschung? Wie auch immer: Ihre Antworten stellen ein breites Spektrum von Meinungen dar, die auf tatsächlichen praktischen Feldarbeitserfahrungen beruhen.

12.2 Interdisziplinarität: neu und trendy?

Ohne Zweifel: Interdisziplinarität liegt heute im Trend. Interdisziplinäre Ringvorlesungen, interdisziplinäre Lehrveranstaltungen, Programme geldgebender Fördereinrichtungen (so beispielsweise die Sonderforschungsbereich-Programme der Deutschen Forschungsgemeinschaft mit verschiedenen beteiligten Disziplinen, siehe http://www.dfg.de), Tagungen, die dem Thema gewidmet sind (so z. B. die Heidelberger Tagung der Deutschen Gesellschaft für Völkerkunde im Herbst 1999 mit dem Titel „Interdisziplinarität: Ethnologie und ihre Nachbarwissenschaften") oder Interdisziplinäre Forschungsinstitute (wie das Zentrum für Interdisziplinäre Forschung der Universität Bielefeld, das Zentrum Moderner Orient in Berlin) belegen dies. Begriffe wie Poly-disziplinarität, Multidisziplinarität, Pluridisziplinarität, Cross-disziplinarität, Kondisziplinarität, Transdisziplinarität, okkasionelle Interdisziplinarität, temporäre Interdisziplinarität, Konzeptinterdisziplinarität, Methodeninter-disziplinarität und regionale Interdisziplinarität suggerieren weitläufige Disziplinverbindungen oder Überschreitungen unterschiedlichster Art.

Ohne ins Detail zu gehen, sind doch einige knappe Begriffserklärungen notwendig: Unter *Poly-, Multi-* und *Pluri-Disziplinarität* wird gemeinhin ein Nebeneinander verschiedener Disziplinen verstanden, die „Zusammenführung, Kontaktaufnahme und Kooperation unterschiedlicher Disziplinen, etwa die disziplinenübergreifende Kommunikation auf wissenschaftlichen Kongressen, in gemeinsamen Forschungsprojekten oder -instituten" (Kneer 1997: 549). *Interdisziplinarität* hingegen meint eine „koordinierte Zusammenarbeit" im Sinne eines „fächerübergreifende[n] Denken[s], das zu einer Vereinheitlichung des Verständnisses von Phänomenen führt, indem es die Teilerklärungen verschiedener Disziplinen miteinander zu verknüpfen versucht" (Reinalter 1997:109f.). Eine Forschung wird interdisziplinär angelegt, wenn ein Forschungsproblem über den Rahmen einer Einzeldisziplin hinausgeht und die Wissenschaftler der Einzeldisziplinen sich hierbei ergänzen und zusammenarbeiten.

Interdisziplinarität ist im übrigen eigentlich nichts Neues. Der zunehmend stärkere Ruf nach Interdisziplinarität liegt in der Partikularisierung der Disziplinen begründet, der zunehmenden Spezialisierung auch im eigenen Fach und der immer schneller zunehmenden Fülle von Wissen, die man nicht mehr überschauen kann. „Wer allein auf einer fachlichen oder disziplinären, meist winzigen, Insel sitzt, den ergreift die Sehnsucht nach seinem insularen Nachbarn …" (Mittelstrass 1996: 7–8). Interdisziplinarität kann also auch als Versuch gesehen werden, aus den Partikularitäten wieder ein größeres Ganzes zusammenzubauen, etwas, was früher an Universitäten der wissenschaftliche und der „gebildete Normalfall" war (ebd.: 9).

Transdisziplinarität schließlich „impliziert die Entwicklung eines Paradigmas, das mehrere Disziplinen übergreift – Transdisziplinarität als Forschungsgebot angesichts der lebensweltlichen Problementwicklungen" (ebd.: 14), bei deren Lösungen das Wissen von Einzeldisziplinen nicht ausreicht.

Bleiben wir zunächst eine Spur bescheidener: Überschaubare ethnologische Feldforschung mit mehreren Teilnehmern bleibt heute in der Regel auf einer interdisziplinären, einer multidisziplinären oder eben disziplinären Ebene, und auch das hat eine lange Tradition in der Ethnologie.

Eine der ersten großen interdisziplinären Feldforschungen in der Ethnologie war die *Cambridge Anthropological Expedition* (1898/99), die zu den melanesischen Torres Straits-Inseln führte. A. C. Haddon, ein Zoologe und späterer Ethnologe, war der Organisator, weitere Teilnehmer waren der Mediziner, Psychologe und Ethnologe H. W. R. Rivers, der Arzt und Ethnologe C. G. Seligman, die Psychologen W. McDougall und Ch. Myers und der Linguist S. Ray. Zehn Jahre später (1908–1910) fand die Hamburger Südsee-Expedition statt; deren Teilnehmer – wobei sich die Zusammensetzung in den zwei Jahren änderte – Ethnologen, Anthropologen, Linguisten, ein Zoologe, zwei Maler und ein Kaufmann waren; die beiden Leiter waren Mediziner. Die Teilnehmer untersuchten Gebiete und Inseln Melanesiens und Mikronesiens, die damals zum deutschen Kolonialbesitz in der Südsee gehörten.

Das bis heute wohl ehrgeizigste kulturvergleichende Projekt und ein weiteres gutes Beispiel für interdisziplinäre Teamarbeit ist die *Six-Cultures*-Studie von John und Beatrice Whiting, einem Ethnologen und einer Psychologin, die in den 1950er Jahren entwickelt und durchgeführt wurde. In sechs Kulturen, in Ostafrika, Okinawa, den Philippinen, Mexiko, Nord-Indien und Neuengland untersuchten jeweils ein Frau-Mann-Team Sozialisationspraktiken von Kindern unterschiedlicher Altersgruppen. Die Methoden waren zuvor entwickelt, eingeübt und sehr stark standardisiert worden. Die Beobachtungsprotokolle wurden von den Feldforschern nach Harvard geschickt, wo sie von zuvor ausgebildeten Forschungsassistenten in Verhaltenskategorien (wie z. B. Dominanz), die universelle Gültigkeit haben sollten, kodiert wurden.

Auch das weniger bekannte Großprojekt, das als Schwerpunktprogramm der Deutschen Forschungsgemeinschaft finanzierte Forschungsvorhaben „Interdisziplinäre Erforschung von Mensch, Kultur und Umwelt im zentralen

Hochland von West-Irian (Neuguinea)", das 1974 begann und dessen Ergebnisse vor allem in den 1980er Jahren publiziert wurden, kann als Beispiel einer
solchen interdisziplinären Forschung gelten. Ziel dieses Projektes war die
möglichst umfassende Erforschung und Dokumentation der Eipo im heutigen
West Papua, ihrer Kultur und ihres Lebensraumes. Beteiligt waren höchst
unterschiedliche Disziplinen: physische Anthropologie, Medizin (mit ihren
Spezialisierungen wie Zahnmedizin, Tropenmedizin u.a.), Humanethologie,
Linguistik, Ethnologie (mit den Unterdisziplinen Musikethnologie, Ethno-
medizin, Ethnosoziologie), Geologie, Hydrologie, Seismologie, Klimatologie,
Zoologie und andere.

12.3 Kombinationsmöglichkeiten und das „Ende des einsamen Wolfes"?

Die *klassische Feldforschung* wurde entscheidend von Bronislaw Malinowski
geprägt: ein jüngerer europäischer Mann lebte zwischen 1915–1918 insgesamt
zwei Jahre als *Single* im Dorf Omarakana auf den Trobriandinseln, erarbeitete
als Ein-Mann-Unternehmen umfangreiches ethnographisches Material und
vertraute gleichzeitig seine Frustrationen seinem Tagebuch an. Dieses „lonely
wolf"-Bild (Fischer 2002:20) beeinflusste Generationen von Ethnologinnen
und Ethnologen hinsichtlich der Gestaltung ihrer Feldforschung.

„Ethnographers have been trained to think of themselves as the single instrument of data collection, analysis, and presentation." (Schensul et al. 1999:
86–7)

„… I work essentially as a loner, and thus tend to think that is how all fieldwork
is best accomplished …" (Wolcott 1995: 143).

oder:

„Mein eigenes Bild vom Ethnologen ‚auf Feldforschung' war das des einsam
und fern von zuhause lebenden *Einzelgängers*. So eine Art ‚einsamer Wolf'
auf wissenschaftlich. Und dann zeigten mir die … Beiträge, dass die Rasse
der ‚einsamen Wölfe' offenbar ausgestorben ist. Denn die Berichte machen
deutlich, dass die meisten der Untersuchungen gar nicht allein durchgeführt
wurden. Die meisten Feldforscher hatten ihre Ehefrauen (bzw. den Ehemann)
mit, einige auch Kinder. Fast die Hälfte arbeitete im Team und/oder mit einheimischen Assistenten oder Mitarbeitern. So scheint sich hier ein neues Modell
der Feldforschung zu entwickeln …: Feldforschung mit der ganzen Familie
oder durch *Paare*, die beide Ethnologen sind oder von denen der eine Partner
Teilaufgaben der Feldforschung übernehmen kann, weil er aus einem anderen,

für die Feldforschung relevanten Fach stammt oder einen andere ‚nützliche'
Ausbildung hat." (Fischer 1985: 12)

Es gibt also Alternativen zu „einsamen Wölfen".

Diskussionen über die Vor- und Nachteile einer Einzel-Feldforschung
gegenüber einer Gruppen-Feldforschung werden in wohl fast jedem Methodenseminar neu geführt, und die Plus-Minus-Liste sieht immer mehr
oder weniger ähnlich aus. Für eine Einzelforschung spricht der sicherlich
schnellere Erwerb der Lokalsprache und damit auch die stärkere Integration
in die einheimische Gesellschaft – Rückzugsmöglichkeiten in die Gruppe gibt
es nicht. Auch für das Dorf ist es einfacher, einen einzelnen Ethnologen ein
Jahr lang aufzunehmen, auszuhalten und zu beschäftigen. Für Zeitplanung
und Finanzierung ist der oder die Einzelne verantwortlich, was eine größere
Flexibilität ermöglicht.

Gegen eine solche Einzelforschung können folgenden Argumente vorgebracht
werden: Die recht hohe physische und psychische Belastung, zumal als jüngerer Ethnologe oder jüngere Ethnologin bei der ersten Forschung, kann in
der Gruppe gemildert werden. Heimweh, Gefühle der Einsamkeit und des
Alleinseins, großer Erschöpfung, Kulturschock und Selbstzweifel, die sich
in den Eintragungen vieler Feldtagebücher finden, lassen sich gemeinsam
mit jemandem aus der eigenen Kultur besser ertragen; Spannungen zwischen
dem Feldforscher und dem Dorf oder einzelnen Repräsentanten können in der
Gruppe besprochen und relativiert werden und erhalten dadurch keinen so
zentralen Stellenwert wie bei einer Einzelforschung. Im Falle von Unfall oder
Krankheit ist man nicht ganz auf sich gestellt. Hinzu kommt, dass thematisch
ein Einzelner natürlich immer nur einen kleineren Bereich gründlich erforschen
kann, also eine beschränkte Perspektive hat, und bestimmte Themen ihm oder
ihr wegen des Alters oder Geschlechts gar nicht zugänglich sind. Fragen zur
Organisation oder dem bisherigen Stand der Arbeit, ein Austausch der Daten
oder eine Kontrolle der Ergebnisse lassen sich nur mit einem ethnologisch
ausgebildeten Gesprächspartner beantworten bzw. durchführen (Schuster
1982).

12.3.1 Mann-Frau-Teams

Die bevorzugte, häufigste, unkomplizierteste und bestfunktionierende personelle Zusammensetzung scheint das Mann-Frau-Team zu sein (sehr viel
seltener Frau-Frau- oder Mann-Mann-Teams), die aus zwei ausgebildeten
Wissenschaftlern bestehen können oder einem Ethnologen/einer Ethnologin

sowie dem begleitenden Partner (siehe auch Lütkes 2002), mit oder ohne Kinder (Flinn et al. 1998). Auch für die gastgebende Gruppe (ein Dorf, ein Weiler, eine Langhausgemeinschaft), entspricht diese Kombination in den meisten Fällen am ehesten der Norm und kann relativ leicht integriert werden.

Bei einer Feldforschung, vor allem wenn sie an einem weit entfernten Ort stattfindet, lassen sich Beruf und Privatleben nicht voneinander trennen. Wenn eine ethnographische Feldforschung so angelegt ist, dass jemand für eine längere Zeitspanne nicht zu Hause, sondern an einem potentiell gefährlichen und ungesunden Ort lebt, dann stellen sich während der Planung – abgesehen von der rein praktischen Machbarkeit und dem wissenschaftlichen Pro und Kontra – folgenden Fragen: Was bedeuten diese Zeit und diese Erfahrungen für die Beziehung? Soll ich allein gehen, oder mit meinem Mann/meiner Frau? Und: Soll ich meine Kinder mitnehmen? (Eine Frage, die sich eher Frauen zu stellen scheinen.)

Gedanken und Erfahrungen von Ethnologinnen und Ethnologen dazu:

„Was eine so lange Feldforschungsphase (1990–1992, die ich mit meiner Partnerin, die keine Ethnologin ist, durchgeführt habe) betrifft, so stellt sich die Frage ob mit Partner oder ohne eigentlich nicht als planerische Frage unter vielen, sondern ist vielmehr eine existentielle Entscheidung. Die Frage ist hier die zwischen Zusammensein/-bleiben oder Trennung auf lange Zeit, vielleicht für immer. Wir hatten uns für Zusammensein und gegen Trennung entschlossen und alles Andere folgte daraus. Auch die Entscheidung wo und unter welchen Umständen die Feldforschung stattfand, wurde gemeinsam gefasst und nicht nur von mir […]
Ich würde es [Feldarbeit mit Partner] immer wieder empfehlen, aber die Entscheidung für eine gemeinsame Forschungsarbeit und die Entscheidung für ein gemeinsames Leben im Feld sind zwei unterschiedliche Dinge." (T. W.)

„Ich kann nur allen Feldforschern, denen etwas an ihrer Partnerschaft liegt und deren Partner bereit sind, auch die Entbehrungen der Feldforschung auf sich zu nehmen, raten, gemeinsam mit ihren Partnern ins Feld zu gehen. Feldforschung ist eine Erfahrung, die man nicht einfach so mitteilen und vermitteln kann – und das gemeinsame Leben im Feld kann zu einem mächtigen Band für jede Partnerschaft werden (damit will ich aber keinesfalls ausschließen, dass durch die besonderen Bedingungen des Lebens in einer Feldsituation auch eine Partnerschaft durchaus zerbrechen kann …)." (G. S.)

"Fieldwork as a husband/wife team worked extremely well. Some of this may have to do with our particular circumstances. Whereas I was doing anthropological fieldwork for a Ph. D, Lind was taking an extended break from her career as a senior medical administrator. The competition that might have arisen between a husband/wife team both of whom were intent on carving out anthropological careers from the same fieldwork, never arose. At the same time, Lind was not a disengaged accompanying spouse. She had read everything that I had read, had learned Tok Pisin before going to the field, came to the field at the same time as me, and learned mid-Wahgi in parallel with me (my accent was sometimes compared unfavourably with hers). In an informal division of labour, she ended up specialising in genealogies and issues of marriage.

The advantages of doing fieldwork together in this way was not only that we could share ideas (and arguments), but the various periods of fieldwork themselves could be reflected on retrospectively with someone who understood its complexities, poignancy, mistakes and humour.

One of the points on which we subsequently agreed was that it was very important that we both went to the field at the same time. The asymmetry that sometimes develops when half of a couple goes to the field first, only later to be joined by the other, never arose. Consequently, neither of us were ever in the position of ‚explaining‘ things to the other, setting up an unfortunate inequality in relationship." (M. and L. O'H.)

Überlegungen, wie und in welcher Zusammensetzung eine Forschung durchgeführt werden soll, sind also neben allen wissenschaftlichen Planungen auch ganz eng von der eigenen privaten Situation bestimmt. Neben diesen privaten Abwägungen gibt es auch sehr überzeugende wissenschaftliche Gründe, die für ein Mann-Frau-Team während der Feldarbeit sprechen, vor allem wenn beide ethnologisch ausgebildet sind. In den meisten traditionalen Gesellschaften, und vor allem in Ozeanien, sind die Männer- und Frauenwelten stark voneinander getrennt, Zugang ist meistens nur zum Bereich der eigenen Geschlechtsangehörigen möglich.

"Fieldwork experience as team: good and helpful. [...] Anga are such people that you do need to have two (M and F) anthropologists if you want to have a global idea of what's going on. To take the most obvious domain, it would be totally impossible for a female anthropologist to take part in and witness the secret part of the male initiations. A female anthropologist cannot enter the forest at that time: hence the absolute necessity to have a male colleague working at the same time to be able to talk about these sort of rituals.

Symmetrically, as far as I know, no male anthropologist ever paid attention at what the *women* were doing during the male rituals. And that's why Pascale's finding about the key-role of women-mother-sisters during the Ankave initiations are so important. If Pierre had been alone, he would probably have carried on with the entirely wrong idea that Anga male initiations are a men's story. Regarding domains related to female only, Pierre would never have been authorized to assist to a birth or talk about these intimate matters with a woman. => Being female + male among the Anga just changed the picture." (P. L.)

„Da Barbara und ich ein Ehepaar waren, konnte Barbara von den Frauen sehr viel über deren Ehe- und Familienleben erfahren – das waren Dinge, die mir als Mann im Feld absolut verschlossen blieben. Diese Situation verbesserte sich noch einmal gewaltig, als wir 1989 mit unseren damals 2 und 4 Jahre alten Kindern wieder nach Tauwema kamen. Ohne Barbara und ohne die Tatsache, dass wir erst mit Kindern als eigentlich wirklich Erwachsene von den Trobriandern respektiert wurden, wären mir eine Unzahl von Informationen unzugänglich geblieben." (G. S.)

Die Zusammenarbeit während und nach der Feldforschung ist unterschiedlich, sie reicht von der gemeinsamen und gleichzeitigen Arbeit mit demselben Informanten über ein hundertprozentiges Teilen der Daten bis hin zu gemeinsamen Publikationen; andere lehnen das gemeinsame Publizieren entschieden ab.

Schwierig erscheint den meisten Befragten eine enge Zusammenarbeit von Ethnologen, die beide an einer Dissertation oder ähnlichem arbeiten, also in einem kaum vermeidbaren Konkurrenzverhältnis stehen – ein Punkt, der auch für größere Gruppen zutrifft.

12.3.2 Ethnographische Gruppenarbeit

Vieles was bereits bei den Mann-Frau-Teams genannt wurde, hat auch bei einer ethnologischen Gruppenarbeit seine Gültigkeit.

Doch zunächst: Was ist eine ethnographisches Forschungsteam überhaupt? Es besteht aus zwei oder mehr Ethnographen (die durchaus ein Frau-Mann-Team bilden können, siehe oben), die zusammen das gleiche Thema mit ethnographischen Methoden erforschen. Diese gemeinsamen Studien können am gleichen Ort oder, zum Zweck der Vergleichbarkeit, in geographisch unterschiedlichen Regionen, durchgeführt werden.

Das von H. G. Barnett initiierte Projekt über „Displaced Communities in the Pacific" (Lieber 1977) stellt ein Beispiel einer solchen multilokalen Forschung zum gleichen Thema dar. Die besonderen Schwierigkeiten eines solchen von mehreren Forschern an verschiedenen Orten mit dem gleichen Thema durchgeführten Projektes liegen jedoch darin, dass die jeweiligen Forschungssituationen oft zu unterschiedlich sind, um die Ergebnisse auf sinnvolle Art und aussagekräftig vergleichen zu können.

Welches sind die Grundbedingungen einer Gruppenarbeit? Eine wichtige Voraussetzung sind sicherlich kompetente und engagierte Ethnographen, die als Team arbeiten wollen, und ihren Kollegen Vertrauen und Respekt entgegenbringen. Idealerweise verfügen sie über das gleiche Methodenrepertoire oder ergänzen sich darin. Nicht zu unterschätzen sind klare Aufgaben, Rollenverteilung und Verantwortlichkeiten sowie eine gute Kommunikation miteinander. Die Verantwortung für Erfolg und Probleme sollten geteilt werden, persönliche Erwartungen und Projektambitionen sollten respektiert werden und ausgewogen sein, die Arbeitsmenge sollte fair verteilt sein, persönliche Probleme lässt man besser zu Hause. Die Aufgabenbeschreibung, zeitliche Fristen und Arbeitszeiten sowie die Arten der Konfliktlösung sollten eindeutig sein und von allen verstanden werden.

Wünschenswert ist, dass das Team bereits an der Konzeptualisierung der Forschung teilnimmt, dann natürlich bei der Datensammlung, je nach gewählter Methode (wie z. B. Fragebogenauswertung) auch beim Kodieren und der Analyse. Klare Absprachen darüber, wem die Daten und Resultate gehören, wer Zugang dazu hat, und in welcher Form die Ergebnisse publiziert werden (als Beitrag mehrerer Verfasser oder als Einzelveröffentlichung) helfen, spätere Konflikte zu vermeiden (Schensul et al. 1999).

Auszüge aus einem Bericht über eine studentische Gruppenarbeit von zwei Männern in einem kleinen Dorf in Papua-Neuguinea:

„Prima und hilfreich war die gemeinsame Feldforschung mit Torsten v. a. bezüglich der Situation in Taip. Ohne Kontakte zur Außenwelt hätte ich es wahrscheinlich nicht sieben Wochen alleine in einem so abgelegenen Dorf ausgehalten. Der tägliche Erfahrungsaustausch mit Torsten war einerseits zur Bewältigung der persönlichen Lage wichtig, andererseits haben wir uns gegenseitig in der Interaktion mit den Taip beobachten können, was z. B. bei der Verhinderung/Bearbeitung von Übersetzungs/Verständigungsproblemen ausserordentlich wichtig war. Oftmals haben wir Dinge unterschiedlich verstanden, was in den gemeinsamen Gesprächen schnell klar wurde und somit die nochmalige Rückfrage bei unseren Informanten ermöglicht hat. Es gab praktisch immer die Möglichkeit zu überprüfen, ob einer von uns nur das gehört hatte, was er hören wollte/erwartet hatte zu hören. Auch die Art der Fragestellungen konnte so ständig überprüft und verfeinert werden. Ein anderer wichtiger Punkt ist natürlich die eigene Sicherheit gewesen. Ich erinnere nur an Torstens Malaria, die er selbst in seinem Zustand als solche nicht mehr erkannt hat ... und was passiert wäre, wenn er nicht medikamentös darauf reagiert hätte, will ich mir gar nicht ausmalen.

Negativ (aber trotzdem sehr hilfreich zur Selbsteinschätzung) war es, wenn sich einer von uns von den Informanten zurückgesetzt gefühlt hat (Stichwort:

Triangulierungsprozesse). Wie die sonstigen vorhandenen Konflikte, sehe ich dies als methodisch sinnvoll an. Dass viele Leute Konflikte scheuen, kann ich vom wissenschaftlichen Standpunkt her nicht verstehen, denn erst in konfliktuösen Situationen wird alles was man im Feld macht, einer ersten Überprüfung unterzogen. [...]

In der Nachbereitung hoffe ich das nächste Mal etwas konsequenter (zeitlich) zu sein [...] Soll heißen, ich will mein Material so schnell wie möglich aufarbeiten und mit dem Kollegen abgleichen/vergleichen, ihm mein Material zugänglich machen, was übrigens für *alles* Material gilt. Geheimnistuereien halte ich für wissenschaftlich unredlich und methodisch schwachsinnig. Natürlich kann es passieren, dass dann jemand ‚klaut' – bei einer gemeinsamen Forschung kann es aber nicht ‚mein' und ‚dein' Material geben.

Ich würde es allen Forschern [...] empfehlen, in Teams zu arbeiten. Keiner ist unfehlbar, jeder macht Fehler (aus denen man viel lernen kann), nur sie zu bemerken fällt schwer, wenn man mit niemandem darüber reden kann, bzw. wenn es der institutionelle Zwang verhindert kritisch mit den eigenen Erfahrungen umzugehen. Jeder will/muss ja schließlich schlüssige Ergebnisse vorlegen. Teamwork macht (außer auf der organisatorischen Ebene, auf die ich hier nicht eingegangen bin) nichts einfacher, aber der wissenschaftliche Wert der Feldforschungsergebnisse erhöht sich, meiner Meinung nach, drastisch." (F. S.)

Doch zunächst zu meinen eigenen Feld-Erfahrungen mit Teamwork. Meine erste lange Feldforschung führte ich bei den Yupno im Finisterre-Gebirge von Papua-Neuguinea durch. Sie war Teil eines größeren Projektes, an dem zwei weitere Ethnologen teilnahmen, eine Kollegin, die wie ich zu dieser Zeit Doktorandin war, sowie der Leiter des Projektes, damals ein Habilitand. Das Ziel des Gesamtprojektes lag, ausgehend von den methodischen und theoretischen Prämissen der Kognitiven Ethnologie, in der Untersuchung dreier unterschiedlicher Bereiche einer Kultur. Diese drei Teilbereiche umfassten zum einen die Ethnobotanik, zum anderen das Zahlen- und Zählsystem, die Klassifikation der Umwelt und die Raumvorstellungen, und zum dritten mein Thema, die Untersuchung des Medizinsystems der Yupno aus ihrer Sicht. Wir drei Ethnologen wohnten alle im oberen Yupnotal in drei verschiedenen Dörfern in eigenen Häusern, die etwa 2–3 Stunden Fußweg voneinander entfernt lagen – weit genug, um jedem ein eigenständiges Arbeiten zu ermöglichen, nahe genug, um sich alle 3 Wochen zu treffen. Die Dörfer waren zum einen entsprechend den Themen ausgesucht worden: so wollte ich nicht zu weit vom Health Center entfernt wohnen, meine Kollegin benötigte idealerweise für ihr Thema ein Dorf mit möglichst großer botanischer Artenvielfalt in Gärten und Busch; zum anderen waren Faktoren wie – natürlich – die Zustimmung der Dorfbevölkerung, die Dorfgröße, die Dialektgruppe (und damit vermutete

Abbildung 1: Megau und Danda erklären der Verfasserin Krankheitskonzepte der Yupno.

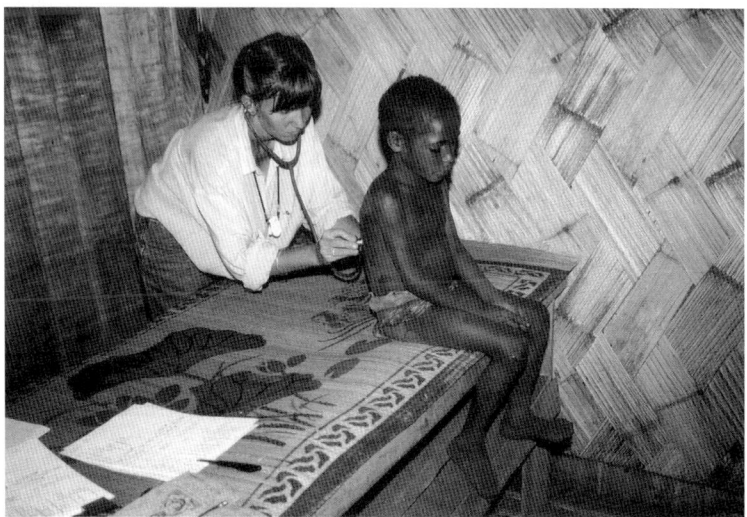

Abbildung 2: Die Medizinerin Sandra Staub untersucht einen Yupno-Jungen.

kleinere kulturelle Unterschiede) sowie persönliche Vorlieben entscheidend. Wir Ethnologen waren als Gruppe alle ungefähr zur gleichen Zeit zwischen 1986 und 1988 im Gebiet, weitere einzelne Besuche fanden dann 1992 und 2000 statt. Wir waren also langfristig, gleichzeitig und gleichörtlich, d.h. innerhalb der gleichen kulturell/ethnischen Gruppe, dort und entsprachen somit dem Kriterium Gruppenarbeit, wie es Schuster (1982) formuliert.

Ein zentraler Aspekt des ganzen Projektes war die Zusammenarbeit mit Wissenschaftlern anderer Disziplinen, die für kürzere oder längere Zeit an der Feldforschung teilnahmen. Zur Zusammenarbeit aufgefordert wurden sie von den Ethnologinnen und Ethnologen. So arbeitete meine Kollegin für ihr ethnobotanisches Thema eng mit Zoologen und Botanikern zusammen; mein Kollege wurde in seinen Untersuchungen zum Zahlen- und Zählsystem und der Klassifikation der Umwelt von einem Genfer Entwicklungspsychologen begleitet; und ich selbst arbeitete mit zwei Ärzten (einer Frau und einem Mann) zusammen, die neben den Forschungen zu ihren eigenen Dissertationsthemen eine Reihenuntersuchung des Dorfes Gua vornahmen und im Jahre 1987 für zwei Monate ins Yupnogebiet kamen. Die botanischen Bestimmungen der für mein Thema wichtigen Heilpflanzen nahm ein einheimischer Botaniker vor; für kürzere Zeit war auch ein Musikethnologe aus der Hauptstadt Port Moresby da, der über Melodien und Instrumente arbeitete.

Wie verlief nun dieses Projekt? Wie könnte man es einordnen? Als ethnologisches Teamwork mit jeweils interdisziplinären Seitensprüngen? Aus wissenschaftlicher Sicht verlief dieses Projekt erfolgreich; alle Teilnehmer schlossen ihre Arbeiten wie geplant ab (2 ethnologische und 2 medizinische Dissertationen, eine ethnologische Habilitation), mehrere Artikel wurden gemeinsam oder einzeln von den Projektteilnehmern verfasst. Auch die Sammlungen ethnographischer Alltagsobjekte, mit denen meine Kollegin und ich von verschiedenen Museen beauftragt worden waren, landeten gut dokumentiert und wohlbehalten in den jeweiligen Museen.

Für mein Thema hatte der interdisziplinäre Zugang enorme Vorteile, konnte ich mich doch ganz auf die Logik der Yupno und auf ihre Erklärungen zu Erkrankungen einlassen; also eine möglichst emische Erfassung und Darstellung des Medizinsystems zu erreichen versuchen. Gleichzeitig war es möglich, den (von den Medizinern vertretenen) biomedizinischen Standpunkt zu berücksichtigen, womit dann eine klare Herausarbeitung beider Interpretationssysteme möglich wurde.

Aus persönlicher Sicht war dieses Projekt nur teilweise erfolgreich. Unter den Ethnologen entstanden Streitigkeiten – die retrospektiv betrachtet sicherlich trotz anfangs regelmäßiger Treffen durch das Alleinsein im Feld sowie überproportional gewichteter privater Zu- und Abneigungen, eines unterschiedlichen Arbeitsstils und auch durch den Konkurrenzdruck der zwei Doktorandinnen und den gemeinsamem Sammelauftrag mitbegründet waren. Die Zusammenarbeit mit den anderen nicht-ethnologischen Wissenschaftlern verlief insgesamt gut, in einigen Fällen war sie sehr produktiv und wurde wiederholt weitergeführt, so die Zusammenarbeit zwischen dem Entwicklungspsychologen und Ethnologen später in einer Feldforschung in Bali; meine Zusammenarbeit mit der begleitenden Ärztin mündete in eine herzliche Freundschaft und gemeinsame Lehrveranstaltungen.

12.3.3 Interdisziplinäre Projekte

Kurz gesagt: Komplexere Forschungsfragen erfordern oft einen interdisziplinären Zugang. Für Ethnologen ergeben sich in diesen interdisziplinären Projekten zwei Positionen mit unterschiedlichen Fertigkeiten: Sie sind entweder in Großprojekten zusammen mit Wissenschaftlern anderer Disziplinen als *staff* angestellt oder wirken in kleineren Teams als Leiter und Koordinator, da sie oft wegen ihrer längeren Feldforschungsaufenthalte viel bessere lokale Kenntnisse besitzen. Bei allen interdisziplinären Projekten stellt die Ethnologie nur ein Forschungselement dar, und die ethnographischen Methoden müssen mit den Methoden der anderen Fächer abgestimmt werden.

Als Voraussetzung und Bedingung solcher interdisziplinären Unternehmungen können die bereits bezüglich der Teamarbeit genannten Punkte gelten. Es kommen aber noch weitere Komponenten hinzu: ein große Offenheit für und Interesse an anderen Disziplinen – zur Vermeidung bloßer Multidisziplinarität –, viel Toleranz, auch gegenüber den anderen Methoden, das gegenseitige Verstehen-Wollen, die Bereitschaft zur Teamarbeit, Humor und Zeit – interdisziplinäre Arbeit, sei es im Feld oder später bei der Auswertung, bei Publikationen oder dann gemeinsam organisierten Tagungen, erfordert viele Diskussionen, in denen der eigene disziplinäre Standpunkt dem anderen vermittelt werden muss.

Aus der Sicht der nicht-ethnologischen Forscher ist die Zusammenarbeit mit Ethnologen mit einigen Vorteilen verbunden: Sie verfügen über lokales Wissen, besitzen bereits eine etablierte Infrastruktur sowie Kenntnis der Lokalsprache oder *Lingua franca* (ein Punkt, der für Linguisten nicht zutrifft, da sie meist über deutlich bessere Sprachkenntnisse als Ethnologen verfügen).

Ein Psychologe:
"Being in the position of a professor who cannot get away more than two or

three months, outside of teaching semesters, I could not have started new field sites by myself, because it takes too much time. Being able to move into the field where an anthropologist has already established the ground work, has all the connections, etc. is of course a great solution to this problem. Also to determine which topics are interesting for a common study." (P. D.)

Klar ausgearbeitete Arbeitspläne und genau abgesteckte Forschungsbereiche vermeiden Spannungen, Mitsprache in der Planung schafft bessere Forschungsbedingungen.

Ein Teilnehmer der bereits erwähnten Eipo-Expedition:

„Nein, niemals so wieder. Ich würde darauf achten, dass die Gruppendynamik stimmt, das wäre das wichtigste, und dann sollte man darauf achten, dass die interdisziplinäre Arbeit nicht nur ein Emblem ist, sondern von vornherein spezifische Aufgaben zu bewältigen hat. Damals hatte ich mich beteiligt an einem Unternehmen, das andere planten, heute würde ich selber planen, das schüfe ganz andere Voraussetzungen." (V. H.)

Und:

„Auf der persönlichen Ebene, um Deine Worte zu gebrauchen, war es äußerst schwierig, mit ,diversen' Charakteren auszukommen, insbesondere mit ehrgeizigen und nachtragenden Leuten und Besserwissern. Ich war ja Neuling, reiste mit etlichen ,alten Hasen', in der Gruppendynamik war ich der Ausgeschlossene, zunächst. Die persönliche Konstellation war grauenhaft." (V. H.)

Es mag die interdisziplinäre Forschung etwas leichter machen, wenn die involvierten Fächer einander nicht zu fremd sind.

„Die Gruppe sollte nicht zu inhomogen sein, also Linguist und Völkerkundler, mal hier und da ein Ethnomusiker, ein Zoologe – das wäre schon genug, vielleicht auch eine Prise Geologe – die Naturwissenschaftler kommen nur kurz und wissen Bescheid und geben nützliche Information." (V. H.)

Doch nun zu meinen eigenen Erfahrungen:

"Opportunity waits on Guam to reveal the cause of an obscure malady. On Guam, Chamorro natives suffer lytico-bodig, an endemic, paralyzing disease that resembles Lou Gerhigs, Parkinson's and Alzheimer's disease, sporadic neurodegenerative diseases affecting millions of the world's aging population. For 40 years foremost physicians have sought the silent cause of this common disease on this small tropical island in the far western Pacific. […] This is your opportunity to be part of the discovery, in the same village Magellan discovered four centuries ago."

Mit dieser Anzeige im *Anthropology Newsletter* der *American Anthropological Association* vom Mai 1992 (S. 54) suchte die dortige Forschergruppe einen Medizinethnologen und über einige Umwege – nicht über diese Anzeige – fand ich mich im April 1993 im Dorf Umatac in Guam wieder, mit einem Arbeitsvertrag als *Research Fellow* des Guam *lytico-bodig project* und des *National Institute of Aging/Mayo Clinical Study of Neurodegenerative Disorders in Micronesia.* Wie ich bald lernte, hatten Neurowissenschaftler mit verschiedensten medizinischen und quantitativen epidemiologischen Methoden intensiv nach der Ursache dieser Erkrankungen gesucht. Bis heute jedoch vergeblich, trotz großer Fortschritte vor allem in der Molekularbiologie. Nachdem neben genetischen Untersuchungen auch sämtliche Umweltuntersuchungen (Boden, Wasser, Luft, Nahrung) ergebnislos geblieben waren, begann man, über eine mögliche Ursache in der Kultur (im weitesten Sinne) nachzudenken und die Ethnologie „auszuprobieren". So sah, kurz umrissen, die Situation aus, als ich in Guam eintraf.

Die Ethnologie stellte in diesem biomedizinisch dominierten Projekt nur eine kleine, und zwar eine etwas *exotische* und gegenüber der *harte* Fakten produzierenden Medizin (davon waren zumindest die Mediziner überzeugt) eher unbestimmte Wissenschaft dar, vertreten von einer jüngeren Frau aus Europa mit keinesfalls glänzenden Englischkenntnissen, die zudem noch eigensinnig darauf beharrte, in einem der betroffenen Dörfer zu leben, anstatt von einem komfortableren Universitätsappartment aus, d. h. einer amerikanischen Welt, Besuche in den Dörfern vorzunehmen – wie es die vielen für kurze Zeit nach Guam eingeflogenen Mediziner taten.

Insgesamt war ich mehrere Male in Guam, 1993 als Auftragsforscherin, finanziert mit amerikanischem Geld, und zwischen 1997 und 1998 dreimal für mehrere Monate mit selbsteingeworbenen Forschungsgeldern und einer selbständig entwickelten Fragestellung – beides Tatsachen, die meine Stellung innerhalb dieser Forschungsgruppe deutlich unabhängiger machten.

Besonders eng arbeitete ich mit einem ebenfalls in Umatac lebenden Neurologen zusammen, ich konnte ihn bei Patientenvisiten begleiten und hatte Zugang zu sämtlichen Krankengeschichten und bisherigen Forschungsergebnissen. Unsere Zusammenarbeit endete auch nicht mit der gemeinsam verbrachten Zeit in Guam, sondern erstreckte sich auf Besuche in Europa, in Indonesien und auf gemeinsame Vorträge bei Neurologenkongressen. Nach wie vor schwierig war und ist das gemeinsame Verfassen von Publikationen – es blieb bei mehreren bisher unveröffentlichten Manuskripten. Gerade im Bereich des wissenschaftlichen Schreibens kamen die Unterschiede der Disziplinen und die unterschiedlichen Gepflogenheiten, wie z. B. ein Artikel aufzubauen ist, teilweise recht spannungsreich zum Ausdruck. Trotz allem aber entwickelte sich diese interdisziplinäre Feldforschung nicht zuletzt dank des Humors, der Großzügigkeit, der erfrischend unkonventionellen Persönlichkeit des Neurologen und des gegenseitigen Respekts für die Arbeit beider als recht freundschaftliches Unternehmen.

12.3.4 Teamarbeit mit einheimischen Wissenschaftlern

Bei den meisten interdisziplinären Teams handelt es sich um *expats* („expatriates"), also nicht-einheimische westliche Wissenschaftler, die im Ausland forschen; Berichte von einer Zusammenarbeit mit einheimischen Forschern gibt es deutlich weniger. Mir nicht bekannt und vielleicht auch noch nicht existent sind interdisziplinäre Forschungen oder Teamarbeit unter einheimischen Wissenschaftlern in der eigenen Kultur – die wenigen neuguinensischen Ethnologen wie Linus S. digim'Rina oder Andrew Moutu beispielsweise, die in dortigen lokalen Kulturen Feldforschungen durchgeführt haben, führten ihre Feldarbeit wiederum als ein *Ein-Mann-Unternehmen* durch.

Hier nun ein Bericht eines Nepal-Spezialisten über eine interdisziplinäre (und transnationale) Zusammenarbeit:

„Meine zweite Erfahrung mit interdisziplinärem Teamwork betrifft die Zusammenarbeit mit einem nepalischen Historiker während meiner Feldforschung über die Nepalis in Benares/Indien. Dies war eine für beide Seiten fruchtbare Kooperation. Für mich war es interessant, wie mein Kollege bei unseren Streifzügen durch die Stadt ganz andere Dinge wahrnahm und aufregend fand als ich. Gingen wir in einen Tempel, so konnte es sein, dass er mit Begeisterung eine in Stein gehauene Inschrift entdeckte und sie mit einem weichen Bleistift auf Papier abrubbelte, während ich die ein- und ausgehenden Menschen beobachtete. Generell legte er besonderes Gewicht auf schriftlich fixierte Dokumente und hatte einen guten Spürsinn dafür, wo und wie solche zu finden waren. Dabei kam ihm auch seine frühere Ausbildung als Journalist zugute, denn dort hatte er gelernt, wie man mit Menschen umgeht, wenn man sie dazu bringen will über bestimmte Dinge zu sprechen und die Hintergründe offen zu legen. Für den Historiker zählte in erster Linie nur das, was ‚schwarz auf weiß' festgehalten war. Umgekehrt sah mein Kollege an meiner Vorgehensweise, dass auch anderes für die Forschung wertvoll und interessant sein konnte. So notierte ich etwa akribisch den Verlauf bestimmter sozialer und ritueller Praktiken einschließlich der Angaben zu Zeit, Ort und Person, oder die Details bestimmter Gewohnheitsrechte. Wenn wir dann in historischen Dokumenten, etwa solchen die sich mit Rechtsstreitigkeiten befassen, Hinweise auf solche Praktiken fanden, konnte dies zu richtigen Aha-Effekten führen. So fanden wir z. B., dass ein Konflikt zwischen zwei Priesterfamilien, der heute noch schwelt, bis ins 19. Jahrhundert zurückgeht. Mein Interesse an spontan vorgetragenen lebensgeschichtlichen Erzählungen ,gewöhnlicher' Leute war ebenfalls etwas Ungewohntes für den Historiker. Doch als er merkte, dass diese Mikro-Geschichten durchaus spannend sein können und vieles über das Leben der Menschen sagen, was in der traditionellen Geschichtsschreibung zu kurz kommt, begann auch er, deren methodischen (aber auch ästhetischen) Wert zu schätzen.

Wir saßen abends oft stundenlang und diskutierten über unsere unterschiedlichen Sichtweisen. Dass es dabei selten zu Streitigkeiten kam, lag sicherlich daran, dass wir einerseits eine klare Arbeitsteilung hatten, andererseits aber beide bereit waren, auf den anderen zuzugehen: denn er ist ein ethnologisch interessierter Historiker so wie ich ein historisch interessierter Ethnologe bin." (M. G.)

12.3.5 Von Informanten zu Freunden

Beziehungen zu Informanten, zu Menschen, mit denen man oft eine längere Zeit, auch über längere Zeiträume hinweg und bei wiederholten Besuchen, in engem Kontakt verbracht hat und denen man einen entscheidenden Anteil am Gelingen der Feldforschung verdankt, lassen sich selbstverständlich nicht einfach zu Beginn einer Feldforschung an- und bei deren Ende wieder abschalten. Sie können sich zu engen Freundschaften entwickeln, die heute einfacher denn je via Email, Fax oder auch Handy gepflegt werden (Beer 2002). Diese Freundschaften führen, je nach Ausgangsort und Möglichkeiten, zu gegenseitigen Besuchen und können in eigenständige Projekte unterschiedlichster Ausprägung münden. Mit anderen Worten: Oft überdauert die Teamarbeit die Feldforschungszeit.

Eine Ethnologin, die ab 1984 mehrmals für kürzere und längere Zeit, auch mit ihren Kindern, in Ouagadougou in einem städtischen Umfeld Feldforschungen durchgeführt hat, schreibt dazu:

„Das pragmatisch entwickelte Prinzip der mehrteiligen Feldforschung – sieben Aufenthalte zwischen fünf Monaten und drei Wochen – hat große Vorteile. Die Beziehungen werden intensiver, da jede Rückkehr die Kontakte vertieft, in der Zwischenzeit kann man in Ruhe Erkenntnisse auswerten und sich der Literatur widmen. Die gemachten Erfahrungen sind weniger oberflächlich und punktuell, sondern können reifen. Die lange zeitliche Dimension wirkt sich positiv aus: Lebensgeschichten und Stadtentwicklung kennt man ein Stück weit aus eigenem Miterleben und nicht nur aus Erzählungen und Lektüre. Mit einigen Menschen und Familien, vor allem zur heute 36-jährigen Markthändlerin Rakieta Compaoré und dem 41-jährigen Salif Simbre, Besitzer eines

Straßencafés im Zentrum von Ouaga, stehe ich in dauerndem Kontakt, inklusive mehrmonatige Besuche bei mir zu Hause. Die beiden sind meine wichtigsten Freunde und Auskunftspersonen, zwischen uns und unseren weitläufigen Familien sind „lebenslänglich" verwandtschaftliche Beziehungen entstanden. Diese Personen bilden den Kern der *Association Song Taaba* (gegenseitige Hilfe) *Burkina Suisse (Bâle)*. Die Vereinigung wurde 1995 in Zusammenarbeit mit einer Freundesgruppe in Basel gegründet und vergibt Kleinkredite und stellt handwerkliche Produkte her. Seit Ende 2001 besitzt *Song Taaba* – dank Spenden aus Basel – einen eigenen Hof, der als Produktionsstätte, Versammlungsort und Touristenunterkunft dient. Der von mir betriebene Verkauf von Kunsthandwerk aus Westafrika (Stoffe, Schmuck, Körbe, Spielzeug etc.) im Basler Museum der Kulturen und an diversen Märkten sorgt für einen kleinen aber steten finanziellen Zufluss. Durch das direkte Involviertsein lernte ich viel über das Funktionieren der sozialen Netze.

Diese Langjährigkeit, die langsame Entwicklung von Beziehungen, Erfahrungen und Erkenntnissen, hat natürlich auch eine negative Seite: die vielen Jahre, die diese Form von Forschung beinhaltet, sind einer geradlinigen wissenschaftlichen Karriere hinderlich. Mit einem Kleinkind im Feld zu sein, ist anstrengend und schränkt die Mobilität ein, aber unter dem Strich überwiegen für mich die Vorteile. Ich würde es wieder so machen. Dieses Modell entspricht meiner Vorstellung einer vielschichtigen persönlichen und beruflichen Lebensweise." (L. R.)

Neben diesen aus privater Initiative begonnenen und häufig informell gestalteten Projekten entwickeln sich auch stärker institutionalisierte kulturelle Programme in internationaler Teamarbeit. Sie umfassen den Austausch von Künstlern, die Mitarbeit am Aufbau eines *Cultural Centers*, oder die Planung und langfristige Unterstützung von Schulen – ein Beispiel ist hier die vom Ethnologen Urs Ramseyer und von balinesischen Experten in Teamarbeit initiierte und von Basler Sponsoren unterstützte höhere Mittelschule im ostbalinesischen Dorf Sidemen. Dort werden die Schülerinnen und Schüler neben den westlichen Schulfächern auch in balinesischem Tanz, Musik, traditionellem Reisanbau und weiteren kulturellen Traditionen unterrichtet.

12.4 Schlussbemerkungen

Weder Teamarbeit noch interdisziplinäre Zusammenarbeit sind eigenständige Methoden der Ethnologie, sondern Gestaltungsmöglichkeiten einer geplanten Feldforschung, die entscheidend von der Problemstellung, dem Ort, den beteiligten Personen mit ihren Persönlichkeiten und Eigenarten, Sympathien und

Antipathien sowie den Machtverhältnissen zwischen ihnen geprägt sind. Die Zusammensetzung einer Gruppe sollte man deshalb sehr überlegt gestalten, da sie auch die Art der Beziehung zwischen Ethnologin oder Ethnologen sowie den Untersuchten beeinflusst. Und zwar von beiden Seiten.

Hinzu kommen noch andere Aspekte: Die Ausgangsbedingungen der Ethnologie haben sich geändert. Die Untersuchten leben heute oft in multikulturellen, komplexen Gesellschaften, und innerhalb einer solchen in mehreren Welten oder, nach Mannheim, in unterschiedlichen „Erfahrungsräumen", und oft sie sind selbst mobil und *multisited* – eine Feldforschung à la Malinowski, ein Jahr allein in einem Dorf, wäre methodisch oft völlig unangebracht.

Zunehmend öfter wird von jüngeren Staaten, so beispielsweise im Pazifik, die durchaus berechtigte politische Forderung gestellt, einheimische Studierende der Ethnologie oder Universitätsabsolventen an einer Feldforschung teilnehmen zu lassen, sei es in Form eines Praktikums, als Feldassistenten, oder als gleichberechtigte Mitforscher, wodurch sich natürlich neue Formen von Teamarbeit ergeben.

In diesem Zusammenhang wird auch die heute grundlegende Frage gestellt (und heftigst diskutiert wie z. B. in Hawai'i), wer überhaupt das Recht hat, eine Kultur oder eine untersuchte Gruppe darzustellen. So werden immer häufiger und als Reaktion auf den europäischen Kolonialismus (und die damit verbundene westlich-wissenschaftliche Dominanz von Wissen und Macht) Forschungen heute von den indigenen Gemeinschaften selbst initiiert. Äußerst kritisch gegenüber der Partizipation an und dem Nutzen von vielen westlichen Projekten definieren sie ihre eigenen Forschungsthemen und entwerfen entsprechend die Forschungsbedingungen – ein Weg, um die Kontrolle über indigenes Wissen zu behalten (Tuhiwai Smith 1999). In anderen Kontexten können (westliche) Forscher als Berater (*consultants*) von indigenen Gruppen für die aktuellen und drängenden Probleme wie Gesundheit, Landrechte, Ökologie u.a. angestellt werden; sie werden aber auch von Multikonzernen als Lokalexperten bei deren Vorhaben (Kupfer- und Goldminenprojekte, Ölförderung, Rodung von Wäldern) beschäftigt.

Interkultureller Dialog anstelle eines westlich-wissenschaftlichen Monologs – dialogische Ethnologie – die Krise der ethnographischen Darstellung und neue Formen der Repräsentation der Anderen – dieser Ansatz findet sich auch in der Feldforschung, die Elemente eines stärker gleichberechtigten Miteinander fordert.

Sensibilisiert durch diese Debatten und indigenen Initiativen wird also die eigene Feldforschung von Ethnologinnen und Ethnologen heute zunehmend kritischer reflektiert. Ob es dann, als Resultate einer Feldforschung (wie sie z. B. Alome Kyakas, selbst eine Enga, und Polly Wiessner über Enga-Frauen zusammen durchführten) auch zu einer Teamwork-Publikation kommt (Kyakas and Wiessner 1992), oder ob sich der Ethnologe ganz zurückzieht, „auflöst" und z. B. als Herausgeber eines Buches mit indigenen Beiträgen fungiert (Ramseyer und Panji Tisna 2001) – viele Möglichkeiten stehen offen, allein, zu zweit, zu vielen.

Sehr herzlich danken möchte ich meinen Kolleginnen und Kollegen, die sich die Zeit genommen haben, meine Fragen zu beantworten und so mit ihren persönlichen Feldforschungserfahrungen maßgeblich zu diesem Kapitel beigetragen haben: Ingrid Bell, Pascale Bonnemère, Pierre Dasen, Rebekka Ehret, Martin Gaenszle, Volker Heeschen, Pierre Lemonnier, Michael and Lynda O'Hanlon, Lilo Roost Vischer, Gunter Senft, Florian Stifel, Thomas Widlok, sowie einem (ihrem Wunsch entsprechend anonym bleibenden) Mann-Frau-Team.

12.5 Literatur

Beer, Bettina
2002   Zusammenarbeit mit einer Hauptinformantin. Feldforschung, Freundschaft und die Entgrenzung des „Feldes". In: Hans Fischer (Hg.), Feldforschung. Erfahrungsberichte zur Einführung, 133–171. Berlin.

Davies, Charlotte Aull
1999   Reflexive Ethnography. A Guide to Researching Selves and Others. London and New York.

Fischer, Hans
1985   Einleitung. In: Hans Fischer (Hg.), Feldforschungen. Berichte zur Einführung in Probleme und Methoden, 7–22. Berlin.

Fischer, Hans (Hg.)
2002   Feldforschung. Erfahrungsberichte zur Einführung (Neufassung). Berlin.

Flinn, Juliana, Marshall, Leslie und Jocelyn Armstrong
1998   Fieldwork and Families: Constructing New Models for Ethnographic Research. Honolulu.

Kneer, Georg
1997   Interdisziplinarität zwischen Multidisziplinarität und Transdisziplinarität. In: Ethik und Sozialwissenschaft 8 (4): 549–550.

Kyakas, Alome, und Polly Wiessner
1992   From Inside the Women's House. Enga Women's Lives and Traditions. Buranda.

Lieber, Michael D. (Hg.)
1977   Exiles and Migrants in Oceania. Honolulu.

Lütkes, Christina
2002   Forschung mit Ehemann. Ein Nichtethnologe als Begleiter. In: Hans Fischer (Hg.), Feldforschung. Erfahrungsberichte zur Einführung, 173–186. Berlin.

Mittelstrass, Jürgen
1996   Stichwort Interdizilinarität. Basel (Basler Schriften zur europäischen Integration
            Nr. 22).

Ramseyer, Urs und I Gusti Raka Panji Tisna (Hg.)
2001   Bali – Leben in zwei Welten. Ein kritisches Selbstporträt. Basel.

Reinalter, Helmut
1997   Interdisziplinarität, Methodenprobleme und Mentalitätshistorie. In: H. Reinalter
            und R. Benedikter (Hg.), Geisteswissenschaften wozu?, 106–133. Thaur (Inter-
            disziplinäre Forschungen Band 6).

Schensul, Jean J.,Weeks, Margaret und Merrill Singer
1999   Building Research Partnerships. In: Margaret D. LeCompte, Jean J. Schensul,
            Margaret R. Weeks and Merrill Singer (Hg.), Researcher Roles and Research
            Partnerships, 85–164. Walnut Creek. (Ethnographer's Toolkit 6).

Schuster, Meinhard
1982   Feldforschung als Gruppenarbeit. In: Studia Ethnographica Friburgensia
            9: 75–84.

Tuhiwai Smith, Linda
1999   Decolonizing Methodologies. Research and Indigenous Peoples. London,
            New York.

Wolcott, Harry F.
1995   The Art of Fieldwork. Walnut Creek.

Barbara Keifenheim

13 Der Einsatz von Film und Video

Jedem Foto, jedem Filmbild geht ein Blick voraus. Bei der ethnographischen Datenerhebung entstehen sinnvolle Blicke als „Resultat eines Annäherungsprozesses an Relevanzen des Feldes, wie auch an Perspektiven des eigenen Forschungskontextes" (Mohn 2002: 84). Dies setzt unter anderem bereits vor Beginn einer Feldforschung die Herausarbeitung einer klaren Fragestellung auf der Grundlage der Wissenschaftsdebatten innerhalb unseres Faches voraus und verlangt vor Ort menschliche Qualitäten, dialogische Kompetenz und Reflexivität. Wenn wir die Kamera in unsere Forschungsarbeit integrieren wollen, haben wir uns daneben aber auch mit grundsätzlichen Fragen der bildlichen Umsetzung zu beschäftigen. Da Bilder keine Abbilder oder Analoga von Wirklichkeit sind, sondern Aussagen über Wirklichkeit darstellen, ist es unabdingbar, sich ihres Konstruktcharakters bewusst zu werden und sich gründlich mit den visuellen Ausdrucksmitteln und Konventionen auseinander zu setzen. Hinzu kommt selbstverständlich der unerlässliche Erwerb technischer Kenntnisse und Fertigkeiten. Filmen ist einer weit verbreiteten Meinung zum Trotz nicht der leichtere Weg ethnologischer Forschung, sondern verlangt ein hohes Maß an Mehrarbeit.

Ziel meines Beitrags ist es, die notwendige Verknüpfung von theoretischer und praktischer Arbeit für jede Arbeitsphase des Film- und Videoeinsatzes aufzuzeigen. Dabei stütze ich mich zum Teil auf eigene Erfahrungen als Ethnologin und Filmemacherin, ganz besonders aber auch auf meine Lehrerfahrungen am *East Asia Institute of Visual Anthropology* der Yunnan University in Kunming (VR China). Das EAIVA stellt ein aus Mitteln der *Volkswagen-Stiftung* gefördertes Pilotprojekt dar und hat die Umsetzung einer zeitgemäßen Visuellen Anthropologie zum Ziel. Hier habe ich zum ersten Mal die Gelegenheit, Visuelle Anthropologie nicht nur als Theorie zu unterrichten oder Seminare zum ethnographischen Film abzuhalten, sondern verfüge auch über die notwenige technische Ausrüstung, um studentische Filmprojekte von der Filmidee über die Feldforschung bis hin zum Endschnitt zu betreuen. Darüber hinaus können Recherchen zu Themen in die Wege geleitetet werden, welche über den engen Bereich des ethnographischen Films hinausgehen und beispielsweise die geschichtliche und kulturelle Prägung des menschlichen Sehens oder die Komplexität der zunehmend medialen Konstruktion von Wirklichkeit zum Gegenstand haben.

Da im Programm des EAIVA mehrere Fassetten des Film- und Videoeinsatzes enthalten sind, eignen sich meine hiesigen Lehrerfahrungen in besonderer Weise, Probleme und Fragen zu diskutieren, die sowohl bei kameragestützten Recherchen als auch bei der Realisierung von ethnographischen Filmen entstehen. Daher werde ich meine Argumente vornehmlich im Verweis auf typische Schwierigkeiten entwickeln, mit denen die StudentInnen des EAIVA in den unterschiedlichen Phasen ihrer Recherchen- und Filmprojekte konfrontiert waren bzw. sind. In ihrem beispielhaften Charakter weichen sie zudem kaum von dem ab, was auch anderswo Studierende zu bewältigen haben.

Es erscheint mir sinnvoll, mich auf den Einsatz von Video zu konzentrieren, da es den meisten Studierenden schon aus Kostengründen nicht möglich sein dürfte, ihre Arbeiten im 16 mm Filmformat durchzuführen. Diese Einschränkung veranlasst mich allerdings auch, auf spezifische Gefahren der Videofilmerei einzugehen.

13.1 Die „Videoversuchung"

In der Tat verführen die geringen Kosten, die einstündige Aufnahmekapazität von Mini DV-Kassetten sowie die anscheinend einfache Kamerahandhabung dazu, endlos, sprich wahllos Materialien aufzunehmen und zu hoffen, irgend etwas Sinnvolles werde bei der Fülle schon herauskommen. Dies ist allerdings ein großer Irrtum. Ganz gleich, ob die Aufnahmen als *footage*, als Vorführmaterial für unsere Gesprächspartner vor Ort oder als Rohmaterial für einen späteren Film gedacht sind, konzeptloses „Draufhalten" ist fatal. Es führt nur zu einem unzumutbaren Seherlebnis bei der Sichtung und zu Frustrationen beim *editing*, wenn man feststellen muss, dass sich ein großer Teil der im wahrsten Sinne des Wortes „bewegten" Bilder nicht schneiden lässt und sich keine Sinnzusammenhänge herstellen lassen.

Die Versuchung der „Materialschlacht" entsteht bei 16 mm Filmen erst gar nicht, da man sich schon aufgrund der zeitlichen Aufnahmebeschränkung von maximal 10,5-minütigen Filmrollen sowie im Wissen um die hohen

Abbildung 1: Die Welt mit einem Kameraauge entdecken.

Entwicklungs- und Kopierkosten genau überlegen muss, wann und wie man die Kamera einsetzt. Dies setzt bereits vor dem Anschalten der Kamera eine gezielte Beobachtung voraus. Dabei geht es nicht nur darum, sich mit örtlichen Gegebenheiten, Lichtverhältnissen, Situationsabläufen und dergleichen vertraut zu machen, sondern sich auch möglichst genaue Gedanken über die filmische Auflösung von Situationen zu machen. Wo platziere ich meine Kamera? Wann und wie wechsle ich die Kameraperspektive, um einen rituellen Tanz, einen Marathonlauf, eine Versammlung oder einen alltäglichen Vorgang so zu filmen, dass Sinnzusammenhänge erkennbar werden und dass ein Zuschauer das Geschehen nachvollziehen kann. Kurz, man muss inhaltlich und gestalterisch genau wissen, was man eigentlich auf Filmmaterial bannen möchte. Video hingegen verführt dazu, die Beobachtung des natürlichen Auges und die Analyse des Gesehenen außer Acht zu lassen. Oft wird erst bei laufender Kamera gesucht, was man „so alles filmen könnte". Dadurch entstehen dann stundenlange Videoaufnahmen, in denen wild vor- und zurückgezoomt, nach links und nach rechts geschwenkt oder gar gleichzeitig gezoomt und geschwenkt wird. Ein filmisches Objekt entsteht dadurch jedenfalls nicht, auch keine Erkenntnis. Diese Erfahrung blieb auch den Studierenden des EAIVA nicht erspart. Sie mussten einsehen, dass selbst das benutzerfreundlichste Film-*equipment* nicht von der Notwendigkeit entbindet, filmisches Denken zu lernen. Dies setzt jedoch die gründliche Kenntnis der visuellen Ausdrucksmittel, ihrer kommunikativen Regeln und Konventionen voraus.

13.2 Der Konstruktcharakter von Bildern

Um einen solchen Lernprozess zu fördern, begann ich mit systematischen Übungen, in denen die verschiedenartigen Kameraeinstellungen und -bewegungen nicht als Varianten technischer Machbarkeit erfahren werden sollten, sondern als Mittel, die unterschiedliche Aussagen hervorbringen. Eine der ersten praktischen Übungen bestand z. B. darin, dass alle zur gleichen Zeit das Geschehen an einem vorgegebenen Ort mit den unterschiedlichsten Einstellungsgrößen (Großeinstellungen, Nah-, Halbnah-, Halbtotal- und Totaleinstellungen) und Kamerabewegungen filmen sollten. Bei den Sichtungen hatten sie dann gemeinsam herauszuarbeiten, welch unterschiedlichen Bedeutungsakzente durch die von ihnen gewählten Einstellungen und Bewegungen hervorgebracht worden waren. Welche Nähe-Distanz-Relation wird durch die Wahl der Einstellungsgröße konstruiert? Was bewirkt das Spiel mit unterschiedlichen Einstellungslängen? Wie verändert sich die Aussage, wenn eine Menschenschlange per Schwenk gefilmt oder durch aufeinanderfolgende Standbilder dargestellt wird? Welche Aussagen entstehen, wenn ich einen Markt mit einer bewegten Kamera filme oder sie auf einem Stativ fixiere? Was verändert sich, wenn ich ihn aus Schulterhöhe aufnehme, aus der Perspektive eines Kindes oder der eines Hundes?

Mit fortschreitenden Übungen wurde meinen Studierenden der Konstruktcharakter von Bildern immer einsichtiger, und dies brachte einige Verunsicherung mit sich. Immerhin hatten die meisten ihr Interesse für den Studiengang damit begründet, dass Bilder im Unterschied zu Worten „nicht lügen". Die Erkenntnis, dass Filmbilder Repräsentationen sind, frappiert westliche Studierende sicher nicht in solch einem Maße. Wohl aber haben sie in gleicher Weise wie ihre chinesischen KommilitonInnen die spezifischen Eigenschaften der Konstruktionsmittel zu lernen, um sie zu beherrschen und für ihre filmischen Aussagen zu nutzen.

13.3 Kameragestützte Recherchen

Nach Ablauf des ersten Semesters, in dem vor allem der überlegte Einsatz der Kamera eingeübt und reflektiert worden war, führten die Studierenden rund 2 Monate lang ihre erste kameragestützte Recherche durch. Einige forschten in ethnischen Minderheiten der Provinz Yunnan, andere hatten ein Thema der *Urban Anthropology* gewählt und arbeiteten in Kunming. Bei ihren Recherchen profitierten sie von Einsatzmöglichkeiten der Videokamera, die teilweise auch unabhängig von einer Filmvorbereitung von großem Nutzen sind und auf die ich im Folgenden eingehen möchte, bevor ich mich ausführlicher dem ethnographischen Film zuwende.

13.3.1 Footage

Hierbei handelt es sich um ungeschnittene Film- und Videoaufnahmen, die vornehmlich dazu gedacht sind, Vorgänge nachträglich immer wieder sichten zu können, um eine Analyse präziser Abläufe vorzunehmen. Oft zeigt es sich, dass einem Dinge, deren Relevanz weder bei der „natürlichen" Beobachtung noch beim Filmen ins Auge sprangen, erst nach x-maligem Sichten als bedeutsam auffallen. Dieser Einsatz der Videokamera ist sehr lohnenswert bei allen Vorgängen, die auf genauen Bewegungsabläufen oder Handlungsabfolgen beruhen, wie etwa Tanzmuster, rituelle Gesten, handwerkliche Verfahren und dergleichen. Schon bald nach der Entstehung des Mediums Film nutzten Ethnographen eine solche Arbeitsweise, aber es leuchtet ein, dass die Videofilmerei schon aus Kostengründen eindeutige Vorteile gegenüber dem Zelluloid-Film aufweist. Hierbei braucht man kaum lange zu überlegen, ob man ein stundenlanges Geschehen tatsächlich aufnimmt oder nicht.

Footage-Aufnahmen haben aber auch in vielerlei Hinsicht den klassischen Notizblock unserer Vorgänger ersetzt, und niemand möchte heute darauf verzichten müssen. So haben z. B. gefilmte Gesprächsverläufe und Interviews gegenüber schriftlichen Protokollen und Tonaufnahmen den ernormen Vorteil, dass der wichtige Anteil nonverbaler Ausdrucksmittel transparent wird, der einem bei anderen Aufzeichnungsverfahren entgeht. Gestik, Mimik, Körperhaltung und -bewegung, Habitus etc. stellen aber unverzichtbare Informationen dar, die der Gefahr einer einseitig semantisch fokussierten Analyse entgegenwirken.

13.3.2 Materialsichtung vor Ort

Die sofortige Wiederabspielmöglichkeit von Videoaufnahmen stellt ebenfalls einen immensen Vorteil gegenüber der 16 mm Filmtechnik dar. Ich erinnere mich an meine ersten Feldforschungen bei den *Kashinawa*-Indianern des peruanischen Amazonasgebietes, wo es keinerlei Möglichkeiten gab, aufgezeichnete Filmrollen in ein Kopierwerk zu schicken. Während der sechs Monate, in denen Patrick Deshayes und ich 1983 den Film „Naua Huni" drehten, konnten wir uns nur in doppelter Hinsicht in blindem Vertrauen üben: Hoffen, dass die Aufnahmen erstens gelungen waren und dass sie zweitens die Lagerung im feucht-heißen Klima unbeschadet überstehen würden. Zumindest der erste Punkt braucht Video-FilmerInnen nicht mehr zu beunruhigen. Selbst wenn sie sparsam mit ihren Akkus umgehen müssen, werden sie dennoch ihre Aufnahmen vor Ort prüfen und im Zweifelsfall Situationen nochmals filmen können.

13.3.3 Sichtungsmaterial vor Ort

Da das Fernsehen mittlerweile in immer entlegenere Regionen Einzug gehalten hat, haben wir in vielen Feldforschungsgebieten die Möglichkeit, unsere Videokamera an einen Fernsehapparat anzuschließen und so das gedrehte Material akku-unabhängig beliebig oft zu sichten. Dadurch ergibt sich die Chance, den gefilmten Menschen die entstandenen Aufnahmen gleich vor Ort zu zeigen. Einerseits ist dies bereits eine Vorstufe der „Rückkehr der Bilder", die mittlerweile zum moralischen Vertrag zwischen Filmern und Gefilmten gehört und in der Regel ihren Abschluss darin findet, dass wir eine Kopie unseres Endprodukts zurückbringen. Andererseits hat sich die gemeinsame Sichtung aber auch als ein hervorragendes interaktives Instrument der Feldforschung erwiesen. Oft ergibt sich bereits nach kurzer Zeit, dass sich abends interessierte Zuschauer zusammenfinden, um das filmische Tagewerk der Ethnologin oder des Ethnologen in Augenschein zu nehmen und das Gesehene – zumeist vergnügt – zu kommentieren. Derartige „Sichtungsgemeinschaften" tragen in der Regel wesentlich zu einem guten Beziehungsklima zwischen ForscherIn und Einheimischen bei. Doch vom gemeinsamen Spaß abgesehen sind die Reaktionen und Kommentare der Versammelten auch wiederum eine kostbare Quelle relevanter Informationen. Gefilmte Vorgänge werden oftmals kontrovers diskutiert, und ich habe so manches Mal erlebt, dass regelrechte Expertendebatten unter den Zuschauern entstehen: *multivocal ethnography* pur.

Weiterhin bieten Sichtungen in kleinen Gruppen oder mit einzelnen Gesprächspartnern eine hervorragende Möglichkeit der gezielten Befragung. So kann man sich vom Filmmaterial ausgehend sehr viel leichter Handlungsabläufe oder Zusammenhänge erklären lassen, die einem beispielsweise bei einem Ritual unverständlich blieben.

13.3.4 Die Gefilmten filmen in eigener Regie

Die Diskussion um das Reziprozitätsproblem in der Feldforschung hat einige EthnologInnen u. a. auch dazu gebracht, die Einseitigkeit des Verhältnisses Filmer-Gefilmte zu durchbrechen und die Menschen, bei denen sie ihre Untersuchungen durchführen, in den Umgang mit der Kamera einzuweihen, damit sie in eigener Regie filmen und die so entstehenden Filme zu ihren eigenen Zwecken einsetzen können. Das soll nicht heißen, dass „*natives*" per se die besseren Anthropologen seien; vielmehr geht es um die Vielfalt der Perspektiven.

Die Vorgänge, Geschehnisse und Dinge, welche die Menschen vor Ort filmen, sind von großem Forschungsinteresse. In vielen Fällen halten sie ganz andere Ausschnitte von Wirklichkeit für „filmwürdig" als diejenigen, welche die ForscherInnen erwartet hätten oder die sie selbst filmisch behandeln bzw. behandeln würden. Diese Themenwahl mit ihren Gewichtungen und Aussparungen ist eine eigene Analyse wert und erlaubt häufig einen neuen Zugang zu Eigen- und Fremdbildern.

Auch die Filmweise ist von großem Informationswert, da sie in manchen Fällen von den uns in Fleisch und Blut übergegangenen Konventionen der Bildgestaltung und narrativen Muster abweicht. Die Wahl von ungewöhnlichen Kameraeinstellungen und -bewegungen, andere Höhen der Kamerapositionierung, eine dezentrierende Betonung von Bildausschnitten etc. gehen nicht automatisch auf das Konto ungeschickten Umgangs mit der Technik, sondern verweisen unter Umständen auf kulturspezifische Sehgewohnheiten und Repräsentationsmuster, die wiederum ein eigenes Forschungsgebiet der neueren Visuellen Anthropologie darstellen.

13.4 Der ethnographische Film

Einen ethnographischen Film von anspruchsvoller Qualität herzustellen, setzt grundsätzlich voraus, Recherche und filmische Umsetzung gleichzeitig im Auge zu haben. Steht die Feldforschung auf wackeligen Füßen, schwankt auch das Filmkonzept. Und ist die filmische Umsetzung dilettantisch, wird auch die beste Recherche im wahrsten Sinne des Wortes nicht einsichtig.

13.4.1 Feldforschung und Filmrecherche

Eine große Schwierigkeit, mit der fast alle akademisch gebildeten Anfänger zu kämpfen haben, liegt darin begründet, dass sie mit viel zu abstrakten Fragestellungen in die Feldforschung gehen und diese dann nicht mit der Alltagswirklichkeit der Menschen auf einen Nenner bringen können. Sie erfahren die zumeist als Frustration erlebte Notwendigkeit, ihre vornehmlich auf Buchwissen beruhende Forschungsthematik sozusagen einem Übersetzungsprozess unterziehen zu müssen, um überhaupt alltags- und situationsbezogen mit Menschen kommunizieren und Situationen als beobachtungsrelevant erkennen zu können. Wenn man beispielsweise Themen wie „die kulturspezifische Konstruktion von Identität" erforschen möchte, so geht es sicher nicht, jemanden zu fragen: Und wie steht's mit Deiner Identität? (Ich mache mich hier nicht lustig; einer meiner Berliner Studenten stellte einem aus Indonesien stammenden Straßenkünstler tatsächlich diese Frage.) Was aber kann man fragen? In welchen Äußerungsformen und Situationen wird Identität überhaupt beobachtbar und greifbar?

So besteht, noch bevor wir überhaupt an eine Kamera denken, die erste Aufgabe darin, die möglichen Beobachtungsdimensionen und inhaltlich enthaltene oder angrenzende Themenfelder eines Untersuchungsgegenstandes herauszuarbeiten und sich gleichzeitig dafür offen zu halten, dass sich diese im Feldforschungskontext unter Umständen modifizieren. Eine meiner derzeitigen Studentinnen bereitet einen Film vor, in dem sie die Tradition schwarz gefärbter Zähne bei den Frauen der ethnischen Minderheit der *Dai* behandeln möchte. Zum Zeitpunkt der Themenfindung bat ich sie, sich Fragen auszudenken, die sie ihren potentiellen Gesprächspartnerinnen stellen könnte. Mehr als „W-Fragen" kamen ihr dabei nicht in den Sinn: Warum, wann und wie schwärzt Ihr Eure Zähne? Ich machte sie darauf aufmerksam, dass man ihr mit einiger Wahrscheinlichkeit erzählen werde, *Dai*-Frauen hätten schon seit jeher ihre Zähne geschwärzt, man tue es speziell immer dann, wenn man besonders schön aussehen wolle, und benutzte diese oder jene Ingredienzien. Die Studentin war ratlos. Erst nachdem die junge Frau hinter den „schwarzen Zähnen" sich überschneidende kulturspezifische Themenfelder erblicken konnte wie z. B. Körperbilder, Schönheitsvorstellungen, Gesundheitskonzepte, *gender*-Prägung, Markierung von sozialer und ethnischer Identität, fühlte sie sich bereit, sich ihrem Feld zu stellen.

Erst durch sorgfältige Vorarbeit werden wir also überhaupt in die Lage versetzt, abstrakte Konzepte in lebensbezügliche Fragen zu übersetzen und umgekehrt, in den Antworten von GesprächspartnerInnen sowie in der Fülle alltäglicher Aussagen und Situationen themenrelevante Aspekte zu erkennen, diese zu bündeln und der Analyse zuzuführen. Abschließend möchte ich noch erwähnen, dass ich meinen StudentInnen stets den Rat gebe, bei der Feldforschung daran zu denken, dass viele Informationen nicht nur im verbalen Austausch entstehen, sondern auch mittels unterschiedlicher Visualisierungsformen. In der Tat ist es in vielen Untersuchungsfeldern möglich, sich von GesprächspartnerInnen Zeichnungen oder Objekte anfertigen zu lassen und dadurch eine Situation hervorzurufen, die sowohl von großem Informationswert als auch filmisch ansprechend ist. Auch das Spiel mit körperlichen Ausdrucksformen sollte nicht unterschätzt werden. Eines Tages berichteten junge Männer einem Studenten, wie sie auf einem einsamen Wege wieder einmal von Jugendlichen der benachbarten Ethnie provoziert worden waren. Er filmte die Erzählsituation. Da er mit seinen Gesprächspartnern bereits seit langem vertraut war, kam ihm eine zusätzliche Idee: Er bat sie, die Begegnung mit verteilten Rollen vor der Kamera nachzuspielen. Das Ergebnis war für seinen Film ungleich lebendiger und förderte emotionale Dimensionen der Begegnung zutage, die in dem Wortbericht nicht in gleicher Intensität zum Ausdruck gekommen waren.

Abbildung 2: Lernen, sich mit der Kamera im Feld zu bewegen.

13.4.2 Von der Recherche zur filmischen Konstruktion

Bei der Rückkehr von ihrer ersten Feldforschung hatten meine Studierenden nicht nur relevante Recherchenergebnisse im Kopf, sondern auch mehrere Stunden Videomaterial im Gepäck. Ein wesentlicher Schritt bestand nun darin zu prüfen, ob und inwieweit die Aufnahmen ihre ethnologischen Analysen unterstützten, bzw. geeignet waren, diese bildlich umzusetzen. Zu ihrer großen Enttäuschung mussten sie bald erkennen, dass zwischen beiden Ebenen eine riesige Kluft bestand und die Bilder für Außenstehende nicht das aussagten, was sie ihrer Meinung nach beinhalteten. Einer der Gründe dafür war, dass sie – wie viele Anfänger – in ihre Bilder ein Vorwissen projizierten, welches dem Zuschauer fehlt.

Ich erinnere mich an eine Studentin, die begeistert ankündigte, sie habe ihre Protagonistin bei einem Divinations-Ritual gefilmt, welches jene ausgeführt habe, um zu erfahren, ob ihr schwerkranker Mann gesunden würde oder nicht. Wir saßen alle gespannt da, konnten aber nichts dergleichen in den Aufnahmen erkennen. Die Studentin spulte enttäuscht zurück und wiederholte eine Filmszene, in der man in einem vollgestopften Raum von hinten eine Frau sieht, die vor einem riesigen Berg ungespülten Geschirrs hockt und mit flinken Gesten hantiert. Dabei bewegen sich ganz kurz zwei Stäbchen in einer kleinen Schüssel. Dies sollte nun die Divination sein: Blieben die Stäbchen im Wasser stehen, so verhieße dies Genesung, fielen sie um, würde sich die Krankheit verschlimmern. In diesem Beispiel verhinderte der viel zu weite Bildausschnitt, überhaupt auf das Zusammenspiel von Stäbchen, Schüssel und Hand aufmerksam zu werden, denn das Auge des Zuschauers war voll damit beschäftigt, die disparaten Elemente des übervollen Raums zu erfassen. Ohne das Vorwissen der Filmmacherin konnte die Szene lediglich als eine Variante des Motivs „Hausfrau beim Spülen" wahrgenommen werden.

Ein anderer Student hatte in Kunming einen Konflikt zwischen Einheimischen und ländlichen Wanderarbeitern dokumentiert, der tagelang zu fortgeschrittenen Abendstunden ausgetragen wurde und bei dem es zu Handgreiflichkeiten gekommen war. Bei der Sichtung seiner Aufnahmen kommentierte er die Wichtigkeit einer Szene sinngemäß etwa so: „Und nun seht Ihr rechts hinten im Bild den Onkel von N. N., der ihm zur Hilfe kommt, obwohl sie schon seit Jahren kein Wort mehr miteinander geredet haben." Trotz dieser aufklärenden Worte konnten wir aber nur eine schwarze Silhouette unter vielen ebenso schwarzen Umrissen erkennen und diese natürlich in keinen Bezug zu irgendeinem Onkel und seinem Verhältnis zu N. N. setzen. Hier lag das Verständnisproblem nicht nur an bildtechnischen Mängeln, sondern auch an der Nichtbeachtung der narrativen Notwendigkeit, dass Personen filmisch eingeführt werden müssen, wenn ihre Beziehung zu anderen Protagonisten von Bedeutung ist. Die alleinige Abbildung eines Mannes sagt weder etwas über seine Verwandtschaftsbeziehungen noch über die Geschichte und Qualität dieser Beziehungen aus.

Doch nicht nur die mangelnde Vermittlungskraft des Videomaterials stellte ein Problem dar, sondern es zeigte sich auch, dass für viele analytische Aussagen nicht einmal ansatzweise filmische Umsetzungen existierten. Dies liegt am schwierigen Übergang von verbalen zu filmischen Aussagen. Um diesen Problempunkt in seiner vollen Schärfe deutlich zu machen, bat ich die Studierenden, schriftlich mit einem einzigen Satz zu formulieren, was sie in ihrem Film zeigen wollten. Es kamen dann Sätze heraus wie etwa: „Ich will darstellen, wie die jungen Männer in dem Dorf XY der ethnischen Minderheit der *Dai* den Modernitätsprozess rapide vorantreiben und welche Konflikte dabei entstehen." Wir arbeiteten dann heraus, dass sämtliche Elemente dieser verbalen Aussage einer eigenen filmischen Heranführung bedürfen, da sie entweder Prozesshaftigkeit beinhalten (Modernitätsprozess, rapid, vorantreiben, Konflikt) oder nur im Aufzeigen von Kontrasten fasslich werden (*Han*-chinesische Modernität – ethnische Tradition, junge Generation – alte Generation, junge Männer – junge Frauen). Die Aufnahme eines jungen *Dai*-Mannes auf einem Traktor ist sozusagen nur eine bildliche Ist-Aussage. Sie zeigt zwar die Existenz eines Attributs von *Modernität*, gibt aber keinerlei Aufschluss über den Modernitäts*prozess*, seine Schnelligkeit und über die aktive Rolle der Jungen. Was also so locker in einen einzigen Satz gepackt werden kann, muss filmisch erst entwickelt, sprich konstruiert werden.

13.4.3 Vorbereitung der Dreharbeiten

Nach der intensiven Evaluierung der ersten kameragestützten Recherche erhielten die Studierenden die Möglichkeit, eine weitere, vertiefende Feldforschung durchzuführen, ehe sie dann die eigentlichen Dreharbeiten begannen. Um Letztere vorzubereiten, ließ ich sie einen schriftlichen Drehplan ausarbeiten. Dabei konnte es sich selbstverständlich nur um eine Art Sicherheitsplan handeln, der sich gewiss im Drehkontext modifizieren würde, der aber dazu verhalf, sich über folgende Frage Klarheit zu verschaffen: Welche Art von Situationen, welche Vorgänge, Bildmotive, Aussagen etc. gehören als unverzichtbar in meinen Film, um diejenigen Dimensionen meines Themas zutage zu fördern, die ich dem Zuschauer vermitteln will? Die ersten Entwürfe zeigten, dass die meisten Studierenden für die filmische Behandlung speziell von komplexeren Bedeutungsebenen keine andere Lösung vorsahen als Interviews zu führen. Sie erkannten allerdings von sich aus, dass ihr Drehplan zu einem extrem wortlastigen Film führen würde. Nicht, dass Interviews per se zu verwerfen wären, aber dennoch ist nichts langweiliger als ein Ethnofilm, in dem es nur so vor *talking heads* wimmelt. Wie aber kann man Themen wie „kulturelles Gedächtnis" oder „Lebensträume" filmisch anders als mit Hilfe von verbalen Aussagen umsetzen?

Ein Denkprozess setzte ein, der ein wenig an die Zeit der Themenfindung und Recherchenvorbereitung erinnerte, nur mit dem großen Unterschied, dass die Studierenden nun viel geübter darin waren, kreativ mit den unterschiedlichen Möglichkeiten filmischer Gestaltung umzugehen. Als Beispiel möchte ich auf ein aktuelles Filmprojekt eingehen, bei dem es um das Porträt eines Jugendlichen in einem entlegenen Minderheitendorf geht.

Mein Student war auf den Sohn des Dorfchefs aufmerksam geworden, weil er offensichtlich von etwas anderem träumte als davon, die ihm zugedachten traditionskonformen Rollen zu übernehmen. Es stand zu erwarten, dass sich in der Zeit der Dreharbeiten genügend dichte Situationen ergeben würden, in denen die Strategien der Arbeitsverweigerung, die Heiratsunwilligkeit, der hohe Alkoholkonsum, rebellische Spontanreaktionen und die depressive Grundstimmung des Protagonisten zum Ausdruck kommen konnten. Die Traumwelt aber blieb diffus. Ein Zugang zu ihr war jedoch unabdingbar, sollten die gefilmten Situationen das Porträt nicht grob verzerren.

Bei der Recherche hatte mein Student beobachtet, dass der junge Mann massenweise Hong Kong-Action-Filme „verschlang", die er sich als DVDs für wenig Geld besorgte. Außerdem war ihm aufgefallen, dass die Fragen, die ihm sein Protagonist über das Leben in Kunming stellte, immer davon ausgingen, er lebe im Luxus und verbringe seine Tage mit Spaßaktionen.

Ich forderte meinen Studenten zu einem Zwischenbesuch im Dorf auf, um gemeinsam mit dem jungen *Dai* möglichst viele dieser Filme anzuschauen und zu versuchen, im Gespräch herauszufinden, ob die durchgängigen Motive des Genres „Hong Kong-Action-Film" den „Stoff" für seine Träume abgaben. Diese Vorgehensweise brachte den Durchbruch. Es zeigte sich, dass der junge Mann, der noch nicht weiter als in die nächste Kreisstadt gereist war, die Filmbilder als Wirklichkeitsaussagen über das Leben in einer Großstadt auffasste. Im Gegensatz zum ungemein beschwerlichen Arbeitsalltag der *Dai* erschien ihm das Stadtleben als Inbegriff von *fun*: Die Akteure arbeiten nie, gelangen aber in spektakulären Blitzaktionen zu viel Geld, fahren dicke Autos und amüsieren sich mit schönen Frauen. Gleichzeitig wusste er, dass es ihm nie gelingen würde, an einem solchen Leben teilzuhaben. Dennoch war die Film-*message* wirkmächtig genug, um eine Verweigerungshaltung hervorzurufen, die empfindliche Störungen in seinen sozialen Beziehungen zur Folge hat.

Um den Stellenwert von Hong Kong-Filmen im Leben seines Protagonisten deutlich zu machen, möchte mein Student mehrere Wege versuchen. Während der Dreharbeiten will er einerseits ein Interview mit seinem Gesprächspartner filmen, ihn andererseits aber auch bitten, eine Action-Filmszene zu entwerfen und diese zusammen mit seinen Freunden mit Hilfe von selbstgemachten Requisiten zu spielen. Sollte dies nicht gelingen oder zu keinem aussagekräftigen Ergebnis führen, möchte er beim *editing* versuchen, Szenen eines beliebigen Hongkongfilms mit denen der Alltagsrealität seines Protagonisten parallel zu schneiden. Möglicherweise wird keiner der beiden letzten Wege beschritten werden, aber dieses Beispiel zeigt, dass es Ausdrucksmöglichkeiten seitens der Protagonisten, aber auch seitens des Filmemachers gibt, innere Erlebensebenen filmisch anders als „wortlastig" umzusetzen.

Es ist mir bewusst, dass ich bereits an mehreren Stellen meines Beitrags auf filmische Umsetzungsmöglichkeiten angespielt habe, die darauf beruhen, Situationen in eigener Initiative herbeizuführen oder zu provozieren. Manchen LeserInnen mag dies vielleicht als zu „künstlich" oder gar als spielfilmverdächtig vorkommen. Ich möchte in diesem Punkt meine persönliche Haltung nicht verbergen. Ich halte nicht viel vom bloßen „Abfilmen" von Vorgängen und Geschehnissen, die sich gerade vor unserem Auge abspielen. Dies führt nicht nur zur Gefahr von flachen und oberflächlichen Darstelllungen, sondern engt auch das Spektrum ethnologisch relevanter Themen ein, die sich für eine filmische Behandlung eignen. Wie es Manfred Krüger, ein erfahrener Kameramann und Filmemacher, der in das hiesige Projekt involviert ist, einmal treffend auf den Punkt brachte, gibt es einen beträchtlichen Unterschied zwischen „bestellt" und „gestellt". Ich muss nicht ab dem ersten Hahnenschrei darauf lauern, dass ein Dorfbewohner auf sein Feld geht. Ich kann mich durchaus mit ihm einigen, dass er an dem Tag, an dem ich seine Feldarbeit filmen möchte, auch tatsächlich dorthin geht. Sein Gang ist also in gewisser Weise bestellt. Deshalb muss aber seine Arbeit noch lange nicht gestellt sein. Ebenso kann ich experimentelle Situationen herbeiführen, die eventuell geeignet sind, etwas zum Ausdruck zu bringen, was ich in Reinform schlichtweg niemals filmen kann, wie Gefühle, Gedanken, kulturelle Konzepte und dergleichen. Der gesamte von P. Deshayes und mir co-realisierte Film „Naua Huni" basiert auf solch einem Experiment. Wir wollten das Bild des weißen Mannes bei den *Kashinawa*-Indianern zum Thema unseres Films machen. In unseren vorangegangenen Untersuchungen über Identität und Alterität hatten wir uns diesem Bild vornehmlich durch die Analyse der emischen klassifikatorischen Kategoriensysteme und die Untersuchung unterschiedlicher Diskursebenen genähert. Nun aber provozierten wir ein spezifisches Wahrnehmungsereignis, indem wir den *Kashinawa*, die noch nie mit Filmbildern in Berührung gekommen waren, etwa ein Dutzend Filme aus unserer Welt vorführten und ihre Kommentare und Reaktionen während und nach den Vorführungen aufnahmen. Es zeigte sich, dass dieses Vorgehen in besonderer Weise dazu geeignet war, bislang getrennt erschlossene Dimensionen des Fremdbildes (mythologische, eschatologische, historische etc.) ad hoc und gebündelt zum Ausdruck zu bringen.

Abschließend möchte ich zu bedenken geben, dass wir aus einer Wortwissenschaft kommen und von daher bei der Feldforschung Fragen, Gespräche und Interviews allzu leicht als „natürlich" ansehen. Ist es aber nicht auch künstlich, sich einen Ursprungsmythos an einem Stück erzählen zu lassen, wenn wir wissen, dass Mythen in der Regel situativ zur Sprache kommen und meist nur in assoziativ begründeten Fragmenten? Oder war es vielleicht nicht künstlich, als ich meine *Kashinawa*-GesprächspartnerInnen wochenlang mit Fragen über Totengeister und Jenseitsvorstellungen plagte, während sie genug mit Diesseitssorgen beschäftigt waren?

13.4.4 Der editing-Prozess

Auf diese Phase der Filmherstellung werde ich hier nur kurz eingehen, weil sich viele Aspekte nur in der gemeinsamen Schau konkreter Bilder verdeutlichen lassen. Herausstreichen möchte ich allerdings, dass meinen Studierenden der prinzipielle Konstruktcharakter von Filmen in dieser Phase nochmals in besonderer Weise deutlich wurde. Konstruktion ist eng verknüpft mit Selektion. Stundenlanges Filmmaterial muss auf eine bestimmte zeitliche Länge reduziert werden, die Abfolge von Bildern und Bildsequenzen muss entschieden, das narrative Grundmuster, der Rhythmus und dergleichen müssen sorgfältig herausgearbeitet werden, um das, was man in seinem Film zeigen möchte, optimal zu gestalten. Die nervliche Anspannung ist enorm und beginnt bereits mit der Wahl des ersten Filmbildes. Nehmen wir an, dass ein Film die Geschichte eines Mannes erzählen soll, der in einer abgelegenen Gebirgsgegend lebt. In der Fülle des Filmmaterials befinden sich zwei Aufnahmen, die sich gut für die Eröffnung des Films eignen. Die erste ist eine Totale und zeigt die steile Gebirgswelt. Die zweite ist halbnah und zeigt den Protagonisten vor seinem Haus. Welcher Unterschied wird implizit konstruiert, wenn ich den Film mit der Totalen oder der halbnahen Aufnahme beginne? Entscheide ich mich für die erste Möglichkeit, betone ich – etwas überspitzt gesagt – die Bedeutung der natürlichen Umwelt, in dem sich das Leben des Mannes abspielt. Demgegenüber vermittelt die halbnahe Einstellung eine stärker individuumszentrierte Sichtweise. Die Wahl ist also nicht neutral.

Meine Studierenden hatten fast alle große Probleme, den Unterschied zwischen beobachteter bzw. gefilmter Wirklichkeit und filmischer Wirklichkeit nachzuvollziehen. So fanden es viele schwierig, ihre Fixierung auf die realzeitlich-chronologische Entstehung ihrer Filmaufnahmen aufzugeben und zu erkennen, dass filmische Zeit durch Verdichtung von Zeitmomenten hergestellt wird, welche nicht automatisch die Chronologie ihrer Entstehung wiederholt. Die Konstruktion von filmischem Raum warf ähnliche Probleme auf. Ich erinnere mich an den Versuch eines Studenten, den Übergang vom Ende eines Hochzeitsfestes zu der am nächsten Morgen stattfindenden Diskussion der Brauteltern über den Kostenaufwand herzustellen. Er fand aber keine geeigneten Aufnahmen in seinem Material. Als ihm jemand den Vorschlag machte, die Nachtaufnahme eines Hausdaches mit rauchendem Schornstein zu benutzen, geriet er in einen Gewissenskonflikt, weil das abgebildete Dach nicht zum Hause der Brauteltern gehörte. Die Gewissensfrage stellte sich auch bei der Porträtierung von Personen. Selektion und Verdichtung sind auch hierbei die wesentlichen Konstruktionsprinzipien. Die Frage, ob dieses Verfahren einen Verrat an der gezeigten Person darstellt, beschäftigte die Gemüter aufs heftigste. Erst mit fortschreitender *editing*-Erfahrung entdeckten sie, dass die Konstruktionsnotwendigkeiten, die dem Medium Film zugrunde liegen, die beabsichtigte *message* nicht pervertieren, sondern überhaupt erst möglich machen.

13.5 Weiterführende Literatur

Ballhaus, Edmund und Beate Engelbrecht (Hg.)
1995   Der ethnographische Film. Einführung in Methoden und Praxis. Berlin.

Hattendorf, Manfred
1994   Dokumentarfilm und Authentizität. Ästhetik und Pragmatik einer Gattung.
           Konstanz.

Husmann, Rolf (Hg.)
1987   Mit der Kamera in fremden Kulturen. Aspekte des Films in Ethnologie und
           Volkskunde. Emsdetten.

von Keitz, Ursula und Katja Hoffmann
2001   Die Einübung des dokumentarischen Blicks. Marburg.

Kiener, Wilma
1999   Die Kunst des Erzählens. Narrativität in dokumentarischen und ethnographischen
           Filmen. Konstanz.

Mohn, Elisabeth
2002   Filming Culture. Spielarten des Dokumentierens nach der Repräsentationskrise.
           Stuttgart.

Monaco, James
2000   Film und neue Medien. Reinbek.

Radiger, Michael
2000   Dokumentarfilme drehen. Frankfurt/M.

Schändlinger, Robert
1998   Erfahrungsbilder. Visuelle Soziologie und dokumentarischer Film.

Für LeserInnen, die in eigener Initiative praktische Übungen im Sinne des in Abschnitt 2 beschriebenen Lernprozesses durchführen möchten, finden dazu einige Anleitungen in folgendem Werk:

Schult, Gerhard und Axel Buchholz (Hg.)
1997   Fernsehjournalismus. Ein Handbuch für Ausbildung und Praxis, 11–116. Mün-
           chen.

Hans Fischer

14 Dokumentation

14.1 Dokumentation im Feld

Unter *Dokumentation* soll hier ganz wörtlich die Sicherung von Daten der Feldforschung in Dokumenten verstanden werden, ihr Erhalt in Niederschriften, Zeichnungen, Fotos, Filmen, Tonaufnahmen, Computern (zusammengefasst: Feldaufzeichnungen) und in Sammlungen. Es ist der Schritt nach der sinnlichen Wahrnehmung von Tatsachen, der aus der Wirklichkeit erst überprüfbare wissenschaftliche Daten macht, die dann zur Publikation weiter bearbeitet werden können. Die Bezeichnungen in der Literatur sind hierfür nicht einheitlich. Im Englischen wird meist von „fieldnotes" oder dem „ethnographic record" geschrieben. Spradley (1979: 69) verstand unter letzterem etwa „field notes, tape recordings, pictures, artifacts, and anything else which documents the cultural scene under study."

Manches wird im Feld dokumentiert, was tatsächlich nicht (oder nicht bewusst) sinnlich wahrgenommen wurde: Fotos enthalten Einzelheiten, die man gar nicht festhalten wollte, Tonaufnahmen (etwa Mythentexte) lassen sich später auf Fragen untersuchen, deretwegen sie nicht gemacht wurden (etwa Grammatik). Das menschliche Gedächtnis speichert Informationen, die der Untersuchende nicht schriftlich niedergelegt hat, weil sie ihn in diesem Augenblick nicht interessierten, weil er sie nur ganz nebenbei wahrnahm, weil es eher körperliche Erfahrungen waren (wie man ein Werkzeug hält), weil man das nicht schriftlich formulieren kann (ein Gesichtsausdruck) oder weil sich Erfahrung nach und nach ansammelte (etwa die Einschätzung der Reife von Früchten). Manches davon bleibt unbewusste Grundlage der Beurteilung, des Verständnisses dokumentierter Daten. Anderes kann noch nach Jahren, etwa durch bestimmte Anlässe, bewusst werden. Insgesamt aber muss man davon ausgehen, dass die menschliche Erinnerungsfähigkeit äußerst begrenzt ist und erst durch möglichst sofortige und ausführliche Dokumentation die Ergebnisse von Feldforschungen erhalten werden.

14.2 Entwicklungen

Die Möglichkeiten der Dokumentation von Feldforschungsergebnissen befinden sich in zweierlei Hinsicht in rapider Veränderung. Zum einen im Hinblick auf die Bedingungen ethnologischer Felduntersuchungen – zum anderen bezogen auf technische Entwicklungen.

Die *Situation* der Feldforschung wird bestimmt durch den *Gegenstand* der Ethnologie, der von wenig kontaktierten Gemeinschaften in abgelegenen Gebieten der Welt bis zu Menschen in Millionenstädten der Industriegesellschaften reichen kann. Dabei befinden sich alle von Ethnologen untersuchten Gesellschaften in Veränderung, und der „völlig isolierte Stamm" im Innern Neuguineas oder Brasiliens ist längst eine Fata Morgana. Aber noch heute leben Menschen dort und anderswo ohne Strom und fließendes Wasser, ohne Straßenanbindung und ohne Schule; sie sind schwierig zu erreichen, nicht alle sprechen die offizielle Landessprache und mancher hat noch nie eine Kamera, einen Kassettenrecorder, einen Weißen gesehen. Die Forschung mit und unter ihnen ist notwendig anders als die unter Obdachlosen in München oder in einer Berliner Zeitungsredaktion. Im ersten Fall wird zunächst exploratives Vorgehen im Vordergrund stehen, Aufnahme von Basisdaten, Ganzheitlichkeit, langdauernder Aufenthalt, Erlernen der Sprache, Teilnahme und Überwindung von Fremdheit und nicht zuletzt vielleicht Probleme mit Umwelt und Klima. In einer Industriegesellschaft, einer Stadt – eventuell sogar der eigenen – wird sich jede Forschung auf Vorkenntnisse beziehen können, wird stärker problemorientiert sein, thematisch eindeutiger begrenzt. Klimatische, technische, sprachliche Probleme und solche der Fremdheit entfallen oder sind minimiert. Der Unterschied zwischen *Feld* und *Heimat* ist nur noch einer des Aspektes. Feldforschung unterscheidet sich kaum noch von der üblichen Schreibtisch- und Archivarbeit – zumindest nicht, so weit es die hier behandelte Dokumentation der Daten betrifft.

Die andere Seite der Veränderung ist die *technische*: In den 1950er Jahren noch war eine Schreibmaschine bei Feldforschungen in Neuguinea zu viel an

Gewicht, heute kann man auch hierhin einen Laptop mitnehmen. Man braucht keine Trägerkolonnen mehr, um „sein Dorf" zu erreichen, und die Möglichkeiten, den (morgen noch leichteren und kompakteren) Computer zu betreiben, reichen von Strom aus der Steckdose über Autobatterien bis zu Sonnenkollektoren. Man muss sich manchmal erst bewusst machen, dass vor der hier beschriebenen Ausgangssituation der fünfziger Jahre noch schwierigere Zeiten lagen und die Entwicklung von Feder und Bleistift zu Füllfederhalter und Kugelschreiber, zu Durchschreibebüchern und Kohlepapier gar nicht so lange her ist und noch in der Zeit erster ethnologischer Feldforschungen liegt.

Kameras (selbst schon ein Fortschritt gegenüber dem alleinigen Zeichnen früher Reisender) veränderten und verändern sich rapide. Von großen Plattenkameras, die man auf Stative schraubte und deren schwere und zerbrechliche Platten lange belichtet und im Feld entwickelt werden mussten, zu immer leichteren, kleineren, robusteren, „idiotensicheren", die man in die Tasche stecken kann. Bald wird es die chemisch zu entwickelnden Filme nicht mehr geben, aus den Kameras sind Computer geworden. Dasselbe gilt für Filmkameras, und es gilt für die Möglichkeiten der Tonaufnahme, die sich von Walzen über Platten zu Bändern und Kassetten veränderten und zu digitalen Recordern, die ebenfalls leicht und handlich geworden sind.

Das alles bedeutet ganz erhebliche Erleichterungen der Arbeit. Nicht nur physisch, wenn man sich den Feldforscher mit zwei umgehängten Kameras (für Farbdias und Schwarz/Weiß-Negativfilm) und dem Tonbandgerät von 20 kg Gewicht in der Hand vorstellt – neben Notizheft oder Schreibunterlage und Bleistift. Es bedeutet auch Zeitersparnis, wenn man alles nur einmal (und ohne Durchschläge) in den Laptop schreibt, nach Belieben neu ordnen kann und jedes Stichwort sofort wieder findet. Die Massen an Papier für mehrere Durchschläge und das Kohlepapier entfallen außerdem. Und es bedeutet schließlich Möglichkeiten, die man vor wenigen Jahren noch nicht hatte: durch die Videokamera etwa, aber auch durch technische Möglichkeiten der Standortbestimmung und Vermessung.

Wenn allerdings *Teilnahme* in der ethnologischen Feldforschung noch eine Rolle spielen soll, wird man die Nutzung technischer Möglichkeiten unter diesem Gesichtspunkt überlegen müssen. Trennt und entfernt uns nicht ein Mehr an Geräten von den Untersuchten, aus optischen, akustischen oder finanziellen Gründen? Macht sie den Feldforscher zum Geräte-bepackten Kapitalisten? Stört das Geräusch der vielen Maschinen? Lenkt der Aufwand an teurem Gerät ab? Schon Schensul, Schensul und LeCompte (1999:116) warnten sogar vor dem Geräusch des Computers: "Generally, we do not advise using computers in the field for recording observations because the sound of the keyboard is intrusive, and in some settings, new technology may be distracting."

Die folgende Darstellung muss auf beide Aspekte Rücksicht nehmen: auf die Möglichkeiten und Notwendigkeiten unterschiedlicher Forschungsgebiete ebenso wie auf die technischen Veränderungen der Ausrüstung, die manche Probleme immer schneller unwichtig werden und andere entstehen lassen. Ausgegangen wird also jeweils von dem sozusagen „schlimmsten Fall": der Forschung in schwierigen, abgelegenen, wenig entwickelten, technologisch nicht versorgten und noch nicht untersuchten Gebieten, die noch immer der spezifische Gegenstand nur von Ethnologen sind.

Eines sollte man sich aber bewusst machen: Die Prinzipien wissenschaftlicher Arbeit, die Techniken des Notierens und Mitschreibens, von Stichwortnotizen, Abkürzungen und Symbolen, des Ausarbeitens und Umschreibens von Notizen, der Organisation schriftlichen und anderen Materials und selbst des Nachfragens und der Diskussion sind keine anderen als die jeder wissenschaftlichen Arbeit auch außerhalb des Feldes (Beer und Fischer 2008). Was man als Studierende/r in Vorlesungen und Seminaren gelernt und später an Schreibtisch und in Bibliothek weitergeführt hat, das gilt auch bei der Feldforschung. Nicht zuletzt eben auch, dass das alles sehr viel Zeit kostet, auch Zeit „am Schreibtisch". Relativ immer mehr, je länger die Feldforschung dauert und die Daten sich ansammeln. Eineinhalb bis sieben Stunden pro Tag gaben amerikanische Kollegen dafür an (Bernard 2000: 355). Nur wem es zu Hause gelingt, seinen Schreibtisch, seinen Computer und seine Regale überblickbar zu organisieren, dem wird das auch mit seinen Feldforschungmaterialien gelingen.

14.3 Feldaufzeichnungen

Unter *Aufzeichnungen* soll alles verstanden werden, was als Schrift, Zeichnung, Bild oder Ton festgehalten („aufgezeichnet") wird und damit als Dokument später dem Feldforscher und/oder anderen zur Verfügung steht.

Nieder*geschriebenes* macht den größten Teil aller Aufzeichnungen während einer Feldforschung aus. Darunter sind mehrere unterschiedliche Formen zu verstehen, die alle von Bedeutung sind. Technisch gesehen können es handschriftliche, maschinenschriftliche, computergeschriebene oder auf Recorder gesprochene und später umgeschriebene oder umzuschreibende Aufzeichnungen sein. Es können auch die Aufzeichnungen eines anderen – etwa eines Einheimischen – sein, die unter *Sammlungen* behandelt werden. Dass alle Arten von Aufzeichnungen nicht die Wirklichkeit selbst sind (auch Filme nicht), sondern Auswahl und Blickwinkel des Aufzeichnenden, braucht nicht weiter betont zu werden. Aber dies sind die Daten, die von der Feldforschung übrig bleiben, die das Ergebnis darstellen.

Sicherlich wird meist das *Geschriebene* überbetont. Tatsächlich sind viele Notizen Skizzen unterschiedlichster Art: Zeichnungen, Noten und Symbole (etwa die der Genealogie oder Tanznotation). Meine eigenen Notizhefte waren jeweils ein wildes Durcheinander von Schrift, Zeichnungen, Musiknoten, selbst Abreibungen von Mustern und gepressten Pflanzen und Kürzeln unterschiedlichster Art. Das ist übrigens ein Vorteil handschriftlicher Aufzeichnungen gegenüber solchen direkt in den Laptop.

Um welche Art von Notizen und Niederschriften es sich auch immer handeln mag: Datum, Uhrzeit und genauer Ort müssen festgehalten werden. Das gilt auch für Gedächtnisprotokolle (so kurz wie möglich nach dem Ereignis angefertigt), es gilt für Tonaufnahmen (als die man diese Daten vorher oder nachher sprechen kann) und es gilt auch für optische Aufzeichnungen, zu denen man grundsätzlich Notizen machen sollte (Filme nummerieren, Aufnahme nach Filmzählwerk). Datum und Uhrzeit stellen kein Problem dar. Genaue Ortsangaben werden häufig vergessen, etwa: „im Weiler Gabamos", „beim Haus von Gari", „am Bach Moisantson" etc. Es geht also nicht nur um das gezielt aufgenommene Objekt (eine Person, ein Gegenstand, eine Landschaft), sondern um weitere Informationen zum Kontext.

14.3.1 Gedächtnisprotokolle

Weil das menschliche Gedächtnis selektiv und unzuverlässig ist, geht es darum, so schnell wie möglich Informationen, Daten, Gehörtes oder Beobachtetes in anderen Speichern zu sichern. Dennoch bleiben unterschiedlich lange Zeiträume zwischen Beobachtung oder Erfahrung und ihrer Sicherung in Schrift, Ton oder Bild. Es kann sich um Minuten oder Stunden handeln, aber auch um Tage oder sogar Jahre, nach denen das Gedächtnis plötzlich wieder etwas freigibt, was nicht als Dokument niedergelegt worden war. So lange sind es „mental notes" oder „headnotes", die man gespeichert hat (Ottenberg 1990: 144; Emerson, Fretz, Shaw 1995: 19).

Haben sich Menschen daran gewöhnt, dass ein Feldforscher dauernd Notizen macht, kann jemand auch beleidigt sein, wenn man seine Informationen nicht sofort notiert. Hortense Powdermaker (1966: 86f.) schrieb über ihren Aufenthalt in Neu-Irland 1929–30: "The custom of being present and recording in my notebook had been established and if I did not follow it, the people would be offended and think that I did not regard the rite as important."

Sie musste schließlich an viel mehr Begräbnisritualen teilnehmen als sie eigentlich wollte.

Schwieriger (und häufiger) sind Situationen, in denen man nichts notieren *kann*: aus Gründen der Teilnahme etwa (wenn der Untersuchende selbst mit auf Jagd ist oder beim Hausbau hilft), aus Gründen der Pietät (bei einer

Beerdigung), aus praktischen Gründen (weil man vielleicht mit Kamera und digitalem Recorder völlig ausgelastet ist) oder weil man eine Situation persönlicher Unterhaltung nicht stören will. Vertrauliche Informationen werden häufig nur gegeben, wenn und unter der Voraussetzung dass sich der Ethnologe nichts aufschreibt. Vorschläge, heimlich mit einer Hand in der Hosentasche Stichworte auf einen kleinen Block zu kritzeln (Sturtevant 1959), halte ich für eher komisch. Hier bleibt nur das Gedächtnisprotokoll, die nachträgliche Niederschrift des Erinnerten. Sie muss so schnell wie möglich nach der Situation erfolgen. In solchen Fällen hat sich die Benutzung eines Diktaphons oder anderen Aufnahmegerätes als praktisch erwiesen. Sprechen geht schneller als Schreiben. Nach stundenlangen, manchmal den ganzen Tag ablaufenden Ereignissen (einer Initiation etwa) bleibt oft nichts anderes übrig, als wenigstens Stichwörter zwischendurch (in städtischer Umgebung etwa auf der Toilette) oder danach niederzuschreiben oder zu sprechen, die man in einem zweiten Schritt später umschreibend erweitert. Und eben das ist eine der Notwendigkeiten aller Notizen: Sie müssen als Texte auch später verständlich sein, wenn man sich nicht erinnert und Stichwörter längst nicht mehr zusammenreimen kann.

14.3.2 Feldnotizen

Feldnotizen im engeren Sinne sind Aufzeichnungen, die man direkt, im Augenblick der Beobachtung oder Befragung, der Unterhaltung oder Teilnahme macht. Es sind Notizen, die nicht das Ergebnis formaler Interviews oder systematischer Beobachtung sind, mit Fragebögen oder vorgegebenen Beobachtungskategorien. Es ist alles das, was unerwartet, ungeplant und ungeordnet niedergeschrieben wird. Das, wofür die meisten Feldforscher ein kleines Notizheft immer bei sich tragen. In dem findet sich dann die Bemerkung, dass man auf dem Weg zum übernächsten Gehöft die Markierungen des Kinderspiels „Himmel und Hölle" im Boden gesehen hat; dass der Nachbar im Vorbeigehen sagte, jemand habe seine Betelnüsse geklaut; meine eigene plötzliche Erinnerung, dass ich nach der Bedeutung des Wortes *ufir* fragen muss oder morgen an diese Stelle zurückkehren sollte, weil mir die Farbe des Bodens auffiel. Hortense Powdermaker schrieb (1966: 61):

"Nothing was too small to escape my notebook: how women held their babies; the way two adolescent boys walked with the arm of one thrown casually around the shoulders of the other; a man putting powdered white lime on his hair to cleanse and beautify it, and so ad infinitum."

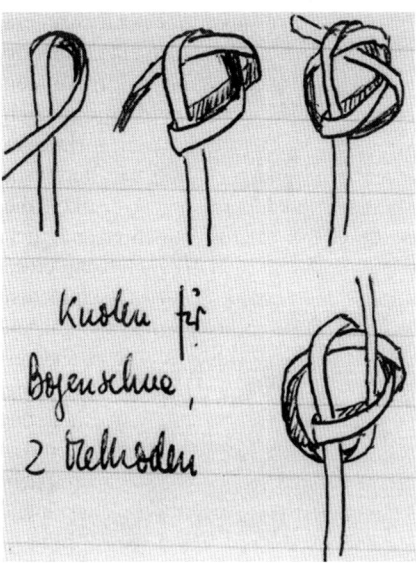

Abbildung 1: Skizze in Feldnotizen (Knoten für Bogensehnen). Lower Watut, Neuguinea 1958.
(s. a. Fischer 1963: Fig. 18)

Film No: 6 CUT 18 App. I

1	21/5/17	Bentsen Hans Josef	[illegible]	60/2,8
2	22/5/10	[illegible]	Junge mit Blattmundtrommel	125/8
3	" /14	"	selbst beim Baden	"
4	/16.30	"	Frauen bei Schmuckherstellung	60/2,8
5	"	"	"	"
6	23/5/8	"	Kämpfende Hähne	125/4
7	"	"	"	.
8	"	"	"	/5,6
9	23/5/11	"	Steine auf Tisch erhitzt Erdofen	125/8

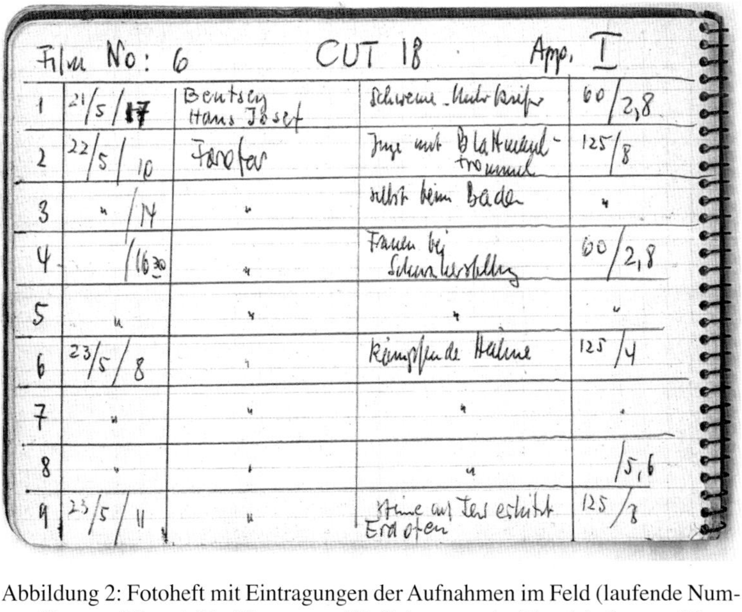

Abbildung 2: Fotoheft mit Eintragungen der Aufnahmen im Feld (laufende Nummer/Datum+Uhrzeit/Ort/Gegenstand/Belichtungszeit+Blende). Lower Watut, Neuguinea 1958.

Feldnotizen wird man in dieser Form nicht aufbewahren, sondern entweder in entsprechenden Zusammenhängen als Reinschrift umschreiben oder (wenn es solche Zusammenhänge nicht gibt), in das Tagebuch eintragen.

In den englischsprachigen Einführungen und Handbüchern wird unter „field notes" oder „fieldnotes" alles verstanden, was im Feld niedergeschrieben wird. Die Bedeutung von *Feldnotizen* ist hier also eingeschränkter. Es ist das, was englisch gelegentlich als „jottings" oder „scratch notes" bezeichnet wird (Bernard 2000: 357f.), bei Spradley (1979: 75) als „condensed account". Ein ganzes Vokabular für „fieldnotes", von „headnotes" über „scratch notes", „descriptive field notes" bis zu „journals and diaries" findet sich bei Sanjek (1990b).

14.3.3 Sachnotizen

Es kann sich als nützlich erweisen, für bestimmte Sach- oder Problembereiche weitere und andere Schreibmaterialien bei sich zu haben. So benutzte ich kleine Ringhefte für Fotos und für Bandaufnahmen. Allerdings war das zu einer Zeit (in den fünfziger bis siebziger Jahren), als es noch auf fast jedes Gramm Gewicht in einem sehr abgelegenen Gebiet ankam. Deshalb schrieb ich diese Notizen nicht später um. Es scheint mir heute sinnvoller, solche Daten in das eine Notizheft zu schreiben und sie abends in spezielle Dokumente im Laptop einzugeben. Längere Beobachtungen oder Befragungen sollte man allerdings weiterhin von anderen Notizen getrennt und zusammenhängend niederschreiben (oder in ein Diktaphon sprechen).

14.3.4 Protokolle und Formulare

Bei längeren und meist vorher abgesprochenen Befragungen oder Beobachtungen zu bestimmten Themen – etwa zur Grammatik, zu Genealogien oder zum Hausbau – wird man zur Niederschrift eher größere Formate von Papier (DIN A4) auf praktischen Unterlagen (Klemmheftern) verwenden. Bei systematischer Beobachtung, Zensusaufnahmen, vergleichenden Vokabelaufnahmen nach den 100- oder 200-Wörterlisten von Swadesh oder bei Tests wird man mit vorgefertigten Beobachtungsbögen, Formularen oder auszufüllenden Listen arbeiten, bei Vokabelaufnahmen eventuell auch mit Karteikarten. Mit den zunehmenden Möglichkeiten von Laptops, ihrem immer geringeren Gewicht (und natürlich in „zivilisierten" Forschungsgebieten) kann man auch solche Protokolle immer häufiger direkt in den Computer schreiben.

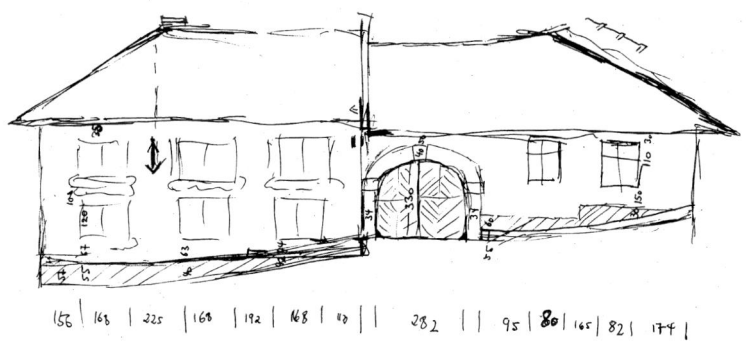

Abbildung 3: Skizze eines Gehöftes in Feldnotizen. St. Leonhard, Oberösterreich 1985.

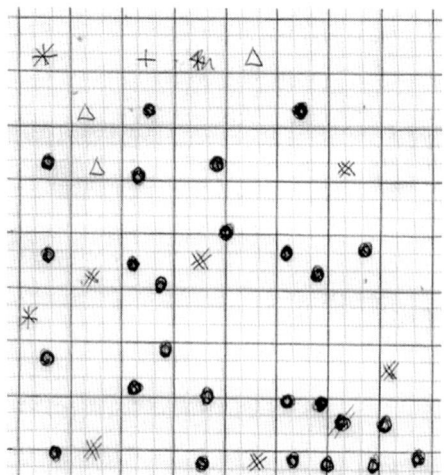

● Banane

✳ Taro Kongkong

✺ Taro

+ Zuckerrohr

△ Arecapalme

Abbildung 4: Skizze der vermessenen Verteilung von Pflanzen in einem Garten (Ausschnitt). Wampar, Papua-Neuguinea 1988.

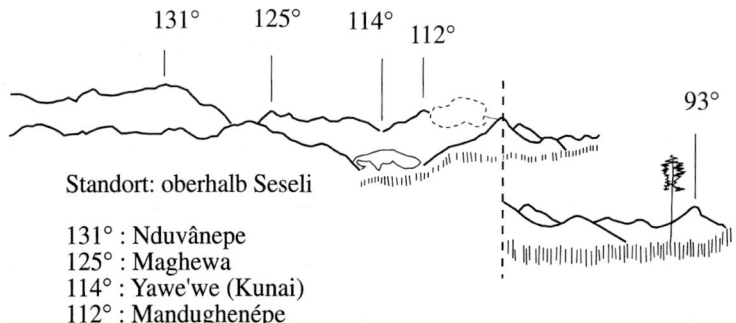

Standort: oberhalb Seseli

131° : Nduvânepe
125° : Maghewa
114° : Yawe'we (Kunai)
112° : Mandughenépe

Abbildung 5: Skizze und Kompassmessungen (Reinzeichnung) des Panoramas um Seseli, Banir River, Neuguinea 1958.

14.3.5 Textaufnahmen

Eine besondere Form stellen Textaufnahmen dar. Ein Erzähler spricht im Idealfall einen Text in seiner Sprache. Auch die Möglichkeit, ihn direkt nach Diktat niederzu*schreiben*, kann und sollte man nutzen, vorausgesetzt, man hat bereits Grundkenntnisse dieser Sprache. Das gilt besonders dann, wenn es sich um nur kurze Feststellungen, Beispielsätze zur Grammatik, Darstellungen von Normen und Sitten oder um Formulierungen handelt, die bestimmte Ausdrücke in einen Zusammenhang stellen sollen. Dabei sind sofortige Zwischenfragen und Erläuterungen zu einzelnen Wörtern möglich. Ich habe selbst solche Aufnahmen intensiv genutzt und fand die Kommunikation direkter und fruchtbarer als bei der Aufnahme langer Texte mit Bandgerät. (Fischer 1975: 40ff.)

Längere Texte (etwa Erlebnisberichte) und vor allem solche von standardisierten Erzählungen (etwa Mythen) wird man in jedem Fall mit Kassettenrecorder oder digitalem Recorder aufnehmen. Diese Situation kann variieren. Ein Text wird eventuell nicht speziell für die Aufnahme gesprochen: eine Predigt, eine Wahlrede, eine Vorlesung, eine Anklage. Deutlich wird, dass der Übergang zur aufgenommenen Gesamtsituation fließend ist, fließend vor allem im Hinblick auf die klare Abgrenzbarkeit einer einzelnen sprachlichen Äußerung und von *Text* überhaupt: Diskussionen in einer Versammlung, die Unterhaltung zweier Personen, eine Verhandlung vor Gericht, Verkaufsgespräche, Streit eines Ehepaares, begeistertes Geschrei von Fußballfans – die Aufnahmen werden immer komplexer, werden immer schwieriger zu verstehen.

Die zuletzt genannten Möglichkeiten wird man erst nach intensiverer Kenntnis der jeweiligen Sprache nutzen. Am Anfang stehen einfache, von nur einer Person gesprochene Texte, die man dann auch noch bitten kann, langsam, vielleicht mit Pausen und nicht zu leise zu sprechen. Bei den Wampar in Neuguinea erreichte ich sogar, dass ein Informant satzweise abwechselnd auf Wampar und auf Pidgin sprach. In anderen Fällen gelang das mit zwei Erzählern, also direkter abschnittweiser Übersetzung.

Hier gab es andere Probleme, nämlich solche der Situation: Wer darf dabeisitzen, wer darf das hören? Ändert der Erzähler seinen Vortrag und seinen Text, wenn Frauen, wenn Kinder dabei sind? Die Tatsache von Publikum allein schien mir die Erzähler lebhafter und ausführlicher werden zu lassen. Ich hätte gern Gestik und Mimik ebenfalls aufgenommen, auch die Reaktionen der Zuhörer. Andererseits wollte ich aber auch wissen, ob andere Leute diesen Mythentext kannten, wie sie ihn erzählten, und sie sollten ihn hier nicht zur Auffrischung mithören.

Mit der Aufnahme ist es nicht getan. Der nächste Schritt ist die Übertragung des Gesprochenen, also die phonetische bzw. phonematische Umsetzung in einen geschriebenen Text. Das kann aber erst geschehen, wenn man sich für eine Schreibweise dieser Sprache entschieden hat oder bereits eine vorliegt. Ich habe dann erlebt, dass der berühmte Erzähler von Mythen absolut keine Lust hatte, mir den aufgenommenen Text nun auch noch Satz für Satz und Wort für Wort nach Anhören der Aufnahme zu wiederholen, damit ich ihn niederschreiben konnte. Das war offenbar unter seiner Würde, vor allem aber langweilig. Dafür musste ich jüngere Leute beschäftigen, die diese Texte nicht mehr kannten und an ihnen interessiert waren.

Erst für den dritten und vierten Schritt fand ich dann einen begeisterten Helfer: für das Übersetzen des nun übertragenen Textes und die grammatischen und lexikalischen Erläuterungen des Gesprochenen. Manuel war darin eine Besonderheit (und andere sind in anderem die Besonderheiten, wie man erst nach längerem Kontakt erkennt).

Mit dem fünften und letzten Schritt muss man wieder zurück zum Erzähler. Mit der Bitte um Erläuterungen, mit Verständnisfragen. Das konnten in meinen Untersuchungen die Jüngeren eben nicht. Mythen waren nur noch den Älteren bekannt, und die konnten mir etwa die nicht genannten Namen in der Erzählung ergänzen, die Orte genauer identifizieren, Begründungen für das Verhalten der Personen der Handlung geben: Spezialisten, so wie sich für das Übertragen, das Übersetzen, die grammatischen Erläuterungen eben auch Spezialisten fanden (Fischer 1994).

Ein in sehr fremden Kulturen relativ selten möglicher Typ von Tonaufnahmen ist die Aufzeichnung eines ganzen Interviews, samt eigenen Fragen. Dafür ist die Beherrschung der jeweiligen Sprache Voraussetzung und eigentlich auch schon Kenntnis des kulturellen Hintergrundes. Anders wären sinnvolle Fragen nicht möglich. Immerhin ist ein solches Verfahren aber auch bei bestimmten Forschungsthemen anwendbar, bei denen der Untersuchende immer dieselben, vorher mit anderen Informanten sorgfältig ausformulierten Fragen stellt. Eine Art Fragebogen, der nicht handschriftlich, sondern akustisch ausgefüllt wird. Ich bin bei der Untersuchung der Arbeitsteilung bei den Wampar schon früh so vorgegangen, obgleich ich weder Sprache noch Kultur perfekt beherrschte. Aber einige Frauen sprachen noch kein Pidgin, und ich wollte ihre Meinung ohne daneben sitzenden Mann hören. Die aufgenommenen Antworten konnte ich später wiederum mit Informanten übertragen, übersetzen und kommentieren lassen.

Wichtig ist die Feststellung, dass bloße Tonaufnahmen von Texten ohne Übertragung, Übersetzung und Erläuterung geringen Wert haben, wenn der jeweilige Feldforscher die Sprache (und die Kultur) nicht fast vollkommen beherrscht. Anderseits ist der Umgang mit ihnen, der Zugang zur Kultur über Texte einer der fruchtbarsten überhaupt. Dass es ein sehr zeitaufwendiges Vorgehen ist, wird aus der Darstellung deutlich. Die Angabe, man brauche sechs bis acht Stunden zur Übertragung einer Bandaufnahme von einer Stunde (Bernard 2000: 355), ist vage und zu knapp. Denn mit der bloßen Verschriftlichung einer Tonaufnahme ist es ja nicht getan.

14.3.6 Reinschrift

In ungünstigsten Forschungsgebieten, in denen alles von Hand geschrieben werden muss, bleibt nichts anderes übrig, als auch die Notizen aus den Notizheften sorgfältiger, lesbarer und ausführlicher – meist am Abend – umzuschreiben (Spradley 1979: 75: „expanded account"), nach Themen und Sachgebieten geordnet. Ein System von Kodierungen, von Verweisen, Hervorhebungen, Anmerkungen am Rand, einem Index kann die Übersicht ermöglichen. Dasselbe gilt im Prinzip für eine Umschrift mit Schreibmaschine. Dass man allerdings jeweils sechs Durchschläge anfertigen sollte, wie das ein amerikanischer Kollege vorschlug, scheint mir doch leicht übertrieben. Schon wegen des gewaltigen Verbrauchs an Papier und Kohlepapier. Nach einem Jahr hatte er nach eigener Angabe mit seinem System jedenfalls über 5.000 Seiten (ohne Durchschläge), „filed in a large number of file boxes" (Williams 1967: 38).

Ältere Forschungen Anfang des zwanzigsten Jahrhunderts nutzten Durchschreibhefte mit Kohlepapier, um wenigstens eine Kopie aller Notizen zu haben. Diese Kopien konnten neben der Einordnung in unterschiedliche Zusammenhänge auch anderen Zwecken dienen. So erhielt während der Hamburger Südsee-Expedition von 1908–10 der Expeditionsleiter die Kopien von den anderen Wissenschaftlern zur Kontrolle (Fischer 1981). Kopien können auch heute noch zur gegenseitigen Information zwischen mehreren Mitgliedern eines Vorhabens dienen, zur Information des Betreuers zu Hause

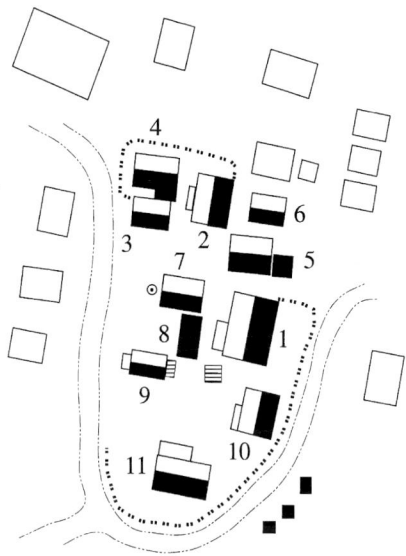

Abbildung 6: Plan des Haushalts Dare (Reinzeichnung). Wampar, Papua-Neuguinea 1993. (s. a. Fischer 1996a: Fig. 5)

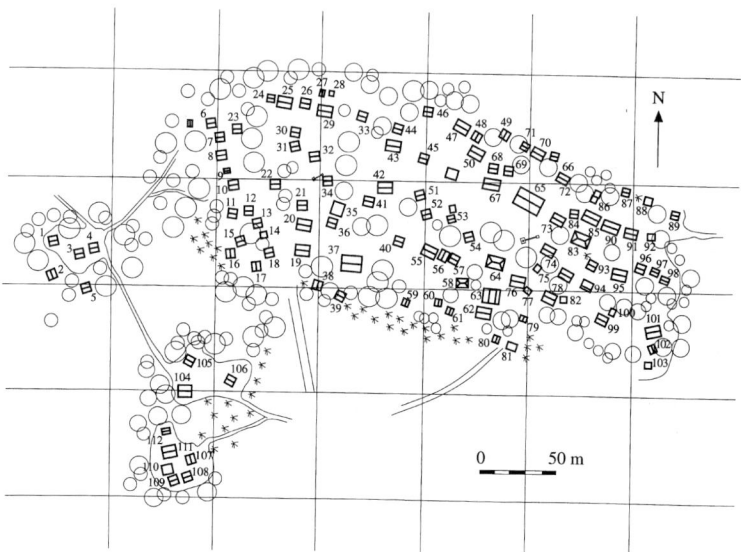

Abbildung 7: Plan des Dorfes Gabsongkeg (Reinzeichnung). Wampar, Neuguinea 1971. (s. a. Fischer 1975: Karte 4)

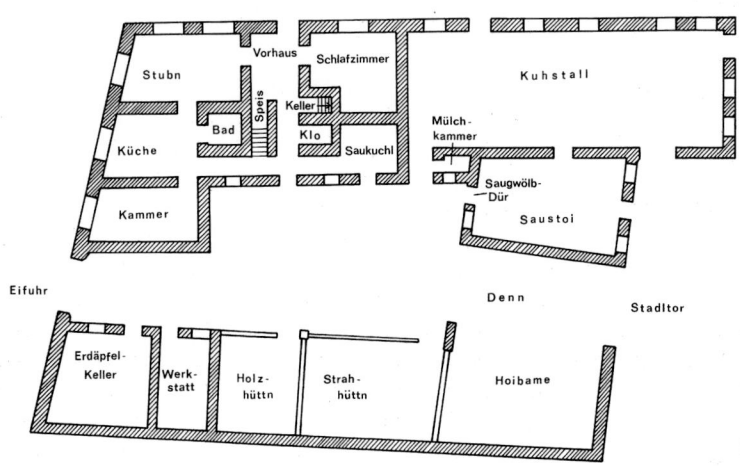

Abbildung 8: Plan eines Gehöftes (Reinzeichnung). St. Leonhard, Oberösterreich 1985.

und nicht zuletzt als an anderer Stelle aufbewahrte Sicherheitskopien für den Fall von Verlust.

Eine besonders zeitsparende Methode der Reinschrift fand Hortense Powdermaker schon während Forschungen in den Jahren 1946–47. Allerdings fanden diese Forschungen in Hollywood statt, sie konnte während Interviews keine Notizen machen und sprach Gedächtnisprotokolle sofort danach in ihrem Auto in ein Diktaphon. Eine Sekretärin schrieb später alles ins Reine (Powdermaker 1966: 215). Eine Methode, die vielleicht nicht bei jeder Feldforschung außerhalb Hollywoods zu nutzen ist.

Insgesamt gilt, dass späteres Umschreiben, eine Reinschrift – selbst wenn sie wieder nur handschriftlich ist – unbedingt notwendig und immer von Vorteil ist: für Lesbarkeit, ausführliche zusammenhängende Formulierungen, sinnvollere Anordnung und vor allem Durchdenken des Materials und die Planung von Ergänzungsfragen. *Reinschrift* bedeutet vielfach übrigens auch *Reinzeichnung*, also Umzeichnen der ersten Skizzen von Dorfanlage oder Panorama, Objekten oder Mustern. Dieses spätere Aufarbeiten und Ordnen gilt auch für die Arbeit mit Laptop. Und noch etwas ist auch bei ausgefeilter Technik unabdingbar: Man muss seine Aufzeichnungen im Feld immer wieder einmal nachlesen, um sich zu erinnern und auf Widersprüche und Probleme zu stoßen.

14.3.7 Tagebuch

Tagebücher sind Gegenstand der Forschung (wenn man sie von anderen bekommen kann), und sie sind eines der wichtigsten Hilfsmittel in der Feldforschung. Ob man handschriftlich in gebundene Bücher schreibt oder in den Computer, ist dabei sekundär. Der Unterschied ist einer der Lesbarkeit und des Wiederfindens relevanter Informationen.

Das Tagebuch wird man meist am Abend schreiben, ebenso wie die Reinschriften. Die Grenzen zwischen beiden Formen sind fließend. So haben manche Kollegen das persönliche Tagebuch vom wissenschaftlichen unterschieden. Mit der Benutzung des Laptops löst sich das Problem. Man sollte alles niederschreiben, was einem gerade einfällt: Tagesablauf und Tagesereignisse, Ärger mit anderen, die Wetterlage, Ideen zu theoretischen Aspekten, durchgeführte Arbeiten, Fragestellungen, die man verfolgen könnte, persönliche Befindlichkeit, Sorgen um die Gesundheit, etc. Mit dem Computer kann man das später problemlos wieder auseinander pflücken. Und selbst das handgeschriebene Tagebuch lässt sich am Rand jeder Seite mit Stichwörtern oder Zeichen versehen, die die unterschiedlichen Themen erkennen lassen. Ich habe meine bis in die neunziger Jahre handschriftlich geführten Tagebücher nach der Feldforschung umgeschrieben – mit Schreibmaschine und später Computer – und erst dann die einzelnen Bereiche auseinander geschnitten bzw. getrennt.

Tagebücher dienen mehreren Zwecken. Zum ersten und wichtigsten sind es Möglichkeiten, seine Wut und Frustration, seine unerfreulichen Neigungen oder Hoffnungen niederzuschreiben (statt sie an den Untersuchten auszulassen). Denn Feldforschung bedeutet häufig auch Einsamkeit und Trennung, Misserfolg und Krankheit, vielleicht sogar Angst und Hoffnungslosigkeit. Die Feldforschung kann beruflich von großer Bedeutung sein, und die Verantwortung gegenüber anderen Menschen, den Untersuchten, kann den Untersuchenden erheblich belasten. Tagebücher sind einerseits etwas ganz Persönliches. Man kann deshalb sehr unterschiedlicher Meinung darüber sein, ob Malinowskis Witwe das Recht hatte, seine Tagebücher zu veröffentlichen. Sie geben andererseits die Bedingungen, unter denen Daten entstanden, erst annähernd verstehbar wieder und sind deshalb eine der wichtigsten Grundlagen für Quellenkritik. Tagebücher sind aber auch eine Möglichkeit, sozusagen wissenschaftlich unverantwortlich zu spekulieren, Ideen frei zu entwickeln, sich selbst Fragen zu stellen und Isoliertes erst einmal festzuhalten.

Amerikanische Lehrbücher unterscheiden noch zwischen einem „diary", was dem *Tagebuch* als persönlicher Niederschrift entspricht, und einem „log" oder „journal". Das sollte ein gebundenes Buch sein, in dem geplanter und tatsächlicher Ablauf jedes Tages (auf gegenüberliegenden Seiten) und etwa Geldausgaben eingetragen werden. Inzwischen gibt es auch Programme dafür

(Bernard 2000: 358ff.). Ob man diese immer weitergehende Trennung von Feldaufzeichnungen will, muss jeder nach Erfahrungen bereits am eigenen Schreibtisch für sich selbst entscheiden. Das gilt auch für die Frage, ob man „methodologische", „deskriptive" und „analytische" Aufzeichnungen voneinander trennen will, wie das gelegentlich vorgeschlagen wird.

14.3.8 Vorlagen zur Weiterarbeit

Manche Arbeitsvorlagen wie Fragebücher, Formulare für Zensusaufnahmen etc. werden bereits zur Feldforschung mitgebracht. Aber die Vorlagen für die tägliche Arbeit müssen aus Notizen, Reinschriften und Tagebucheinträgen jeden Abend neu entwickelt und als Stichwortliste niedergeschrieben werden. Diese Liste sollte man in das tägliche Notizheft eintragen. Dort würde also stehen, mit welchen Personen man noch worüber sprechen möchte, die Bedeutung welcher Wörter man noch klären will, was wo am heutigen Tag geschehen soll, welchen Kranken man besuchen wird usw. Solche Listen unterscheiden sich nicht von dem, was man auch zu Hause und im Zusammenhang der alltäglichen Arbeit anfertigt und „abarbeitet".

14.3.9 Verwendete Sprachen

Gerade dann, wenn die Ruhe oder Zeit für ausformulierte Niederschriften fehlt, wird man Kürzel, Abkürzungen, Zeichen oder Symbole verwenden. Damit sollte eigentlich jeder während des Studiums ausreichend Erfahrungen gemacht und vielleicht für sich ein eigenes System solcher Zeichen entwickelt haben. Vor einer ersten Feldforschung kann man sich seine Aufzeichnungen und Exzerpte ansehen und überlegen, was davon im Feld zu verwenden ist. Je nach Thema und untersuchtem Problem kann man dann eine Reihe solcher Abkürzungen und Symbole festlegen. Manche sind allgemein bekannt (etwa: * für „geboren", † für „gestorben"), andere in der Ethnologie allgemein gebräuchlich (etwa Δ für „männlich", O für „weiblich"), wieder andere kann man problemlos bestimmen, etwa *M*, *Mw* und *Ow* für die Namen von Klans ("Montar", „Moswarang", „Orogwangin"); *Hz*, *Bmb*, *Wbl* für „Holz", „Bambus", „Wellblech" bei der Untersuchung materieller Kultur.

Geht es hierbei um Zeichen und Abkürzungen in der eigenen Sprache, bleibt die Frage, ob man überhaupt oder nur diese Sprache benutzt. Es zeigt sich, dass Feldforscher im Laufe der Zeit zunehmend auch in der Sprache der Untersuchten notieren. Nicht nur, um wörtliche Aussagen festzuhalten, etwa in der Weise: „Er sagte, Y sei ein *ngaeng faring*." Eine direkte Aussage in der Sprache der Wampar (Papua-Neuguinea), ein bestimmter Mann sei ein „großer

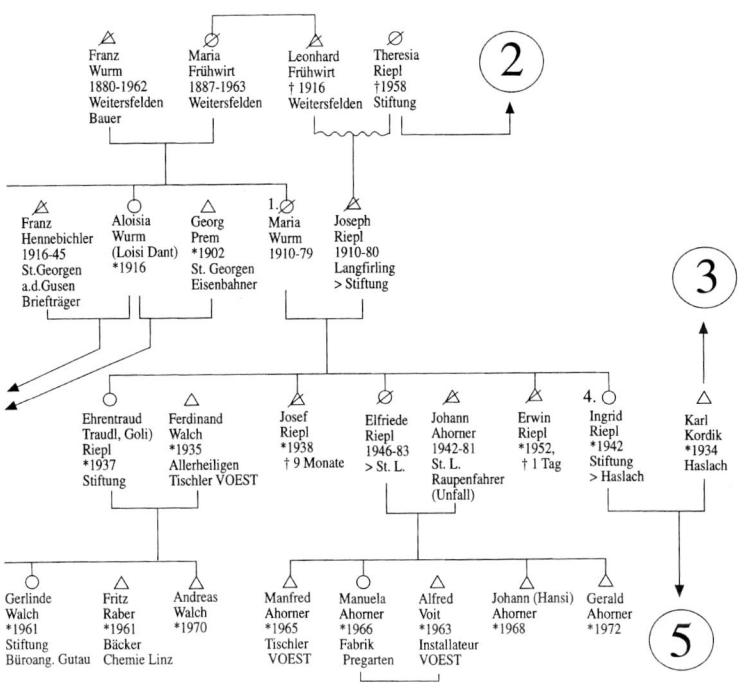

Abbildung 9: Ausschnitt aus der Genealogie der Familie Kordik. St. Leonhard, Oberösterreich 1985. (Vollständige Genealogie siehe Fischer 1996b: Abb. 22, 24, 25)

Mann". Aber die Formulierung *ngaeng faring* ist eben mehr, mehrdeutiger und vielsagender als nur „großer Mann" und deshalb im Forschungszusammenhang genauer.

Man neigt mit der Zeit auch dazu, in seine Niederschriften fremdsprachige Ausdrücke oder Formulierungen zu bringen, die nicht als wörtliche Aussage gemeint sind, aber dem Tenor der Unterhaltung näher stehen. So notierte ich etwa: „Die meinten, dass das alles bloß wieder *tok nating* sei." Ich hatte mich mit einigen Männern auf Pidgin unterhalten, die zu einer bestimmten Angelegenheit meinten, das sei bloß wieder dummes Geschwätz, leeres Gerede, nicht zutreffend. *Tok nating* gibt das alles wieder. Ich weiß aber nicht, ob der Ausdruck direkt gefallen ist. Man beginnt mit der Zeit sogar in den Ausdrücken seiner Umgebung zu denken. Ganz besonders, wenn das mit bestimmten Haltungen verbunden ist. Im Pidgin unübertrefflich ist *maski* – etwa „egal,

schadet nicht, kanns nix machen, gahnich um kümmern" – ein Wort, das man
samt damit zusammenhängender Einstellung mit der Zeit so häufig wie die
Einheimischen verwenden. James P. Spradley (1979: 71) beschreibt, dass er bei
der Untersuchung von *tramps* in den USA neben der Sprache des Untersuchenden (also seiner eigenen) die der Nichtsesshaften, die Sprache der Gerichtssäle
und die des Behandlungszentrums für Alkoholismus verwendet hat.

Bei längeren Feldaufenthalten werden die Formulierungen in der einheimischen Sprache, mit der man monatelang täglich umgeht, immer länger. Es
werden Sätze und ganze Absätze. Das schadet keineswegs, ist eher von Vorteil,
wie das erste Beispiel zeigte. Nur für einen Aspekt ist es negativ: wenn andere
das Material eventuell nutzen sollen oder müssen.

Nur erwähnt sollte noch werden, dass es außer um Sprachen auch um
unterschiedliche Schriften gehen kann. Gemeint sind damit nicht nur andere
Alphabete (wie das Griechische oder Russische) und Arten von Schriften
(wie die chinesische). Gemeint sind auch Notationen, die zum Beispiel in
der Musik- oder Tanzethnologie gebraucht werden, also die Notenschrift und
Tanznotationen.

14.4 Briefe

Ob an Verwandte oder Freunde, Kollegen oder Betreuer geschrieben, Briefe
sollten in Kopie aufbewahrt werden. Falls das in ungünstigen Situationen (nur
Handschriftliches) nicht möglich sein sollte, kann man die vorhersehbaren
Empfänger bitten, Briefe aufzubewahren und sie nach der Forschung zum
Kopieren zur Verfügung zu stellen. Man neigt im Allgemeinen dazu, nichts
mehrfach ganz gleich zu schreiben, also etwa in das Tagebuch dieselben Sätze
wie in einen Brief. Deshalb finden sich dann in Briefen eventuell Bemerkungen, die in den Feldaufzeichnungen nicht enthalten sind.

14.5 Skizzen, Zeichnungen, Pläne

Noch die Hamburger Südsee-Expedition 1908–10 hatte ganz selbstverständlich
in jedem der beiden Jahre einen Zeichner bzw. eine Zeichnerin als Teilnehmer.
Aber auch ethnologische Veröffentlichungen der letzten Jahre enthalten noch
Zeichnungen: Gegenstände der materiellen Kultur, schematische Darstellungen, Hauskonstruktionen, Ornamente, Dorfpläne, Kartenskizzen.

Es sind unterschiedliche Notwendigkeiten, die Zeichnungen in der Feldforschung oder den Veröffentlichungen daraus noch immer erforderlich ma-

A			Gabsongkeg 2000	Pupuafin, Nugagar			
■	+	▲	**Afef - Abel** (Mpo) [9113] Heiler	1937	+	–	Omot -Atao Garafu
	= 1	O	**Ngangkoa - Rut** (F) [21210] † bei Geburt	1938-73	+	–	Apin-Abram
	–	▲	Gari-Ruben	1956	+	=	> Ngasa- wapum
	–	Δ	Tsamun-Manoa	1958-99	+	=	
	–	▲	Waref-Michael	1963	+	=	
	–	●	Dzeag-Aboasu	1964	+	=	George (Pindiu)
	–	▲	Dare-Darius	1966	+	=	
	–	Δ	-Por	1967-67			
	–	●	Rosi	1968	+	=	Rarub-Set (M)
	–	▲	Barob-Jonatan	1969	+	=	
	–	Δ	Apin-Abram	1973-73			
■	= 2	●	**Amburang** (Boana); war verheiratet, 3 Kinder aus früherer Ehe:				
		●	Dorothy (Boana) Tochter aus früherer Ehe		+	=	Narokini (Erap)
		●	Sabet (Boana) Tochter aus früherer Ehe		+	=	Wasa (Mw)
		▲	Pita (Boana) Sohn aus früherer Ehe		+	=	
f			**Teilhaushalt**: Narokini (Erap), s. Dorothy				

Abbildung 10: Ausschnitt aus dem Zensus 2000 des Dorfes Gabsongkeg. Haushalt von Afef-Abel. Die erste Zeile gibt den Typus des Haushalts an (A), Dorf und Aufnahmejahr (Gabsongkeg 2000), Siedlungsplatz (Pupuafin, Nugagar). Die Spalten geben die derzeitige Zugehörigkeit zum Haushalt an (■), die Beziehung zum Haushaltsvorstand (+, =, −), Geschlecht und Lebendstatus (etwa: ▲ Mann, lebend, O Frau, verstorben), alte und christliche Namen und Klanzugehörigkeit in Abkürzungen (etwa Mpo = Mporenan), die genealogische Nummer [9113], Geburts- und Todesjahr, Verweis auf anderen Haushalt (+), Beziehung dazu (− Vater), Name dieses Haushaltsvorstands. (Zu Zensusaufnahmen siehe Fischer 1975: 358ff.; 1997)

chen: die Möglichkeit oder Unmöglichkeit, überhaupt etwas optisch anders zu dokumentieren; die begrenzten Möglichkeiten der Fotografie, finanzielle Bedingungen (Zeichnungen sind billiger zu drucken als Fotos) und schließlich unverändert adäquateste Darstellung durch Zeichnungen (Schemata, Pläne, Karten). Für die Feldforschung ist – sicherlich unterschiedlich nach Fragestellung und Situation des Gebietes – eine gewisse Erfahrung im Skizzieren und Zeichnen noch heute nützlich und teils notwendig. Das betrifft nicht mehr Landschaft, Menschen, Dörfer und Gegenstände im Allgemeinen. Es betrifft aber noch immer Panoramaskizzen, Pläne und Karten (selbst wenn das Gebiet noch so gut kartografisch erfasst ist), Schemata und Konstruktionen, die mit der Fotografie nicht erfasst werden können (Crane und Angrosino 1974: 28ff; Trotter und Schensul 1998: 713f.; Aldenderfer und Maschner 1996; Barsch und Billwitz [Hg.] 1990).

14.6 Archivierung

Wo bleiben die Sicherheitskopien von Feldforschungsmaterialien, wo bleiben nichtveröffentlichte Daten, Negative, Tonbänder, wo bleiben derartige Nachlässe verstorbener Kollegen? Die meisten Institute, Bibliotheken und Museen haben Archive, in denen neben anderen Materialien gelegentlich auch Feldforschungsnotizen, häufiger Fotos, Filme oder Tonaufnahmen aufbewahrt werden. Es gibt einige Institutionen, die systematisch Tonmaterial von Walzen bis zu Kassetten archivieren – etwa das Berliner *Phonogramm-Archiv* – oder solche, die eher regionale Materialien sammeln, etwa das *Melanesian Archive* an der *University of California*, San Diego. Ein zentrales oder auch nur allgemein bekanntes Archiv für Feldaufzeichnungen gibt es (noch) nicht. Dewalt, Dewalt und Wayland (1998: 272) schrieben dazu: "Although anthropologists once deposited copies of their field notes in libraries for other researchers to consult, this practice is unfortunately being lost." (siehe auch Ottenberg 1990: 152ff.; Sanjek 1990d: 336; Whiting und Whiting 1970: 292).

Das hier aufgegriffene Problem ist zunächst eines der Verwendung von Feldforschungsdaten durch andere als den Feldforscher selbst. Zum Ersten würde ein solches Ziel bedeuten, dass die Daten in einer Form vorliegen müssen, die sie für andere überhaupt verwendbar macht. Das betrifft nicht nur die Handschrift, sondern auch Abkürzungen und Symbole und die Verwendung verschiedener Sprachen. In dem oben beschriebenen Prozess mehrfachen Umschreibens ist auch die Frage, welches Stadium in diesem Prozess soll oder muss aufbewahrt und sollte archiviert werden? Weiter: Was ist die Zielsetzung einer solchen Archivierung?

Es sind mehrere Aspekte, die hier eine Rolle spielen: Zum einen die Tatsache, dass die Datenmassen jeder (vor allem jeder explorativen) Feldforschung so umfangreich sind, dass der Feldforscher selbst sie bis an sein Lebensende meist nicht veröffentlichen kann. Zum zweiten ist es die Tatsache, dass solche Aufzeichnungen viel isoliertes Datenmaterial enthalten, dass auch im Zusammenhang einer problemorientierten Forschung nebenbei anfällt. Es lässt sich in den den Feldforscher interessierenden Zusammenhängen nicht publizieren, kann aber für ganz andere Fragestellungen und Untersuchende von Bedeutung sein. Schließlich spielen Wiederholungsuntersuchungen, Forschungsschwerpunkte und Forschergruppen eine immer größere Rolle auch in der Ethnologie. Hier sollte von vornherein die gegenseitige Zugänglichkeit von Daten gewährleistet werden. Allerdings dürfte das Problem mit zunehmenden technischen Möglichkeiten, vor allem der Verwendung von Computern, immer geringer werden.

Relativ selten sind Fälle, in denen nach dem Tod eines Feldforschers sein Material von einem Kollegen/einer Kollegin bearbeitet und herausgegeben wurde. Arthur Barnard Deacon etwa starb 1927 kurz vor seiner Abreise aus dem Feld und Camilla H. Wedgwood gab sein Material bearbeitet unter seinem Namen heraus (Deacon 1934; Sanjek 1990d: 334).

Bleibt ein letzter Aspekt der Archivierung von Feldforschungsaufzeichnungen: der in der Ethnologie wohl insgesamt vernachlässigte der Überprüfbarkeit und nachträglichen Kontrolle. So wie Versuchsaufzeichnungen und Protokolle von Experimenten in den Naturwissenschaften aufbewahrt werden (sollen), müsste das mit Feldforschungsdaten wohl ebenfalls geschehen. War der „Feldforscher" überhaupt im Feld? Hat er tatsächlich diesen Text in der einheimischen Sprache aufgenommen? Ist es nach seinen Notizen wahrscheinlich, dass er den Vorgang direkt beobachten konnte? – Ob allerdings angesichts der Datenmassen eine solche Forderung realistisch ist, ist eine andere Frage. Aber auch hier dürften sich mit der Entwicklung immer neuer technischer Möglichkeiten bald Lösungen finden lassen. Zu Fotografie und Archivierung siehe Fischer 2005, 2006a,b.

14.7 Sammeln

Es gibt offenbar geborene *Sammler* und es gibt *Wegwerfer*. Ihre Schreibtische belegen es. Aber auch der konfirmierte Wegwerfer sammelt während einer Feldforschung erstaunlich viele Dinge an, selbst wenn er nicht am Museum arbeitet und wenn ihn die materielle Kultur nicht interessiert. Dinge dokumentieren vieles besser und nachprüfbarer als alle Abbilder. Mehr als eine Aufzählung des zu Sammelnden ist allerdings angesichts des Umfangs der

Möglichkeiten hier kaum zu geben, und es wird wieder vom Extremfall der ganzheitlichen Forschung in einer weit entfernten, schwer zugänglichen, wenig erforschten Gegend ausgegangen. Die früher üblichen Anleitungen zum Sammeln (etwa Ribbe 1931) sind in den letzten Jahrzehnten sehr selten geworden (etwa Sturtevant 1977).

14.7.1 Objekte der materiellen Kultur.

Zu Zeiten eines Frobenius etwa konnten Feldforscher durch den Verkauf von Sammlungsobjekten einen Teil ihrer Gesamtkosten decken. Einerseits dürften diese Kosten heute im Normalfall abgedeckt sein (etwa durch die DFG), andererseits haben Museen nicht mehr die nötigen Mittel (und das Interesse?), um Sammlungen anzukaufen. Eine vorherige Kontaktaufnahme mit Kollegen an einem Museum ist dennoch zu empfehlen. Nicht nur wegen eventuell interessierender Objekte, sondern auch wegen Hinweisen zu Preisen, Sicherung, Transport etc. Jedes mitgebrachte Objekt stellt ein Dokument dar, das nach unterschiedlichsten Fragestellungen (Material, Herstellung, Größe, Vergleich mit vorhandenen Sammlungsstücken) untersucht werden kann. Auch lehrende Ethnologen können im Unterricht eine ganze Menge mit solchen Objekten der materiellen Kultur anfangen. Eine ostfriesische Bossel-Kugel oder eine Peniskalabasse aus Neuguinea können eindrucksvolle didaktische Mittel sein.

In der ersten Hälfte des zwanzigsten Jahrhunderts war es noch üblich, *Modelle* anfertigen zu lassen. Modelle von Häusern, von Booten und anderen Gegenständen, die zu groß waren, um sie selbst zu sammeln. Diese Modelle machen sich später in Museums-Austellungen ausgesprochen gut. Die Anfertigung von Modellen ist aber auch ein in anderen Zusammenhängen nutzbares Verfahren. Dann etwa, wenn die tatsächliche Herstellung eines Objekts bereits aufgegeben ist. So stellte mir der alte Ngereng bei den Wampar eine Schleuder her und später eine Panpfeife. Beides Dinge, die schon seine Söhne nicht mehr gesehen hatten, die Gewehr und Kassettenrecorder für dieselben Zwecke bevorzugten. Andererseits gibt es Objekte, die nur zu bestimmten Zeiten oder an schwer zugänglichen Orten hergestellt werden. Das gilt etwa für Fallenarten, deren Herstellung und Wirkungsprinzip man mitten im Dorf viel besser (und fotografierbar) demonstrieren kann. Zudem stören lärmende Besucher nicht die Stelle der tatsächlichen Falle im Wald.

14.7.2 Schriftliche Dokumente

Man vergisst manchmal, dass es auch in modernen Gesellschaften viele alltägliche Objekte gibt, die anders sind als in der eigenen Umwelt. Viele enthalten Auf- oder Inschriften, Aufkleber und Etiketten. Daneben lassen sich aber auch direkt schriftliche Dokumente sammeln: Briefmarken und Bildpostkarten, Wahlplakate und Rechnungen, Zeitungen, Zigarettenpackungen, Streichholzschachteln, Schulhefte. Und selbst in abgelegenen Gebieten, wo Schriftlichkeit erst seit relativ kurzer Zeit besteht, finden sich Schriftdokumente: Briefe, Taufurkunden, Schülerlisten, vervielfältigte Texte von Kirchenliedern, Inschriften auf Grabsteinen. Eine Zusammenstellung von Schriftdokumenten, die in ethnologischer Feldforschung gesammelt werden können, findet sich in Fischer 1998.

14.7.3 Bild- und Tondokumente

Kinder ritzen Zeichnungen oder Vorgaben für Spiele in den Boden (etwa „Himmel und Hölle"), auch bei Älteren sind Einkerbungen in Bäume und Ritzungen in Felsen beliebt – zum Vergnügen, als Hinweis oder in der Hoffnung auf magische Wirkung. Solche Ziele haben wohl auch die Herzen in der hölzernen Bank („Max liebt Minni"); und welche höhere Bedeutung die Schmierereien auf Hauswänden haben (Graffiti), weiß ich nicht einmal für meine eigene Kultur. Dokumentieren und Nachfragen lohnt sich aber immer.

Sobald es erste Möglichkeiten gibt, sich fotografieren zu lassen, nutzen Menschen diese Chance, eventuell bei Fotografen in der nächsten Stadt. In Samoa brauchte ich nur meine Kamera zu heben, schon sprangen Jugendliche und Kinder hastig auf und ins Bild. Fotografiertwerden muss mit wahrem Lustgewinn verbunden sein. In meinem Forschungsgebiet in Papua-Neuguinea konnte ich mir sogar im Dorf eine Kamera leihen, als meine eigene nicht funktionierte. Es gab mehrere bei Nachbarn, auch wenn das Geld nicht da war, Filme zu kaufen oder sie entwickeln zu lassen. Aber jede Familie hatte auch Fotos: von Töchtern, die in anderen Provinzen arbeiteten, von Söhnen in der Armee, Abschlussklassen der Highschool, von feinen Hochzeiten im Hotel der Stadt. Man erlaubte mir gern, Kopien herzustellen. Besonders schöne Fotos einiger Dorfbewohner fanden sich auf Wahlplakaten von der letzten Wahl.

Stellt das Aufgezählte schon vorhandene Bilddokumente dar, so sollte man auch an ein Sammeln durch Bilddokumentation denken. Gemeint ist damit, dass man im Feld die Kamera zu mehr als den üblichen Fotos einsetzen kann, also für Objekte, Personen, Arbeitsabläufe, Landschaft etc. Man kann sie als Kopiergerät verwenden (um schriftliche Texte oder Bilder zu kopieren), kann das Fernsehbild abfotografieren, Muster von Töpfen, Mimik und Gestik, und

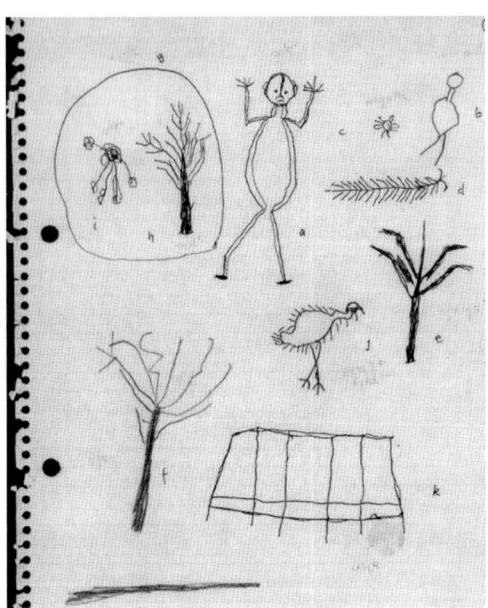

Abbildung 11: Zeichnungen eines jungen Burschen von Pflanzen, Tieren, Menschen und einem Haus im Notizheft des Ethnographen. Jeghuje, Neuguinea 1959. (s. a. Fischer 1968: 191ff.)

Record of Pupils Enrolled at................ GABMAZUNG .... School................

Register No.	PUPIL'S NAME (Father's name in block letters)	Sex (M/F)	Date of Admission	Date of Birth	Religious Denomination	Distance from school (miles)	Father's name or GUARDIAN		Date of	
							Name	Address	1st Year	2nd Year
835	APIN · ETEP	M	1180		LUTH	Km.	APIN	NASUAPUM	"	"
885	AMU · WABI	M	"	1-78	"	"	AMU	GABSONGKEG	"	"
708	ELIAKIM·ELOM	M	"	"	"	"	ELIAKIM	"	"	"
527	FRANK · STEVEN	M	"	1-71	"	"	FRANK	"	"	"
884	JOSHUA·BROWN	M	"	R-79	"	"	JOSHUA	"	"	"
606	JOSHUA·ELIZAR	M	"		"	"	JOSHUA	"	"	"
706	MATHIAS·JOHN	M	"	6-72	"	"	MATHIAS	"	"	"
700	MORITZ·GABRIEL	M	"	6-71	"	"	MORITZ	"	"	"
886	NAIMAN·PETER	M	"	9-77	"	"	NAIMAN	"	"	"
607	NAKO · JEPET	M	"		"	"	NAKO	"	"	"
574	SAB · MICHAEL	M	"		"	"	SAB	"	"	"
867	SOLOM · MORITZ	M	"	2-73 -75	"	"	SOLOM ·	"	"	"

Abbildung 12: Ausschnitt aus einem Schülerverzeichnis der Gabmazung Community School. Wampar, Papua-Neuguinea 1988.

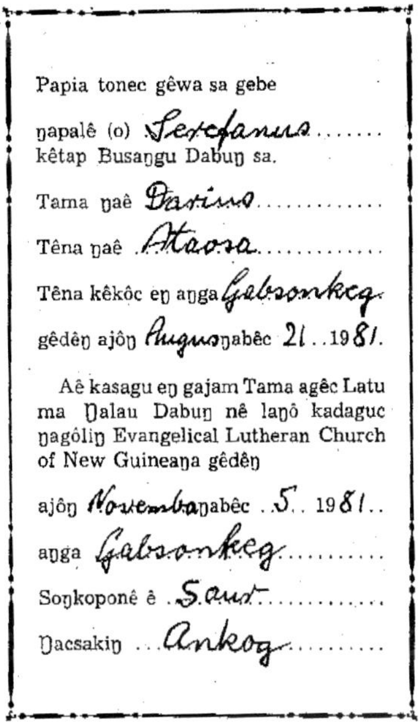

Papia tonec gêwa sa gebe

ŋapalê (o) *Serefanus* ....
kêtap Busaŋgu Dabuŋ sa.

Tama ŋaê *Darius* ....

Têna ŋaê *Ataosa* ....

Têna kêkôc eŋ aŋga *Gabsonkeg*.

gêdêŋ ajôŋ *Augus*ŋabêc 21 .19*81*.

Aê kasagu eŋ gajam Tama agêc Latu ma Ŋalau Dabuŋ nê laŋô kadaguc ŋagóliŋ Evangelical Lutheran Church of New Guineaŋa gêdêŋ

ajôŋ *Novemba*ŋabêc .5. 19*81*..

aŋga *Gabsonkeg* ....

Soŋkoponé ê .*Saut* ....

Ŋacsakiŋ ...*Ankog* ....

Abbildung 13: Taufurkunde für Serefanus [Stefanus] aus Gabsongkeg. Evangelical Lutheran Church of New Guinea. Sprache Jabêm. Wampar, Papua-Neuguinea 1981.

Abbildung 14: Wahlplakat für die Wahlen zur Provinzregierung. Morobe Provinz, Papua-Neuguinea 1988. (s. a. Fischer1998)

1991 MOROBE PROVINSEL GAVMAN ELEKSEN

MAKIM M.A. KENDIDET

WAMPAR KONSTITUENSI

VOT

[X]

JAMES LABAN

M.A. BAI STRETIM MOROBE IGO LONG NIUPELA NA GUTPELA GAVMAN BILONG OL PIPOL BILONG MOROBE.

MAKIM MELANESIAN ALLIANCE KENDIDET TASOL!

Authorised by: EMNY MORITZ O.B.E. M.B.E., P.O. BOX 1667, LAE.
Printed by: Kapala Press Pty. Ltd., P.O. Box 3610, Lae.

kann, statt sie mitzuschleppen, auch gesammelte Pflanzen und Tiere fotografisch dokumentieren.

Noch besser stand es in „meinem Dorf" um Tondokumente. Radios gab es seit Jahrzehnten in den Dörfern, ich überspielte Nachrichtensendungen und Musik. Die nächste beliebte Anschaffung waren Kassettenrecorder. Für meinen Schlaf war beides nicht besonders positiv. Aber die *bands* des Dorfes mussten ihre Leistungen festhalten. Und mehr noch: von einer der *bands* konnte und kann man Kassetten in den Läden der Stadt kaufen. Popmusik. Aber auch das sind Dokumente dessen, was tatsächlich gehört, gespielt, geliebt wird. Die Kopien solcher Dokumente können ebenso genutzt werden wie selbst aufgenommene. Sie dokumentieren die jeweilige Wirklichkeit, und sie können vor allem Anlass zu Nachfragen sein, zu Erläuterungen und Geschichten um diese Dokumente.

Und auch mit Tonbandgerät oder Kassettenrecorder ist mehr als Musik und Sprache zu dokumentieren: Arbeitsgeräusche (wie das Klopfen von Bast) und Hintergrundlärm (von betrunken gröhlenden Männern, von jaulenden Hunden und grunzenden Schweinen), Essgeräusche und der klatschende Regen, Tierstimmen und Totenklage. Vieles davon ist durch Niederschriften nicht zu dokumentieren.

14.7.4 Steine und Erden, Pflanzen und Tiere

Die *Notes and Queries on Anthropology* von 1929 führten noch aus, dass und wie man Pflanzen und Tiere sammeln sollte. Die Formulierungen klangen den Fähigkeiten der Ethnologen gegenüber allerdings etwas skeptisch (ebd.: 385):

"The preservation of most animals is a difficult business and can only be attempted when the requisite skill and time are available. The most that the ethnologist can be expected to do is provide sufficient material for the systematist at home."

In den letzten Jahrzehnten sind Hinweise auch in dieser Richtung selten geworden (etwa Sterly und Alther 1974). Ob es um Erdproben zur Analyse des Materials für die Töpferei, für Farben oder Heilmittel geht, um Gesteine für Werkzeug, um Harz als Klebstoff, das Sammeln von Proben ist für Analysen unerlässlich und eine relativ einfache Methode der Dokumentation. Das gilt ebenso für Pflanzen und Tiere, die für materielle Kultur, Medizin oder Ernährung eine Rolle spielen. Gewöhnlich sind Ethnologen nicht in der Lage, sie botanisch oder zoologisch zu bestimmen. Dabei ist weniger an Süßkartoffeln und Mais, an Hunde und Hühner gedacht, die selbst Ethnologen erkennen (und die man fotografieren kann), sondern etwa an Käfer und Würmer, Vögel und Insekten. Wie und was man sammelt und wie man aufbewahrt und transportiert, damit es später von Botanikern und Zoologen bestimmt werden kann, dazu sind einige Kenntnisse notwendig. Hierfür gibt es gewöhnlich auch Handbücher (Kontaktaufnahme zu den genannten Disziplinen und Vorbereitung vor der Feldforschung).

14.8 Dokumente aus späteren und früheren Kontakten

Mit dem Ende des Aufenthalts im Feld muss die Untersuchung als Datensammlung und Dokumentation und selbst als Teilnahme noch keineswegs zu Ende sein. In Situationen der Forschung in noch nicht alphabetisierten Gebieten hielt man möglichst Kontakt mit anderen Europäern im Land: mit Missionaren, Kolonialbeamten, einem Pflanzer, einer Familie einheimischer Evangelisten. Briefe wurden getauscht, Bitten, Wünsche und Fragen auf diese Weise indirekt übermittelt, ein Todesfall gemeldet, eine Trockenheit. Man sandte seinerseits Grüße und Fotos, später dann die Veröffentlichungen, bat solche Mittelsmänner um Unterstützung bestimmter Familien und schickte Geld, für das der Missionar etwa die Ausbildung eines Familienmitgliedes bezahlen sollte. Zum Dank kam umgekehrt ein Päckchen mit einer neuen Netztasche. Später kamen die ersten ungelenken Briefe (Fischer 1996a), schließlich schrieben Schüler von der High School auf Englisch.

Diese Art der Kontakte mit dem *Feld* kann so weit gehen, dass ganze Briefesammlungen entstehen und eine neue Art von Daten und Dokumenten (Beer 1998). Der Ethnologe kann einen kleinen Kassettenrecorder hinterlassen (oder das Geld dafür schicken), und die Kontakte laufen über den Austausch von Kassetten. Schließlich werden alle modernen Medien der Kommunikation genutzt: Der Sohn meiner Gastfamilie in Neuguinea, tätig bei einer Versicherung in der Hauptstadt, rief mich mal eben vom Telefon dieser Firma an. Alma, mit der Bettina Beer über lange Zeit Briefe ausgetauscht hatte, mailte schließlich vom Internet-Café der nächsten Kleinstadt in den Philippinen. Bleibt als Letztes der umgekehrte Weg direkten Kontaktes: ein Besucher aus dem *Feld* am Ort, am Schreibtisch des Ethnologen. Das war schon sehr früh bei Franz Boas der Fall, es geschah häufiger bei Linguisten, es gab solche Besuche auch eher nebenbei, etwa durch Mitglieder von kirchlichen Delegationen zu Konferenzen in Europa.

Zwei Schritte in die genannten Richtungen verbleiben noch: Der eine ist die Rückkehr des Ethnologen in das Untersuchungsgebiet. Jetzt mit dem aufgearbeiteten Material der vorhergehenden Untersuchung, mit Fotos, deren Bedeutung geklärt werden muss, mit nicht verständlichen Tonaufnahmen und unübersetzbaren Textstellen, mit vorbereiteten Fragen und natürlich mit Fotos der Dorfbewohner und mit Geschenken. Umgekehrt trifft man auf Neuigkeiten, die sofort vermittelt werden sollen, auf Erinnerungen an die Zeit zwischen den Feldaufenthalten. Und hier kann man einen zweiten Schritt gehen. Ich hatte einen Mann in *meinem* Dorf gebeten, alle Geburten in der Zeit meiner Abwesenheit zu notieren, was er mit großer Sorgfalt auch tat. Mein wichtigster Sprachinformant hatte von sich aus Texte aufgeschrieben und gab sie mir, als ich wiederkam. Noch weiter ging die genannte Alma in den Philippinen: Sie führte nach dem Vorbild der Ethnologin ein Tagebuch. Die Zeit zwischen den Phasen *im Feld* wird so dokumentiert, die Forschung wird zur Langzeituntersuchung, manchmal zur fast lebenslangen Untersuchung, Langzeitprozesse werden erkennbar. Mehr noch: Aus der *Informantin* wird eine Ethnographin der eigenen Kultur. Auch das ist eine schon sehr frühe Erscheinung in der Entwicklung ethnologischer Forschung, verbunden etwa mit den Namen Franz Boas und George Hunt.

14.9 Literatur

Aldenderfer, Mark und Herbert D. G. Maschner
1996   Anthropology, Space, and Geographic Information Systems. New York.

Atkinson, Paul, et al. (Hg.)
2001   Handbook of Ethnography. London, Thousand Oaks, New Delhi.

Barsch, H. und K. Billwitz (Hg.)
1990   Geowissenschaftliche Arbeitsmethoden. Ein Lehrbuch. Thun und Frankfurt/M.

Beer, Bettina
1998   Post von den Philippinen. Ethnologische Forschung durch Briefe. Hamburg.

Beer, Bettina und Hans Fischer
2008   Wissenschaftliche Arbeitstechniken in der Ethnologie 3. Aufl. Berlin.

Bernard, H. Russell
2000   Social Research Methods. Qualitative and Quantitative Approaches. Thousand
            Oaks, London, New Delhi.

Bernard, H. Russell (Hg.)
1998   Handbook of Methods in Cultural Anthropology. Walnut Creek, London, New
            Delhi.

Clifford, James
1990   Notes on (Field)notes. In: Sanjek (Hg.): 47–70.

Crane, Julia G. und Michael V. Angrosino
1974   Field Projects in Anthropology. A Student Handbook. Morristown, NJ.

Deacon, Arthur Barnard
1934   Malekula: a Vanishing People in the New Hebrides. Hrsg. von C. H. Wedgwood. London.

Emerson, Robert M.; Rachel I. Fretz und Linda Shaw
1995   Writing Ethnographic Fieldnotes. Chicago und London.
2001   Participant Observation and Fieldnotes. In: Atkinson et al. (Hg.): 353–368.

Fetterman. David M.
1998   Ethnography. Step by Step. (Applied Social Research Methods Series, Vol. 17) Zweite Auflage.Thousand Oaks, London, New Delhi.

Fischer, Hans
1963   Watut. Notizen zur Kultur eines Melanesierstammes in Nordost-Neuguinea. Braunschweig.
1968   Negwa. Eine Papua-Gruppe im Wandel. München.
1975   Gabsongkeg '71. Verwandtschaft, Siedlung und Landbesitz in einem Dorf in Neuguinea. München.
1981   Die Hamburger Südsee-Expedition. Über Ethnographie und Kolonialismus. Frankfurt am Main.
1994   Geister und Menschen. Mythen, Märchen und neue Geschichten. Berlin.
1996a   Der Haushalt des Darius. Über die Ethnographie von Haushalten. Berlin.
1996 b Lehrbuch der Genealogischen Methode. Berlin.
1997a   Zensusaufnahmen – das Beispiel Gabsongkeg, 37–91. In: Walter Schulze, Hans Fischer und Hartmut Lang: Geburt und Tod. Berlin:
1998   Protokolle, Plakate und Comics. Feldforschung und Schriftdokumente. Berlin
2005   Bilder und Worte: Über Kommentierung und Archivierung von Fotos. In: Baessler-Archiv 53: 7–26.
2006a   Fotografie und Feldforschung – Publikation und Archivierung. In: Mitteilungen aus dem Museum für Völkerkunde Hamburg, N.F. 37: 546–573.
2006b   Zur Archivierung von Feldforschungsfotos: Eine Umfrage und Argumente. In: Zeitschrift für Ethnologie 131: 325–342.

Jackson, Jean
1990   "I am a Fieldnote": Fieldnotes as a Symbol of Professional Identity. In: Sanjek (Hg.): 3–33.

Notes and Queries on Anthropology
1929   Notes and Queries on Anthropology. Edited for the British Association for the Advancement of Science by a committee of Section H. Fünfte Auflage. London.

Ottenberg, Simon
1990   Thirty Years of Fieldnotes: Changing Relationships to the Text. In: Sanjek (Hg.): 139–160.

Powdermaker, Hortense
1966   Stranger and Friend. New York.

Ribbe, C.
1931   Anleitung zum Sammeln in tropischen Ländern. Stuttgart.

Sanjek, Roger
1990a: Fire, Loss and the Sorcerer's Apprentice. In: ders. (Hg.): 34–44.
1990b: A Vocabulary for Fieldnotes. In: ders. (Hg.): 92–121.
1990c: The Secret Life of Fieldnotes. In: ders. (Hg.): 187–270.
1990d   Fieldnotes and Others. In: ders. (Hg.): 324–340.

Sanjek, Roger (Hg.)
1990   Fieldnotes. The Makings of Anthropology. Ithaca und London.

Schensul, Stephen L.; Jean J. Schensul und Margaret D. LeCompte
1999   Essential Ethnographic Methods. 2. Ethnographers Toolkit. Walnut Creek, Lon-
           don, New Delhi.

Spradley, James P.
1979   The Ethnographic Interview. New York.

Sterly, Joachim und Kurt Walther
1974   Anleitung zum Pflanzen-Sammeln für Mediziner und Ethnologen. In: Ethnome-
           dizin 3 (1/2): 7–26.

Sturtevant, William C.
1959   A Technique for Ethnographic Notetaking. In: American Anthropologist 61:
           677–678.
1977   Guide to Field Collecting of Ethnographic Specimens. (Smithsonian Information
           Leaflet 503) Second Edition. Washington.

Trotter, Robert T. und Jean J. Schensul
1998   Methods in Applied Anthropology, 691–735. In: H. Russell Bernard (Hg.),
           Handbook of Methods in Cultural Anthropology. Walnut Creek, London, New
           Delhi.

Whiting, Beatrice und John Whiting
1970   Methods for Observing and Recording Behavior, 282–315. In: Raoul Naroll und
           Ronald Cohen (Hg.), A Handbook of Method in Cultural Anthropology. New
           York und London.

Williams, Thomas Rhys
1967   Field Methods in the Study of Culture. New York.

Angaben zu den Autorinnen und Autoren

Christoph **Antweiler**, Professor für Ethnologie am Institut für Südostasien-wissenschaft des Instituts für Orient- und Asienwissenschaften der Universität Bonn; habilitierte sich mit einer Untersuchung über Wohnentscheidungen in Indonesien; Interesse an lokalem Wissen und kognitiven Universalien.

Bettina **Beer**, Professorin für Ethnologie am Seminar für Kultur- und Sozialanthropologie der Universität Luzern. Publikation u. a.: „Körperkonzepte, interethnische Beziehungen und Rassismustheorien" (Berlin 2002). Feldforschungen in Hamburg, auf den Philippinen (Visaya-Region) und in Papua-Neuguinea.

Hans **Fischer**, emeritierter Professor für Ethnologie, der Universität Hamburg. Zahlreiche Feldforschungen seit 1958 in Papua-Neuguinea (Anga, Watut und Wampar), in Samoa, Oberösterreich und Irland.

Roland **Hardenberg**, Privatdozent, Leiter eines Forschungsprojektes über den Wandel sozialer Ordnungen in Kyrgyzstan am Institut für Ethnologie der Universität Tübingen; weitere Feldforschungen in Puri / Indien (1995–96) und Rayagada / Indien (2001–03).

Brigitta **Hauser-Schäublin**, Professorin für Ethnologie an der Universität Göttingen. Forschungsprojekte in Papua-Neuguinea (1972–85) und Indonesien (seit 1988) sowie in Deutschland (1996–2001).

Verena **Keck**, Lehrbeauftragte an den Universitäten Heidelberg, habilitiert sich derzeit mit einer Untersuchung über eine neurodegenerative Erkrankung in Guam, Mikronesien. Feldforschungen in Papua-Neuguinea, in Guam und Bali, Indonesien.

Barbara **Keifenheim**, Professorin am Institut für Vergleichende Sozial- und Kulturanthropologie an der Europa-Universität Viadrina in Frankfurt/Oder. War am Aufbau des ersten Ostasiatischen Instituts für Visuelle Anthropologie beteiligt. Seit 1977 Feldforschungen im peruanischen Amazonasgebiet.

.